Kohlhammer

Der Autor

Dr. Daniel Hajok ist Honorarprofessor am Seminar für Medien- und Kommunikationswissenschaft der Universität Erfurt und Gründungsmitglied der Arbeitsgemeinschaft Kindheit, Jugend und neue Medien (AKJM) in Berlin. Seine Arbeitsschwerpunkte liegen seit über 25 Jahren in der Erforschung des Medienumgangs von Kindern und Jugendlichen sowie im gesetzlichen und erzieherischen Kinder- und Jugendmedienschutz. Der Transfer von wissenschaftlichen Erkenntnissen in die Praxis ist ihm ein besonderes Anliegen.

Daniel Hajok

Kinder und Jugendliche in der digitalen Welt

Verlag W. Kohlhammer

Dieses Werk einschließlich aller seiner Teile ist urheberrechtlich geschützt. Jede Verwendung außerhalb der engen Grenzen des Urheberrechts ist ohne Zustimmung des Verlags unzulässig und strafbar. Das gilt insbesondere für Vervielfältigungen, Übersetzungen, Mikroverfilmungen und für die Einspeicherung und Verarbeitung in elektronischen Systemen.

Die Wiedergabe von Warenbezeichnungen, Handelsnamen und sonstigen Kennzeichen in diesem Buch berechtigt nicht zu der Annahme, dass diese von jedermann frei benutzt werden dürfen. Vielmehr kann es sich auch dann um eingetragene Warenzeichen oder sonstige geschützte Kennzeichen handeln, wenn sie nicht eigens als solche gekennzeichnet sind.

Es konnten nicht alle Rechtsinhaber von Abbildungen ermittelt werden. Sollte dem Verlag gegenüber der Nachweis der Rechtsinhaberschaft geführt werden, wird das branchenübliche Honorar nachträglich gezahlt.

Dieses Werk enthält Hinweise/Links zu externen Websites Dritter, auf deren Inhalt der Verlag keinen Einfluss hat und die der Haftung der jeweiligen Seitenanbieter oder -betreiber unterliegen. Zum Zeitpunkt der Verlinkung wurden die externen Websites auf mögliche Rechtsverstöße überprüft und dabei keine Rechtsverletzung festgestellt. Ohne konkrete Hinweise auf eine solche Rechtsverletzung ist eine permanente inhaltliche Kontrolle der verlinkten Seiten nicht zumutbar. Sollten jedoch Rechtsverletzungen bekannt werden, werden die betroffenen externen Links soweit möglich unverzüglich entfernt.

Umschlagsabbildung: Ricky – stock.adobe.com

1. Auflage 2026

Alle Rechte vorbehalten
© W. Kohlhammer GmbH, Stuttgart
Gesamtherstellung: W. Kohlhammer GmbH, Heßbrühlstr. 69, 70565 Stuttgart
produktsicherheit@kohlhammer.de

Print:
ISBN 978-3-17-044021-0

E-Book-Formate:
pdf: ISBN 978-3-17-044022-7
epub: ISBN 978-3-17-044023-4

Inhalt

1	Einleitung	9
2	**Aktuelle Lage der jungen Generationen**	12
2.1	Kinder – Jugendliche – digitale Welt	12
2.2	Auf- und Heranwachsen in Deutschland	15
2.3	Besondere Lebenslagen junger Menschen	21
2.4	Generationen und Vergemeinschaftungsformen	35
2.5	Mediensozialisation und Medienaneignung	43
3	**Heranwachsen in der digitalen Welt: Ein neuer Sozialisationstypus?**	52
3.1	Suchend in einer Welt digitaler Vorgaben!	53
3.2	Unter dem Einfluss digitaler Beschleunigung?	56
3.3	Durchlässiger Schonraum – risikoreicher Experimentierraum!	59
3.4	Im Strom digital entgrenzter Kommunikation?	61
3.5	Sein heißt ›medial stattfinden‹: Identitätsbildung digital!	64
3.6	Mit digitalem Austausch zu (mehr) politischer Partizipation?	66
4	**Veränderte Freizeit- und Medienwelten von Kindern und Jugendlichen**	70
4.1	Freizeitwelten junger Menschen: Ein Überblick	71
4.2	Medien im Alltag von Klein- und Vorschulkindern	76
4.3	Mediatisierte Freizeit der 6- bis 13-Jährigen	85
4.4	Das digital durchdrungene Leben der Jugendlichen und jungen Erwachsenen	98
4.5	Ein kurzer (vager) Blick in die Zukunft	110

Inhalt

5	**Mediale und lebensweltliche Kontexte prägen das Geschehen**	**113**
5.1	Besondere Bindungskraft digitaler Medien	115
5.2	Medienbezogene Kompetenzen von Kindern und Jugendlichen	119
5.3	Perspektiven beteiligter Akteur*innen	132
5.4	Erzieherisches Handeln als zentrale Rahmung	140
5.5	Die Peers als wichtige Unterstützungsinstanz	150
5.6	Medienumgangsbezogene Rechte, gesetzliche Regulierung und Förderung	154
6	**Mögliche Folgen für die Persönlichkeitsentwicklung**	**172**
6.1	Identitätsbildung: Selbstdarstellung und Orientierung an anderen	175
6.2	Kognitive Entwicklung: Zwischen Frühförderung und Aufmerksamkeitsdefiziten	178
6.3	Körperlich-physiologische Entwicklung: Unmittelbar und mittelbar ›betroffen‹	180
6.4	Psychisch-emotionale Entwicklung: Vom Wohlbefinden bis zur mentalen Belastung	182
6.5	Soziale Entwicklung: Erweiterung des Sozialraums und Entgrenzung	185
6.6	Sexuelle Entwicklung: Zunehmende Selbstbestimmung im digitalen Risikoraum	188
6.7	Ethisch-moralische Entwicklung: Werte und Prinzipien auf dem Prüfstand	190
6.8	Religiöse Entwicklung: Existenzielle Sinnsuche und gezielte Ansprache im Netz	192
6.9	Politische Sozialisation: Zwischen Partizipation und Radikalisierung	195
7	**Digitale Teilhabe als große Chance**	**198**
7.1	Eigene Wege zur Information, Orientierung und Wissensaneignung	200
7.2	Kommunikativer Austausch und soziale Vernetzung auf Augenhöhe	207
7.3	Aktiver Selbstausdruck und Eigenkreativität	209

7.4	Mit Kooperation und Kollaboration zu mehr Partizipation	212
8	**Erweiterte Risikolage in der digitalen Welt**	**216**
8.1	Früher Zugang zu Pornos, Gewalt, Fake News und Extremismus	219
8.2	In einem Markt mit Intransparenz, Werbung und Kostenrisiken	226
8.3	Cybermobbing, Grooming, Grenzverletzungen, riskanter Austausch	232
8.4	Selbst- und Fremdgefährdungen im eigenen Medienhandeln	238
9	**Ein Schlusswort**	**246**
Literatur		**248**

1 Einleitung

Mit der zunehmenden Bedeutung von digitalen Technologien hat sich das Leben aller Menschen in unserer Gesellschaft grundlegend gewandelt. Besonders markant ist das veränderte Leben junger Menschen, die in den letzten 20, 30 Jahren in einer Welt auf- und heranwachsen, die mehr denn je von digitalen Endgeräten (Handys/Smartphones, Tablets, PCs/Laptops, Spielkonsolen etc.) und Anwendungen (Internetangebote, Onlinedienste, Apps etc.) geprägt ist. Unbefangen machen sie sich die neuen Möglichkeiten digitaler Medien für ihr eigenes Leben zu eigen. Dabei bieten sich ihnen nicht nur neue Chancen für die Persönlichkeitsentwicklung. Sie werden auch mit Risiken konfrontiert und müssen Herausforderungen bewältigen, an die in der Kindheit und Jugend heutiger Erwachsener noch gar nicht zu denken war.

Fokussiert auf zentrale Facetten eines unübersichtlichen Terrains, richtet dieses Buch den Blick auf das heutige Auf- und Heranwachsen junger Menschen unter den sich immer schneller wandelnden Lebensbedingungen einer digitalen Gesellschaft. Es beschreibt das Handeln von Kindern und Jugendlichen in der digitalen Welt, ordnet es mit den markanten Entwicklungen ein, zeigt Zusammenhänge und wichtige Kontexte auf, versucht aber, sich in einer ›Pädagogisierung‹ weitgehend zurückzuhalten.

Zu Beginn des nachfolgenden Kapitel 2 werden das zugrunde gelegte Verständnis von Kindern, Jugendlichen und der digitalen Welt skizziert und eine Standortbestimmung heutigen Auf- und Heranwachsens gegeben. Der Blick richtet sich auf die gesamtgesellschaftlichen Bedingungen, unter denen junge Menschen heute in Deutschland auf- und heranwachsen – und die mittelbar und unmittelbar auch ihre Zugänge zur digitalen Welt rahmen. Der Fokus liegt hier auf den prägenden Kontexten von Bildung und Erziehung sowie den spezifischen Lebenslagen von Kindern und Jugendlichen. Später geht es um die Generationen und Vergemeinschaftungsformen junger Menschen, fachliche Perspektiven auf Mediensozialisation und die theoretisch-konzeptionelle Grundlage, die den grundlegenden Zugang des Autors leitet.

Als vertiefenden Zugang zur sozialisatorischen Bedeutung der Aneignung von digitalen Medien und Anwendungen werden in Kapitel 3 zunächst zentrale Facetten eines veränderten Auf- und Heranwachsens in der digitalen Welt beleuchtet. In der Vertiefung der bislang nur kursorisch skizzierten

1 Einleitung

Perspektiven auf die Persönlichkeitsentwicklung junger Menschen zeigt sich, dass mit der aktiven Aneignung der neuen Möglichkeiten durch junge Menschen in einigen markanten Punkten von einem neuen Sozialisationstypus gesprochen werden kann. Für Interessierte allgemein sowie Eltern und Erzieher*innen, pädagogische Fach- und Lehrkräfte speziell als wichtige Akteur*innen von Erziehungs- und Bildungsprozessen wird hier die besondere Relevanz eines Buchs zu Kindern und Jugendlichen in der digitalen Welt deutlich.

Im Kapitel 4 richtet sich der Blick dann auf den aktuellen Medienumgang junger Menschen. Die Entwicklungen bei der Aneignung digitaler Medien im Auge behaltend, wird auf der Grundlage belastbarer (und auch vergleichbaren) Daten zunächst ein Überblick über die veränderten Freizeitwelten junger Menschen gegeben. Im Weiteren werden die aktuellen Medienwelten von Klein- und Vorschulkindern, die erweiterten Medienzugänge der 6- bis 13-Jährigen und der schon entscheidend von digitalen Endgeräten und Anwendungen geprägte Alltag von Jugendlichen differenziert beschrieben und ganz am Schluss auch ein kurzer Blick in die Zukunft gewagt.

Kapitel 5 wendet sich den zentralen Kontexten und Rahmungen des Medienumgangs junger Menschen zu. Ausgehend von zentralen Perspektiven auf die ›Wirkmacht‹ von Medien allgemein, werden der Wandel in der Welt der Medien skizziert, die Besonderheiten der digitalen Technologien und Anwendungen herausgestellt und die besondere Bindungskraft digitaler Medien als zentrale mediale Rahmung eines Auf- und Heranwachsens in der digitalen Welt dargestellt. Abgeleitet aus den im Verlauf der Kindheit und Jugend ausgebildeten grundlegenden Fähigkeiten und Fertigkeiten werden dann die medienbezogenen Kompetenzen junger Menschen als zentraler individueller Kontext ihres Medienhandelns entworfen, ausgewählte Perspektiven der beteiligten Akteur*innen, das Handeln im Erzieherischen und die Regulierungsversuche des Kinder- und Jugendmedienschutzes betrachtet.

Festgemacht an den markanten Bereichen der Persönlichkeitsentwicklung wird im folgenden Kapitel 6 ein erster Gesamtüberblick über mögliche Implikationen des Handelns in der digitalen Welt für das Leben junger Menschen gegeben. Fokussiert auf die verschiedenen Möglichkeiten eines sog. partizipativen Medienhandelns werden in Kapitel 7 dann die wahrgenommenen Möglichkeiten zur Information, Orientierung und Wissensaneignung, zum kommunikativen Austausch und zur Vernetzung, zu Selbstausdruck und Kreativität sowie Kooperation und Kollaboration als die zentralen Potenziale eines Auf- und Heranwachsens in der digitalen Welt beschrieben und mit empirischen Daten in ihrer Relevanz eingeordnet.

Erst das Kapitel 8 wendet sich dann den Risiken und Herausforderungen zu, die in den öffentlichen Diskursen zum Umgang junger Menschen mit digitalen Medien oft im Mittelpunkt stehen. Eine fachliche Systematisierung aufgreifend, wird abseits des allzu oft zu vernehmenden Alarmismus eine erweiterte Risikolage skizziert, in der Kinder und Jugendliche heute auf- und heranwachsen. Das Spektrum reicht hier von vorverlagerten inhaltsbezogenen Risiken ihres Medienumgangs bis hin zu den spezifischen, die digitale Medienwelten von Kindern und Jugendlichen prägenden markt- und konsumbezogenen, kommunikations- und interaktionsbezogenen sowie auf das eigene Medienhandeln bezogenen Risiken.

2 Aktuelle Lage der jungen Generationen

Bevor sich der Blick auf »Kinder und Jugendliche in der digitalen Welt« und damit auf ein überaus spannendes Phänomen der heutigen Zeit richtet, wird hier zunächst das in diesem Buch zugrunde gelegte Verständnis von Kindern, Jugendlichen und der digitalen Welt skizziert. Daran schließt eine Betrachtung gesamtgesellschaftlicher Bedingungen an, unter denen Kinder und Jugendliche heute in Deutschland auf- und heranwachsen, denn diese rahmen mittelbar und unmittelbar auch ihre Zugänge zur digitalen Welt. Besonders relevant sind dabei die prägenden Kontexte von Bildung und Erziehung sowie die spezifischen Lebenslagen junger Menschen.

Mit einem kurzen Blick auf den Wandel der Generationen und Vergemeinschaftungsformen junger Menschen im Laufe der Zeit wird im Folgenden schlaglichtartig gezeigt, dass die jeweils aktuellen Möglichkeiten in der Welt der Medien hier eine wichtige Rolle spielen. Ebenso schlaglichtartig wird mit einer nur grob gezeichneten Perspektive von Mediensozialisation ein Gesamtzusammenhang skizziert, bei denen auch die digitalen Medien und Anwendungen nur ein wichtiger ›Player‹ bei der Persönlichkeitsentwicklung junger Menschen sind, die anderen Instanzen und Agenturen der Sozialisation aber gleichsam immer mehr durchdringen. Letzte nur skizzierte theoretisch-konzeptionelle Grundlage ist das Medienaneignungskonzept, mit dem sich der Blick systematisch darauf richten lässt, was Kinder und Jugendliche wie mit den neuen Möglichkeiten der digitalen Welt anfangen. Generell liegt der Fokus nicht auf komplexen Theorien und Modellen, sondern vielmehr auf grundlegenden etablierten Perspektiven.

2.1 Kinder – Jugendliche – digitale Welt

Der Titel des Buchs fokussiert auf ein Phänomen unserer Gegenwart, das abseits der marktorientierten Betrachtungen vor allem in erzieherischen und pädagogischen Kontexten diskutiert wird – und zwar kontrovers. Unstrittig ist, dass das Leben junger Menschen immer mehr vom Umgang mit digitalen

Medien gekennzeichnet ist und sich bereits Kinder die neuen Möglichkeiten von Smartphones, Tablets, Laptops und Spielkonsolen als technische Zugänge sowie von Internetseiten, Onlinediensten und Apps als digitale Anwendungen weitgehend unbefangen zu eigen machen. Konsens besteht auch hinsichtlich der damit verbundenen großen Bedeutung für die Entwicklung und Sozialisation junger Menschen. Durchaus strittig ist demgegenüber die Frage, ob bei der Aneignung der neuen Möglichkeiten die Potenziale oder die Risiken für das Leben junger Menschen überwiegen. Eine neutrale Beschreibung eines ›anders als zuvor‹ ist wiederum eher selten.

In jedem Fall richtet sich bei dem mit »Kinder und Jugendliche in der digitalen Welt« umrissenen Spannungsfeld der Blick auf ein sehr spannendes Feld unserer Gegenwart, das in besonderer Weise auf unsere gesellschaftliche Zukunft verweist. Kinder und Jugendliche werden dabei von je her sehr genau in den Blick genommen, die Welt digitaler Medien seit geraumer Zeit auch. Wendet man sich zunächst den Kindern und Jugendlichen zu, dann sind damit aktuell etwa 14 Millionen Mitglieder unserer Gesellschaft angesprochen, die das 18. Lebensjahr noch nicht vollendet haben bzw. als minderjährig gelten. Verbleibt man in dieser juristischen, rechtlich z. B. im Jugendschutzgesetz (JuSchG) und Gesetz zur Kinder- und Jugendhilfe (SGB VIII) fixierten Perspektive, dann sind in Deutschland alle Menschen unter 14 Jahren Kinder und im Alter von 14 bis 17 Jahren Jugendliche.

Im Allgemeinverständnis wie im sozialwissenschaftlichen Fachdiskurs wird die Altersspanne Jugendlicher allerdings deutlich weiter gefasst. Demnach gelten Menschen ab einem Alter von ca. zwölf Jahren bis ins junge Erwachsenenalter hinein als Jugendliche. Denn angesichts der beschleunigten persönlichen Entwicklungsverläufe in den letzten Jahrzehnten treten junge Menschen heute nicht nur früher in ihrem Leben in die Phase der Jugend mit den pubertätstypischen Prozessen ein. Sie verbleiben aufgrund längerer Bildungs- und Ausbildungswege, späterer (vollständiger) wirtschaftlicher Selbständigkeit, Familiengründung etc. und einem (möglichst langen) Festhalten an den ›schönen Seiten‹ der Jugend auch länger dort.

Für die jungen Erwachsenen, die 18- bis 20-Jährigen, um genau zu sein, findet sich in den gesetzlichen Regelungen etwa des Jugendgerichtsgesetzes (JGG) noch der etwas verwirrende Begriff der »Heranwachsenden«. Auch hier orientiert sich das Buch am Allgemeinverständnis und am sozialwissenschaftlichen Diskurs. Wenn auf den folgenden Seiten von den »Heranwachsenden« zu lesen ist, dann sind damit die älteren Kinder, Jugendlichen und jungen Erwachsenen gefasst und damit auch die Menschen, für die – wie noch differenziert zu zeigen sein wird – die digitale Welt bereits größere Relevanz hat. Sie werden damit auch begrifflich von den Klein-, Vor- und Grundschulkindern abgegrenzt, die nachfolgend als »Aufwachsende« gelabelt sind.

Mit Blick auf die – nur idealtypisch an das Alter gebundene – Entwicklung und Sozialisation junger Menschen ›durchlaufen‹ die Auf- und Heranwachsenden spezifische Phasen ihres Lebens. Hier bilden sie schrittweise grundlegende Kompetenzen, Vorlieben, Neigungen, Fertigkeiten, Interessen und Verhaltensweisen aus, um gesellschaftliche Handlungsfähigkeit zu erlangen bzw. ein eigenverantwortliches und gemeinschaftsfähiges Leben als Erwachsene führen zu können. Der Weg dorthin erfolgt in der Auseinandersetzung mit der eigenen Entwicklung sowie der sozialen und dinglich-materiellen Umwelt, die sie umgibt. Und diese ist heute mehr denn je von digitalen Technologien und Anwendungen durchdrungen.

> Die Welt, in der Kinder und Jugendliche heute in Deutschland auf- und heranwachsen, lässt sich längst als eine »digitale Gesellschaft« bezeichnen. Angesprochen ist damit eine Gesellschaft, in der den digitalen Medien und Infrastrukturen ein herausragender Stellenwert zukommt. In ernstzunehmenden Buchpublikationen zur Geschichte, Politik allgemein, Netzpolitik und Kommunikationspolitik speziell, zur Partizipationskultur oder Entwürfen einer eigenen Theorie geht man so weit, dass diese Gesellschaft sogar auf den digitalen Medien und Infrastrukturen basiert, oder prozesshafter ausgedrückt: von den Technologien durchdrungen wird (Hepp 2021).

Für Kinder und Jugendliche sind auf der Ebene der Wahrnehmung weniger die digitalen Technologien und Infrastrukturen an sich die relevante Größe. Es sind vielmehr die Endgeräte und Anwendungen, die ihnen zunächst vor allem kognitives Material zur Aneignung von Welt bieten und später vor allem dem kommunikativen Austausch und der sozialen Vernetzung dienen. Das ist die digitale Welt, in der sich die Auf- und Heranwachsenden heute mit ihrer besonderen Stellung in der Gesellschaft, unter den gezielten Einflussnahmen von Erziehung und Bildung, aus einer oftmals belastenden Lebenssituation heraus jedes Jahr in ihrem Leben ein bisschen mehr bewegen – mit einer immensen Bedeutung für ihre Entwicklung und Sozialisation insgesamt. Das ist der Ausgangspunkt dieses Buchs.

2.2 Auf- und Heranwachsen in Deutschland

So unterschiedlich die Entwicklung und Sozialisation junger Menschen auch sein mag: In gesamtgesellschaftlicher Perspektive sind auch die Kinder und Jugendlichen in Deutschland zunächst einmal (am Alter festgemachte) Teile der Bevölkerung und stellen als solche eine vergleichsweise kleine Gruppe in der überalterten Gesellschaft dar. Ihr Leben ist geprägt von – mehr oder minder klar definierten – Entwicklungsaufgaben, die (unabdingbar) zu bewältigen und dem Einfluss der (für sie vorgesehenen) Systeme von Bildung und Erziehung unterworfen sind.

Wie das Auf- und Heranwachsen insgesamt ist auch das Handeln in der digitalen Welt von gesamtgesellschaftlichen Gegebenheiten gerahmt, die im Detail einige markante Entwicklungen erkennen lassen. Und dies weniger im Hinblick auf die grundlegende Stellung von Kindern und Jugendlichen als Teil unserer Gesellschaft, sondern vielmehr hinsichtlich der immensen Herausforderungen für Sozialisation junger Menschen mitsamt gestiegenen Belastungen in ihrem Leben.

Kinder und Jugendliche als Teil der Bevölkerung

Relational betrachtet waren in den letzten Jahren in Deutschland nur etwa ein Sechstel aller Menschen unter 18 Jahre alt, mehr als ein Viertel der Bevölkerung demgegenüber über 60 Jahre alt. An diesem für die Regeneration von Gesellschaften misslichen Verhältnis von jüngeren und älteren Generationen hat sich bei anhaltend hoher Lebenserwartung der Menschen trotz Zuwanderung nicht allzu viel getan. Addiert man die in Tabelle 1 zusammengefassten aktuellen Zahlen des Statistischen Bundesamts (Destatis) der verschiedenen Altersgruppen junger Menschen, dann lebten Ende 2024 in Deutschland etwa 14 Millionen Minderjährige, was knapp 17 Prozent der Gesamtbevölkerung entspricht. Hinzu kommen noch über drei Millionen junge Erwachsene im Alter von 18 bis 21 Jahren mit knapp vier Prozent Anteil an der Bevölkerung (▶ Tab. 1). Im Vergleich dazu sind aktuell etwa 22 Prozent der Gesamtbevölkerung 65 Jahre und älter.

Sowohl die Anzahl der Minderjährigen als auch ihr Anteil an der Gesamtbevölkerung hat sich – mit einigen Schwankungen – in den letzten zehn, 15 Jahren zwar leicht erhöht. Die seit vielen Jahren monierte soziodemografische Schieflage einer überalterten Gesellschaft, an der sich auch ihr gesellschaftliches Handeln orientiert, besteht aber fort. Treibender Kern der

2 Aktuelle Lage der jungen Generationen

jüngeren Entwicklungen ist weniger eine erhöhte Zahl von Neugeborenen,[1] sondern vor allem der Zuzug bzw. die Einwanderung von Eltern und Familien mit Kindern (und auch von unbegleiteten Minderjährigen).

Tab. 1: (Klein-)Kinder, Jugendliche und junge Erwachsene in Deutschland Ende 2024

Altersgruppe	Anzahl in Millionen	Bevölkerungsanteil in Prozent
0 bis 5 Jahre	4,59	5,5
6 bis 9 Jahre	3,22	3,9
10 bis 13 Jahre	3,06	3,7
14 bis 17 Jahre	3,10	3,7
18 bis 21 Jahre	3,26	3,9
Gesamtbevölkerung	83,59	100,0

Eigene Darstellung, Daten aus Destatis (2025a)

Mit den nach Ausbruch des Krieges über eine Million nach Deutschland geflüchteten Ukrainer*innen, ein Drittel davon Minderjährige, wurden Ende 2022 erstmals über drei Millionen Schutzsuchende in Deutschland registriert, wobei der Anteil an der Bevölkerung in den Stadtstaaten (Bremen, Hamburg, Berlin) am höchsten ist. Insgesamt betrachtet hatte in den letzten Jahren gut ein Siebtel der Gesamtbevölkerung eine nichtdeutsche Nationalität (ein Drittel eine aus einem EU-Staat) und gut ein Viertel einen Migrationshintergrund, das heißt, sie selbst oder mindestens ein Elternteil ist nicht mit deutscher Staatsbürgerschaft geboren. Aktuell haben fast sechs Millionen Kinder und Jugendliche einen Migrationshintergrund, was gut zwei Fünfteln aller Minderjährigen in Deutschland entspricht. Auch 35 Jahre nach der Wiedervereinigung stellen sie in Westdeutschland einen deutlich höheren Anteil an der Bevölkerung als in Ostdeutschland.

Die offiziellen soziodemografischen Daten zeigen auch, dass zwar über 70 Prozent der deutschen Bevölkerung in den 50 Großstadtregionen mit zwischen 5,2 Millionen (Großraum Berlin/Potsdam) und 155.000 (Großstadtregion Salzgitter) Einwohner*innen leben, nur etwa 40 Prozent aber

---

1 Die seit Mitte der 2010er Jahre lange Zeit gestiegenen Geburtenzahlen erreichten im Jahr 2021 mit knapp 800.000 zwar den höchsten Stand seit 1997, sind in der Folge aber wieder spürbar gesunken auf nunmehr (geschätzt) etwa 680.000 im Jahr 2024 (Destatis 2025a).

tatsächlich in den großstädtischen Zentren sesshaft sind. Zudem wohnen über 80 Prozent der Kinder und Jugendlichen im früheren Bundesgebiet und nur knapp 20 Prozent in den neuen Bundesländern (inkl. Berlin) (Destatis 2025a). Insofern sind die repräsentativen Zahlen zu den zunehmend digital ausgelebten Freizeit- und Medienwelten von Kindern und Jugendlichen in Deutschland vor allem ein Spiegelbild des Auf- und Heranwachsens in westdeutschen Großstadtregionen.

Auch wenn in den Studien die Unterschiede zwischen Stadt und Land sowie Ost und West nicht mehr im Mittelpunkt stehen, sind die Zugänge junger Menschen zur digitalen Welt auch in diesen Punkten lebensweltlich gerahmt. Man denke nur an die verschiedenen Optionen der Freizeitgestaltung. Rechnet man die deutsche Hauptstadt mit ihren soziodemografischen Besonderheiten aus den Statistiken heraus, dann wachsen Kinder und Jugendliche in Ostdeutschland vielerorts in strukturschwachen, oft ländlichen Regionen mit geringem Anteil Nichtdeutscher und einer fortschreitenden Alterung der Bevölkerung durch höhere Lebenserwartung, Wegzug junger Erwachsener und wenig Zuwanderung heran. Die Gleichaltrigen in Westdeutschland wachsen demgegenüber mit erweiterten Zugängen zu Gesellschaft und Kultur der Großstadtregionen mit deutlich höherem Anteil ausländischer Bevölkerung und beschleunigter Zuwanderung auf (ebd.).

Familiäre Verhältnisse

Eine besondere Bedeutung für das Leben junger Menschen insgesamt und ihren Medienumgang speziell haben die Kontexte von Erziehung und Bildung, in denen sie auf- und heranwachsen. Hervorzuheben sind hier zum einen das familiäre Zusammenleben, zum anderen die Betreuung in Kindertagesstätten und die schulische Bildung. Zunächst zu den familiären Verhältnissen: Nach den aktuellsten vorliegenden Zahlen gab es in Deutschland im Jahr 2023 insgesamt 8,54 Millionen Familien mit minderjährigen Kindern. Insgesamt verbringen in diesem, im Schnitt von 3,6 Personen zusammengehaltenen familiären Zusammenhang über 31 Millionen bzw. 37 Prozent aller Menschen in Deutschland ihren Alltag. Nach weiter rückläufigen Zahlen in den letzten Jahren lebt in knapp der Hälfte der Familien (nur) ein minderjähriges Kind, in jedem siebten Fall sind drei oder mehr Kinder Teil der Familie (▶ Tab. 2).

2 Aktuelle Lage der jungen Generationen

Tab. 2: Familien mit minderjährigen Kindern in Deutschland

Familien mit Minderjährigen insgesamt	Anzahl der Kinder				Status der Erziehenden		
	1	2	3(+)	Ehepaare	Lebensgemein-schaften	Alleinerziehende
Anzahl	8,54	4,16	3,29	1,09	5,82	1,02	1,70
Anteil	100,0	48,7	38,5	12,8	68,1	12,0	19,9

Anzahl in Millionen, Anteile in Prozent. Eigene Darstellung, Daten aus Destatis (2024a)

Die Erziehenden – und das sollte auch beim auf den Medienumgang der Kinder bezogenen Handeln nicht aus dem Blick geraten – nehmen ihre Aufgaben in aller Regel zwar noch immer in einer Ehegemeinschaft wahr, der Anteil der in Ehe sich kümmernden Eltern hat seit Mitte der 1990er Jahre aber von deutlich über 80 auf knapp 68 Prozent im Jahr 2023 abgenommen. Spürbar erhöht hat sich in diesem Zeitraum sowohl der Anteil der in Lebensgemeinschaft Erziehenden wie auch der von Alleinerziehenden meist nach Trennung (seltener aufgrund des Todes eines Elternteils oder einer von vornherein ›geplanten‹ Single-Elternschaft).[2]

Auffällig ist der in den letzten Jahren gestiegene Anteil an Vätern unter der Alleinerziehenden auf fast 18 Prozent im Jahr 2023. Wie bei Elternpaaren hat sich auch bei den Alleinerziehenden der Anteil der Erwerbstätigen mit der bekannten Doppelbelastung von Familie und Beruf in den letzten Jahren schrittweise erhöht; es sind mittlerweile gut zwei Drittel der alleinerziehenden Mütter (meist in Teilzeit beschäftigt) und neun von zehn Vätern (meist in Vollzeit beschäftigt). Bei den Elternpaaren sind aktuell in zwei von drei Fällen beide Erziehenden erwerbstätig (Destatis 2024a).

Die Trennung der Eltern ist eine Erfahrung, die sehr viele Kinder und Jugendliche in ihrem Leben machen. Für die Betroffenen heißt das: Die Familie bricht auseinander, Konflikte zwischen den Eltern werden miterlebt, alltägliche Abläufe verändern sich und das gewohnte Umfeld geht verloren – Ängste, Traurigkeit, Wut und Verhaltensänderungen sind typische Reaktionen (Lux/Zimmermann 2023). Trotz rückläufiger Zahlen von Ehescheidungen allgemein (etwa jede dritte Ehe in Deutschland wird geschieden) waren im

---

2 Die meisten bleiben in den ersten drei Jahren nach Übergang zum Alleinerziehen zwar Alleinerziehende, aber nicht ohne Partner*innen. Verglichen mit den Familien, in denen die Erziehenden in Paarbeziehung sind, hatten in der jüngeren Vergangenheit Alleinerziehende während dieser Zeit seltener einen Migrationshintergrund und häufiger nur ein minderjähriges Kind im Haushalt (BMFSFJ 2021).

Jahr 2023 fast 110.000 Kinder und Jugendliche von der Scheidung ihrer Eltern betroffen (Destatis 2024a). Hinzu kommen noch die (nur geschätzten) Trennungen von Eltern in nichtehelicher Lebensgemeinschaft, sodass insgesamt von über drei Millionen Trennungskindern und 200.000 jedes Jahr neu betroffenen Minderjährigen auszugehen ist.

Die familiären Zusammenhänge sind für die Meisten lange über das Jugendalter hinaus alltagsrelevant. Im Schnitt verlassen sie ihr Elternhaus mit knapp 24 Jahren, wobei die jungen Frauen deutlich früher ihren eigenen Haushalt gründen: Im Alter von 25 Jahren wohnt nur jede fünfte junge Erwachsene, aber jeder dritte Mann noch bei den Eltern. Insgesamt betrachtet sind die jungen Erwachsenen in den letzten Jahren zwar immer früher zu Hause ausgezogen und erfolgt der Auszug in Deutschland verglichen mit dem EU-Schnitt von 26,3 Jahren eher früh (Destatis 2024b). Mit 25 Jahren lebt aber hierzulande noch gut ein Viertel und mit 30 Jahren jede*r Zehnte bei den Eltern, was nicht zuletzt im Kontext verlängerter Ausbildungszeiten, fehlender finanzieller Mittel bzw. hoher Mietkosten zu sehen ist.

Durchaus spannend sind in diesem Zusammenhang die Ergebnisse der aktuellen, mittlerweile 19. Shell Jugendstudie: In der Selbsteinschätzung leben die jungen Erwachsenen vor allem deshalb (noch) bei ihren Eltern, weil es für die Familien so »am bequemsten« ist. Auch das – verglichen mit den 2000er Jahren – sehr gute Verhältnis zu den Erziehenden spielt hier eine Rolle; im Jahr 2024 kamen 40 Prozent der Befragten im Alter zwischen zwölf und 25 Jahren »bestens« mit ihren Eltern aus. Weniger die ›Gutbetuchten‹ ziehen frühzeitig zu Hause aus, sondern vielmehr diejenigen, die in eher prekären finanziellen Verhältnissen und – damit verbunden – unter Wohnverhältnissen heranwachsen, die für ein konfliktfreies familiäres Zusammenleben eher ungünstig sind (Wolfert/Quenzel 2024).

Kita, Schule, Ausbildung

Auch was die institutionalisierten Kontexte von Erziehung und Bildung betrifft, wurden in den letzten Jahren zumindest einige kleinere Veränderungen beobachtet. Gleicht man die Daten in Tabelle 3 mit den Zahlen zu den Mitgliedern der einzelnen Altersgruppen ab (▶ Tab. 1), wird deutlich, dass in Deutschland weiterhin die mit Abstand meisten Kinder in den ersten beiden Lebensjahren in ihren Familien betreut werden. Die ersten Medienzugänge von Kindern sind also noch immer davon geprägt, was sie zu Hause vorfinden und die Eltern ihnen zugestehen (▶ Kap. 4.2).

2 Aktuelle Lage der jungen Generationen

Die Quote der Betreuung in einer Kita bzw. Tageseinrichtung ist in den letzten Jahren allerdings gestiegen, auf nunmehr gut 37 Prozent der unter Dreijährigen – mit deutlichen Unterschieden in den Bundesländern: Die höchste Betreuungsquote hatte im Jahr 2024 Mecklenburg-Vorpommern (60 Prozent) und die niedrigste Bremen (30 Prozent) (Destatis 2024c). Im Alter zwischen drei und fünf Jahren sind mit nur noch geringen Länderunterschieden dann neun von zehn Kindern in den hierzulande über 60.000 Kitas bzw. Tageseinrichtungen mit im Schnitt knapp 65 Kindern in Betreuung (Afflerbach/Meiner-Teubner 2024).[3]

Tab. 3: Kinder, Jugendliche und (junge) Erwachsene in institutioneller Erziehung, Bildung und Ausbildung im Jahr 2024

Institution	Alter/Status	Anzahl in Millionen
Kita/Tageseinrichtung	Null- bis Zweijährige	0,72
	Drei- bis Fünfjährige	2,22
	Ab Sechsjährige	1,00
	insgesamt	*3,94*
Schulische Bildung	Grundschüler*innen	3,21
	Hauptschüler*innen	0,33
	Realschüler*innen	0,77
	Gesamtschüler*innen	1,00
	Gymnasiast*innen	2,46
	Förderschüler*innen	0,34
	andere	0,71
	insgesamt	*8,82*
Betriebliche Ausbildung (dual)	Auszubildende	1,22
Berufliche Schulbildung (inkl. Fachschule, Kolleg etc.)	Berufsschüler*innen	2,44
Hochschulstudium	Student*innen	2,87
	insgesamt	*6,39*

Eigene Darstellung, Daten aus Destatis (2024b, 2025b)

---

3 Die meisten Einrichtungen sind an sehr kleine Träger (mit nur einer Kita) angebunden und zu jeweils einem Drittel in öffentlicher Trägerschaft, kirchlicher Trägerschaft (von Caritas und Diakonie) und anderer freier Trägerschaft (AWO, Der Paritätische, DRK und sonstige meist frei-gemeinnützige Träger) (Meiner-Teubner et al. 2023).

Auch die Nachmittagsbetreuung im schulischen Bereich hat in den letzten Jahren zugenommen. Seit dem Schuljahr 2017/18 sind die meisten Schüler*innen in den Ganztagsangeboten von Grundschulen sowie in den Primarstufen Freier Waldorfschulen und Integrierter Gesamtschulen in Betreuung. Die Beteiligungsquote differiert zwischen den einzelnen Bundesländern allerdings erheblich und reicht von unter 40 Prozent (in Bayern und Schleswig-Holstein) bis über 90 Prozent (in Hamburg und Thüringen) (Meiner-Teubner 2023).

Insgesamt wurden in Deutschland im Schuljahr 2024/25 über elf Millionen Schüler*innen an allgemeinbildenden und beruflichen Schulen unterrichtet (▶ Tab. 3). Die Zahl der Schüler*innen ist damit insgesamt und besonders markant im Bereich der allgemeinbildenden Schulen in den letzten Jahren weiter angestiegen, was zum einen auf die demografische Entwicklung, zum anderen auf die Zuwanderung insbesondere aus der Ukraine zurückzuführen ist. Etwa ein Siebtel aller Schüler*innen hat eine ausländische Staatsbürgerschaft.

Infolge der strukturellen Veränderungen gingen in den letzten Jahren immer mehr Schüler*innen auf Gesamtschulen und immer weniger auf Haupt- und Realschulen. Ebenso zeigt sich in der längerfristigen Betrachtung, dass es in Deutschland zwar immer weniger Jugendliche und junge Erwachsene in betrieblicher Ausbildung und immer mehr Studierende an Hochschulen und Universitäten gibt. Der die drei Jahre zuvor beobachtete Trend leicht sinkender Studierendenzahlen wurde mit den knapp 2,9 Millionen im Wintersemester 2024/25 an deutschen Hochschulen eingeschriebenen Studierenden allerdings gestoppt – mit deutlichen Rückgängen in Maschinenbau sowie Bauingenieurwesen, dafür aber mehr Erstsemestern in Informatik (Destatis 2024d). Die fortschreitende Digitalisierung in der Gesellschaft zeichnet sich also auch hier ab.

2.3 Besondere Lebenslagen junger Menschen

Entgegen der landläufigen Meinung von Wohlstand und einem weitgehend unbekümmerten Auf- und Heranwachsen in den Familien und institutionalisierten Kontexten von Bildung und Erziehung finden viele Kinder und Jugendliche in Deutschland nicht unbedingt ideale Startvoraussetzungen vor. Wesentlich sind in diesem Zusammenhang drei Aspekte, die gar nicht so selten miteinander verschränkt scheinen: erstens die von Armut und sozialer

Ausgrenzung geprägten Lebenswelten junger Menschen, zweitens die in den letzten Jahren zugenommenen mentalen Belastungen und psychischen Störungen sowie drittens die negativen Alltags- und Erziehungserfahrungen von nicht wenigen Kindern und Jugendlichen.

In diesen markanten Punkten hat sich die Situation unter den Bedingungen der Covid-19-Pandemie für die meisten jungen Menschen deutlich verschlechtert – und bei vielen bis heute nachhaltige Spuren im Leben hinterlassen. Prägend für Kinder waren hier Kita-Schließungen und fehlende Bindung zu belasteten Erziehenden, wobei sie immer häufiger sich selbst und den Medien ›überlassen‹ waren. Die Jugendlichen konnten die mit Schulschließungen und Kontaktbeschränkungen minimierten wichtigen Erfahrungen unter Peers mit dem digitalen Austausch in Messengerdiensten, Social Media und vernetzten Spielewelten nur begrenzt ›auffangen‹. Die meisten waren zu dieser Zeit zutiefst unzufrieden mit ihrem Leben und gingen mental belastet durch den Alltag.

Alles in allem mögen Jugendliche (und junge Erwachsene) zuletzt zwar wieder etwas zufriedener mit ihrem Leben gewesen sein. Was die eigene Gesundheit, soziale Anerkennung, beruflichen Chancen und die aktuelle, vielerorts von persönlichen Sorgen (Inflation, teurer Wohnraum, Altersarmut) gekennzeichnete finanzielle Lage angeht, hat die Zufriedenheit auch nach den besonderen Belastungen unter pandemischen Bedingungen aber weiter abgenommen und entspannt sich die Situation aktuell nur leicht (Schnetzer/Hampel/Hurrelmann 2024, 2025). Die von Klimawandel, steigender Armut, wirtschaftlichem Abschwung und Kriegen geprägten Krisenzeiten belasten augenscheinlich die Kinder mehr als die Jugendlichen und junge Erwachsenen, die bei all den persönlichen Hemmnissen (Disziplinlosigkeit, mentaler Verfassung, Krankheiten, Verletzungen etc.) mit den Ressourcen, die sie bei sich selbst und im sozialen Nahbereich finden, noch immer Zuversicht und ihren positiven Blick auf das Leben und die eigene Zukunft behalten haben (Leven/McDonnell 2024).

Armut und soziale Ausgrenzung

Laut den Daten des Statistischen Bundesamts waren im Jahr 2023 in Deutschland 24 Prozent der unter 18-Jährigen von Armut oder aber sozialer Ausgrenzung bedroht (Destatis 2024e). Nach gestiegenen Zahlen in der letzten Dekade wächst heute also fast jede*r vierte Minderjährige unter der (einkommensabhängigen) Armutsgefährdungsgrenze oder in einem Haushalt auf, der von erheblicher materieller und sozialer Entbehrung und/oder sehr geringer Erwerbsbeteiligung gekennzeichnet ist.[4] Auch wenn damit die EU-weite Quote knapp unterschritten wird, steht Deutschland im Ländervergleich nicht wirklich gut da. Denn für die meisten EU-Staaten wird nach den Daten eine geringere Quote ausgewiesen.

Ein besonders hohes Risiko, in ihrer Lebenswelt von Armut betroffen zu sein, haben in Deutschland Kinder und Jugendliche, die unter Alleinerziehenden aufwachsen. Etwa die Hälfte der über 1,5 Millionen Minderjährigen in diesem erzieherischen Setting gilt als armutsgefährdet. Grund dafür ist vor allem die immense, meist ungeteilte Herausforderung für Alleinerziehende, Erziehung und Erwerbsarbeit ›unter einen Hut‹ zu bekommen. Schon vor Corona war etwa jede*r dritte Alleinerziehende nicht erwerbstätig und lebte in einer sog. SGB-II-Bedarfsgemeinschaft (BMFSFJ 2021), ohne dass sich hieran in den letzten Jahren etwas grundsätzlich geändert hätte.

Auch eine niedrige Bildung und fehlende Ausbildung der Eltern erhöhen aufgrund der damit verbundenen Benachteiligungen, Einstiegshürden und geringeren Teilhabemöglichkeiten das Armutsrisiko. Nach der differenzierten Betrachtung der Zahlen aus dem Jahr 2023 sind fast 37 Prozent der Minderjährigen, deren Eltern einzig über einen Haupt- oder Realschulabschluss und keinen beruflichen Abschluss verfügten, armutsgefährdet. Hatten die Eltern einen mittleren Bildungsabschluss (Abitur, abgeschlossene Berufsausbildung etc.), dann sind es noch immer gut 14 Prozent der Minderjährigen. Bei einem höheren Bildungsabschluss (Meistertitel, abgeschlossenes Studium etc.) seitens der Eltern sind demgegenüber knapp sechs Prozent von Armut bedroht (Destatis 2024e).

Insgesamt betrachtet ist die Armutsgefährdungsquote unter Minderjähriger weiter gestiegen, auf nunmehr von über 15 Prozent im Jahr 2024; damit sind in Deutschland aktuell deutlich über zwei Millionen Kinder und Jugendliche armutsgefährdet (Destatis 2025c). Ein beträchtlicher Teil junger Menschen erlebt damit Tag für Tag Benachteiligungen in ganz unterschiedlichen Bereichen des eigenen Lebens – auch im Hinblick auf die Optionen, die digitale Medien bieten.

---

4 Nach – auch hier zugrunde gelegter – EU-SILC gilt eine Person als armutsgefährdet, wenn sie über weniger als 60 Prozent des mittleren Einkommens der Gesamtbevölkerung verfügt. Der aus dem kompletten Jahreseinkommen errechnete Schwellenwert lag im Jahr 2023 für eine alleine lebende Person in Deutschland bei 1.314 Euro netto im Monat und bei einem Familienhaushalt mit zwei Erwachsenen und zwei Kindern unter 14 Jahren bei 2.759 Euro netto im Monat (Destatis 2024e).

> Mit solch ungünstigen Startvoraussetzungen junger Menschen sind auch die Benachteiligungen bei ihren Zugängen zur digitalen Welt verschränkt. Die persönlich verfügbaren Ressourcen (Medienkompetenz, Endgeräte, Infrastrukturen, Onlinedienste, Apps etc.) entscheiden mit darüber, welche Möglichkeiten junge Menschen in ihrem Alltag überhaupt wahrnehmen können (Kutscher/Farrenberg 2014). Zudem zeigt sich im Hinblick auf digitale Gefährdungen, dass Kinder in benachteiligten Familien intensiver und weniger beaufsichtigt im Netz unterwegs sind, aber stärker über elterliche Restriktionen beeinflusst werden, während die privilegierten Kinder mehr elterliche Förderung genießen (Heeg et al. 2023).

Fakt ist: Armut begrenzt die Möglichkeiten von Kindern im Hier und Heute, beschämt sie und bestimmt das Leben und die Zukunft der Betroffenen (Funcke/Menne 2024). Wachsen Kinder in Armut auf, erleben sie früh in ihrem Leben fehlende Teilhabe am gesellschaftlichen und kulturellen Leben generell. Beengte Wohnverhältnisse erschweren es ihnen, ihre Freund*innen zu sich nach Hause einzuladen. Um mit den Benachteiligungen besser umgehen zu können, entwickeln Betroffene Vermeidungsstrategien, melden sich bspw. krank, wenn für bestimmte Freizeitaktivitäten die finanziellen Mittel fehlen, oder erfinden Ausreden, wenn es ihnen nicht möglich ist, sich mit Freund*innen zu treffen. Sie fühlen sich schon früh von der Gesellschaft abgelehnt, werden tatsächlich häufiger ausgegrenzt als Kinder, die nicht unter solch prekären Bedingungen heranwachsen – und erleben auch häufiger körperliche und emotionale Gewalt (Krüger 2024).

Die Gründe für Armut und die damit verbundenen Benachteiligungen werden von den potenziell Betroffenen vor allem im Kontext eines unzureichenden Engagements der Politik und fehlenden gesellschaftlichen Zusammenhalts gesehen. Für die im Kinderreport Deutschland 2023 fast 700 befragten Kindern und Jugendlichen im Alter von zehn bis 17 Jahren sind zentrale Gründe für Kinderarmut, dass viele Eltern zu wenig verdienen, die Politik sich zu wenig darum kümmert, alleinerziehende Mütter und Väter zu wenig unterstützt werden (finanziell und bezüglich Kinderbetreuung), der Zusammenhalt in Deutschland zu gering ist und arme Kinder in der Schule zu wenig unterstützt werden (DKHW 2023).

Die in dieser Studie ebenfalls über 1.000 befragten Erwachsenen sehen Kinderarmut vor allem darin begründet, dass viele Einkommen zu gering sind, Armut sich durch die geringeren Bildungschancen betroffener Kinder fortsetzt, Alleinerziehende zu wenig Unterstützung erhalten, die Politik sich dem Problem zu wenig widmet und der gesellschaftliche Zusammenhalt in

Deutschland zu gering ist. Deutlich weniger Zustimmung von den Erwachsenen und auch von den befragten Kindern und Jugendlichen bekommt demgegenüber, dass die wirtschaftliche Situation in Deutschland nicht mehr Unterstützung gestatte.[5]

Insgesamt betrachtet finden gut drei Fünftel der 10- bis 17-Jährigen, dass in Deutschland »eher wenig« oder »sehr wenig« gegen Kinderarmut getan wird – unter den Erwachsenen teilen diese Ansicht sogar fast drei Viertel. Bezüglich konkreter Maßnahmen gegen Kinderarmut haben Unterstützungsformen innerhalb der Institutionen von Erziehung und Bildung eine besondere Bedeutung. Sehr wichtig sind den meisten Heranwachsenden und auch vielen Erwachsenen kostenlose Bücher und Lehrmittel in der Schule, günstiger Wohnraum und sozial gemischte Wohnquartiere, eine kostenlose Essensversorgung bzw. Ganztagsbetreuung in Kitas und Schulen, mehr (sozial-)pädagogische Fachkräfte für sozial Benachteiligte sowie eine Erhöhung staatlicher Leistungen wie Kinder- und Bürgergeld (ebd.).

Persönliche Belastungen und psychische Störungen

Einer unbeschwerten Teilhabe an der Gesellschaft und Entwicklung junger Menschen zu einer selbstbestimmten, eigenverantwortlichen und gemeinschaftsfähigen Persönlichkeit stehen hierzulande auch die immer häufiger beobachteten persönlichen Beeinträchtigungen und Belastungen entgegen. Insbesondere das persönliche Erleben des eigenen Alltags gestaltet sich für junge Menschen seit Ende der 2010er Jahre immer herausfordernder. So zeigt ein groß angelegtes Monitoring, dass im Alter von zehn bis 17 Jahren immer mehr Menschen unter emotionalen Problemen wie häufigem Unglücklich- oder Niedergeschlagensein und (psycho-)somatischen Beschwerden wie Bauch-, Kopf- und Rückenschmerzen, Erschöpfung und Schlafproblemen leiden. Weitgehend unabhängig von Geschlecht und Sozialstatus sind nach dem Hoch während der Covid-19-Pandemie aktuell noch immer mehr Heranwachsende von den Belastungen betroffen als zum Ende der 2010er Jahre (Hanewinkel/Hansen/Neumann 2024).

---

5   Verglichen mit früheren Daten sehen die Erwachsenen die (zu) geringen Einkommen und fehlende Unterstützung Alleinerziehender nicht mehr ganz so häufig als zentrale Gründe für Kinderarmut. Die wirtschaftliche Lage in Deutschland, die auch zu Zeiten steigenden BIP-Wachstums nicht zu einer Verringerung von Kinderarmut beigetragen hat, wurde im Jahr 2023 indes deutlich häufiger herausgestellt (DKHW 2023).

Im Hinblick auf die verschiedenen Formen körperlicher, seelischer, geistiger etc. Beeinträchtigung bzw. Behinderung, die junge Menschen längerfristig an einer gleichberechtigten gesellschaftlichen Teilhabe hindern, ist von über 400.000 betroffenen Kindern und Jugendlichen auszugehen. In noch sehr viel mehr Fällen ergibt sich aus den persönlichen Beeinträchtigungen ein sozialpädagogischer Förderbedarf, der auf ca. 600.000 Schüler*innen beziffert wird (Schone/Struck 2023). Gut die Hälfte davon besucht eine spezielle Förderschule (▶ Tab. 1).

Die verschiedenen mentalen Belastungen und psychischen Störungen prägten zwar bereits vor der Covid-19-Pandemie das Leben nicht weniger Kinder und Jugendlicher in Deutschland. Sie haben jedoch mit zunehmender Dauer der erschwerten Lebensbedingungen, besonders bezüglich des eingeschränkten sozialen Zusammenlebens und wegbrechender etablierter Tagesstrukturen sowie fehlender Zugänge zu den Unterstützungssystemen, im Jahr 2021 neue Höchststände erreicht, ohne dass sich die Fallzahlen Betroffener in der Zeit nach der Pandemie wieder auf dem Vor-Corona-Niveau eingepegelt hätten.

Eine klare Sprache sprechen hier aktuelle Befragungsdaten und Zahlen zu den diagnostizierten Störungen und Krankenhausaufenthalten. So zeigte eine Studie des Bundesinstituts für Bevölkerungsforschung (BiB) zur psychischen Gesundheit von Jugendlichen zu Zeiten des ersten Lockdowns, dass die Zahl der Heranwachsenden mit Anzeichen einer Depression sprunghaft angestiegen war. Hatte vor den belastenden Pandemiebedingungen jede*r Zehnte der 16-bis 19-Jährigen depressive Symptome, waren es zu Zeiten des ersten Lockdowns bereits jede*r Vierte – mit deutlichen Unterschieden zwischen den Geschlechtern: Die Anzahl der weiblichen Heranwachsenden mit depressiven Symptomen (Rückzug, Verhaltensauffälligkeiten, Essstörungen etc.) stieg sprunghaft von 13 auf 35 Prozent und die der männlichen von 7 auf 15 Prozent (Bujard et al. 2021).

> In der kritischen Rückschau auf die Entwicklungen unter Corona muss – empirisch belegt – festgehalten werden, dass die einschränkenden Maßnahmen im Bildungs- und Betreuungsbereich mit einer Zunahme von Angstsymptomen und Depressionen bei Kindern und Jugendlichen verbunden waren, die körperliche Aktivität und Fitness der jungen Menschen nachhaltig beeinträchtigt und nicht zuletzt auch die Zufriedenheit insbesondere von Müttern mit dem (Familien-)Leben sowie deren Wohlbefinden insgesamt stark eingeschränkt haben (Ludwig-Walz et al. 2024).

Vertiefende Einblicke in die Entwicklungen bis zum Oktober 2024 gibt die COPSY-Längsschnittstudie des Universitätsklinikum Hamburg-Eppendorf zur psychischen Gesundheit junger Menschen.[6] Sowohl die Lebensqualität der Kinder und Jugendlichen allgemein als auch ihr psychisches Wohlbefinden speziell haben unter den pandemischen Bedingungen schlagartig gelitten. Dies äußert sich in einer stark erhöhten Prävalenz von Angststörungen bei weiblichen Heranwachsenden und einer allgemein verminderten Lebensqualität der männlichen (Ravens-Sieberer 2023).

Insgesamt betrachtet hatten Angstsymptome und Anzeichen einer Depression Ende 2020/Anfang 2021 mit 30 bzw. 24 Prozent Betroffenen unter Kindern und Jugendlichen ihren höchsten Stand. Trotz des Rückgangs in der Zeit danach waren mit Ausnahme der depressiven Symptomatik die mentalen bzw. psychischen Belastungen junger Menschen zum Ende des Jahres 2024 noch immer deutlich verbreiteter als vor Corona. Als Risikofaktoren werden in der Studie eine geringe elterliche Bildung, psychische Belastungen der Eltern, ein Migrationshintergrund und eingeschränkter Wohnraum herausgestellt. Auch die ausgeprägten Zukunftsängste bzw. deutlich zugenommenen Sorgen hinsichtlich Krieg, Terrorismus, Klimawandel und Wirtschaftskrise spielen demnach eine Rolle (Kaman et al. 2024). Zudem zeigt die Studie, dass auch die (ausgiebige) Nutzung von Social Media für nicht wenige Kinder und Jugendliche mit belastenden Erfahrungen verbunden und entsprechend für die psychisch Gesundheit nicht zuträglich ist (▶ Kap. 6.4).

Die älteren Heranwachsenden scheinen nach den Ergebnissen der Trendstudie »Jugend in Deutschland« sogar mehr denn je in einer belasteten Situation. Eigenen Angaben der 14- bis 29-Jährigen zufolge sind die mentalen bzw. psychischen Belastungen (hier: Stress, Erschöpfung, Hilflosigkeit) bis ins Jahr 2024 weiter angestiegen und wird dies nicht zuletzt in Zusammenhang mit den exzessiven Bildschirmzeiten am Smartphone gebracht. Jede*r Neunte war demnach wegen einer psychischen Störung in Behandlung, und auch die persönliche Zufriedenheit mit der körperlichen Gesundheit insgesamt sank bis ins Jahr 2024 deutlich. Die Situation mag sich aktuell zwar leicht entspannt haben – Stress, Erschöpfung, Selbstzweifel und Antriebslosigkeit sind aber noch immer weit verbreitet und jede*r vierte Heranwachsende schätzt den eigenen psychischen bzw. mentalen Zustand so ein, dass (ei-

---

6 Gestartet im Mai/Juni 2020 stehen mit der nunmehr siebten Erhebungswelle Daten von zuletzt Oktober 2024 zur Verfügung. Basis sind fast 2.900 Familien, in denen Heranwachsende im Alter von elf bis 22 Jahren und Sorgeberechtigte von Kindern ab sieben Jahren befragt wurden. Fast die Hälfte der in er ersten Erhebungswelle Befragten waren auch zuletzt noch dabei (Kaman et al. 2024).

gentlich) eine Behandlung notwendig ist (Schnetzer/Hampel/Hurrelmann 2024, 2025).

Nicht zu übersehen sind die Belastungen ihrer Eltern, die auch die Alltags- und Erziehungserfahrungen Heranwachsender prägen (s. u.). Vor allem aufgrund der gestiegenen Sorgen um die (Sicherheits-)Lage insgesamt und der bekannten Probleme mit der Vereinbarkeit von Beruf und Familie fühlte sich im Jahr 2024 ein Drittel der Eltern im Alltag stark belastet. Jede*r dritte Betroffene sieht auch bei den Heranwachsenden unter dem eigenen Dach eine starke Belastung – mit (schulischem) Leistungsdruck als Hauptbelastungsfaktor. Mitursächlich sind aus Elternsicht zudem fehlende Zeit für Hobbies und eben auch der zunehmende Druck durch Social Media bzw. Influencer*innen (Köber-Stiftung 2024).

Schwerwiegende psychische Belastungen und Krisen sind auch ein wesentlicher Hintergrund für die Suizidalität junger Menschen und die Formen von selbstschädigendem bzw. selbstverletzendem Verhalten, das mit seinen intra- und interpersonalen Funktionen (Selbstbestrafung, Emotionsregulation, Appell an andere, Erlangen von Aufmerksamkeit und Zuwendung etc.) als Copingstrategie und Selbsttherapeutikum gesehen wird (Eichenberg/Auersperg 2024).

> Der vollendete Suizid, wie er heute in jugendaffinen Medienumgebungen nahegelegt, beworben und zuweilen auch vollzogen wird, ist unter Jugendlichen nach Verkehrsunfällen immerhin die zweithäufigste Todesursache und wird bei den männlichen Heranwachsenden etwa dreimal häufiger beobachtet als bei den weiblichen. Bei schätzungsweise 90 Prozent der erfassten Fälle steht die Suizidalität im (direkten) Zusammenhang mit einer psychischen Störung, allen voran mit einer Depression (Kacic/Zimmermann 2020).[7]

Auch wenn die Selbstschädigungen junger Menschen in den letzten Jahren vermehrt vor dem Hintergrund entsprechender Vorlagen in der Social-Media-Welt diskutiert wurden (Hajok/Kittelmann 2023), sind die im Fachdiskurs hergestellte direkten Zusammenhänge, etwa von (markant angestiegenen)

---

7 Als weitere Risikofaktoren werden neben der ›jugendtypischen‹ Impulsivität und den Formen (nicht-)suizidalen selbstverletzenden Verhaltens auch psychosoziale Dispositionen hervorgehoben, etwa durch dauerhafte Belastungen durch Konfliktbeziehungen, Gewalt und (Cyber-)Mobbing mitsamt Erleben einer fehlenden bzw. verlorengegangenen Bindung zu Bezugspersonen und Gruppen.

Suizidversuchen unter Jugendlichen und der gestiegenen Popularität von Social Media bereits in den 2010er Jahren (O'Reilly et al. 2018), etwas mit Vorsicht zu genießen. Unstrittig bleibt aber auch hier, dass die ›realen‹ Problemlagen der jungen Generationen heute vielfach mit den Inputs und Vorlagen der digitalen Welt verschränkt sind (▶ Kap. 8.4).

Auch die Krankenhausaufenthalte von Kindern und Jugendlichen zeichnen das Bild einer zunehmenden psychischen Belastung junger Menschen. Nach den Daten von fast 800.000 DAK-versicherten Minderjährigen wurden in den Jahren der Pandemie deutlich mehr Kinder und Jugendliche wegen psychischer Belastungen und spezifischer Entwicklungsstörungen stationär behandelt. Das betraf die Sprach- und Sprechstörungen sowie die kombinierten umschriebenen Entwicklungsstörungen bei den 5- bis 9-Jährigen, die Essstörungen, depressiven Episoden, phobischen Störungen und anderen Angststörungen bei den 10- bis 14-Jährigen und die psychischen Störungen und Verhaltensstörungen durch Stimulanzien, Essstörungen, depressiven Episoden, tiefgreifenden Entwicklungsstörungen und andere Angststörungen bei den 15- bis 17-Jährigen. In einer Sonderauswertung der um das Jahr 2022 ergänzten Daten wurde zusammenfassend festgestellt, dass insbesondere Mädchen und junge Frauen von den sog. internalisierenden psychischen Störungen bzw. den (immer häufiger stationär behandelten) Angststörungen, Depressionen und Essstörungen betroffen waren (Witte et al. 2022, 2023).

Die verschiedenen Formen von Essstörungen (Anorexie, Bulimie, Binge Eating Störung etc.) haben von je her bei Jugendlichen, insbesondere jungen Frauen, ihre größte Verbreitung. Seit über 20 Jahren werden auch verherrlichende Angebote der Pro-Ana-/Pro-Mia-Bewegung im Netz diskutiert (Bachmann/Hajok/Schermutzki 2012, Hajok et al. 2022). Selbst- und Fremdgefährdungen junger Menschen im Netz gehen hier Hand in Hand (▶ Kap. 8.4). Nach zugenommener Prävalenz in den letzten Jahren[8] ist von 3 bis 6 Prozent Betroffenen unter Jugendlichen auszugehen. Insgesamt zeigen 20 Prozent der Kinder und Jugendlichen in Deutschland bereits Symptome einer Essstörung, was im Fall der restriktiven Formen mit dem Wegfall von Schutzfaktoren, der Einschränkung sozialer Kontakte, den skizzierten stärkeren psychischen Belastungen und Ängsten sowie erschwerten Zugängen zu Behandlungs- und Beratungsangeboten in der Pandemie begründet wird (Kaman et al. 2022).

---

8 Nach dem Hoch im Jahr 2021 wurden 2022 noch immer vier Prozent mehr 10- bis 14-Jährige und sogar 42 Prozent mehr 15- bis 17-Jährige wegen einer Essstörung im Krankenhaus behandelt als im Jahr 2019 (Witte et al. 2023).

Insbesondere die Magersucht (Anorexia nervosa) stellt nicht nur eine der am häufigsten behandelten Erkrankungen in der Kinder- und Jugendpsychiatrie dar, sondern auch eine der gefährlichsten. Denn ein erheblicher Anteil der Krankheitsfälle verläuft chronisch, die Mortalitäts- bzw. Sterberate unter den Betroffenen liegt bei knapp zehn Prozent. Hinzu kommen Langzeitfolgen: Die Hälfte der im Jugendalter Betroffenen zeigt auch zehn Jahre später noch Essstörungssymptome, es besteht ein (deutlich) erhöhtes Risiko für psychische und körperliche Komorbiditäten, für Suizidalität, Substanzmissbrauch und letztlich für eine geringere Lebensqualität, die sich in mangelnder Leistungsfähigkeit, fehlender sozialer Teilhabe oder niedrigem Bildungserfolg äußert (Klicpera et al. 2019).

Negative Alltags- und Erziehungserfahrungen

Abseits der beschriebenen Erfahrungen mit Armut und sozialer Ausgrenzung sowie mentaler Belastungen und psychischer Störungen finden viele Kinder und Jugendliche in Deutschland aufgrund spezifischer Alltags- und Erziehungserfahrungen ungünstige Startvoraussetzungen für das eigene Leben vor. Neben den grundlegenden familiären Verhältnissen bedingen insbesondere erzieherischen Einflüsse, was Kindern medial überhaupt zur Verfügung steht und inwieweit sich Jugendliche ›ungestört‹ in der digitalen Welt bewegen können (► Kap. 5.4). Schon ganz ›normale‹ Beziehungs- und Kommunikationsstörungen im Erzieherischen, zuweilen als ein Nebeneinander anstatt Miteinander beschrieben, gelten als ein wesentlicher Risikofaktor für einen dysfunktional-pathologischen Medienumgang (► Kap. 8.4). Die Probleme sitzen vielerorts aber noch tiefer – und haben in den letzten Jahren unter den gesamtgesellschaftlichen Krisenerfahrungen weiter zugenommen.

Allein die aktenkundigen Erfahrungen junger Menschen mit Vernachlässigung, körperlicher und psychischer Misshandlung und sexueller Gewalt verweisen auf ein immer größeres Problem in unserer Gesellschaft zu Lasten der besonders schutzbedürftigen Mitglieder. Die Zahlen aus Kinder- und Jugendhilfekontexten sprechen hier eine klare Sprache. So ist die Anzahl der Verfahren zu einer möglichen Kindeswohlgefährdung in den letzten Jahren immer weiter gestiegen.[9] Im Jahr 2023 wurden über 220.000 und damit fast

---

9 Datengrundlage sind die von deutschen Jugendämtern geführten Verfahren nach § 8a Abs. 1 SGB VIII zur Einschätzung einer (akuten oder latenten) Gefährdung des Kindeswohls durch die Formen von Vernachlässigung, körperliche/psychische Misshandlung oder sexuelle Gewalt.

doppelt so viele Verfahren geführt wie zehn Jahre zuvor. In fast jedem dritten Fall wurde denn auch eine akute oder zumindest latente Kindeswohlgefährdung festgestellt, meist aufgrund von Vernachlässigung, gefolgt von körperlichen und psychischen Misshandlungen sowie sexueller Gewalt gegenüber Minderjährigen (Erdmann/Pudelko 2024).

Insbesondere wurden in den letzten Jahren immer mehr Erfahrungen junger Menschen mit sexueller Gewalt registriert – die Dunkelziffer ist noch sehr viel höher. Wie im Jahr zuvor wurden laut Polizeilicher Kriminalstatistik (PKS) in Deutschland auch im Jahr 2024 über 16.300 Fälle des sexuellen Kindesmissbrauchs durch die Polizei ausermittelt, in drei von vier Fällen bezogen sich die Taten auf Mädchen. Hinzu kamen noch knapp 450 Fälle von sexuellem Missbrauch Schutzbefohlener und fast 1.200 Fälle des Missbrauchs Jugendlicher (UBSKM 2025). Die Folgen für die Betroffenen reichen von Bindungsstörungen zu wichtigen Bezugspersonen und einer dysfunktional-toxischen Bindung der Opfer an die Täter*innen, die oft noch lange nach Ende der Gewalt anhalten kann, bis hin zu einem breiten Spektrum an psychischen Folgen. Dokumentiert sind Zusammenhänge mit psychischen Belastungen und Störungen wie Persönlichkeitsstörungen, Psychosen, Depressionen, Angst-, Zwangs- und Essstörungen, Selbstverletzungen, komplexe posttraumatische Belastungen und dissoziative (Identitäts-)Störungen mitsamt Verlust der exekutiven Kontrolle (Gysi 2024).

Die Ergebnisse der Befragungen von Heranwachsenden selbst legen eine noch deutlich höhere (und in den letzten Jahren auch gestiegene) Verbreitung sexueller Gewalterfahrungen nahe. So ist davon auszugehen, dass heute ca. ein Fünftel der Heranwachsenden – die weiblichen sind häufiger betroffen als die männlichen – bereits körperliche sexuelle Gewalt erlebt und etwa die Hälfte Erfahrung mit sexuellen Belästigungen und anderen immer häufiger mediatisierten Formen nicht-körperlicher sexueller Gewalt gemacht haben (Hajok 2024a). Das Internet gilt mittlerweile als wichtigster Tatort für sexuelle Gewalterfahrungen junger Menschen, das digitale Austausch- und Vernetzungshandeln als zentraler Handlungs- und Erfahrungsraum für den Erstkontakt und die Anbahnung.

So, wie sich mit Cybergrooming und den digitalen Grenzverletzungen unter Heranwachsenden die sexuellen Gewalterfahrungen in den letzten Jahren weiter ins Netz verlagert haben, werden auch die Erfahrungen junger Menschen mit Mobbing, mit dem gezielten Verletzen, Niedermachen, Ausgrenzen etc., schon seit geraumer Zeit vor allem im digitalen Raum gemacht. In der physischen Welt auf spezifische Handlungsorte oft im Umfeld von Schule begrenzt, sind die Attacken beim digitalen Austausch- und Vernetzungshandeln zeitlich, örtlichen und sozial ungebunden. In den letzten

2 Aktuelle Lage der jungen Generationen

Jahren waren in Deutschland zwischen 15 und 20 Prozent der Schüler*innen im Alter von zehn bis 20 Jahren von Cybermobbing betroffen und damit auch mit den negativen Folgen konfrontiert, die von körperlichen Beschwerden wie Kopf- oder Magenschmerzen bis hin zu Hilflosigkeit und Ohnmachtsgefühlen, Angst- und Schlafstörungen, Niedergeschlagenheit, Depressionen, Suizidgedanken und Verzweiflung mit frühen Zugängen zu Alkohol, Tabletten oder Drogen reichen (Beitzinger et al. 2024).

> Cybergrooming und Cybermobbing stehen heute in besonderem Maße für negative Alltagserfahrungen junger Menschen mit hohem Schädigungspotenzial für ihre Persönlichkeitsentwicklung. Mit der zunehmenden Bedeutung des digitalen Austausch- und Vernetzungshandelns im Leben bereits von Kindern kennzeichnen beide Phänomene die kommunikations- und interaktionsbezogenen Risiken (▶ Kap. 8.3), die in der digitalen Welt eine große Bedeutung erlangt haben.

Angesichts des weit verbreiteten Alkohol- und Drogenkonsums in Deutschland kann es kaum verwundern, dass auch substanzbezogene Abhängigkeiten im direkten Umfeld von Kindern und Jugendlichen, also bei Erziehenden, eine Rolle spielen. Nach den letzten vorliegenden Daten des Epidemiologischen Suchtsurvey (ESA) trinken über 70 Prozent der Erwachsenen in Deutschland regelmäßig Alkohol. Ein Drittel der Konsument*innen hat Erfahrungen mit episodischem Rauschtrinken, gut ein Fünftel mit dem Konsum riskanter Mengen (30-Tage-Prävalenz). Psychotrope Substanzen und illegale Drogen sind für jede*n zehnte*n Erwachsene*n relevant, wobei bei Männern eine höhere 12-Monats-Prävalenz beobachtet wird als bei Frauen. Ganz oben stand auch im Jahr 2021 Cannabis mit knapp 9 Prozent Konsument*innen, es folgten Kokain/Crack, Amphetamin/Methamphetamin und Ecstasy mit jeweils zwischen ein und zwei Prozent Konsument*innen (Rauschert et al. 2022).

In diesem gesellschaftlichen Gesamtkontext ist – nach eher vorsichtigen Schätzungen, die auf eine erhebliche Dunkelziffer verweisen – davon auszugehen, dass in Deutschland etwa drei Millionen Minderjährige ein alkohol- oder drogenabhängiges Elternteil haben (Klein 2019), jedes siebte Kind in einer suchtbelasteten Familie aufwächst und ca. 60.000 Kinder von einem drogenabhängigen Elternteil abstammen und nur teilweise mit ihm zusammenleben (Klein et al. 2019). Wachsen Kinder und Jugendliche in solch suchtbelasteten Verhältnissen auf, entwickeln sie überproportional häufig körperliche oder psychische Störungen, auffällige Verhaltensweisen oder eine eigene Suchterkrankung – und auch im Hinblick auf den Medienumgang werden Auffälligkeiten diskutiert (Hajok/Weidhase 2022).

Der Alkohol- und Tabakkonsum von jungen Menschen selbst nahm in den 2010er Jahren zu. Gemessen an der 12-Monats-Prävalenz konsumierten im Jahr 2019 jede*r elfte Jugendliche und fast jede*r dritte junge Erwachsene regelmäßig Alkohol, über 6 Prozent der Jugendlichen und knapp 30 Prozent der jungen Erwachsenen galten als Raucher*innen. Zudem wurde im Alter zwischen zwölf und 17 Jahren bereits einem Viertel der Jugendlichen das Angebot einer illegalen psychotropen Substanz unterbreitet und jede*r Zehnte hatte diese im letzten Jahr bereits konsumiert, vor allem Cannabis. Illegale psychotrope Substanzen wie Ecstasy oder Amphetamin sind zwar deutlich weniger verbreitet, knapp 2 Prozent der Jugendlichen und 12 Prozent der jungen Erwachsenen hatten diese nach eigenen Angaben aber schon einmal ausprobiert (Orth/Merkel 2020a).

Die aktuellsten Zahlen belegen zwar einen leichten Rückgang des Cannabiskonsums unter Jugendlichen, können die Entwicklungen nach der Legalisierung aber noch nicht einfangen. Im Jahr 2023 hatten gut 8 Prozent der 12- bis 17-Jährigen bereits Cannabis konsumiert, gut ein Drittel davon im letzten Monat (BZgA 2024).[10]

Neben einer Suchterkrankung im Elternhaus sowie den eigenen Zugängen zu Alkohol, Cannabis und Drogen wachsen nicht wenige Kinder und Jugendliche in Deutschland unter psychisch oder chronisch erkrankten Eltern heran. Bereits vor einigen Jahren war zu lesen, dass hierzulande drei bis vier Millionen Kinder und Jugendliche mit (mindestens einem) psychisch kranken Elternteil zusammenleben (Wiegand-Grefe/Petermann 2016). In dieser Hinsicht scheint sich die Situation vor allem für kleine Kinder verschlechtert zu haben. Berichteten im Jahr 2015 knapp 16 Prozent der Eltern von Kindern im Alter bis drei Jahren von einer moderaten bis klinisch bedeutsamen psychischen Belastung, die auch mit mehr Zweifeln an der eigenen Erziehungskompetenz, Schwierigkeiten, sich in das Kind hineinzufühlen, und einer empfundenen geringeren Selbstwirksamkeit einhergehen, waren es im Jahr 2022 bereits 22 Prozent (Hänelt et al. 2024).

---

10 Die frühen Zugänge junger Menschen zu illegalen psychotropen Substanzen sind nicht zuletzt im Kontext verherrlichender Darstellungen in kind- und jugendaffinen Social-Media-Welten zu sehen (Hajok/Schlupp 2024). Mit einer Nahelegung bzw. Propagierung selbstschädigenden Verhaltens haben sie wie Angebote, die Alkoholmissbrauch propagieren oder Essstörungen nahelegen, mittlerweile größere Relevanz im Bereich inhaltsbezogener Risiken in der digitalen Welt (▶ Kap. 8.1).

2 Aktuelle Lage der jungen Generationen

Mit Verweis auf die nach wie vor noch ungenügende Datenlage zu den beiden, oft miteinander verschränkten Phänomenen wurde in einer öffentlichen Anhörung des Bundestagsausschusses für die Kinderkommission im Jahr 2023 von drei bis sechs Millionen Minderjährigen berichtet, die unter psychisch oder suchtkranken Eltern aufwachsen, und von einer besonders belastenden Situation für die Drei- bis Achtjährigen ausgegangen (KiKo 2023). Anderswo ist zu lesen, dass in Deutschland etwa 1,3 Millionen Minderjährige unter (mindestens) einem Elternteil mit einer (schwerwiegenden) chronischen Erkrankung oder Behinderung heranwachsen (Blochberger/Bartels 2023).

> Suchterkrankungen, psychische Belastungen und Störungen sowie chronische Erkrankungen und Behinderungen seitens der Eltern sind in aller Regel nicht für sich genommen eine belastende bzw. negative Erziehungserfahrung für die Kinder. Vielmehr beeinträchtigen die persönlichen Lebensumstände die Erziehenden so stark, dass sie die ihnen obliegenden erzieherischen Aufgaben, insbesondere was den Schutz und die Förderung ihrer Kinder anbetrifft, nur eingeschränkt wahrnehmen können.

In der Folge sind die in solchen erzieherischen Settings heranwachsenden jungen Menschen vergleichsweise oft auf sich allein gestellt, müssen frühzeitig Selbstverantwortung übernehmen und etablieren so auch früh in ihrem Leben selbstverantwortet eigene Zugänge zur Welt insgesamt und zur digitalen Welt speziell. Für eine angemessene Bewältigung des belastenden Alltags sind viele auf professionelle Unterstützung und Hilfestellung von außen angewiesen.

Dass sehr viele Kinder, Jugendliche und Familien in Deutschland in ihrem Leben auf externe Unterstützungsangebote angewiesen sind, zeigen die offiziellen Zahlen zu den geleisteten Hilfsangeboten nach dem Kinder- und Jugendhilfegesetz, dem Sozialgesetzbuch Achtes Buch (SGB VIII). Im Jahr 2023 haben – selbst oder von ihren Eltern in Anspruch genommen – über 1,2 Millionen junge Menschen unter 27 Jahren und damit so viele wie nie zu vor in Deutschland erzieherische Hilfen in Anspruch genommen, wobei sich die mit Abstand meisten Leistungen auf Minderjährige beziehen. Das Gros stellen die ambulanten Hilfen (in Familien) und Angebote von Erziehungsberatung, die den stärksten Anstieg verzeichnet haben (Fendrich/Pudelko/Tabel 2025).

Auch die Betreuungsformen in Tagesgruppen sowie die (stationäre) Fremdunterbringung, Vollzeitpflege und Heimerziehung sind Angebote, die in den letzten Jahren an Bedeutung gewonnen haben und das Leben vieler Heranwachsender kennzeichnen.[11] Die zugrunde liegenden besonderen Vorerfahrungen und Lebenslagen der betroffenen jungen Menschen sind häufig mit spezifischen, von einem Rückzug aus den belastenden Erfahrungen gekennzeichneten Zugängen zur digitalen Welt verflochten und bedürfen einer ebenso spezifischen professionellen erzieherischen Begleitung (Hajok 2025).

2.4 Generationen und Vergemeinschaftungsformen

Neben den spezifischen Kontexten von Bildung und Erziehung sowie besonderen Lebenslagen ist das Leben von Kindern und Jugendlichen nicht zuletzt von einer jeweils eigenen Kultur und spezifischen, längst digital durchdrungenen Alltagspraxen gekennzeichnet. In diesem Zugang nähert man sich den Heranwachsenden noch einmal ganz anders an und richtet den Blick auf die (mehr oder minder sichtbaren) kulturellen Praxen und Gemeinschaftsformen, mit denen sich Kinder und Jugendliche voneinander und in besonderem Maße auch von dem für das Erwachsenenalter typischen, von Erwerbsarbeit, Familiengründung, Erziehung etc. geprägten Leben unterscheiden.

In öffentlichen Diskursen werden vor allem die soziologischen Betrachtungen der aktuellen Jugendgenerationen und die eher kulturwissenschaftlichen Betrachtungen der spezifischen Vergemeinschaftungsformen aufgegriffen, um junge Menschen im Kontext der jeweiligen gesellschaftlichen Bedingungen und kulturellen Praxen ›fassbar‹ zu machen – und dennoch die Individualität und Diversität junger Menschen nicht gänzlich aus dem Blick zu verlieren. Beide Perspektiven beinhalten wichtige Bezüge zu den genutzten Medien und lassen insbesondere eine zunehmende Bedeutung der digitalen Möglichkeiten für den kommunikativen Austausch und die soziale Vernetzung junger Menschen erkennen.

---

11 Ende 2023 waren in Deutschland fast 128.000 junge Menschen in einem Heim oder anderen betreuten Wohnform untergebracht, knapp 87.000 lebten in einer Pflegefamilie und etwa 7.500 in intensivpädagogischer Einzelbetreuung (Destatis 2024c).

Kindheit im kulturellen Wandel

Schaut man verallgemeinernd auf alle Mitglieder der betreffenden Alterskohorten bzw. am Alter festgemachten Bevölkerungsgruppen, dann unterscheidet sich das Aufwachsen in der Kindheit deutlich von dem Heranwachsen in der Jugend und dieses wiederum von einem ›typischen‹ Leben im Erwachsenenalter. Die Differenzen werden in den ›eigenen Kulturen‹ von Kindern, Jugendlichen, jüngeren und älteren Erwachsenen gut sichtbar. Im Anschluss an die ›moderne‹ Kindheitsforschung werden bereits Kinder mit ihrem spezifischen sozio-kulturellen Hintergrund nicht als defizitäre Individuen, sondern im Hinblick auf ihre eigene Kinderkultur betrachtet. Im Fokus sind hier die eigenen Sinnzusammenhänge, die in einer kindlichen Lebenswelt im Austausch mit einer Konsum- und Mediengesellschaft entstehen (Fuhs 2017).

Wie die immer vielfältigeren Erwachsenen- und Jugendkulturen haben sich auch die Kinderkulturen in den letzten Jahren weiter ausdifferenziert und vor allem: weiter mediatisiert. Dabei erschließen sich Kinder mit den frühen Zugängen zu Medien allgemein und den digitalen Optionen speziell ihre eigenen Handlungs- und Erfahrungsräume. Kindheit gilt schon seit vielen Jahren als eine mediatisierte Kindheit; Medien durchdringen unübersehbar bereits das kindliche Leben. Die Prozesse von Sozialisation, Erziehung und Bildung sind von der erweiterten digitalen Kultur der Kindermedien mitsamt den vielen informellen Lernprozessen ›mitgestaltet‹ (Fleischer/Hajok 2016).

Zwar werden Kinder noch immer vor allem in den (recht festen) Kontexten von Familie und institutioneller Bildung und Erziehung ›gesehen‹. Mit fortschreitender Mediatisierung des Kinderalltags hat sich das Bild von Kindern insgesamt jedoch gewandelt. Denn im Umgang mit digitalen Medien kommen sie zunehmend mit ›anderen‹ Inhalten und neuen Contentarten, weniger mit kuratierten, sorgfältig für sie ausgewählten Inhalten in Kontakt. Mit dem schier endlosen, immer und überall verfügbaren Content erleben Kinder auch keine Langeweile mehr. Und in den ersten Zugängen zu Social Media[12] bestimmt heute der Algorithmus den Feed eines nicht enden wollenden

---

12 In Abgrenzung zu Messengerdiensten wie *WhatsApp* und reinen Content-Plattformen mit begrenzten Interaktionsoptionen sind unter Social Media im engeren Sinne all die Dienste und Anwendungen zu verstehen, die auf Basis digitaler, auf soziale Vernetzung angelegter Technologien Inhalte aller Art (öffentlich) zugänglich machen und bei denen – davon ausgehend – soziale Beziehungen geknüpft und gepflegt werden (Tadicken/Schmidt 2017).

›Förderbands‹ für Content. Das markante daran: Kinder konsumieren, folgen dem Angebotenen, anstatt sich zu beteiligen. Bereits im Grundschulalter nutzen sie das Gaming als Social Kit und die Familien das Fernsehen, um Gemeinschaft zu leben (Guth 2023).

Sieht man von den Klein- und Vorschulkindern ab, dann lassen sich Kinder als eine besonders wissbegierige Generation beschreiben, die mit ihren eigenen Bedürfnissen und zunehmend autonom ausgelebten Interessen auch immer früher zum Konsum- und Medienmarkt allgemein und in die digitale Welt speziell strebt. Viele Jahre von Wirtschaft und Werbung ›nur‹ als Konsument*innen von morgen gesehen, werden Kinder mit ihrer gestiegen Kaufkraft, ihrem (noch) beeinflussbaren Markenbewusstsein, ihren ausgeprägten Konsum- und Medienwünschen sowie mit ihrem Einfluss auf die Kaufentscheidungen ihrer Eltern (und anderer Erwachsener) längst als Konsument*innen von heute gesehen – und vor allem in ihren Medienwelten gezielt ins Visier genommen (Hajok 2013a). Dies ist bei den digitalen Endgeräten und Anwendungen noch einmal auf ein ganz anderes Level gehoben und geriert sich zu einem von Intransparenz, zielgruppenspezifischer Werbung und Kostenrisiken gekennzeichneten Markt für Kinder (▶ Kap. 8.2).

Jugendgenerationen im Wandel der Zeit

Was die Spezifika einer ganzen Generation betrifft, stehen seit langem schon nicht Kinder im Fokus, sondern die Jugendlichen, oder besser: was die Jugend aktuell so alles treibt. Dabei zeigt eine ›historische‹ Betrachtung der Alterskohorten eindrucksvoll, wie sich die Jugendgenerationen in den letzten Jahrzehnten gewandelt haben – und wie dies immer auch mit den zur jeweiligen Zeit verfügbaren Medien verschränkt ist. Die Bezüge zu aktuellen kulturellen, sozialen und gesellschaftlichen Bedingungen werden in den – idealtypisch generationalen – Lebensgefühlen und Wertorientierungen sowie den kollektivierten Lebensweisen und konstituierten Alltagspraxen der Jugendlichen als Gemeinschaft deutlich.

In den weit zurückreichenden sozialwissenschaftlichen Betrachtungen wurden ganz unterschiedliche Jugendgenerationen identifiziert.[13] Für die Jugend um das Jahr 1970 herum war etwa von einer politisch-narzisstischen Generation zu lesen, deren Alltag vom gesamtgesellschaftlichen Aufschwung,

---

13 Noch immer lesenswert sind hier die grundlegenden Arbeiten von Zinnecker (2002) und die Modifikationen von Süss (2003) mit besonderer Berücksichtigung der Medienzugänge junger Menschen.

2 Aktuelle Lage der jungen Generationen

der Jugendrevolte und nicht zuletzt den populären Medien der Zeit, von Fernsehen, Dias, Super8 und Singles, geprägt war. Um 1980 wurde eine konsumistisch-alternative Jugend identifiziert, deren Leben vom – nicht zuletzt medial via Tonband, Musikkassetten, LPs und Videos ausgelebten – Wohlstand sowie von Wettrüsten und Vietnamkrieg als prägende Ereignisse gekennzeichnet war. Um das Jahr 1990 herum war wiederum von einer dialogisch-theoretisierenden, von ökologischen Risiken geprägten Jugend mit Faible für Walkman, CD und PC die Rede, um das Jahr 2000 dann von einer im Kontext von Ostblockkollaps und Wirtschaftsflaute pragmatischen und via Handy, Laptop und Internet bereits mobilen Net-Generation, an deren Stelle zehn, 15 Jahre später dann eine mit Smartphones und Sozialen Netzwerken digital vernetzte partizipierende Jugendgeneration trat.

In der 18. Ausgabe der Shell Jugendstudie war im Jahr 2019 dann von einem markanten Wandel einer Generation die Rede, die sich (wieder) zu Wort meldet, dem eigenen politischen Engagement mehr Bedeutung zumisst und ihre Sicht auf die ›großen Themen‹, vor allem auf die Umweltverschmutzung und den Klimawandel (Schneekloth/Albert 2019), auch auf die Straße getragen hat. Das bekannteste Beispiel aus dieser Zeit ist die *Fridays-for-Future*-Bewegung, die sich in der digitalen Welt konstituiert hat und ohne ein aktives ›in den Dienst nehmen‹ der digitalen Austausch- und Vernetzungsmöglichkeiten gar nicht denkbar wäre – zumindest bezüglich der erzielten Breitenwirkung. Das verweist bereits direkt auf die Chancen, die sich Heranwachsenden in der digitalen Welt heute für ein partizipatives Handeln bieten (▶ Kap. 7.4).

Mit der Covid-19-Pandemie prägten dann die damit verbunden Herausforderungen die Lage der jungen Generationen – mit weitreichenden Sorgen und Belastungen, was die eigene Gesundheit (bzw. die der Angehörigen und Freund*innen), die persönliche Zukunft, die Freizeitmöglichkeiten und (familiäre) finanzielle Lage betrifft (Calmbach et al. 2020). Während die Kindheit in Deutschland nach der Pandemie wieder stark an das ›normale Leben‹ im nahen Sozialraum von Familie und Kitas bzw. Grundschulen gebunden und nicht zuletzt von medialen Freizeitaktivitäten geprägt war, wandte sich die Jugend wieder den großen Themen der Zeit zu, die zuvor schon im Mittelpunkt standen: Der Klimawandel und das Weltgeschehen allgemein sowie Diversity bzw. Vielfalt in der Gesellschaft waren die zentralen Bezugspunkte. Im Jahr 2024 schauten sie sorgenvoll auf das Geschehen in der Welt, auf die Kriege, politischen Entwicklungen, den Rechtsruck in der Gesellschaft, die Umwelt, Schule und Beruf (Feierabend et al. 2024).

> In anderen Perspektiven, die verschiedene Alterskohorten nicht zuletzt als mögliche Zielgruppen von Markt, Werbung und eben den Medien in den Blick nehmen, werden die nach der Generation Y der in den 1980er bis Mitte der 1990er Jahre Geborenen und der Generation Z der von Mitte der 1990er bis Ende der 2000er Geborenen die seit dem Jahr 2010 Geborenen als die Generation Alpha gelabelt. Die Mitglieder der Generation Y stellten die erste Jugendgeneration im 21. Jahrhundert mit »Alles ist möglich und nichts ist gewiss« als zentralen Lebenskontext (Zinnecker 2005).

Bei der Generation Y ist der Bezug zur digitalen Welt bereits unübersehbar. Denn noch in den 1990er Jahren hatte die Jugend nicht nur erste Zugänge zur digitalen Welt, sie machte sich die neuen Möglichkeiten insbesondere von Computerspielen, digital ausgespielter Musik und Internetangeboten bereits unbefangen zu eigen, ohne dass es hier größere Berührungsängste gegenüber den neuen Technologien gab.[14]

Die Mitglieder der Generation Z waren in aller Regel bereits in ihrer Kindheit von den digitalen Medienzugängen in den Haushalten umgeben und hatten schon zu Beginn des Jugendalters mit Handy, Internet, Computerspielen, PCs, CDs und MP3-Playern ihre eigenen Zugänge zur digitalen Welt fest in ihrem Alltag etabliert (Hajok 2024b).

Heute ist die Generation Z sehr stark an die Welt von Social Media gebunden und ihre Vertreter*innen, die jungen Erwachsenen in den Zwanzigern, ›leiden‹ mehr als die älteren Semester unter ihrer Smartphonenutzung. So zeigte eine von Vodafone in Auftrag gegebene Studie erst kürzlich, dass diese Generation den geringsten ›Digital-Balance-Score‹ hat und gerade im direkten Vergleich mit den Vertreter*innen der Generation Y stark belastet in der digitale Welt agiert: Fast alle nutzen Social Media und nur die wenigsten fühlen sich danach besser. Ihre beachtlichen Bildschirmzeiten halten die meisten für zu hoch. Zudem fühlt die Generation Z besonders stark die Angst, etwas zu verpassen, und den Konflikt zwischen Mehrwerten und negativen Effekten der Smartphonenutzung (Bock/Schubert/Johannes 2025).

Die heutigen Kinder und (jüngeren) Jugendlichen sind als Vertreter*innen der Generation Alpha wiederum bereits in eine Social Media, Streaming und vernetzten Spielewelten gekennzeichnete digitale Welt hineingeboren wor-

---

14 Schon Anfang der 2000er Jahre wurden die digital affinen Heranwachsenden als *Digital Natives* gelabelt – und abgegrenzt von den *Digital Immigrants*, die die neuen Technologien erst im Erwachsenenalter kennengelernt haben und sich erst schrittweise mit ihnen zu Recht finden (müssen) (Prensky 2001).

den. Sie repräsentieren insofern eine ›neue Ära der Mediennutzung‹, als dass sie erstmals nicht nur von digitalen Technologien und Vernetzung, sondern auch von algorithmischer Intelligenz umgeben sind, digitale Assistenten ihr Mediennutzungsverhalten verändern und sie zunehmend hyperpersonalisierte Inhalte nutzen, die sich ihren Stimmungen und Bedürfnissen anpassen (Beule/Zauner 2022).

Aufgrund der fortschreitenden, von digitalen Medien weiter beförderten Mediatisierungsprozesse in den letzten 20 Jahren werden die Generationen junger Menschen auch als spezifische Mediengenerationen beschreiben und ihre kulturellen Praxen als zunehmend digitale Praxen herausgestellt. Bekannt sind die Zuschreibungen einer Generation Internet oder Generation Smartphone, die überdeutlich auf die präferierten Medienzugänge fokussieren. Da wurde schon eine ganze Generation von Kids als »Smombies« in einen »digitalen Rausch« hineinpauschalisiert und eine – fast ausschließlich – von Risiken und Problemen gekennzeichnete digitale Kindheit identifiziert (Weinert 2019).

In den letzten Ausgaben der bekanntesten Beschreibungen der aktuellen Jugendgeneration (und der von ihren Vertreter*innen getragenen Trends) war das Digitale noch nicht exponiert im Titel zu lesen. Die mittlerweile 19. Shell Jugendstudie etwa beschreibt die Jugend als »Pragmatisch zwischen Verdrossenheit und gelebter Vielfalt« (Albert et al. 2024), die fünfte SINUS-Jugendstudie zur Frage »Wie ticken Jugendliche?« stellt lebensweltliche Typen im Spektrum von Absicherung, Bestätigung und Benefits sowie Charisma heraus (Calmbach et al. 2024) und die letzten beiden Trendstudien zur Jugend in Deutschland labelten die Generation mit »Verantwortung für die Zukunft? Ja, aber« und »Zukunft Made in Germany – besorgt, doch nicht hoffnungslos« (Schnetzer/Hampel/Hurrelmann 2024, 2025).

Schaut man sich die Studienreihen zur generellen Standortbestimmung allerdings etwas genauer an, dann ist die heutige Jugend auch in diesen Beschreibungen untrennbar mit der digitalen Welt verwoben und sind die mit den digitalen Möglichkeiten veränderten Informationszugänge sowie das digitale Austausch- und Vernetzungshandeln der Jugend mitsamt dem unangenehmen Druck, der sich in dem von Social Media aufgespannten Raum aufbaut, längst prägend für eine ganze Generation.

Digitale Jugendkulturen mit mediatisierten Vergemeinschaftungen

Eigentlich sehen Erwachsene die jungen Generationen von jeher vor allem im Spiegel der aktuellen Moden und Trends, die sich dem Blick von außen eben

2.4 Generationen und Vergemeinschaftungsformen

nicht verschließen. Früh spielten hier Medien eine besondere Rolle. Zunächst waren es die Kinder-, Schüler- und Jugendzeitschriften, die seit den 1950er Jahren über Jahrzehnte hinweg die kulturellen Praxen junger Menschen prägten. Später kamen Radio und Fernsehen mit speziellen Formaten für Kinder und Jugendliche hinzu. In den 1980er Jahren waren es die Walkmans als erste alltagstaugliche mobile Endgeräte. Nach den Handys der 2000er Jahre kamen in den 2010er Jahren die Smartphones vollends bei den Heranwachsenden an und scheinen seitdem untrennbar mit ihnen verbunden (Fleischer/Hajok 2016).

Mit den Medien – oder besser: der Nutzung der jeweils neuen Möglichkeiten in der digitalen Welt – hat sich der Alltag junger Menschen grundlegend gewandelt. Die Rede ist von einer Mediatisierung des Alltags von Kindern und einer fortschreitenden Digitalisierung des Lebens von Jugendlichen (▶ Kap. 4). Letzteres wird nicht zuletzt mit Blick auf die ›schillernden‹ Jugendkulturen und Jugendszenen, in den wissenschaftlich-systematisierenden Zugängen als juvenile Vergemeinschaftungsformen betrachtet (Hitzler/Niederbacher 2010), besonders gut sichtbar. Quasi von Beginn an im Zusammenhang mit medialen Ausdrucksformen gesehen kreisten die ›eigenständigen‹ Vergemeinschaftungen Jugendlicher bis weit in die 1990er Jahre hinein vor allem um bestimmte Musikstile – die Gothic-, Hardcore-, Rap-, Indie-, Metal-, Punk- und später auch Technoszene sind Beispiele.

Der Überblick zu den entsprechenden Forschungsarbeiten auf Jugendszenen.com zeigt nun schon seit einigen Jahren, dass Musik nur noch bei den wenigsten der dort ausgemachten 25 Jugendszenen das zentrale Bestimmungselement ist.[15] Beispielhaft zu nennen sind hier die authentischen Vergemeinschaftungen von Fixie, Skateboarding, Hipster, Veganer und Antifa, die ihr kulturelles Zusammensein – wie die klassischen musikbezogenen Szenen – immer häufiger im mediatisierten Austausch und digitaler Vernetzung ausleben. Auf die Spitze getrieben bei der Warez-, Beauty Guru-, Cosplay- und Gaming-Szene: Hier sind neben klassischen, aber nunmehr digital durchdrungenen Medienformaten digitale Technologien und Anwendungen das gemeinsame Bestimmungsmoment. Was die Langlebigkeit und Anzahl der Anhänger*innen anbetrifft, lässt sich die Gaming-Szene wohl als Paradebeispiel einer digitalen Jugendkultur darstellen, wenngleich gerade

---

15 Das im Jahr 2002 ins Leben gerufene, in den letzten Jahren leider nur marginal aktualisierte Internetportal versteht sich als eine Schnittstelle zwischen der Szenenforschung am Lehrstuhl für Allgemeine Soziologie der Universität Dortmund und allen an Jugendszenen Interessierten (http://www.jugendszenen.com/).

diese sich längst zu voneinander abgrenzbaren Computerspielkulturen ausdifferenziert hat (Wimmer 2023).

In einer ersten differenzierten Bestandsaufnahme digitaler Jugendkulturen in Deutschland im Jahr 2010 wurde der Blick dann bereits weg von den Vergemeinschaftungen an sich hin zur Verschränkung der Jugendkulturen mit den digitalen Medienwelten gerichtet. In der Einleitung der zweiten Auflage des Sammelbandes »Digitale Jugendkulturen« war dann auch zu vernehmen, dass Jugendkulturen ohne ihre Erweiterungen im Internet, insbesondere was das Social Web bzw. Web 2.0 angeht, gar nicht mehr denkbar sind – also Jugendkulturen immer auch digitale Jugendkulturen sind (Hugger 2014). Schon im Vorschulalter haben die medialen Repräsentationen zur inhaltlichen Ausgestaltung erster Freundschaftsbeziehungen Relevanz. Im Grundschulalter hegen und pflegen die ersten schon eigene Mediensammlungen und beginnen so, Fankulturen auszuleben. Die persönlichen (und kollektiv geteilten) Vorlieben differenzieren sich bereits zu spezifischen Präferenzen von Mädchen und Jungen aus (Hajok 2020a).

> Bereits für die Zeit, in der klassische Netzwerkdienste wie *Lokalisten*, *werkenntwen*, *SchülerVZ* und *StudiVZ* an Bedeutung verloren, *Facebook* und *WhatsApp* ihren Siegeszug auch in Deutschland angetreten hatten, zeigt sich schon deutlich: Mit den neuen Möglichkeiten haben Heranwachsende ihr Gemeinschaftsleben nicht nur sehr eigen, sondern zunehmend digital ausgestaltet. Markant für die letzten Jahre ist die Entwicklung weg von den frühen Sozialen Netzwerkdiensten hin zu Social Media im weitesten Sinne. Neben *WhatsApp* für den kommunikativen Austausch unter Peers und *YouTube* – mittlerweile im 20. Jahr und sich vom Nutzungsmodi »Broadcast Yourself« immer weiter entfernend –, sind heute vor allem *Instagram* und *TikTok* die Erfahrungs- und auch Handlungsräume junger Menschen.

Für die Jugendkulturen sind die digitalen Erweiterungen juveniler Handlungs- und Erfahrungsräume sowie die (stark) mediatisierten Vergemeinschaftungsformen Heranwachsender prägend, ohne dass sich mit den neuen digitalen Möglichkeiten (gemeinschaftsübergreifend) ein einheitlicher, von den ›gleichen‹ kommunikativen Praktiken und Vernetzungsprozessen getragener Horizont der Vergemeinschaftung ausmachen ließe. So wurden in einem vertiefenden kommunikationswissenschaftlichen Zugang zu Beginn der 2010er Jahre neue Formen des Gemeinschaftslebens der Heranwachsenden mit je spezifischen kommunikativen Praktiken und digitalen Vernetzungen herausgearbeitet. Während die Lokalisten bzw. Multilokalisten an das direkte Lebensumfeld oder klar definierte Orte gebundenen gebunden sind, fokussieren sich die Zentristen bei ihrem Austausch- und Vernetzungshandeln auf ein Thema und sind die Pluralisten inhaltlich sehr breit aufgestellt (Hepp/Berg/Roitsch 2014).[16]

Diese Entwicklungen sind mit ihrer immensen Bedeutung für die Sozialisation junger Menschen ein entscheidender Aspekt, der in diesem Buch – von unterschiedlichen Seiten betrachtet – immer wieder zur Sprache kommen wird, sowohl was das digitale Austauschhandeln an sich anbetrifft als auch die grundsätzliche Bedeutung für die Persönlichkeitsentwicklung junger Menschen. Nicht nur sind die skizzierten Vergemeinschaftsformen Heranwachsender entscheidend von den genannten Plattformen und Diensten gerahmt, diverse Cliquen, Szenen und Clans haben sich überhaupt erst im Digitalen konstituiert. Auch bezüglich zunehmend individualisierter, nach persönlichen Interessen, Neigungen und Bedürfnissen der jungen Nutzer*innen ›ausgesteuerter‹ medialer Vorlagen hat sich die Social-Media-Welt als ein immer bedeutsamerer Orientierungsrahmen und Erfahrungsraum für die Persönlichkeitsentwicklung bzw. Sozialisation junger Menschen etabliert.

2.5 Mediensozialisation und Medienaneignung

Auch wenn in den öffentlichen Diskursen zuweilen noch immer zu vernehmen ist, dass Kinder, aber auch Jugendliche ihrer Umwelt zwar nicht bedingungslos ausgeliefert sind, aber entscheidend von ihren äußeren Einflüssen ›geprägt‹ werden, wird in diesem Buch eine etwas andere Perspektive übernommen. Junge Menschen werden als im Verlauf ihres Auf- und Heranwachsens zunehmend mündige und selbstbestimmt handelnde Subjekte betrachtet; sie eignen sich die Welt im Allgemeinen und die digitale Welt im Speziellen im eigenen Handeln aktiv an – und machen sich dabei die Dinge, die sie umgeben, auf eine je spezifische Weise und in einer je spezifischen Bedeutung für ihr Leben zu eigen. Den Hintergrund dieser Sicht bilden die aus der neueren Sozialisationstheorie hervorgegangenen Perspektiven von

---

16 Bei der qualitative Studie im Rahmen eines DFG-Sonderforschungsprogramms wurden 60 Jugendliche und junge Erwachsene ausführlich interviewt. Zudem analysierten die Befragten ihr persönliches Kommunikationsnetzwerk und hielten ihre medienvermittelte Kommunikation in einem Tagebuch fest.

Mediensozialisation sowie die als Medienaneignung gefasste ganzheitliche Sicht auf den Umgang vor allem junger Menschen mit Medien.

Sozialisation als Auseinandersetzung mit und Verarbeitung von Realität

Im direkten Anschluss an die neuere, sich bereits in den 1980er Jahre etablierende Sozialisationstheorie werden das Auf- und Heranwachsen junger Menschen in diesem Buch nicht als eine (statische) Abfolge vorgegebener Entwicklungsphasen, auch nicht als eine (bloße) Reaktion auf die persönliche Entwicklung, die lebensweltlichen Einflüsse und gesellschaftlichen Rahmungen aufgefasst. Vielmehr werden sie als besonders markante Abschnitte der Persönlichkeitsentwicklung verstanden, bei der sich der Mensch aktiv mit seiner inneren Realität, seiner körperlichen, psychischen, sexuellen etc. Entwicklung, und seiner äußeren Realität, der sozialen und dinglich-materiellen Umwelt auseinandersetzt – und diese mitgestaltet und produktiv verarbeitet (Bauer/Hurrelmann 2021). Was die zentralen Aspekte der inneren Realität sind, wird später als Grundlage für die – an den individuellen Entwicklungsstand gekoppelten – medienbezogenen Kompetenzen differenziert entfaltet (▶ Kap. 4). Die äußere Realität der familiären, erzieherischen, schulischen und sozialen Lebenskontexte junger Menschen wurde bereits betrachtet und ist nun um die mediale Umwelt zu ergänzen.

Im grundlegenden Verständnis der neueren Sozialisationstheorie sind Medien allgemein und die digitalen Endgeräte und Anwendungen speziell nicht nur ein gegenständlicher Teil der dinglich-materiellen Umwelt. Mit den neuen Möglichkeiten insbesondere zu Austausch und Vernetzung haben sich neue Formen der Kommunikation und damit auch der Auseinandersetzung mit der sozialen Umwelt etabliert. Ebenso sind die Prozesse der Selbstwahrnehmung, Verarbeitung der eigenen (körperlichen) Entwicklung und aktiven Auseinandersetzung mit sich selbst heute vielfach medial angeregt bzw. digital gerahmt – mit einer je spezifischen Bedeutung in den verschiedenen Phasen der der Sozialisation des Menschen.

Sehr stark vereinfacht unterscheidet die Sozialisationstheorie drei unterschiedliche Phasen der Persönlichkeitsentwicklung: die primäre, sekundäre und tertiäre Sozialisation (Fleischer/Hajok 2016).[17] In den ersten zwei, drei Lebensjahren des Menschen werden demnach die Grundstrukturen der Persönlichkeit in den Bereichen Sprache, Denken und Empfinden herausgebildet und im unmittelbaren Einflussbereich der erwachsenen Bezugspersonen (Eltern, Erzieher*innen etc.) erste Muster für das eigene Verhalten allgemein und Sozialverhalten speziell ausgebildet (primäre Sozialisation).

In der weiteren Kindheit und sich anschließenden Jugend werden diese Verhaltensmuster dann weiterentwickelt, modifiziert und konkretisiert. Hierfür sind zunächst die in familiärer Erziehung, Kita und Grundschule vermittelten gesellschaftlichen Konventionen, Verhaltensregeln, Normen und Werte zentral. Später besitzen dann die aktive Auseinandersetzung mit sozialen Umgangsformen, Regeln, Denkweisen und Einstellungen in den informellen Handlungs- und Erfahrungsräumen der Freundeskreise bzw. Peers und nicht zuletzt die Vorlagen der genutzten Medien besondere Relevanz (sekundäre Sozialisation). Und auch im Erwachsenenalter werden in der Auseinandersetzung mit der inneren und äußeren Realität noch permanent Anpassungen vorgenommen und meist im Kontext von bereits gefestigten sozialen Beziehungen (in Partnerschaft, eigener Familie, Erwerbsarbeit etc.) persönliche Wertorientierungen, Einstellungen und Verhaltensweisen weiterentwickelt und variiert (tertiäre Sozialisation).

Nach der Ausbildung grundlegender motorischer, sprachlicher, kognitiver etc. Fähigkeiten ist die Persönlichkeitsentwicklung mehr denn je von der Bewältigung der Herausforderungen und Aufgaben geprägt, die auf die Entwicklung einer selbstbestimmten, eigenverantwortlichen und gemeinschaftsfähigen Persönlichkeit abstellen. Die Auseinandersetzung mit und Verarbeitung von persönlichen Lebensrealitäten erfolgt dabei in einem zunehmend komplexen Spannungsfeld sich erweiternder Handlungs- und Erfahrungsräume, bei denen neben den Eltern und Schule als ›klassische‹ Sozialisationsinstanzen die Peers und Medien immer mehr an sozialisatorischer Relevanz gewinnen.

Bis in die 1970er Jahre hinein erfolgte allerdings keine eigenständige wissenschaftliche Auseinandersetzung mit dem Zusammenhang von Sozialisation und Medien. Und die späteren, meist der kommunikations- und

---

17 Angesichts der verschiedenen Etappen der Persönlichkeitsentwicklung bereits in der noch stark von der biologischen Reifung bedingten (frühen) Kindheit und erst recht in der von biografischen (Um-)Brüchen und sich schnell wandelnden Lebenswelten gekennzeichneten Jugend ist diese Differenzierung freilich ›zu grob‹ gefasst (Tillmann 2017) und wird hier lediglich für einen Erstzugang der relevanten, hinter Kindern und Jugendlichen in der digitalen Welt stehen Prozesse gewählt.

medienwissenschaftlichen Forschung entsprungenen Theorien, Ansätze und Konzepte ließen sehr unterschiedliche Zugänge erkennen, die die möglichen Beeinflussungs- und Wirkungsprozesse, die Funktion von Medien für ihre Nutzer*innen oder aber den wechselseitigen Prozessen im Gesamtzusammenhang von Subjekt, Medium und Gesellschaft betrachteten (Schorb et al. 1991).

Die Bedeutung von Medien und Implikationen des Medienumgangs junger Menschen für ihre Persönlichkeitsentwicklung wurde in keiner dieser Perspektiven in Abrede gestellt. Es war vielmehr die Frage, ob der Fokus auf den Medien selbst, ihren Nutzer*innen oder dem Gesamtzusammenhang liegt. Welche Bedeutung die Medien im Leben der Menschen erlangen, war wiederum von den zugrunde liegenden Menschenbildern und den an Medien bzw. deren Nutzung festgemachten Wirkungstheorien abhängig und begründete auch eine bis heute beobachtbare ambivalente Sicht medienpädagogischer Zugänge: In einer kritisch-optimistischen Perspektive richtet sich der Blick vor allem auf die Potenziale, die sich insbesondere mit den jeweils neuen Medien der Zeit für die Menschen auftun. Die kulturpessimistische Perspektive fokussiert demgegenüber gesellschaftliche Gefährdungen allgemein und Risiken des Umgangs (mit den jeweils neuen) Medien für junge Menschen speziell (Süss et al. 2018).

In der Rückschau zeigt sich, dass in der Vergangenheit – zunächst am Fernsehen und später an digitalen Medien festgemacht – vor allem mögliche negative Folgen öffentlichkeitswirksam lanciert wurden. Die gut verkauften Bücher von Mary Winn (»Die Droge im Wohnzimmer« 1979), Neil Postmann (»Wir amüsieren uns zu Tode« 1985), Werner Glogauer (»Die neuen Medien machen uns krank« 1999) oder Manfred Spitzer (von »Digitale Demenz« 2012 über »Cyberkrank!« 2015 hin zur »Die Smartphone-Epidemie« 2018) machen das bereits mit ihren Titeln deutlich.

Mediensozialisation: Zur Bedeutung der Medien bei Sozialisationsprozessen

Bereits zu Beginn der 1980er Jahre, zu einer Zeit also, als Bücher, Zeitungen und Zeitschriften, Fernsehen und Radio mit ihren standardisierten und ›massenhaft‹ verbreiteten Inhalten die Medienwelten der Menschen entscheidend prägten, wurde in der deutschsprachigen Forschung der Bedeutung von Medien für Kinder und Jugendliche vermehrt aus Sozialisationsperspektive nachgegangen.[18] Als Klassiker (und noch immer ausführbare Grundlage) gilt hier eine Arbeit des Kommunikationswissenschaftlers und Soziologen Heinz Bonfadelli. Er sah die kognitiven Prozesse der Selbst- und Weltdeutung als überaus wichtigen Aspekt des Sozialisationsgeschehens und die Medien als Kommunikationsmittel an, die eine Fülle kognitiven Materials verbreiten – und damit für die jungen Menschen eine überaus wichtige Quelle sozialisationsrelevanten Materials sind (Bonfadelli 1981).

Das ›Potenzial‹ der Medien für die Sozialisation der Menschen wird in der frühen Perspektive an drei zentralen Faktoren festgemacht, die noch immer zentrale Rollen spielen: an der Einbettung von Medien in die Lebens- und Freizeitkontexte junger Menschen, an den mit Medien vermittelten Sozialisationsinhalten und an den medial vermittelten Sozialisationsprozessen an sich. Die ›sozialisatorische Leistung‹ für das Auf- und Heranwachsen wurde dabei noch als relativ begrenzt eingeschätzt, da klassische Massenmedien eine gewisse Distanz zu den Nutzer*innen haben (und ihnen kaum Feedbackmöglichkeiten bieten). Zudem bieten sie breites, heterogenes und wechselndes Angebot mit – insgesamt betrachtet – inhaltlicher Inkonsistenz und zeitlicher Diskontinuität.

Nicht zuletzt, und das unterscheidet die von Printmedien, linearem Fernsehen und Hörfunk geprägte von der digitalen Welt besonders deutlich, können die mit klassischen Massenmedien vermittelten Inhalte nicht der individuellen Situation der Nutzer*innen angepasst und damit auch möglich Lernprozesse nicht direkt beeinflusst bzw. kontrolliert werden (ebd.). Gerade in diesem zentralen Punkt, aber auch im Hinblick auf die anderen ausgeführten Aspekte hat sich mit den vielfältigen Interaktionsmöglichkeiten und Individualisierungsoptionen in der digitalen Welt viel getan – und die sozialisatorische Bedeutung von Medien beim Auf- und Heranwachsen spürbar zugenommen.

Wie Medien allgemein sind allerdings auch die digitalen Medien, die diversen Endgeräte, Technologien und Anwendungen nur ein – wenn auch ein immer wichtigerer – Part bei der Persönlichkeitsentwicklung junger Menschen. Die aus der neueren Sozialisationstheorie abgeleitete Perspektive speziell auf Mediensozialisation zeigt nun systematisch, inwieweit im Kontext der anderen äußeren Lebensrealitäten, mit denen es sich auseinanderzusetzen und die es zu verarbeiten gilt, nun die Medien ins Spiel kommen.

---

18 In Abgrenzung zu eben nicht massenhaft vervielfältigten bzw. verbreiteten medialen Abbildern und Kommunikaten war daher auch von sog. Massenmedien die Rede, die zu dieser Zeit vor allem in Printmedien (v. a. Bücher, Zeitungen und Zeitschriften) und elektronischen Medien (v. a. Fernsehen und Radio) unterschieden wurden.

2 Aktuelle Lage der jungen Generationen

Aus der wohl bis heute wichtigsten Arbeit zur Mediensozialisation von Daniel Süss (2004)[19], oder besser: der dort vorgenommenen Systematisierung von Medien als einem (immer bedeutsameren) Player in den komplexen Sozialisationsprozessen, leitet sich auch die in diesem Buch zugrunde gelegte Perspektive auf Kinder und Jugendliche in der digitalen Welt ab.

> In klassischen Sozialisationsinstanzen wie Familie, Kita, Schule und Ausbildung agieren Eltern und andere Erziehende, pädagogische Fach- und Lehrkräfte mit dem expliziten Auftrag, Sozialisationsprozesse gezielt zu ›gestalten‹. Sie sind hierfür auch mit vielfältigen Belohnungs- und Sanktionsmöglichkeiten ›ausgestattet‹. Mehr denn je bringen sich aber die Medien wie die wichtigen Vergemeinschaftungen der Peers, in denen junge Menschen ›auf Augenhöhe‹ interagieren, als sog. Sozialisationsagenten bzw. -agenturen ins Spiel. Auch sie gestalten Sozialisationsprozesse, aber eben ohne expliziten Erziehungs- und Bildungsauftrag; sie vermitteln Werthaltungen und Verhaltensmodelle, gesellschaftliche Erwartungen und Ansprüche gewissermaßen nebenbei (Süss 2004).

Während die klassischen Sozialisationsinstanzen in aller Regel als ›Zwangsgemeinschaft‹ von Kernfamilie, Kita-Gruppe, Schulklasse etc. organisiert sind, konstituieren sich Peers und Medien als Agenten bzw. Agenturen der Persönlichkeitsentwicklung in aller Regel als ›Wahlgemeinschaft‹, als ein von den Heranwachsenden selbst gewählter Zusammenhang. Die (kommerziell begründeten) Begehren, insbesondere junge Menschen mit digitalen Endgeräten und Anwendungen zu erreichen, sie unter Peers unverzichtbar zu machen, sind zwar nicht zu übersehen. Es sind letztlich aber vor allem die (aufgrund immer früherer Autonomien) selbstgewählten Zusammenhänge, mit denen die sozialisatorische Bedeutung von Medien im Leben junger Menschen seit Mitte der 2000er Jahre weiter zugenommen hat. Wenn der Zugang zu den digitalen Endgeräten und Anwendungen, die Orte, Situationen und Zeiten ihrer Nutzung sowie die Bewertung und Verarbeitung des hier Erfahrenen den jungen Nutzer*innen selbst überlassen bleibt, bestimmt in der digitalen Welt Selbstsozialisation die Geschicke.

---

19 Die Habilitationsschrift entstand bereits zu einer Zeit, in der das Leben junger Menschen zusehends unter dem Eindruck der markanten Entwicklungen im (damals noch jungen) Internet stand, insbesondere was die verschiedenen Möglichkeiten zu Eigenaktivität und Selbstausdruck, Austausch und Vernetzung anbetrifft.

Eine intendierte, mit konkreten Erziehungs- und Bildungszielen verbundene ›Steuerung‹ von Sozialisationsprozessen lässt sich in der digitalen Welt nur dann realisieren, wenn die Zugänge angemessen begleitet sind und die Medienerfahrungen (im Austausch miteinander) entsprechend kommunikativ bearbeitet werden. Es wird sich allerdings noch zeigen, dass Eltern heute bereits Kindern im digitalen Raum weitgehend Freiheiten und Freiräume eingestehen (▶ Kap. 5.4). Und beim gezielten ›in den Dienst nehmen‹ der neuen Möglichkeiten in Schule und Kita, einer pädagogisch initiierten und strukturierten Förderung und Befähigung zu einem erwünschten kritisch-reflexiven Umgang besteht bekanntlich noch großes Handlungspotenzial.

Als zentrale Besonderheit der digitalen Welt, in der medial quasi alles jederzeit und überall verfügbar ist, lässt sich die Durchdringung der Gesellschaft allgemein und der Lebenswelten von Kindern und Jugendlichen speziell mit digitalen Endgeräten, Technologien und Anwendungen herausstellen. Kennzeichnend sind hierfür insbesondere die Veränderungen in der Welt der Medien, die nicht nur den Alltag junger Menschen, die Instanzen, Agenten und Agenturen ihrer Persönlichkeitsentwicklung und ihr aufeinander bezogenes Zusammenspiel digital durchdrungen haben. Das zeigt sich sowohl in den sozialen Handlungs- und Erfahrungsräumen von Peers und Familien als auch in den Bildungskontexten von Schule, Ausbildung und damit in Zusammenhang stehenden neuen Formen der Aneignung von Wissen – und mit Blick auf die Auseinandersetzung und Verarbeitung (erster) digitaler Erfahrungen auch in den erzieherischen Kontexten der Kitas.

Vor diesem Hintergrund legt die aktuelle Mediensozialisationsforschung den Fokus auf die (vielschichtigen) Prozesse der Sozialisation junger Menschen in der mediatisierten Gesellschaft allgemein (Lampert/Kammerl 2022) und auf die (zunehmend) mediatisierten Sozialisationsprozesse innerhalb kommunikativer Figurationen speziell, bei der Sichtweisen aller Akteur*innen einbezogen und in ihrer Konstellation berücksichtigt werden (Kammerl et al. 2021). Im Mittelpunkt stehen auch hier der digitale Austausch und die neuen Formen sozialer Vernetzung (mitsamt der Durchdringung quasi von allem), mit denen sich das in Sozialisationsprozessen so wichtige kommunikative Handeln der Menschen grundlegend gewandelt hat.[20] Die markanten Veränderungen beim (aufeinander bezogenen) Austauschhandeln der Menschen lassen sie letztlich als eine (besonders) tiefgreifende Mediatisierung

---

20 Die Rede ist hier von einer Mediatisierung des kommunikativen Handelns der Menschen, die schon zu Beginn der Entwicklungen vom Mathematiker und Soziologen Friedrich Krotz (2001) als ein grundlegender Wandel von Alltag und sozialen Beziehungen, Kultur und Gesellschaft beschrieben wurde.

2 Aktuelle Lage der jungen Generationen

der sozialen Welt insgesamt beschreiben und bieten den Rahmen dafür, dass sich Menschen insgesamt – den (jungen) ›Pioniergemeinschaften‹ folgend – auf den Weg in eine digitale Gesellschaft ökonomisch verwertbarer Infrastrukturen begeben (Hepp 2021).

Medienaneignung: Sich die digitale Welt aktiv ›zu eigen‹ machen

Unter der Prämisse dieses grundlegenden Wandels werden in diesem Buch nicht die vielfältigen Optionen der digitalen Welt an sich ins Zentrum der Betrachtung gerückt, sondern die (weitgehend unbefangene) Aneignung digitaler Medien, der diversen Endgeräte, Technologien, Anwendungen etc. durch Kinder und Jugendliche. Das Auf- und Heranwachsen in der digitalen Welt wird als Akt von aktiv handelnden Subjekten verstanden, die sich die neuen Möglichkeiten insbesondere digitaler Medien in ihrer Bedeutung für das eigene Leben zu eigen machen. Ohne pädagogisch-normativen Zielsetzungen zu viel Raum einzuräumen, gilt es, den heutigen Medienumgang junger Menschen mitsamt den damit verbunden Implikationen für ihre Persönlichkeitsentwicklung in einem weitgehend wertfreien und möglichst ganzheitlichen Zugang zu beschreiben.

Ganzheitlich meint in diesem Zusammenhang, dass der Umgang junger Menschen mit Medien allgemein und digitalen Medien speziell als Medienaneignung verstanden wird. Abseits komplexer Nutzungs- und Wirkungsmodelle stellt das gewählte, aus der Perspektive der Cultural Studies heraus entwickelte Konzept auf drei zentrale Aspekte des Umgangs der Menschen mit Medien und ihren Inhalten ab: die aus den in der Lebenswelt verfügbaren Zugängen vorgenommene Auswahl, die eigentliche Wahrnehmung und Nutzung von Medien sowie die Bewertung und Verarbeitung der medialen Erfahrungen – durch die Nutzer*innen in ihrem jeweiligen kulturellen Kontext und nicht zuletzt im sozialen Umfeld. Der Anschlusskommunikation bzw. kommunikativen Aneignung (im Austausch mit anderen) wird dabei besonderes Gewicht zuerkannt (Hepp 2005).

Im Gegensatz zu ganz ähnlichen, etwa in der Medienpsychologie verwendeten Systematisierungen in die präkommunikative, kommunikative und postkommunikative Phase der Mediennutzung, um das Erleben und Verhalten der Nutzer*innen differenziert zu beschreiben, zu erklären und zu prognostizieren (Wulf et al. 2023), stehen in diesem Buch nicht die Nutzungs-, Verarbeitungs- und Wirkprozesse im Mittelpunkt, sondern die Kinder und Jugendlichen mit ihrem Handeln in der digitalen Welt: Es geht um die vergemeinschafteten, immer aber auch individuell ausgestalten Zugänge, um die

Nutzung der neuen Möglichkeiten und deren aktive Be- und Verarbeitung als Zeugnis einer aktiven Auseinandersetzung junger Menschen mit einer ganz persönlichen und zugleich gesamtgesellschaftlichen Realität. Und diese Wirklichkeit ist heute mehr denn je von digitalen Anwendungen und Technologien und den hier verbreiteten bzw. ausgetauschten Botschaften, Werten, Einstellungen, Vorlagen, Erfahrungen etc. gekennzeichnet.

Eingebettet ist die Aneignung der digitalen Welt in eben diesem Sinne – und das macht das Feld unübersichtlich – in ein je spezifisches Zusammenspiel von individuellen, sozialen, medialen und gesellschaftlichen Faktoren, wie sie noch differenziert beschrieben werden (▶ Kap. 5). Eine besondere Bedeutung wird hier den Heranwachsenden zugesprochen, ihren entwicklungsbedingten Fähigkeiten, realen und medialen (Vor-)Erfahrungen, persönlichen Interessen und Vorlieben sowie medienbezogenen Kompetenzen. Daneben spielen auch die Erziehungs- und Bildungskontexte mit dem auf den Medienumgang von Kindern und Jugendlichen bezogenen Handeln von Eltern, Erzieher*innen und pädagogischen Fachkräften mit jeweils eigenen Vorerfahrungen und Handlungsmustern sowie die Peers bzw. Freundeskreise mit ihrem spezifischen Handeln ›auf Augenhöhe‹ eine wichtige Rolle. Und letztlich sind auch die medialen bzw. digitalen Angebote, ihre Inhalte und Strukturen sowie die gesellschaftlichen Rahmungen, insbesondere was die Regulierung der Medienwelt zum Schutz von Kindern und Jugendlichen anbetrifft, eine wichtige Größe (Lauber/Hajok 2013).

Die jeweilige Relevanz der verschiedenen lebensweltlichen Kontexte kann – über alle Kinder und Jugendlichen hinweg betrachtet – auch in diesem Buch nur entlang grundlegender Momente eingefangen werden. Im nachfolgenden Kapitel zum Auf- und Heranwachsen in der digitalen Welt wird der Gesamtzusammenhang der sich verändernden lebensweltlichen Kontexte von jungen Menschen aber bereits sehr plastisch. Die eigentlichen Zugänge zur digitalen Welt, die Auswahl und Nutzung der neuen Möglichkeiten, lassen sich mit den vorliegenden Daten zum Medienumgang von Kindern und Jugendlichen indes sehr gut beschreiben (▶ Kap. 4). Auch die wesentlichen, von jungen Menschen wahrgenommenen Potenziale und Gefahren, denen sie in der digitalen Welt heute gegenüberstehen (▶ Kap. 7, ▶ Kap. 8), können mittlerweile sehr gut nachgezeichnet werden.

3 Heranwachsen in der digitalen Welt: Ein neuer Sozialisationstypus?

Nicht nur die Pädagogik, die von jeher einen kritischen Blick auf neue Entwicklungen in der Gesellschaft und die damit verbundenen Konsequenzen für die Entwicklung und Sozialisation junger Menschen richtet, auch die Soziologie und speziell die Sozialisationsforschung, die Kommunikations- und Medienwissenschaft haben in ihren Zugängen zur Welt bereits früh thematisiert, was Eltern und andere Erziehende, pädagogische Fach- und Lehrkräfte heute vielerorts verwundert zur Kenntnis nehmen. Tatsächlich hat das Auf- und Heranwachsen junger Menschen heute nicht mehr allzu viel mit dem zu tun, was die heutigen Erwachsenen in ihrer Kindheit und Jugend so alles umtrieb. Aber haben wir es deshalb gleich mit einem neuen Sozialisationstypus zu tun?

Schaut man sich die markanten Entwicklungen, die im Zusammenspiel eine sehr grundsätzliche Bedeutung für die Persönlichkeitsentwicklung von Kindern und Jugendlichen entfalten, etwas genauer an, dann spricht einiges dafür. Dies ist im Fachdiskurs, der den öffentlichen Diskursen keineswegs immer vorausläuft, auch schon erstaunlich früh prognostiziert worden und wird nun entlang zentraler Parameter skizziert.[21] Das heißt aber nicht, dass in der digitalen Welt nun wirklich alles ›über den Haufen‹ geworfen ist, was das Aus- und Heranwachsen schon seit vielen Jahrzehnten prägt. Die institutionalisierten Erziehungs- und Bildungskontexte von Kitas und Schule etwa, noch immer ein zentraler Handlungs- und Erfahrungsraum von Kindern und Jugendlichen, erscheinen heute fast schon wie ›ein Fels in der Brandung‹ einer fortschreitenden Digitalisierung quasi von allem.

In den längst von digitalen Medien durchdrungenen Kontexten der Familien und Peers sieht es da schon etwas anders. Auch was das für die eigene Entwicklung so wichtige Wohlbefinden junger Menschen bzw. ihre Zufriedenheit mit dem Alltag anbetrifft, zeigen sich abseits der zugenommenen

---

21 Grundlage der nachfolgenden Ausführungen sind zwei erste Systematisierungen, in denen die zentralen Facetten eines veränderten Auf- und Heranwachsens betrachtet wurden (Hajok 2018a, 2018b).

schwierigen Lebenslagen und psychischen Belastungen junger Menschen auch Konstanten. So sind für Jugendliche noch immer das Zusammensein mit Freund*innen, persönliche Erfolge (in der Schule, beim Sport etc.) sowie das Nichtstun bzw. allein Chillen zur Kompensation und Entspannung die wichtigsten Dimensionen einer Alltagszufriedenheit, wohingegen Leistungsdruck und Zeitmangel entscheidend zu einer Unzufriedenheit beitragen (Calmbach et al. 2020). Nach den Ergebnissen der aktuellen Ausgabe der SINUS-Jugendstudie ist die starke Bindung der Heranwachsenden an Social Media (▶ Kap. 4.4) ein Problem, das mehr denn je zur allgemeinen Unzufriedenheit der jungen Generation beiträgt (Calmbach et al. 2024).

3.1 Suchend in einer Welt digitaler Vorgaben!

Schon Mitte der 1980er Jahre beschrieb der Soziologe Ulrich Beck mit »Risikogesellschaft« die fortschreitende Individualisierung von Lebensentwürfen als eine zentrale Entwicklung in unserer von Differenzierung und Pluralisierung gekennzeichneten Gesellschaft (Beck 1986). Seit Jahren erleben wir hautnah mit, dass Heranwachsende ihr Leben immer autonomer gestalten können und – das wurde in der öffentlichen Diskussion oft vergessen – es zugleich immer selbstverantworteter gestalten müssen. In der komplexen Welt sind Erwachsene, Erziehende wie pädagogische Fachkräfte immer weniger in der Lage, ihren Schützlingen den für sie ›besten‹ Weg zu zeigen, die ›richtigen‹ Antworten auf die drängenden Fragen zu geben: hier die immer ›eigeneren‹ Wünsche, Bedürfnisse und Interessen junger Menschen, dort die immer schwerer zu durchschauenden gesellschaftlichen Zusammenhänge und sozialen Problemlagen, die selbst ›geübte‹ Erwachsene an die Grenzen des Versteh- und Nachvollziehbaren bringen.

In dieser unübersichtlichen Welt etablieren junge Menschen mit digitalen Medien schnell eigene Zugänge zu den Antworten auf ihre Fragen. Interessengeleitet stellen sie sich immer früher individuelle Medienmenüs zusammen und verleihen so einem partizipativen Medienhandeln neuen Ausdruck, wie es mit Blick auf die neuen Formen zu Information, Orientierung und Wissensaneignung noch ausgeführt wird (▶ Kap. 7). Im Resultat wachsen heute immer mehr kleine Expert*innen heran, die ihr Wissen von Welt aus der digitalen beziehen. Die Achtjährige – längst schon im Netz unterwegs – hat längst begonnen, die Eltern mit Fragen à la »Wie findet das Zebrajunge seine Mutter?« zu fordern. Und der 14-Jährige begegnet den Berichten zum

3 Heranwachsen in der digitalen Welt: Ein neuer Sozialisationstypus?

aktuellen Tagesgeschehen am Abendbrottisch immer häufiger mit »Hab ich doch schon längst online mitbekommen!«. Die klassischen Sozialisationsinstanzen, das Elternhaus und die Schule, sind damit zwar keineswegs bedeutungslos geworden. Was die so wichtigen Orientierungs- und Suchprozesse anbetrifft, vertrauen Jugendliche und Kinder aber in zunehmendem Maße auf das, was ihnen die digitalen Kanäle bieten.

Mit der sich hier andeutenden Verschiebung der sozialisatorischen Bedeutung weg von den Instanzen mit explizitem Erziehungs- und Bildungsauftrag hin zu digitalen Kanälen ohne eben diesen Auftrag regiert ein ganz anderer Sinnzusammenhang zunehmend die Geschicke: Setzen die ›beauftragten‹ Institutionen auf ein kritisch-reflexives Subjekt, das es im pädagogischen Handeln zu stärken und angemessen zu begleiten gilt, geht es in der vor allem ökonomischen Prinzipien folgenden digitalen Welt um ein sich situativ-anpassendes Individuum (Niesyto 2013). Hier werden die Konturen eines Netzwerkkapitalismus sichtbar, wie ihn der Soziologe Richard Sennet (1998) im Hinblick auf eine neue Kultur des Kapitalismus beschrieb. Schaut man sich um, dann scheinen sich gut 25 Jahre später längst auch Heranwachsende insofern mit ihrer Umwelt zu arrangieren, als dass sie sich neuen Marktentwicklungen (in der unbefangenen Aneignung) schnell anpassen, nicht allzu sehr an Ort und Zeit binden, langfristige Bindungen meiden und Fragmentierung ihres Lebens sogar als persönlichen Gewinn ›verbuchen‹.

> Wenn es in der digitalen Welt so etwas wie einen übergeordneten Sinnzusammenhang gibt, dann ist es weniger die Demokratisierung im Sinne einer gleichberechtigten Teilhabe von allen an allem, sondern vor allem die Möglichkeit der Monetarisierung – und zunehmend auch der gezielten Beeinflussung der Menschen. Die Geschicke lagen hier quasi von Beginn an in der Hand weniger, global agierender Player,[22] die sich mit ihrem sozialisationsrelevanten Material auch insofern als ein ›Machtinstrument‹ mit spezifischer Sogwirkung gerade für Heranwachsende gerierten, als dass die klassischen gesellschaftlichen Strukturen gerade wegbrachen, sich traditionelle Verhaltensweisen auflösten und staatliche Steuerungskraft abhanden ging (Schiedeck/Stahlmann 2012).

---

[22] Unter dem Label der GAFAM-Unternehmen wurden hier schon früh Google (heute: Alphabet), *Amazon*, *Facebook* (aktuell: *Meta Platforms*), *Apple* und *Microsoft* exponiert hervorgehoben. Sieht man von *Netflix*, *Snapchat* und *TikTok* ab, dann sind letztlich alle bei Heranwachsenden beliebten Dienste unter dem Dach dieser Global Player.

Mit ihren an Gewinn und Einflussnahme orientierten Technologien und Strukturen geben die Global Player vor, was auf welchem Weg als inhaltlicher Input und Vorlage fürs Leben auf junge Menschen trifft (und unter ihnen ausgetauscht wird). Sieht man von digitalen Spielen, kostenpflichtigen Streamingdiensten und natürlich den Onlineshops einmal ab, dann erscheint das systematische Zusammenbringen und kommerzielle Verwerten von persönlichen Daten (und Datenspuren) noch immer die einzig funktionierende Währung im Netz zu sein. Die auf (kommunikativen) Austausch und (juvenile) Vernetzung spezialisierten Unternehmen geben den Ton an – und nicht zuletzt die, die Content zielgruppenspezifisch adressieren.

Mit den aktuellen Entwicklungen erhält nun wieder ein ganz anderes digitales Phänomen eine neue Relevanz. In der Auseinandersetzung mit der vielbeachteten These des Internetaktivisten Eli Pariser (2011) war bereits früh die Rede davon, dass insbesondere Heranwachsende, die *Digital Natives* also, im Netz in ihren Filterblasen agieren, im gebrochenen Hall von Echokammern, in denen Algorithmen ganz selbstverständlich das ausspielen, was den persönlichen Bedürfnissen, Interessen, Neigungen, Träumen, Wünschen etc. vermeintlich am nächsten kommt. Dass ›gefühlt‹ mittlerweile alles, was die Menschen über die Welt wissen, aus dem kleinen Bildschirm kommt, scheint für die Entwicklung und Sozialisation junger Menschen nicht die eigentliche Herausforderung. Sie besteht vielmehr in der ›angemessenen‹ Auseinandersetzung mit und Verarbeitung von einer (sozial, redaktionell, algorithmisch aufbereiteten) Bevorzugung des Sensationalisierten, Zugespitzten und Radikalen, die in den Echokammern der Netzöffentlichkeit selbstverstärkend wirkt (Lobo 2016).

Die Effekte von Filterblasen und Echokammern mögen zu Zeiten klassischer Internetrecherchen, Foren, Blogs und Sozialer Netzwerkdienste aufgrund der noch bedingten Relevanz personalisierter Informationen in den Informationsrepertoires (sehr) begrenzt gewesen sein (Rössler 2017). In den letzten Jahren haben aber gerade die Onlinedienste an Bedeutung gewonnen, die das sozialisationsrelevante Material KI-basiert bzw. algorithmisiert aussteuern und damit personalisiert auf Kinder und Jugendliche treffen lassen – Chancen und Risiken inklusive.[23] Wie grundsätzlich die Entwicklungen sind, zeigt sich nun auch bei der Suchmaschine *Google*. Seit über 20 Jahren ein wichtiges Tor für die Orientierungs- und Suchprozesse junger Menschen,

---

23 Das vereinfachte Auffinden und die Personalisierung mit sog. Vorschlagsalgorithmen (ML) wird in der wissenschaftlichen Expertise als Chance gesehen, im Hinblick auf Filterblasen und Echokammern, Microtargeting, Zensur und Manipulation des öffentlichen Diskurses durch hyperaktive Accounts zeigen sich Risiken (Grünke 2024).

werden die Ergebnislisten, die bislang ausschließlich auf die Webinhalte bzw. Internetseiten verwiesen haben, seit Ende März 2025 um KI-generierte Zusammenfassungen (»Übersicht mit KI«) ergänzt – und irgendwann wohl dann ganz daraufgesetzt.

Aktuell scheint die Individualisierung bzw. Personalisierung jedenfalls nicht nur sehr dynamisch, sondern auch eine neue Qualität hervorzubringen, die sich mehr denn je entfernt von der persönlichen Ansprache in Face-to-Face-Kontakten. Wenn die Orientierungs- und Suchprozesse nun zusehends beim von Künstlicher Intelligenz generierten Material von Diensten à la *ChatGPT* verbleiben, entstammen die Vorgaben und Vorlagen fürs eigene Leben immer mehr (und dies auch selbstreferenziell) der digitalen Welt. Persönliche Erfahrungen der Menschen, die es nicht dorthin geschafft haben, bleiben außen vor.

3.2 Unter dem Einfluss digitaler Beschleunigung?

Im besonderen Maße steht das Auf- und Heranwachsen junger Menschen unter dem Vorzeichen der rasanten technischen Entwicklungen, die mit der Digitalisierung seit den 1990er Jahren immer mehr an Fahrt aufgenommen hatten und mit den KI-basierten Technologien aktuell einen noch nie dagewesenen Beschleunigungsschub erfahren haben. Die gesamtgesellschaftlichen Entwicklungen in den Blick nehmend hat der Soziologe Hartmut Rosa mit seiner vielbeachteten Perspektive auf die Veränderung der Zeitstrukturen in der Moderne bereits Mitte der 2000er Jahre überaus treffend in den Diskurs eingebracht, wie rasant sich mit den technischen Entwicklungen die Produktion, Vermittlung und Rezeption von Informationen bzw. medialen Inhalten beschleunigt haben – und damit auch die Prozesse und Abläufe in der Gesellschaft insgesamt (Rosa 2005).

Algorithmen und Künstliche Intelligenz haben diese Entwicklung nicht nur weiter forciert, sondern auch damit verbundene gesamtgesellschaftliche Probleme offenkundig gemacht: Wie lassen sich die Entwicklungen im Hinblick auf einen möglichen Nutzen oder eben Schaden für die Gesellschaft regulieren? Wie sieht eine angemessenen Technologiefolgen- bzw. Risikoabschätzung aus? Wer kann wie haftbar gemacht werden, wenn mit Algorithmen oder KI das juristische Subjekt wegfällt? Welche Kriterien sollten an den Einsatz digitaler Technologien gekoppelt werden? Wie kann einer Entgrenzung von Innovation überhaupt Einhalt geboten werden? All diese

Fragen haben mit den aktuell forcierten Einflussnahmen der Branchenriesen (Stichwort: Tech-Oligarchie) mehr denn je Relevanz.

In der kommerziellen Welt digitaler Medien kommen neue Technologien und Anwendungen jedenfalls ohne allzu viel Federlesen zur Anwendung – möglichst frei gestaltbare Monetarisierungsoptionen sind entscheidend. Die ohnehin begrenzten Möglichkeiten einer Regulierung im Sinne des Kinder- und Jugendmedienschutzes greifen – wenn überhaupt – sowieso meist nur (zeitversetzt) im Nachhinein (▶ Kap. 5.5). Ebenso können Bildung und Erziehung die dynamischen Entwicklungen immer schwerer aktiv begleiten und junge Menschen nur sehr bedingt auf etwas vorbereiten, das morgen vielleicht schon ganz anders ist. Ist nun gar das Projekt der Aufklärung beendet? Nicht unerheblich ist in diesem Zusammenhang, dass zumindest ein Teil der Anbieter von KI transhumanistische Ziele verfolgt (der Mensch als defizitäre Ware, die technisch zu optimieren ist). Ressourcenverbrauch und Bemühen um nachhaltige Entwicklungen stehen sich diametral gegenüber, ästhetische Formate und Ausdrucksformen ändern sich in weitgehend unbekannter Weise und das medienpädagogische Doppelziel einer kritisch-reflexiven Nutzung und eigenständigen Gestaltung von Medien erscheint kaum noch erreichbar (Büsch 2024).

Die Heranwachsenden selbst haben sich in der Vergangenheit die neuen digitalen Möglichkeiten jedenfalls weitgehend unbefangen zu eigen gemacht; interessiert und unvoreingenommen haben sie sie schnell in ihr Leben integriert, was ihnen attraktive Optionen zur Ausgestaltung ihrer Freizeit, zu kommunikativem Austausch und sozialer Vernetzung, zur Information und Orientierung offeriert.[24] Bereits das, was die Global Player mit ihren Plattformen, Diensten und vorgegebenen Strukturen durchs Netz jagen lassen und immer zielgenauer adressieren, lässt unsere Schützlinge aber auch immer mehr unter Druck geraten, die unzähligen Inputs in ihrem Leben überhaupt noch unterzubekommen. Längst haben wir es mit einem stark ›verdichteten‹ Freizeitraum zu tun, der bei Jugendlichen fast schon komplett digitalisiert ist und sich bei Kindern auf dem ›besten‹ Weg dahin befindet (▶ Kap. 4).

Schon in der 2016er-Ausgabe der für die Freizeit- und Medienwelten der 12- bis 19-Jähriger repräsentativen JIM-Studienreihe war ein ganzer Abschnitt mit »Digitaler Stress« überschrieben. Blättert man in den Ausgaben

---

24 Aktuellstes Beispiel ist hier *ChatGPT*. Der bekannte Chatbot, der auch in Deutschland erst mit der Ende 2022 veröffentlichten kostenfreien Software-Version *GPT-3* boomte, traf gleich zu Beginn nicht zuletzt bei den Heranwachsenden auf Akzeptanz. Nur gut ein halbes Jahr nach Veröffentlichung wussten die meisten nicht nur davon, viele hatten ihn auch schon ausprobiert (▶ Kap. 4.4).

3 Heranwachsen in der digitalen Welt: Ein neuer Sozialisationstypus?

der letzten Jahre, besteht das Problem fort, ja verschärft sich sogar – ohne dass die Heranwachsenden hier eine gewisse Resilienz ausgebildet hätten. So monierte im Jahr 2023 bereits gut jede*r Dritte so viele eingehende Nachrichten, dass es nervt; im Jahr 2024 waren es schon zwei von fünf Jugendlichen (Feierabend et al. 2024). Tatsächlich muss man nur einmal hinschauen, was Heranwachsende heute alles abzuarbeiten haben, wenn ihr Smartphone einmal zwei Stunden ausgeschaltet war – und wir haben das ganze Ausmaß unmissverständlich vor Augen. Zu den vielen digitalen Nachrichten in Text, Wort und Bild kommen für die meisten noch vor dem Jugendalter tagtäglich unzählige Videohäppchen aus der Endlosschleife bei *TikTok* hinzu.

> Der für die Sozialisation entscheidende Punkt ist hier: Im Feuerwerk kurzweiliger digitaler Inputs machen die Heranwachsenden immer mehr Erfahrungen, die weitgehend unverbunden nebeneinander stehen und gewissermaßen zu (nur noch) episodischen Erlebnissen ›verkommen‹, die auf der Ebene des Subjekts immer weniger miteinander, mit der eigenen Geschichte und persönlichen Identität verknüpft werden können. In ihrem Einführungswerk Sozialisation und Bewältigung haben Lothar Böhnisch, Karl Lenz und Wolfgang Schröer (2009) bereits vor 15 Jahren dieses nicht wirklich schöne, aber durchaus zutreffende Bild in den Diskurs eingebracht: Heutige Heranwachsende leben immer mehr von Situation zu Situation, von Punkt zu Punkt und sehen vor lauter Punkten – das ist vielleicht ein digitales Sozialisationsdilemma – das große Ganze nicht mehr.

Betrachtet man die Prozesse noch etwas mehr aus psychologischer Sicht, dann lässt sich sogar sagen, dass mit der wachsenden Beschleunigung der Lebensvollzüge junger Menschen und ihren (noch) unzureichenden Lebenskompetenzen eine spezifische Risikokonstellationen entsteht, in der die – für die mentale Gesundheit junger Menschen so wichtige – Ausgewogenheit von Risiken und Herausforderungen des Heranwachsens auf der einen Seite und Bewältigungsressourcen auf der anderen schwindet. Einerseits werden in den digitalen Kanälen immer mehr Erwartungen an die Heranwachsenden herangetragen, an sie als Mensch und Mitglied der Gesellschaft, anderseits bedarf es einer besonderen Anpassungsfähigkeit an die Beschleunigung des eigenen Lebens und (weiterhin) einer Erfüllung der normativen Erwartungen ans Leben (Scherenberg/Pundt 2020).

3.3 Durchlässiger Schonraum – risikoreicher Experimentierraum!

Betrachtet man das Heranwachsen junger Menschen noch etwas mehr unter pädagogischen Gesichtspunkten, dann geraten in der digitalen Welt grundlegende Konzeptionierungen ins Wanken, die in ihrer normativen Bedeutung für eine angemessene Erziehung und Begleitung nicht zu unterschätzen sind. Für die Erziehung und Begleitung von Kindern ist demnach zentral, den Kindern einen geschützten Raum für ihr Aufwachsen zu bereiten, der ihrem Entwicklungsstand angemessen ist. Es gilt, ihnen mit (transparent gemachten) Grenzen einen Handlungsraum zu definieren, diesen frei von Gefahren zu halten und ansonsten eine weitgehend freie, an persönlichen Bedürfnissen, Interessen und Kompetenzen orientierte Entfaltung der eigenen Persönlichkeit zu ermöglichen. Demgegenüber sollten Eltern und Fachkräfte mit Blick auf das, was Jugendliche so alles treiben, eher nachsichtig sein. Es gilt, ihnen Aufschub zu gewähren und Spielräume zum Experimentieren und Bewältigen ihrer Entwicklungsaufgaben einzuräumen – und dennoch möglich Entwicklungsrisiken nicht aus dem Blick zu verlieren. Muss man sich in der digitalen Welt von diesem grundlegenden Zugang verabschieden?

> Man kann es auf eine ganz einfache Formel bringen: Wenn im Alter von zehn Jahren die meisten Heranwachsenden in Deutschland mittlerweile ihr eigenes Smartphone als Dreh- und Angelpunkt von allem Digitalen in der Hand halten[25], dann ist das, was in der Pädagogik für ein ›gesundes‹ Aufwachsen in Kindheit und im Moratoriumsgedanken von Erik H. Erikson für die Jugend konzipiert wurde, immer schwieriger einlösbar. Denn so wie Heranwachsende immer früher und autonomer in der (weitgehend ungeschützten) digitalen Welt agieren, wird der von Erwachsenen in der Vergangenheit noch so sorgfältig abgegrenzte Schonraum Kindheit immer durchlässiger und der Experimentierraum Jugend, in dem es um Exploration (noch) ohne Festlegung geht (Keupp et al. 1999), immer riskanter.

---

25 Wie noch zu zeigen sein wird, haben die meisten Kinder via Smartphone (ihrer Eltern) deutlich früher, mit sechs, sieben Jahren Zugang zur digitalen Welt (▶ Kap. 4.3). Mit dem persönlichen Besitz sind die Autonomien der jungen Nutzer*innen schon weitreichend und die Kontroll- und Schutzmöglichkeiten ohnehin begrenzt.

3 Heranwachsen in der digitalen Welt: Ein neuer Sozialisationstypus?

Letzteres hat Lothar Böhnisch (2009) bereits vor 15 Jahren in einem Essay zur Jugend heute in den Blick genommen und vielleicht auch etwas wehmütig festgehalten, dass die bisherigen Experimentierräume Heranwachsender im Ideal sozial, kulturell und auch rechtlich geschützt waren, die neuen medialen Handlungs- und Erfahrungsräume in eben diesem Sinne aber nicht mehr schützbar sind. Als zentrale Gefahr des Experimentierens in den ungeschützten medialen Räumen wurde von ihm in dieser Zeit gesehen, dass das, was die Heranwachsenden heute im Netz tun, morgen immer wieder aufs Neue hervorgeholt werden kann. In der heutigen digitalen Welt der scheinbar unbegrenzten Möglichkeiten haben sich nicht nur die Chancen, sondern eben auch die Risiken für die Sozialisation Jugendlicher spürbar erweitert (▶ Kap. 7, ▶ Kap. 8) und steht mit den (in ihrem Leben immer früheren) digitalen Zugängen von Kindern auch die Frage der Einlösbarkeit eines Schonraums auf dem Prüfstand. Fakt ist: In der digitalen Welt kommen Kinder und Jugendliche mehr denn je mit Dingen in Kontakt, die nicht für sie gedacht sind und die ihre Persönlichkeitsentwicklung beeinträchtigen oder gar (schwer) gefährden können.

Das heißt nicht, dass Eltern, Erzieher*innen, pädagogische Fach- und Lehrkräfte nun per se außen vor sind, die Kinder und Jugendlichen in entscheidenden Punkten ins Feld der Selbstsozialisation entlassen werden (müssen). Sie müssen ihr Handeln aber an eine Welt offener und weitgehend eben auch ungeschützter digitaler Handlungs- und Erfahrungsräume orientieren. Für eine ›gelingende‹ Sozialisation bzw. ›erfolgreiche‹ Bewältigung der anstehenden Entwicklungsaufgaben auch unter digitalen Vorzeichen sollte es darum gehen, Heranwachsende frühzeitig für einen souveränen Umgang mit den Möglichkeiten der digitalen Welt stark zu machen. Sie beim Erwerb der Fähigkeit zu unterstützen, sich die Grenzen selbst setzen zu können (im Sinne von Selbstregulation), ist hier nur eine der vielen Herausforderungen. Sie in einer diskursiven Begleitung bei der Ausbildung angemessener Strategien zur Bewältigung irritierender, belastender, verstörender etc. Medienerfahrungen (im Sinne von Coping) zu unterstützen, ist eine andere.

In jedem Fall gilt es, sich von der Vorstellung zu verabschieden, man könne das Rad der Geschichte zurückdrehen oder in der digitalen Welt mit rein bewahrpädagogischen Mitteln wirksam einen Kontakt von Kindern und Jugendlichen mit altersunangemessenen Darstellungen (von Sexualität, Gewalt etc.) und eine Etablierung riskanter Umgangsweisen (Mobbing, Sexting etc.) bei seinen Zielgruppen verhindern: Wer in den Kontexten von Bildung und Erziehung die digitale Welt draußen halten will oder bei den ersten problematischen Erfahrungen ›den Stecker zieht‹, braucht sich nicht zu wundern, wenn seine Schützlinge immer häufiger bei Freund*innen, McDonalds oder sonst wo im ›freien Netz‹ unterwegs sind – und sich so einer pädagogischen Begleitung und erzieherischen Kontrolle mehr denn je entziehen. Und wer glaubt, mit technischen Schutzinstrumenten und der Durchsetzung rein restriktiv-bewahrender Maßnahmen die Medienzugänge sicher machen zu können, wird mit der technischen Kompetenz und vom (Ausweich-)Handeln seiner Schützlinge schnell eines Besseren belehrt.

3.4 Im Strom digital entgrenzter Kommunikation?

Der in den letzten Jahren immer weiter ins Netz, zu Messengerdiensten und Social Media gewanderte kommunikative Austausch junger Menschen ist im Kontext seiner besonderen Bedeutung für die Persönlichkeitsentwicklung wohl die wichtigste Facette eines neuen Sozialisationstypus. Schon als sich die SMS, der kostenpflichtige Kurznachrichtendienst, etabliert hatte und die Menschen bei den zwei bis drei pro Tag verschickten Nachrichten mit ihren 160 Zeichen zu allerhand Abkürzungen verführte, diagnostizierte der Medientheoretiker Norbert Bolz in einem mit »Total vernetzt« überschriebenen Beitrag in der Wochenzeitung DIE ZEIT, dass der Stellenwert von Kommunikation in der Gesellschaft rapide steigt und sich damit auch ihr Wert verändert. Offenbar kommunizierten die Menschen (und vor allem junge) zu dieser Zeit immer häufiger, nur um zu kommunizieren – um permanent Kontakt zu halten und wahrgenommen zu werden. Und das alles auch noch mit einer nicht zu bändigenden Lust (Uehlecke 2008).

Den dahinterstehenden, nicht zuletzt die (entscheidend auf kommunikativen Austausch beruhende) Sozialisation junger Menschen prägenden Wandel von Alltag und sozialen Beziehungen, Kultur und Gesellschaft beschrieb der Mathematiker und Soziologe Friedrich Krotz (2001) in zentralen Punkten mit seinem frühen Blick auf die Mediatisierung des kommunikativen Handelns bereits Anfang der 2000er Jahre. Unter den veränderten Formen, Strukturen und Bedingungen von Kommunikation wuchsen Kinder und Jugendliche in den letzten Jahren immer mehr in einer Welt auf, die einerseits von einer Ausdifferenzierung und Integration von Medien zu kaum noch unterscheidbaren kommunikativen Mischformen gekennzeichnet ist. Andererseits – und das ist der springende Punkt – ist das Auf- und Heranwachsen unter diesen Bedingungen der digitalen Welt immer mehr von einer zeitlich, räumlich und sozial entgrenzten Medienkommunikation geprägt.

3 Heranwachsen in der digitalen Welt: Ein neuer Sozialisationstypus?

Vieles des zuvor mündlich, im Hier und Jetzt, Face-to-Face Ausgetauschten wurde mit den Kurznachrichtendiensten zu einem schriftlich, zeitversetzt Ausgetauschten im Setting räumlicher und sozialer Distanz. Mit fragmentiert-reduzierter Sprache fanden die Kommunikate immer spontaner und häufiger ihren Weg durch die Dienste – der Interpretationsspielraum stieg, die Aufmerksamkeitsspanne schien zu sinken. Mit dem Siegeszug von Messengerdiensten, allen voran *WhatsApp*, haben die erweiterten Möglichkeiten, Gruppen zu bilden und quasi unbegrenzt auch Bilder, Videos und Sprachnachrichten zu verschicken, einen weiteren Anstieg der digitalen Kommunikation junger Menschen mit sich gebracht – vor allem, um den eigenen Alltag zu organisieren, sich miteinander abzusprechen (auch mit Eltern) und untereinander kommunikativ auszutauschen (v. a. unter Peers).

Längst ist der für die Sozialisation junger Menschen so immens wichtige Austausch in der Peergroup – in der analogen Welt zu Fuß, mit dem Fahrrad oder den Öffentlichen organisiert – ohne die digitalen Dienste gar nicht mehr denkbar. Das Soziale ist damit keineswegs verschwunden, wie zu Beginn der Entwicklungen kritisch, sogar alarmistisch prophezeit wurde. Es ist aber immer mehr ins Netz gewandert, fand also immer seltener in den Settings physischen Beisammenseins und immer mehr in den entgrenzten digitalen Handlungs- und Erfahrungräumn statt.[26]

> Zwei Dinge erscheinen im Kontext ›entgrenzter‹ digitaler Kommunikation besonders relevant: Zum einen fehlt es bei *WhatsApp, Snapchat* & Co. an der Instanz des Sozialen, die ihre sozialisierende Kraft nur im Angesicht zu Angesicht entfalten kann. Zum anderen bleibt den jungen Menschen beim spontanen und hochfrequenten digitalen Austausch immer weniger Zeit (und Raum) für die wichtigen vorgelagerten Reflexionsprozesse, in denen die Tragweite des eigenen Handelns und mögliche Folgen für sich und für andere im Vorfeld ›mitbedacht‹ werden (Hajok 2018c). »Erst denken, dann tun!« ist hierfür die bekannte Pädagogisierung.

Hinzu kommt noch ein dritter Aspekt: die Kanalreduktion digitaler Kommunikation. Worte ohne direktes Gegenüber sollten gut gewählt werden, der Bedeutungsspielraum steigt mit jeder fehlenden Kontextualisierung. Mimik

---

26 Tatsächlich lässt sich mit den Daten der bekannten Studienreihen eindrucksvoll zeigen, dass Kinder wie Jugendliche sich in den letzten 20 Jahren in ihrer Freizeit immer seltener (Face-to-Face) mit ihren Freund*innen getroffen und immer häufiger via Messengerdiensten und Social Media ausgetauscht haben (▶ Kap. 4).

3.4 Im Strom digital entgrenzter Kommunikation?

und Gestik des Gegenübers bleiben meist draußen, und auch Emotionen können nur bedingt transportiert werden. Selbst beim klassischen Telefonieren miteinander waren die Menschen zeitgleich am Gerät und hörten neben der Stimme des anderen immer auch die mitschwingenden Emotionen (Turkle 2011). Weinen, lautstarke Freudens- und Wutausbrüche sind Beispiele. All diese Aspekte verdichten sich letztlich zum zentralen Hintergrund dafür, dass auch in den nicht mehr unbedingt anonymen Onlinewelten Heranwachsender die Hemmschwellen sinken und neben den (von anderen initiierten) negativen Erfahrungen gar nicht so selten auch eigene Grenzverletzungen und riskante Austauschformen zu beobachten sind (▶ Kap. 8).

Gerade was Austausch und Vernetzung anbelangt, sind die Heranwachsenden längst in der digitalen Welt ›gefangen‹. Ob beim Überwinden von zeitlichen, räumlichen und sozialen Distanzen, was ihren Horizont bei der Persönlichkeitsentwicklung (positiv) erweitert, oder aber den (negativen) Erfahrungen mit irritierenden, belastenden und unangenehmen Dingen – mit jeder Nachricht werden sie scheinbar ein weiteres Stück ins Netz eingesponnen. Sozialer Druck und die Angst, etwas (Wichtiges) zu verpassen,[27] sind hier zwei wichtige Aspekte, die auch bei den nachfolgend skizzierten, digital gerahmten Identitätsbildungsprozessen eine wichtige Rolle spielen.

Beide Aspekte lassen sich noch immer sehr gut am Beispiel des Klassenchats bei *WhatsApp* verdeutlichen: Das Smartphone gerade erst im persönlichen Besitz, ist der Messengerdienst in den meisten Fällen als erste App gesetzt. Der Klassenchat ist spätestens zu Beginn der weiterführenden Schule eingerichtet – und spätestens dann steigt der Druck auf die Wenigen, die noch kein Handy haben, um am digitalen Austausch untereinander teilhaben zu können. Denn an ihnen geht ein informeller Lernraum vorbei, in dem Arbeitsblätter geteilt, Hausaufgaben kurz abgesprochen und Anforderungen von Kompetenzbögen thematisiert werden. Auch fehlt ihnen eine heute sehr wichtige ›Spielwiese‹ für soziales Lernen und das Ausbildung von Sozialkompetenzen – auch wenn der kommunikative Austausch der Zwangsgemeinschaft (hier: die Schulklasse) in den entgrenzten digitalen Handlungsräumen (hier: der Klassenchat) schon strukturell bedingt Eskalationen des Sozialverhaltens evoziert (Hajok 2020a).

---

27 Letzteres, in der digitalen Welt mit FOMO (Fear of Missing out) als Massenphänomen begrifflich gefasst, hat beim (kommunikativen Austausch) von Jugendlichen und jungen Erwachsenen eine besondere Relevanz. In der letzten JIM-Studie gab jede*r dritte befragte 12- bis 19-Jährige an, Angst zu haben, etwas zu verpassen, wenn das Handy nicht an ist (Feierabend et al. 2024).

3.5 Sein heißt ›medial stattfinden‹: Identitätsbildung digital!

Sieht man sich an, wie selbstverständlich Heranwachsende ihr Selbst auch abseits der individualisierten Kommunikation in (Gruppen-)Chats im digitalen Netz präsentieren und auf das wichtige Feedback anderer warten, bekommt man schnell den Eindruck, dass die Suche nach Antworten auf die drängenden Fragen für die meisten ohne Social Media gar nicht mehr vorstellbar ist. Es geht um die identitätsstiftenden Fragen »Wer bin ich?«, »Wer will ich sein?«, »Als wen sehen mich die anderen?«, wie sie bei den immer früheren Zugängen in die digitale Welt scheinbar auch immer früher gestellt werden, seit einigen Jahren vor allem bei *Instagram*.

Die Prozesse der Identitätsbildung mit der von Lothar Krappmann vor fünfzig Jahren so treffend beschriebenen Herausforderung, so zu sein wie niemand und zugleich so zu sein wie alle (Krappmann 1969), also eine (einmalige und besondere) persönliche Identität und zugleich eben diese (mit anderen geteilte) soziale Identität auszubilden, sind natürlich noch immer zentral für die Persönlichkeitsentwicklung. Auch die Herausforderung, möglichst gekonnt (und resilient) zwischen den permanent herangetragenen Ansprüchen, Erwartungen, Anforderung etc. (von außen) und den eigenen (inneren) Bedürfnissen, Neigungen, Interessen etc. so ›balancieren‹ zu können, dass der Leidensdruck nicht die Überhand gewinnt.

> In der digitalen Welt gerieren sich die Identitätsbildungsprozesse immer mehr als eine mediatisierte Suche nach Beachtung. Andy Warhols Vision, einmal für 15 Minuten berühmt zu sein, ist schon länger – zumindest optional – auch für ganz ›normale‹ Menschen eingelöst. Und damit ist die im Jahr 2010 in der FAZ bereits ausgerufene Gesellschaft der Beachtungsexzesse auch eine ganz gute Beschreibung dessen, was der Dreh- und Angelpunkt der Selbstrepräsentationen im Netz ist. Ursprünglich von Bernhard Pörksen und Wolfgang Krischke (2012) auf die Welt der Castingshows im Fernsehen bezogen, die für die Identitätsbildung Heranwachsender bis heute nicht irrelevant sind, ›regiert‹ seit Jahren das zentrale Motto »Sein heißt, medial stattfinden!« die Geschicke.

Heute führt die Herausforderung aktiver Identitätsarbeit die Heranwachsenden quasi ungebremst in die öffentlichen Social-Media-Welten und hat sich die Wahrnehmung des Selbst durch andere zum »Du bist, was Du postest« verschoben. Mit seinen bewusst angelegten Strukturen für soziale Rückkopplung sind die genutzten Dienste der zeitgemäße Ort nicht nur für Artikulation und Selbstthematisierung, sondern auch für das Einholen von Feedback. Das Herzchen bzw. Like ist die standardisierte ›Währung‹ für Beachtung bzw. Anerkennung, der hinterlassene Kommentar die differenzierte Bewertungsmöglichkeit.[28] Befördert wird der Austausch von einem – nahbaren und unnahbaren – Gegenüber, das in gewisser Weise als Generalisierter Anderer fungiert, um die handlungstheoretisch fundierte Perspektive des Symbolischen Interaktionismus zu bemühen (Fleischer/Hajok 2016).

In den 2010er Jahren war quasi Tag für Tag ein bisschen mehr zu beobachten, wie die mediatisierte Selbstrepräsentation zur kulturellen Praxis fast aller Heranwachsenden geworden ist: Zunächst vor allem bei *Facebook*, dann bei *Instagram* und für die Jüngeren auch bei *musical.ly*, bis dieser Dienst vom chinesischen Medienunternehmen ByteDance übernommen wurde und die jungen Nutzer*innen sich dann bei *TikTok* wiederfanden. Damit hat sich der so wichtige Aufbau eines Beziehungsnetzes zu einer mediatisierten Pflege des eigenen Freundeskreises gemausert. Zugleich eröffneten die neuen Möglichkeiten des Experimentierens mit der eigenen Identität und der medialen Selbstrepräsentanz einen attraktiven Entwicklungsspielraum, den das ›reale‹ Leben nicht unbedingt bieten kann (Turkle 2011).

Im Sinne des Konzepts der Patchwork-Identität von Heiner Keupp und anderen – in der ersten Konturierung auch schon 25 Jahre alt – bleibt es für die Heranwachsenden zwar auch in der digitalen Welt existenziell, eine von Kohärenz und Authentizität, Anerkennung und Handlungsfähigkeit gekennzeichnete Persönlichkeit auszubilden (Keupp et al. 1999). Neu ist allerdings: In der digitalen Welt unterliegt jedes noch so kleine Detail von Ich-Erprobung und sozialem Rückkanal den Bedingungen von Persistenz, Duplizier-, Skalier- und Durchsuchbarkeit, wie es schon früh in den Fachdiskurs des – zu dieser Zeit noch neuen – Web 2.0 eingebracht wurde (Schmidt 2009). Auch in den Social-Media-Kanälen junger Menschen werden die Dinge nicht nur öffentlich, sondern auch (dauerhaft) verfügbar durch gezielte Suchen auffindbar, kopierbar und in andere Kontexte übertragbar.

---

28 Interessanterweise hat es sich bei der standardisierten ›Währung‹ einiges getan: Gab es auch bei der Nummer eins in puncto Identitätsbildung 2.0 bei *Instagram* für Nutzer*innen zunächst die Möglichkeit, das öffentlich gepostete ebenso öffentlich mit mag ich/mag ich nicht bzw. Daumen hoch/runter zu voten, werden seit geraumer Zeit nur noch Herzchen vergeben – nicht die Relation, sondern die Anzahl positiver Bekundungen ist entscheidend.

Bei den Prozessen einer sog. Identitätsbildung 2.0 agieren die Heranwachsenden auch immer mehr in einem Handlungs- und Erfahrungsraum, der nach einem Prinzip funktioniert, das Georg Franck (1998) in seiner Ökonomie der Aufmerksamkeit schon sehr früh auf den Punkt gebracht hat: In der vernetzten Welt mit quasi unbegrenzten Medienzugängen wird das Streben nach Aufmerksamkeit als grundlegendes menschliches Bedürfnis zur zentralen Währung einer kommerziellen Verwertbarkeit. Seitdem laufen ganze Serverstädte heiß – und werden die Heranwachsenden in den Wettstreit um Beachtung getrieben.

Wenn heute mehr oder weniger alle ihre persönliche und soziale Identität vor allem in ihren Social-Media-Kanälen ausbilden, dann steigt auch der Druck auf die Heranwachsenden, sich sichtbar zu machen und von den vielen anderen im Netz abzuheben: Da braucht es in der digitalen Welt auch eindrückliche Posts und Verlautbarungen, Aufsehen erregende Beiträge, Wertungen und Bewertungen – Emotionalisierungen, Dramatisierungen, Personalisierungen und Intimisierungen im weitesten Sinne. Das ist ein zentraler Hintergrund, weshalb im Rahmen des Experimentierens, gezielten Austestens von Grenzen und auch Provozierens insbesondere im Jugendalter die Grenzen des zu Tolerierenden zuweilen auch überschritten werden. Exzessive Selbstdarstellungen, riskantes Austauschhandeln und Aggressionen gegenüber anderen sind bei den digitalen Interaktionen zwar nicht an der Tagesordnung, aber eben auch kein Randphänomen (▶ Kap. 8).

3.6 Mit digitalem Austausch zu (mehr) politischer Partizipation?

Eine letzte Facette eines ›neuen‹ Sozialisationstypus ist eng mit einem sog. partizipativen Medienhandeln verbunden, wie es von Ulrike Wagner und Maren Würfel (2013) entlang der neuen Möglichkeiten zu Information und Orientierung, Austausch und Vernetzung, kreativem Selbstausdruck über eigene Medienprodukte sowie zu Kooperation und Kollaboration systematisiert wurde. Der Blick fokussiert hier auf die Entwicklung Heranwachsender zu gesellschaftlicher Handlungsfähigkeit, die in der digitalen Welt mehr denn je in der aktiven Aneignung dieser neuen Teilhabemöglichkeiten zu sehen ist. Waren die zuvor skizzierten Facetten eines veränderten Auf- und Heranwachsens explizit und implizit von neuen Risiken und Herausforderungen für

3.6 Mit digitalem Austausch zu (mehr) politischer Partizipation?

die Persönlichkeitsentwicklung junger Menschen gekennzeichnet, lassen sich die wahrgenommen Teilhabemöglichkeiten mit unterschiedlicher Schwerpunktsetzung sowohl für das einzelne Subjekt als auch für die Vergemeinschaftungen junger Menschen als ein besonderes Potenzial für die Persönlichkeitsentwicklung in der digitalen Welt herausstellen.

Wie noch mit Zahlen zu den angeeigneten Formen eines partizipativen Medienhandelns empirisch belegt wird (▶ Kap. 7), haben die Heranwachsenden in den letzten Jahren die digitalen Kanäle nicht nur als wichtige Quelle gesellschaftlich relevanter Information genutzt und damit eigene Zugänge zum Geschehen in der Gesellschaft und in der Welt insgesamt etabliert. Sie haben die aktuellen Entwicklungen auch kreativ be- und verarbeitet, öffentlich gepostet, in ihren mediatisierten Vergemeinschaftungen ›verhandelt‹ und die digitalen Austausch- und Vernetzungsmöglichkeiten sogar dazu genutzt, ihre Stimme und Sicht auf die Dinge mit Nachdruck in die aktuellen gesellschaftlichen Diskurse einzubringen.

> Längst sind die beliebten Social-Media-Welten eine wichtige Instanz für die politische Sozialisation Heranwachsender. Influencer*innen sind wichtige digitale Meinungsführer*innen (Duckwitz 2019), Kurzvideos von *TikTok* bereits für die Jüngsten relevant (Hajok/Wiese 2022). Heute unterliegt die Entwicklung eigener politischer Einstellungen, Werte, Verhaltensweisen und wahrgenommener Partizipationsmöglichkeiten nicht zuletzt dem, was die Plattformen und Dienste an Inhalten ›durchlassen‹, wie zielgenau sie hier auf die anderen (jungen) Nutzer*innen (mit entsprechenden Interessen) treffen, mit welchen Bewertungen (von anderen) sie kontextualisiert sind, welche (direkten) Beteiligungsmöglichkeiten (Liken, Teilen, Kommentieren) sie bieten und inwieweit sie (über einen bloßen Hashtagaktivismus hinausgehend) zu politischer Partizipation anregen.[29]

Ganz offensichtlich hat sich die politische Sozialisation junger Menschen längst um digitale Optionen zur (Eigen-)Beteiligung an gesellschaftlichen Diskursen und (Mit-)Gestaltung politischer Prozesse erweitert; diese Aneignung der neuen Möglichkeiten hat nicht nur zu mehr Teilhabe im Netz,

---

29 Im Sinne einer »Participatory Culture« (Jenkins 2016) sind es gerade die auf kreativem Austausch basierenden, über den bloßen Slacktivism oder Clicktivism hinausgehenden niederschwelligen Interaktionsformen, die in der digitalen Welt ein besonderes Potenzial politischer Partizipation entfalten.

3 Heranwachsen in der digitalen Welt: Ein neuer Sozialisationstypus?

sondern auch zu mehr Teilhabe mithilfe des Netzes geführt (Hajok/Wiese 2022). In ihrer Breitenwirkung, sowohl bezüglich zahlenmäßiger Beteiligung Heranwachsender als auch ihrer medialen Präsenz, sind die Demonstrationen der *Fridays-for-Future*-Bewegung, die sich vor allem digital konstituiert und vernetzt hat, noch immer das beste Beispiel dafür, wie sich Heranwachsende die zunehmend mediatisierten Formen von Vergemeinschaftung über einen reinen Online- bzw. Hashtagaktivismus hinausgehend aktiv zu eigen gemacht und ihre Sicht auf die Dinge mit niedrigschwelligen, lebenswelt- und erlebnisorientierten Beteiligungsformen auf die Straße getragen haben (Eisewicht 2019).

Im Kontext der wahrgenommen neuen Möglichkeiten einer Beteiligung an gesellschaftlichen Diskursen und politischen Prozessen unterliegt die politische Sozialisation junger Menschen aber auch immer raffinierteren Versuchen, mit Propaganda und gezielter Desinformation in jugendaffinen Medienumgebungen die Entwicklung politischer Einstellungen, Werte und Verhaltensweisen Heranwachsender gezielt zu beeinflussen und zu eigenem Engagement gegen den Staat (und seine Institutionen) anzuregen. Mitte der 2010er Jahre stand hier nicht nur der anhaltende Rechtsextremismus im Netz im Mittelpunkt, der neben seiner unverhohlenen Hasspropaganda in beliebten Plattformen wie *YouTube* auch eine immer subtilere Ansprache an Heranwachsende adressierte, sondern auch der religiös motivierte Fundamentalismus. Bekanntestes Beispiel der ehemalige Gangster-Rapper *Deso Dogg*, der als radikaler Salafist und Mitglied der Terrororganisation Islamischer Staat (IS) durch jugendaffine Videos auf *YouTube* den Dschihad propagierte (Hajok 2022a).

In diesem Gesamtzusammenhang ist auch der im Netz repräsentierte Hass eine treibende Kraft, der seitens der Nutzer*innen eine hohe affektive Erregung (Wut, Empörung etc.) auslösen und dadurch die Nutzung von entsprechendem Content intensivieren kann (Lünenborg 2021). Provokantes Onlinehandeln und die gezielte Verbreitung von polarisierenden Meinungen und Falschinformationen folgen dabei dem Konzept des sog. Rage Bait, um bei den Adressat*innen starke emotionale Reaktionen wie Wut, Empörung oder Frustration zu erzeugen; dies trägt nicht nur zu einer von Gewalt und Hass geprägten Stimmung bei, sondern kann auch entsprechendes Handeln befördern (Hoffmann 2023).

Einer klaren Propaganda- und Radikalisierungsstrategie folgend können die Akteur*innen heute ihre Botschaften auch in den zunehmend algorithmisierten Welten von Kindern und Jugendlichen lancieren und damit noch gezielter Einfluss auf die politische Sozialisation bzw. religiöse Entwicklung junger Menschen nehmen (▶ Kap. 6). Bei *TikTok* & Co. nutzen die Akteur*-

innen längst die Möglichkeit, die medienaffinen jungen Menschen deutlich subtiler (und niedrigschwelliger) als mit direkten Hass- und Gewaltaufrufen zu erreichen. Mit trendigen Hashtags, GIFs und Memes wird aktuelle Jugendkultur aufgegriffen und die eigene Ideologie ganz nebenbei repräsentiert (Franke/Hajok 2023). Werden diese von jungen Menschen wahrgenommen, gemocht, kommentiert oder geteilt, dann trägt das – ohne weiteres Zutun der Creator*innen – zu einer (viralen) Weiterverbreitung und größeren Reichweite der (subtilen) politischen Botschaften bei. Gerade hier sind es die niedrigschwelligen Interaktionsformen, mit denen sich in der digitalen Welt unmittelbar und mittelbar die Partizipationsmöglichkeiten erweitert haben.

4 Veränderte Freizeit- und Medienwelten von Kindern und Jugendlichen

Der zentrale Hintergrund für die soeben skizzierten Facetten eines neuen Sozialisationstypus in der digitalen Welt sind nicht die Möglichkeiten an sich, die digitale Endgeräte und Anwendungen bieten, sondern die Frage, was wie warum genutzt wird – und in der je spezifischen Art und Weise der persönlichen Aneignung dann eine Bedeutung im Leben der Menschen erlangen. Für Klein- und Vorschulkinder ist entscheidend, welche Zugänge zur digitalen Welt ihnen überhaupt (von den Erziehenden) zur Verfügung gestellt werden. Für Kinder ab dem Grundschulalter und die Jugendlichen sind vor allem die Dinge relevant, denen sie sich in ihrem Alltag zunehmend autonom und von eigenen Interessen (und denen anderer) geleitet zuwenden.

Schauen wir uns zuerst an, was die jungen Menschen in ihrem Alltag abseits der institutionalisierten Kontexte von Bildung und Erziehung so alles treiben, also mit was sie sich in ihrer Freizeit beschäftigen. Hier lassen sich mit den vorliegenden Studienreihen zu den Freizeit- und Medienwelten von Kindern und Jugendlichen einige markante Veränderungen im Alltag junger Menschen nachzeichnen, die eng mit einer zunehmenden Relevanz von Medien allgemein und digitalen Medien speziell verbunden sind.

In der sich anschließenden differenzierten Sicht auf den Medienumgang von Klein- und Vorschulkindern, den 6- bis 13-Jährigen und den Jugendlichen und jungen Erwachsenen lässt sich dann detailliert zeigen, unter welch großem Eindruck digitaler Endgeräte und Anwendungen der Alltag Heranwachsender heute steht und dass sich ihr Leben schon zum Ende der Grundschulzeit hin zu einem Gutteil in eine digitale Welt verlagert hat.[30]

---

30 Die nachfolgenden Darstellungen beruhen auf den jeweils aktuellsten Ausgaben der für die verschiedenen Altersgruppen ›großen‹ repräsentativen Studienreihen. Darüber hinaus lohnt sich der Blick auf die regelmäßig aktualisierte, online verfügbare Zusammenstellung von Grunddaten zu »Kinder und Medien« bzw. »Jugend und Medien« (zuletzt von Orde/Durner 2024, 2025).

4.1 Freizeitwelten junger Menschen: Ein Überblick

Wie in Kapitel 2.2 gezeigt, ist der Alltag der mit Abstand meisten Klein- und Vorschulkinder von der frühkindlichen Erziehung und Bildung in der Kita und der von Heranwachsenden im schulpflichtigen Alter von der formellen Bildung der Schule gekennzeichnet, an die sich in aller Regel eine betriebliche Ausbildung, berufliche Schulbildung oder ein Studium anschließt. Auch wenn sich die frei verfügbare Zeit Heranwachsender mit dem Ausbau des Ganztagsbereichs und über die Schule hinausreichenden Aufgaben in der längerfristigen Betrachtung eher verringert haben dürfte, hat der Freizeitbereich auch quantitativ betrachtet noch immer einen großen Stellenwert im Leben von Kindern und Jugendlichen.

Wie viel Zeit jungen Menschen tatsächlich für die eigenen Dinge bleibt, wird allerdings erstaunlich selten beziffert. In einer von der Anlage sehr spannenden, aber eben nicht mehr ganz aktuellen mobilen Tagebuchstudie hatten Kinder im Alter von acht bis 13 Jahren im Jahr vor Corona im Schnitt gut acht Stunden Freizeit pro Tag. Nicht der Sonntag, sondern der Samstag bescherte ihnen die meiste frei verfügbare Zeit (über zwölf Stunden). Demgegenüber hatten die Kinder im gebundenen Ganztag unter der Woche am wenigsten Zeit (knapp sieben Stunden) für sich und ihre eigenen Interessen und Bedürfnisse (Krebs/Rynkowski 2019).

Sieht man sich an, wie Heranwachsende der verschiedenen Altersgruppen ihre Freizeit verbringen und hier den Dingen nachgehen, die ihnen wichtig sind (bzw. zu denen sie angeregt werden), dann wird eines sehr deutlich: Medien haben eine besondere Bedeutung im Kinder- und Jugendalltag. Von Beginn an in der Lebenswelt präsent, werden Medien von Kindern mit zunehmendem Alter immer häufiger und immer länger genutzt – und das eben weniger im Umfeld von Kita und Schule, sondern im familiären Bereich (Kieninger et al. 2024, Feierabend et al. 2025).

Der für die Sozialisation junger Menschen so wichtige Freizeitbereich, wo es eben mal nicht vordergründig um die von Erwachsenen ›gesetzten‹ Entwicklungs- und Erziehungsziele geht, sondern um selbstbestimmte Aneignung von Welt, ist somit immer mehr medial durchdrungen. Zudem ist dem Ranking der häufigsten Freizeitbeschäftigungen zu entnehmen, dass gerade die digitalen Medien in den letzten Jahren immer mehr Aufmerksamkeit auf sich gezogen haben (▶ Tab. 4). Sie sind bereits im Alltag von Kleinkindern präsent und in der Freizeit Jugendlicher so etwas wie die zentrale Lebenswirklichkeit.

4 Veränderte Freizeit- und Medienwelten von Kindern und Jugendlichen

Tab. 4: Ranking der Freizeitaktivitäten (mediale Beschäftigungen kursiv und Entwicklungen seit den 2010er Jahren in Klammern)[31]

Rang	Kleinkinder 2 bis 5 Jahre	Kinder 6 bis 13 Jahre	Jugendliche 12 bis 19 Jahre
1	Draußen spielen (+)	Fernsehen (-)	*Smartphone nutzen (++)*
2	Drinnen spielen (-)	Hausaufgaben/Lernen (--)	*Internet nutzen (++)*
3	Buch ansehen/vorlesen (++)	*Handy/Smartphone (++)*	*Musik hören (=)*
4	Malen/Basteln (++)	Drinnen spielen (--)	*Videos im Internet (++)*
5	*Hörspiele/-bücher (++)*	*Internet nutzen (++)*	*Fernsehen (--)*
6	*Musik hören (++)*	Draußen spielen (--)	*Digitale Spiele (++)*
7	*Streamingdienste (++)*	Freund*in treffen (--)	*Video-Streamingdienst (++)*
8	*Radio hören (+)*	*Digitale Spiele (++)*	Freund*in/Leute treffen (--)
9	*Videoportale nutzen (++)*	*Videos/Filme online (++)*	Sport treiben (=)
10	*Fernsehen (--)*	Mit Tier beschäftigen (=)	*Tablet nutzen (++)*
11	Freund*innen treffen (-)	*Musik hören (--)*	*Radio hören (-)*
12	Sport treiben (++)	*Radio hören (-)*	*Digitaler Sprachassistent (+)*
13	Musizieren (++)	*Fotos/Videos machen (++)*	*Bücher lesen (=)*
14	*Tablet nutzen (++)*	*Tablet (++)*	Familienunternehmung (+)
15	*Handy/Smartphone (++)*	*PC/Laptop offline (++)*	*Podcasts (++)*

Eigene Darstellung

Im Alltag von Klein- und Vorschulkindern hat das (drinnen und draußen) Spielen als Zugang zur Welt nach wie vor eine herausragende Bedeutung. Im Vorschulalter haben die mit Abstand meisten Kinder eigene Puzzles, Spiel-

---

31 Grundlage sind die repräsentativen Daten der aktuellen Studien des Medienpädagogischen Forschungsverbunds Südwest (MPFS), die Angaben der Haupterziehenden in der miniKIM-Studie 2023 (Kieninger et al. 2024) zu den (fast) täglichen Aktivitäten ihrer Kinder im Alter von zwei bis fünf Jahren, die Angaben der 6- bis 13-Jährigen in der KIM-Studie 2024 (Feierabend et al. 2025) zu ihren (fast) täglichen Freizeitbeschäftigungen sowie die Angaben der 12- bis 19-Jährigen in der JIM-Studie 2024 (Feierabend et al. 2024) zu den täglich oder mehrmals pro Woche wahrgenommenen Beschäftigungen.

kästen/-sets, Sammelfiguren/Puppen, Tierspielzeuge/Plüschtiere und Gesellschafts-/Kartenspiele (Edeka Verlagsgesellschaft et al. 2023). Im Hinblick auf die ersten Zugänge zu Medien sind die kindgerechten Bilderbücher und die vorgelesenen Geschichten noch immer von besonderer Relevanz. Nach dem besonderen Jahr 2020 mit herausragendem Stellenwert setzten die Eltern auch im Jahr 2023 noch immer deutlich häufiger auf die Kinderbücher und vorgelesenen Geschichten als zu Beginn der 2010er Jahre. Auch das (analoge) Malen, Zeichnen und Basteln hat in den letzten Jahren an Bedeutung gewonnen. Daneben sind digitale Medien im Alltag vieler Klein- und Vorschulkinder bereits eine feste Größe und haben so deutlich wie keine andere Beschäftigung an Relevanz hinzugewonnen (Kieninger et al. 2024).

Hörspiele und -bücher (immer häufiger im Podcastformat ausgespielt), Musik hören (zunehmend online), die beliebten Streamingdienste bzw. Videoportale, Tablets und auch Handys bzw. Smartphones sind mittlerweile für nicht wenige alltagsrelevant. Eine zunehmende Mediatisierung des Alltags bereits von Klein- und Vorschulkindern sowie gestiegener Stellenwert insbesondere von digitalen Medien in ihrem Leben ist zumindest in der (noch) stark vom familiären Zusammenleben geprägten Freizeit der Kleinen nicht zu übersehen. Im Alter zwischen vier und fünf Jahren rangiert bei den Mädchen wie bei den Jungen das Musik Hören ganz vorn, gefolgt von den beliebten Hörspielen, linearem Fernsehen und (Hör-)Büchern – allesamt Dinge, mit denen sich im Jahr 2024 die meisten Vorschüler*innen mindestens mehrmals pro Woche beschäftigten (Edeka Media et al. 2024).

Markant haben sich auch die Freizeitwelten von Kindern im Alter von sechs bis 13 Jahren gewandelt. Zuerst waren es die verschiedenen Möglichkeiten von (Offline-)Computern, dann die beliebten Computerspiele und ersten Handys, in den letzten Jahren vor allem die Smartphones, Internetplattformen und Onlinedienste, die Einzug in den Freizeitraum von 6- bis 13-Jährigen gehalten haben. Betrachtet man die verschiedenen Aktivitäten separat, dann waren die Schulkinder in der Vergangenheit in ihrer Freizeit mit nichts so häufig beschäftigt wie mit der Erfüllung der schulischen Anforderungen. Seit der ersten KIM-Studie im Jahr 1999 rangieren die Hausaufgaben bzw. das Lernen ganz weit oben in der Liste der häufigsten Freizeitaktivitäten und führten das Ranking im Jahr 2022 noch immer an. Im Jahr 2024 hatten die Kinder in ihrer Freizeit erstmalig häufiger ferngesehen als Hausaufgaben gemacht bzw. gelernt (Feierabend et al. 2025).

Von besonderer Bedeutung für die 6- bis 13-Jährigen sind zwar noch immer die Medienbeschäftigungen, die heutige Erwachsene bereits in ihrer Kindheit begleitet haben. Gemeint ist das Fernsehen und – mit einigen Abstrichen – auch Musik bzw. Radio Hören. Nicht zu übersehen ist allerdings die

4 Veränderte Freizeit- und Medienwelten von Kindern und Jugendlichen

stark zugenommene Bedeutung der Handy-/Smartphonenutzung, die nunmehr auf Platz drei der häufigsten Freizeitbeschäftigungen liegt. Es folgen das (drinnen und draußen) Spielen und – mit deutlichem Zugewinn – die Internetnutzung allgemein sowie erst dann das Treffen von Freund*innen. Obwohl die wichtigen Face-to-Face-Kontakte unter den Peers die beliebteste Freizeitbeschäftigung der Kinder sind, haben sie nach den Daten der KIM-Studie bereits in den 2010er Jahren deutlich seltener stattgefunden und sind seit dem Jahr 2016 mit nur minimalen Veränderungen nur noch für ca. ein Drittel der 6- bis 13-Jährigen alltagsrelevant.

Wie bei den Klein- und Vorschulkindern haben auch bei den Schulkindern digitale Medien deutlich an Relevanz gewonnen. Neben dem Handy bzw. Smartphone als Zugang Nummer eins nutzten die 6- bis 13-Jährigen in den letzten Jahren immer häufiger das Internet allgemein, tauchten zunehmend in die Welten digitaler Spiele ein (PC-, Online-, Konsolenspiele und Spiele-Apps) und sahen sich immer häufiger auch die Bewegtbildangebote im Internet an. Zudem haben die neuen Möglichkeiten, selbst Fotos oder Videos zu machen, und die Tabletnutzung in den letzten Jahren spürbar zugenommen. Ein zunehmend digital ausgestalteter Alltag ist jedenfalls schon im ersten Überblick zu den Freizeitwelten nicht zu übersehen.

Die Freizeit der Jugendlichen ist demgegenüber fast schon vollständig von den Möglichkeiten der digitalen Welt durchdrungen. Auch wenn die Heranwachsenden heute nicht rund um die Uhr nur mit digitalen Medien beschäftigt sind, sind die Endgeräte und Anwendungen selbst bei den nonmedialen Aktivitäten relevant. Nimmt man die längerfristige Betrachtung aus nunmehr 25 Jahren JIM-Studie zu Hand, dann erscheint folgende Entwicklung zentral: Ende der 1990er Jahre standen mediale und non-mediale Aktivitäten im Freizeitraum der 12- bis 19-Jährigen noch mehr oder weniger gleichberechtigt nebeneinander. Ende der 2000er Jahre war der Jugendalltag dann schon entscheidend von Medien allgemein und digitalen Anwendungen speziell geprägt. Davon abgesehen sind heute nur noch das Treffen von Freund*innen und anderen Leuten, Sport treiben und Familienunternehmungen unter den 15 häufigsten Freizeitbeschäftigungen zu finden – und allein mit dem Smartphone in der Hand oder der Musik im Ohr auch vielerorts digital durchdrungen (Hajok 2024b).

Und noch etwas wird in der längerfristigen Gesamtschau deutlich: Viele Jahrzehnte lang und bis in die 2000er Jahre hinein waren die Jugendlichen in ihrer Freizeit vor allem mit drei Dingen beschäftigt: dem Fernsehen, Musik Hören und Treffen von Freund*innen oder anderen Leuten. Einzig das Musik Hören hat mit seinen digitalen Zugangsmöglichkeiten (v. a. Streaming) diesen exponierten Stellenwert behalten. Das Fernsehen hingegen ist trotz neuer

4.1 Freizeitwelten junger Menschen: Ein Überblick

Verbreitungswege kein allzu wichtiger Player mehr. Und wie bereits für die Jüngeren festgestellt, haben sich auch die Jugendlichen in der 2010er Jahren immer seltener Face-to-Face mit ihren Freund*innen und anderen Leuten getroffen – mit einer beschleunigten Entwicklung in den Jahren darauf unter pandemischen Bedingungen.[32]

> In der längerfristigen Betrachtung ist ein Rückzug junger Menschen aus den realweltlichen Face-to-face-Kontakten unter Peers nicht zu übersehen. Das ist zum einen der besonderen Faszination für Medien und der Bindungskraft geschuldet, die insbesondere digitale Medien aufzubauen vermögen (▶ Kap. 5.1). Zum anderen ist es aber in einem ganz grundsätzlichen Sinne zu sehen, wie er in medienpädagogischer Perspektive als eine Art Faustregel formuliert wird: Je weniger Anregungen Kinder und Jugendliche aus dem direkten sozialen Umfeld erhalten, umso bedeutsamer werden die Anregungen aus den Medien (Fleischer/Hajok 2019).

Von besonderer Bedeutung sind in diesem Zusammenhang die Anregungen und Vorlagen, die Heranwachsende insbesondere aus den digitalen Möglichkeiten zu Austausch und Vernetzung beziehen. Vor allem mit ihnen hat das Smartphone mittlerweile einen herausragenden Stellenwert im Alltag erlangt: Mit nichts beschäftigen sich Jugendliche heute in ihrer Freizeit häufiger als mit ihrem mobilen Alleskönner. Und auch die Videoplattformen im Netz und Streamingdienste, Tablets und Sprachassistenten wie *Alexa*, *Siri*, *Google Assistant* und *Bixby* sowie die gerade in den letzten Jahren immer beliebter gewordenen Podcasts stehen mit ihrem deutlichen Bedeutungsgewinn eindrucksvoll dafür, dass die Jugendlichen abseits von Schule und Ausbildung längst in einer digitalen Welt leben und sich die jeweils neuen Möglichkeiten unbefangen zu eigen machen.

---

32 Zwar hatten die wichtigen Sozialkontakte mit dem (endgültigen) Wegfall der Beschränkungen wieder zugenommen. Im Gegensatz zu sportlichen Aktivitäten und Familienunternehmungen haben sie sich aber noch immer nicht ›normalisiert‹: Nach den Daten der JIM-Studie trafen sich 2019 noch etwa drei Viertel der 12- bis 19-Jährigen täglich oder mehrmals pro Woche mit ihren Freund*innen und anderen Leuten. Im Jahr 2024 waren es nur noch knapp zwei Drittel (Feierabend et al. 2024).

4.2 Medien im Alltag von Klein- und Vorschulkindern

Kinder sind heute mit dem ersten Lebenstag von Medien umgeben. Neben den medialen Abbildungen, die sie auf ihrer Kleidung, Bettwäsche, den Spielsachen und all den anderen Dingen in ihrer Welt des Kinderzimmers vorfinden, werden mit der Ausbildung der Sinne und der Erweiterung des Erfahrungsraums häufig schon mit zwei, drei Jahren auch digitale Technologien und Anwendungen relevant, die mit den entsprechenden Fähigkeiten der Kinder bereits aufmerksam registriert, aber eben noch nicht sinnverstehend angeeignet werden können (▶ Kap. 5.2). Dabei sind die Kinder bis ins Vorschulalter hinein noch auf das angewiesen, was ihnen andere aktiv zur Verfügung stellen bzw. was sie in ihrem Haushalt, in der Kita und den anderen Settings der Betreuung nutzen dürfen. Die besondere Bedeutung des erzieherischen Handelns für die Nutzung von Medien allgemein und den digitalen Möglichkeiten speziell ist gerade bei Klein- und Vorschulkindern nicht zu übersehen (▶ Kap. 5.4).

Erziehende setzen hier auf das, was ohnehin verfügbar ist und – etwa im Fall von Fernsehen, Streamingdiensten und Abspielmöglichkeiten für Auditives – auch die Nutzung ›kindgerechter‹ Dinge ermöglicht. Dennoch haben Klein- und Vorschulkinder heute in erster Linie Zugang zu den direkt an sie als Kind adressierten (bzw. für sie entwickelten) Medien. Auch hierunter sind schon digitale Technologien und Anwendungen zu finden. Selbst klassische Kindermedien wie das Bilderbuch haben mit *tiptoi* und *BOOKii* digitale Erweiterungen bekommen. Und das Spektrum differenziert sich früh weiter aus: digitale Klang- und Audioerlebnisse für die Kleinsten, Hörstifte, Sprachsteuerungen und Smartspeaker für die frühe sprachliche Bildung, ebenso digitale Bilderbücher mit Erweiterung um Interaktionen, Serien und Sachgeschichten als gestreamtes Video, spezielle Kindertablets als vielseitige und kreative Werkzeuge (di Vetta 2024).

Die ersten Zugänge zur digitalen Welt

Schaut man sich zunächst die mediale Umwelt von Klein- und Vorschulkindern an, dann lässt sich mit den Ergebnissen der letzten miniKIM-Studie aus dem Jahr 2023 sagen: In nahezu allen Haushalten, in denen Zwei- und Fünfjährige leben, gibt es heute Internet/WLAN sowie Handy/Smartphone

4.2 Medien im Alltag von Klein- und Vorschulkindern

und Fernseher/SmartTV. In vier von fünf Haushalten finden die Klein- und Vorschulkinder auch Laptop/PC und ein Streamingdienst-Abo vor (*Netflix*, *Prime Video* etc.). In den meisten Fällen sind ein Tablet, eine feste/tragbare Spielkonsole (*Playstation*, *Xbox* etc.) und ein Radio vorhanden. Mit Internet-Radio, digitalem Radio oder DAB, DVD-Player, CD-/mp3-Player, Kindercomputer und Pay-TV-Abo (z. B. *Sky*) differenziert sich das Spektrum an verfügbaren digitalen Zugängen vielerorts noch weiter aus. Nach deutlich zugenommener Bedeutung in den letzten Jahren ist nunmehr in zwei von fünf Haushalten auch ein Sprachassistent (*Alexa* oder *Google Home*) präsent (Kieninger et al. 2024).

Im persönlichen Besitz oder zur eigenen Verfügung haben die Klein- und Vorschulkinder ein noch recht überschaubares Spektrum an Endgeräten. Im Alter von zwei bis drei Jahren hat jedes fünfte bis zehnte Kind auf diese Weise bereits einen eigenen Zugang zu einem Kindercomputer, einem Tablet, Fernsehgerät/SmartTV oder CD-/mp3-/Kassetten-Player. Mit vier, fünf Jahren haben zu Hause dann schon deutlich mehr Kinder digitale Medien zur eigenen Verfügung, insbesondere was das Tablet anbetrifft.

In dem für die meisten Kinder relevanten Erfahrungsraum der Kindertagesstätten spielen elektronische und digitale Medien indes meist noch keine Rolle. Allenfalls die beliebten Hörmedien haben hier eine größere Verbreitung, wobei die in den Betreuungseinrichtungen bereitgestellten elektronischen Medien in den letzten Jahren interessanterweise rückläufig waren. Nach Angaben der Haupterziehenden standen ihren Kindern im Jahr 2023 in jeder vierten Betreuungseinrichtung ein Radio oder CD-, mp3-, Kassetten-Player bzw. iPod zur Verfügung. Jedes achte Kind fand in der Einrichtung einen Fernseher vor und etwa jedes zehnte konnte auf einen Kindercomputer bzw. Tablet zugreifen (ebd.).

Neben den ›eigenen‹ Medien haben im Vorschulalter heute bereits viele auch Zugang zu dem, was der Haushalt sonst noch an Medien bietet (s. o.). Im Jahr 2023 konnten mittlerweile fast alle Vorschüler*innen den Fernseher mitbenutzen und zudem jeweils etwa ein Drittel auch auf den abonnierten Streamingdienst im Haushalt, auf ein Tablet, einen PC/Laptop oder das (elterliche) Smartphone zurückgreifen. Unabhängig von der Frage, ob Mädchen oder Junge, mit zunehmender Bedeutung in den letzten Jahren nutzt heutzutage etwa jede*r sechste Vorschüler*in Smartspeaker/Sprachassistenten, allen voran *Alexa* und *Google Home*, oder Hörspielboxen wie *Toniebox*, *Tigerbox*, *Kekz*, *Technifant* und *V-Story*. Ebenso nutzt jede*r Sechste eine zu Hause vorhandene Spielkonsole (*PlayStation*, *Switch*, *Xbox* etc.) bzw. Spiele/Games für tragbare/an den Fernseher angeschlossene Konsolen mit. Und jede*r

Siebte hat Zugang zu einer tragbaren Spielkonsole (*Switch Lite, 2DS/3DS* etc.) (Edeka Verlagsgesellschaft et al. 2023).[33]

> Bereits die wenigen Ausführungen zeigen, dass die meisten Klein- und Vorschulkinder heute über mehrere Kanäle Zugang zur digitalen Welt haben. Im Mittelpunkt steht hier nicht das, was sie an digitalen Kindermedien persönlich besitzen, sondern das, was (ohnehin) im Haushalt vorhanden ist und von ihnen (mit-)genutzt werden kann. Bei der Nutzung von Medien insgesamt stehen für die Kinder die digitalen Kanäle aber noch nicht im Zentrum. Vielmehr sind in ihrem Leben vor allem die medialen Zugänge zur Welt relevant, die auch schon die ersten Lebensjahre ihrer Eltern und Großeltern geprägt haben. Bilderbücher und die vorgelesenen Geschichten bilden hier in aller Regel den Anfang der persönlichen Medienbiografien.

Bilderbücher, vorgelesene Geschichten, Zeitschriften

Auch nach gut 25 Jahren fortschreitender Digitalisierung der Lebenswelten der Menschen bauen Kinder zuerst eine enge Bindung zu ihren Bilderbüchern auf – eine Entwicklung hin zu digitalen Alternativen ist allerdings nicht zu übersehen. Für die meisten werden klassische Bilderbücher bereits ab dem sechsten Lebensmonat alltagsrelevant – in aller Regel begleitet von den Erziehenden. Spätestens mit dem zweiten Lebensjahr werden für die meisten Kinder auch die aus (Bilder-)Büchern vorgelesenen Geschichten alltagsrelevant. Eltern und Kita-Erzieher*innen greifen hierfür vor allem auf (klassische) Kinderbücher und weniger auf die an Kinder adressierten Zeitschriften, Magazine und Comics zurück (Hajok 2022b). Der Markt der Bilderbücher hat sich dabei in den letzten Jahren um immer neue Titel erweitert. Meistverkaufter Titel im Jahr 2023 war allerdings *Das NEINhorn*, erschienen im Jahr 2019, gefolgt von den neueren Titeln *Das NEINhorn und die SchLANGEWEILE* und *Alle Farben des Lebens* (Buchreport 2024).

Während in der Kita fast allen Kindern noch täglich von den Erzieher*innen vorgelesen wird und diesem Handlungsfeld eine Schlüsselrolle in der

---

33 Gerade was die Zugänge zur Welt digitaler Spiele angeht, ist nach den Daten des Kinder Medien Monitor (KiMMo) 2023 der Wunsch am höchsten ausgeprägt, digitale Zugänge persönlich zu besitzen. Im Weiteren wünschen sich die Vorschüler*innen einen Smartspeaker bzw. eine Hörspielbox und ein eigenes Smartphone.

Leseförderung zuerkannt wird (DIE ZEIT et al. 2021), wird im familiären Kontext in den letzten Jahren immer seltener darauf gesetzt. Nach den Zahlen der bekannten Vorlesestudie mit dem jährlich herausgegebenen Vorlesemonitor wurde den Kindern im Alter von ein bis acht Jahren in den letzten drei Jahren zwar wieder öfter regelmäßig von den Eltern vorgelesen. Noch immer kommt aber fast jedes fünfte zu Hause nie in den Genuss. Dies ist im direkten Kontext der (neuen) digitalen Möglichkeiten zu sehen. Aktuell nutzt gut ein Drittel der Eltern von Kindern bis acht Jahren regelmäßig Apps für die Kleinen, in den meisten Fällen zum Spielen, Malen und Gestalten sowie Lieder und Musik Hören – und in jeweils jedem vierten Fall auch zum Vorlesen bzw. Lesen- und Buchstabenlernen (DIE ZEIT et al. 2024).

Insgesamt betrachtet tauchten in der jüngeren Vergangenheit noch knapp zwei Drittel der Zwei- bis Fünfjährigen (fast) jeden Tag in die Welt der Bilderbücher und vorgelesenen Geschichten ein. Die täglichen Nutzungszeiten bewegten sich nach Angaben der Haupterziehenden in den letzten Jahren bei gut einer halben Stunde täglich (Feierabend et al. 2022a, Kieninger et al. 2024). Und auch die persönliche Bindung zu Medien bezieht sich bei kleinen Kindern vor allem auf Bücher. Aus Elternsicht können Kinder im Alter von zwei bis drei Jahren am wenigsten auf (Bilder-)Bücher verzichten, bei den Vier- bis Fünfjährigen hat allerdings bereits das Fernsehen die Nase vorn, gefolgt von den portablen Musikboxen (Kieninger et al. 2024).

Noch vor Schuleintritt werden für viele Kinder auch Zeitschriften, Magazine und Comics relevant. Sie sind meist speziell an sie als Mädchen oder Junge adressiert und werden als Werbeträger auch kritisch gesehen. Im Vorschulalter wendet sich jede*r Zweite mehrmals wöchentlich oder täglich Zeitschriften, Magazinen und Comics zu – nicht selten zusammen mit anderen Kindern. Fast alle jungen Nutzer*innen sind von den Figuren, Held*innen und Geschichten in den Zeitschriften begeistert. Ebenso schätzen die mit Abstand meisten die Entspannung und dass sie hier etwas Neues/Interessantes erfahren. Besonders beliebt sind bei den Vier- bis Fünfjährigen seit Jahren die (auch aus dem TV) bekannten Formate und Geschichten: Im Reichweitenranking der Kinderzeitschriften lag im Jahr 2024 *Mein erstes GEOlino* ganz vorn, gefolgt *PAW Patrol*, *Feuerwehrmann Sam*, *Peppa Wutz*, *GEOlino mini*, *Bob der Baumeister* und *Winnie Puuh* (Edeka Media et al. 2024).

Hörspiele, Musik, Radio

Soeben hat sich bereits angedeutet, dass der nach wie vor exponierte Stellenwert der vorgelesenen Geschichten im Alltag der Klein- und Vorschulkinder heute nicht zuletzt im Kontext der digitalen Möglichkeiten zu sehen ist. Eine besondere Bedeutung haben hier die professionell produzierten Hörspiele und Hörbücher, die mit den neuen digitalen Playern in den letzten zehn Jahren weiter an Relevanz gewonnen haben. Lauschte im Jahr 2014 nur etwa jedes sechste Kind im Alter zwischen zwei und fünf Jahren (fast) jeden Tag den abgespielten Geschichten, tauchte im Jahr 2023 schon gut jedes dritte Kind in dem Alter (fast) täglich in die Welt von Hörspielen, Hörbüchern und Podcasts ein. Der Zugang erfolgt überwiegend allein und somit auch den Potenzialen einer direkten erzieherischen Begleitung entzogen.[34] Zudem ist die Nutzung bei den Mädchen etwas mehr verbreitet als bei den Jungen. Im Alter von vier, fünf Jahren zählen die Hörspiele, Hörbücher und Podcasts für knapp ein Sechstel der Kinder zu einer der drei beliebtesten Alltagsaktivitäten überhaupt (Kieninger et al. 2024).

Als Zugang zu den beliebten auditiven Formaten haben neue digitale Möglichkeiten (meist mit direktem Zugang ins Netz) den in den 2010er Jahren noch präferierten Abspielern zunehmend Konkurrenz gemacht. Kassetten-, CD-, mp3-Player bzw. iPods sind nicht nur in den Haushalten mit Klein- und Vorschulkindern, sondern auch in den Kitas immer seltener anzutreffen. War im Jahr 2020 die CD der mit Abstand am häufigsten genutzte Zugang zur Welt der Hörspiele und Hörbücher, sind die Hörboxen *Toniebox*, *V-Story* und *tigerbox* nach den aktuellsten Zahlen ein gleichberechtigter Zugang und werden von den Kindern im Vorschulalter bereits mehr genutzt als Bücher (39 gegenüber 35 Minuten täglich) (ebd.). Im Alter von vier, fünf Jahren setzen bereits zwei von fünf Kindern mehrmals pro Woche oder täglich auf die digitalen Abspielmöglichkeiten. Verglichen damit fällt die Bedeutung von *Alexa/Google Home* und Tablet/Smartphone mit jeweils unter zehn Prozent regelmäßiger Nutzung als Hörmedium trotz ihrer Verfügbarkeit in den Haushalten (s.o.) eher gering aus (Edeka Verlagsgesellschaft et al. 2023).

Allein den beliebten Hörspielen und Hörbüchern folgen heute die meisten Vorschüler*innen (fast) täglich. Gut zwei Drittel der Vier- bis Fünfjährigen hören zudem (fast) täglich Musik und die Hälfte auch Radio allgemein, jede*r Sechste Kinderradio speziell. Podcasts hingegen sind noch immer nur für sehr wenige und auch eine nur selten genutzte Option (ebd.). Die ›Hörzeiten‹ von Klein- und Vorschulkindern beziffern ihre Eltern im Durchschnitt auf

---

34 Noch immer gilt: Im physischen Beisammensein können Kind-Eltern-Beziehungen bzw. Nähe-Distanz ›am besten‹ ausgestaltet, die Mediengeschichten beim Vorlesen auf die individuelle Lebenswelt des Kindes übertragen und bei Irritationen, Verarbeitungsschwierigkeiten, Überforderungen, Verängstigungen etc. von den Erziehenden auch angemessen Unterstützung geboten werden.

insgesamt knapp eine halbe Stunde täglich. Sie sind aber nicht zuletzt im Kontext einer (wohl weit verbreiteten) Nebenbeinutzung des Radios (beim Frühstück, im Auto etc.) zu sehen (Kieninger et al. 2024).

Fernsehen, YouTube, Streaming

Mit den neuen Möglichkeiten in der digitalen Welt hat das klassische Fernsehen auch im Alltag von Klein- und Vorschulkindern an Bedeutung verloren. Die Reichweiten bei den Drei- bis Fünfjährigen sind – abgesehen von einem kurzen Anstieg im Corona-Jahr 2020 – faktisch seit 25 Jahren gesunken, die Seh- und Verweildauer nimmt seit ca. 15 Jahren kontinuierlich ab (Feierabend/Scolari 2023). Seit dem Jahr 2020 hat sich die Bewegtbildnutzung weiter weg vom linearen Fernsehen hin zu den Streamingdiensten und den Onlineangeboten der Fernsehsender verschoben. Im Jahr 2023 sah im Alter zwischen zwei und fünf Jahren jeweils jede*r Siebte (fast) täglich über diese beiden Zugänge fern und wandte sich jede*r Fünfte, die Jungen mehr als die Mädchen, den beliebten Sendungen via kostenfreien Videoportalen oder den Pay-Streamingdiensten zu. *YouTube* und *Netflix* sind hier die präferierten Zugänge. Am frühen Einstiegsalter hat sich indes nicht viel getan: Im Schnitt machen Kinder heute mit 2,4 Jahren ihre ersten Erfahrungen mit Bewegtbildinhalten (Kieninger et al. 2024).

Zumindest für die Vorschüler*innen scheint lineares Fernsehen aber noch immer die größte Relevanz zu besitzen.[35] Zumindest sehen die Vier- bis Fünfjährigen Serien, Filme und Videos am häufigsten, wenn sie gerade im Fernsehen ›laufen‹. Die meisten sahen sich im Jahr 2024 auf diesem Weg ihre Sendungen (fast) täglich an. Die anderen Wege werden zwar seltener genutzt, haben aber zunehmende Relevanz: Im Jahr 2024 schauten sich zwei von fünf Vorschüler*innen die beliebten Bewegtbildangebote mehrmals pro Woche oder täglich online bzw. im Streaming an. Fast für jede*n Dritten waren zudem bereits die Videos und Shorts auf *YouTube* von (fast) alltäglicher Relevanz. Zusammen mit *YouTube Kids* ist die bekannte Videoplattform der Google LLC für die Vorschüler*innen mittlerweile der wichtigste Kanal, um sich Serien, Filme oder eben (kurze) Videos anzuschauen. Im Weiteren folgen

---

35 Hier kann vermutet werden, dass Eltern bei den Jüngeren auf die (zur Verfügung gestellten) mobilen Endgeräte setzen, um abseits einer vorgegeben Programmstruktur in ihrem erzieherischen Alltag steuern zu können, ob überhaupt, welche Sendungen, zu welchen Zeiten, an welchem Ort von ihren Kindern gesehen werden (dürfen).

KiKA, TOGGO, Disney Channel/Disney+, ZDF/ZDFtivi, Nicklodeon/Paramount+, Netflix, ARD, Amazon Prime Video und *TikTok* (Edeka Media et al. 2024).

In der längerfristigen Betrachtung hat das lineare Fernsehen, das bis in die 2010er Jahre hinein für die meisten noch alltagsrelevant war, im Jahr im Jahr 2022 erstmalig weniger als 40 Prozent der Drei- bis fünfjährigen Nutzer*innen täglich erreicht. Und auch die durchschnittliche tägliche Sehdauer hat sich bei der jüngsten ausgewiesenen Zielgruppe des Fernsehens nach den Höchstständen vor ca. 15 Jahren mehr als halbiert, von 82 Minuten im Jahr 2010 auf 36 Minuten im Jahr 2022. Die Programme von *Super RTL* und *KiKA* haben trotz leichter Einbußen mit um die 17 Prozent Marktanteil bei den Drei- bis Fünfjährigen noch immer den mit Abstand größten Stellenwert. Im Weiteren haben mit über fünf Prozent nur noch der *Disney Channel* und *Toggo Plus* größere Marktanteil (Feierabend/Scolari 2023).

Auch die beliebten Sendungen zeigen, dass Klein- und Vorschulkinder vor allem das sehen, was explizit an sie als Kind adressiert ist und schon viele Jahre den Nerv der Kleinsten trifft. Früh werden hier auch die Kinderformate relevant, in denen den jungen Zuschauer*innen Dinge erklärt werden und sie etwas lernen können. *Die Sendung mit der Maus* und *Woozle Goozle* sind aus Elternsicht die besten Beispiele (Hajok 2022b). Nach der letzten Trend Tracking Kids Studie ist bei den Drei- bis Fünfjährigen *PAW Patrol* auch im Jahr 2024 noch immer mit Abstand am beliebtesten. Es folgen *Die Sendung mit der Maus* und *Peppa Wutz*, im Weiteren dann *KiKANiNCHEN, SpongeBob, Feuerwehrmann Sam, Sesamstraße, Biene Maja, Bluey* und das *Sandmännchen.* Eng an die persönlichen Favoriten gebunden sind *Peppa Wutz, Feuerwehrmann Sam, Chase, KiKANiNCHEN* und *Bluey* auch die Lieblingsfiguren der Vorschüler*innen (vom Orde/Durner 2024).

Tablets, Handys, PC/Laptop

Eine markante Entwicklung im Alltag von Klein- und Vorschulkindern ist auch die immer frühere Nutzung digitaler Endgeräte. Gemeint sind vor allem die im Leben junger Menschen ›vorverlagerten‹ Zugänge zu Smartphones, Tablets und den ersten Spielkonsolen. Sie haben schon früh öffentliche Diskurse zu möglichen Gefahren einer veränderten Entwicklung kleiner Kinder unter den Bedingungen einer digitalen Welt ausgelöst. Im Mittelpunkt der von Befürchtungen und ›Entrüstungen‹ getragenen Diskussionen stehen bis heute weniger die Aneignung problematischer Medieninhalte, sondern mögliche negative Folgen von – im Hinblick auf den Entwicklungsstand und noch nicht ausgebildeten Fähigkeiten für einen selbstbestimmten Medien-

4.2 Medien im Alltag von Klein- und Vorschulkindern

umgang (▶ Kap. 5.2) – zu frühen Zugängen zu und einer zeitlich zu ausgedehnten Nutzung von elektronischen bzw. digitalen Medien.

Die ersten Zugänge zur digitalen Welt haben Klein- und Vorschulkinder heute in aller Regel mit einem von den Eltern zur Verfügung gestellten Tablet oder Handy bzw. Smartphone. PCs oder Laptops haben demgegenüber bei den ganz Kleinen (noch) keine Relevanz, sind aber im Vorschulalter schon häufiger ein Objekt der Begierde. Weitgehend unabhängig vom Alter nutzte im Jahr 2023 schon gut jedes dritte Kind im Alter zwischen zwei und fünf Jahren mindestens ein- oder mehrmals pro Woche ein Tablet, gut jedes fünfte Kind ein Handy bzw. Smartphone und jedes elfte Kind einen PC oder Laptop (Kieninger et al. 2024).

Die vorliegenden Zahlen belegen eine minimal gestiegene Nutzung von Tablets und Smartphones sowie einige Veränderungen bei den genutzten Anwendungen. Stand zuvor das Malen und Zeichnen im Mittelpunkt, diente das Tablet Klein- und Vorschulkindern im Jahr 2023 vor allem dazu, sich Fotos/Videos anzusehen und Spiele zu spielen sowie um das Internet allgemein, Webseiten/Apps für Kinder oder ein Lernprogramm zu nutzen. Bei der Handy-/Smartphonenutzung geht es vor allem darum, sich Fotos/Videos anzusehen bzw. selbst welche zu machen, jemanden anzurufen bzw. angerufen zu werden und um die Nutzung von Spiele-Apps (ebd.).

Der Kinder-Medien-Monitor aus dem Jahr 2023 legt den Schluss nahe, dass Computer und Laptops für die Vorschüler*innen sogar noch etwas relevanter sind als die Tablets bzw. Handys/Smartphones. Nur die wenigsten, 16 Prozent, um genau zu sein, nutzten allerdings die Möglichkeit, im Internet zu surfen oder hier nach Sachen zu suchen, die sie interessieren – und wenn, dann auch nur selten, in aller Regel maximal wöchentlich. Es ist vielmehr im Kontext der ersten Zugänge zu digitalen Spielen zu sehen, dass im Jahr 2023 schon fast zwei von fünf Kindern im Vorschulalter den Computer oder Laptop im Haushalt und etwa jedes dritte Kind das Tablet bzw. das Smartphone mitbenutzen konnten, die Jungen geringfügig häufiger als die Mädchen (Edeka Verlagsgesellschaft et al. 2023).

Erste Zugänge zu Digitalen Spielen

Über alle hinweg betrachtet sind für die Klein- und Vorschulkinder Smartphones und Tablets der präferierte Zugang zu digitalen Spielen. Neben den Spiele-Apps wird für nicht wenige aber auch die Welt der Online-, PC- und Konsolenspiele relevant. Insgesamt betrachtet tauchte im ersten Corona-Jahr bereits jedes sechste Kind im Alter von zwei bis fünf Jahren regelmäßig in die

Welt digitaler Spiele ein, zwei von fünf Kindern in dem Alter durften zu dieser besonderen Zeit auch mehr spielen als vorher. Die ersten Erfahrungen mit digitalen Spielen machten die Kinder im Schnitt mit 3,3 Jahren – ein Fünftel der Mädchen und Jungen bereits mit zwei Jahren (Kieninger et al. 2021).

Seitdem hat das Gaming bei kleinen Kindern weiter an Bedeutung gewonnen. Weitgehend unabhängig vom Geschlecht spielte im Jahr 2023 mit zwei, drei Jahren bereits jede*r Achte im Verlauf einer ganz normalen Woche regelmäßig digitale Spiele; im Alter von vier, fünf Jahren war es schon fast jede*r Vierte. Das bekannte Jump'n'Run-Spiel *Super Mario* ist noch immer der Favorit jüngsten Gamer*innen, gefolgt von *PAW Patrol* und – mit einigem Abstand – von *Animal Crossing*, *Pokémon* und *Candy Crush* (Kieninger et al. 2024).

In der begrenzten Freizeit abseits der auf realweltliche Erfahrungen fokussierenden Betreuungseinrichtungen sind Kleinkinder in den letzten Jahren nicht unbedingt immer länger in die Welt digitaler Spiele eingetaucht, sondern vor allem immer häufiger. Während die durchschnittlichen Spielzeiten bei kleinen Kindern in aller Regel noch sehr moderat anmuten,[36] sind nach den Daten des Kinder Medien Monitors 2024 im Alter zwischen vier und fünf Jahren nunmehr gut jedes fünfte Mädchen und fast jeder vierte Junge mehrmals pro Woche oder sogar täglich in digitalen Spielewelten unterwegs (Edeka Media et al. 2024). Als präferierte Zugänge werden die tragbaren Spielkonsolen, allen voran *Nintendo Switch Lite*, sowie das Tablet bzw. Smartphone herausgestellt (Edeka Verlagsgesellschaft et al. 2023).

Neben den digitalen Hörmedien und den zunehmend über digitale Kanäle genutzten Bewegtbildinhalten insbesondere des Fernsehens stehen letztlich auch die ersten Zugänge von Klein- und Vorschulkindern zur Welt der digitalen Spiele dafür, dass Kinder heute nicht nur in eine digitale Welt hineingeboren werden, sondern ihnen noch vor Schuleintritt bereits einige ihrer Möglichkeiten zur Verfügung stehen. Mit dem, was die Kinder unter den Bedingungen der Covid-19-Pandemie dann mehr nutzen durften, haben sich die Nutzungszeiten, die sich im Jahr 2019 bei Fünfjährigen allein für Internet, digitales Fernsehen und Streaming, Apps und digitale Spiele bereits auf über zwei Stunden aufsummierten (Naab 2021), in den letzten Jahren weiter erhöht. Noch darauf angewiesen, was ihnen die Erziehenden aktiv zur Verfü-

---

36 Sofern die Haupterziehenden überhaupt Angaben dazu machen können, summieren sich die durchschnittlichen täglichen Spielezeiten bei den Zwei- bis Dreijährigen auf ein knappe halbe Stunde und bei den Vier- bis Fünfjährigen auf knapp eine dreiviertel Stunde in einer Woche auf (Kieninger 2024).

gung stellen (oder dessen Nutzung sie zulassen), haben schon viele Kinder vor Schuleintritt eigene Zugänge zur digitalen Welt etabliert.

4.3 Mediatisierte Freizeit der 6- bis 13-Jährigen

Mit Eintritt in die Grundschule ändert sich im Leben der Kinder einiges. Sie eignen sich grundlegende Fähigkeiten (Lesen, Schreiben, Rechnen) an und bilden immer komplexere kognitive Kompetenzen aus (logisches, abstraktes, hypothetisches Denken), mit denen sie sich auch Medien und ihre Inhalte sinnverstehend aneignen können (▶ Kap. 5.2). Die persönlichen Interessen erweitern sich kontinuierlich und differenzieren sich zu einem inhaltlich breiten Spektrum aus. Und auch wenn das Interesse an den digitalen Endgeräten und Anwendungen weiter zunimmt, haben realweltliche Freundschaftsbeziehungen noch immer einen exponierten Stellenwert.

Bei den in der KIM-Studie zwischen 2000 und 2020 abgefragten Themeninteressen lag der Bereich »Freund*innen/Freundschaft« jedenfalls immer ganz vorn. In den 2000er Jahren waren die 6- bis 13-Jährigen aber immer mehr von Internet, PC/Laptop und digitalen Spielen fasziniert, in den 2010er Jahren dann von Handys/Smartphones, die 2020 hinter den Freundschaftsbeziehungen bereits die klare Nummer zwei waren (Feierabend et al. 2021).

> Tatsächlich erweitern Kinder im Alter zwischen sechs und 13 Jahren ihre Freundeskreise erheblich. In den Peers bündeln sich dann auch die sozialen Beziehungen junger Menschen mit Faszination für Medien allgemein und digitalen Medien speziell. Bereits im Grundschulalter ›erarbeiten‹ sich die Kinder erste Autonomien beim Medienumgang und beginnen, ihre nicht zuletzt auf digitale Endgeräte und Anwendungen bezogenen Wünsche bei den Eltern durchzusetzen.

Wie die Klein- und Vorschulkinder finden die 6- bis 13-Jährigen heute zu Hause zwar längst ein breites Spektrum an verfügbaren digitalen Medien vor – neben Fernsehgerät und Radio sind Internet, Smartphone und PC/Laptop Standard und in den meisten Haushalten auch Smart-TV, Abspieler für DVD und Blu-ray, CD-Player, Streamingdienst-Abos, Tablet und feste Spielkonsole verfügbar. Im Gegensatz zu den Jüngeren gestehen die Erziehenden Kindern im Grundschulalter aber immer mehr nicht nur die Mitbenutzung des Vorhandenen, sondern auch eigene Endgeräte und Zugänge zur digitalen Welt zu (Feierabend et al. 2025).

Entgegen eigentlichen Interessen? Immer mehr Medienzeit!

Fragt man die 6- bis 13-Jährigen nach ihren liebsten Freizeitbeschäftigungen, dann wird eine Diskrepanz zu dem deutlich, wie sie ihre Freizeit tatsächlich verbringen. Weder die Erfüllung schulischer Anforderungen noch die Nutzung von Fernsehen und Handys/Smartphones, die als häufigste Aktivitäten die Freizeit dominieren (▶ Tab. 4), führen die Beliebtheitsskala an. Ganz oben stehen vielmehr das Treffen der Freund*innen, draußen Spielen, Sport Treiben und etwas mit den Eltern/der Familien machen. Im Hinblick auf die Medien ist bei den Mädchen noch immer das Fernsehen (egal über welchen Verbreitungsweg) am beliebtesten, bei den Jungen führen die digitalen Spiele das Feld an. Die Nutzung von Handy/Smartphone und Internet allgemein ist bei den Geschlechtern gleichermaßen beliebt, ebenso die – erst weiter hinten im Ranking anzutreffende – Nutzung von Videos, Filmen, Sendungen im Internet, das Kino und Musik hören (ebd.).

Fernsehen ist schon zu Beginn der Grundschule als Option gesetzt und auch die Mitbenutzung des Smartphones ist dann für die meisten Kinder relevant. Am Ende der Grundschule sind den meisten PC/Laptop und eine Spielkonsole erlaubt, jede*r Dritte darf auch ein Tablet nutzen (Gut 2023). Über die von den Erziehenden bereitgestellten Endgeräte und Zugänge hatten Kinder in den letzten Jahren immer früher Zugang zur digitalen Welt. Nach den Angaben der Haupterziehenden erlaubten die elterlichen Regeln im Jahr 2024 den Kindern im Alter von neun Jahren die Nutzung von Handy/Smartphone, PC/Laptop, Spielkonsole, Tablet und Internet allgemein. Mit zehn Jahren dürfen die Kinder *YouTube* und *WhatsApp* nutzen, mit zwölf *TikTok* und mit 13 Jahren *Facebook, Instagram, Snapchat* und *BeReal* (Feierabend et al. 2025).[37]

Auch wenn Kinder bei ihren ersten Zugängen zur digitalen Welt noch auf die von den Erziehenden erlaubten Dienste und zur Verfügung gestellten

---

37 Das in den Nutzungsbedingungen bzw. AGBs der Dienste angegebene Mindestalter für die Nutzung ist bei *Facebook, Instagram, TikTok* und *Snapchat* mit 13 Jahren angegeben und liegt (ohne Einverständnis der Erziehungsberechtigten) bei *WhatsApp* bei 16 Jahren und bei *YouTube* sogar bei 18 Jahren. Im *Google Play Store* sind die Dienste mit der offiziellen USK-Altersfreigabe »ab 12 Jahren« gekennzeichnet, im *iOS App Store* mit dem hauseigenen Label »12+«.

Endgeräte angewiesen sind, nutzen viele ›ihre‹ beliebten Angebote weitgehend autark. Die Eltern sind relativ selten mit dabei. Ebenso sind auf den genutzten Endgeräten meist keine Kinder- und Jugendschutzeinstellungen aktiviert, Bildschirmzeiten begrenzt oder Filtersoftware installiert (▶ Kap. 5.4). Im Alter von sechs, sieben Jahren schaut sich bereits die Hälfte der Kinder die beliebten Sendungen im Fernsehen eher allein an und nutzt überwiegend solitär Handy-/Smartphone- bzw. Tabletspiele. Mit zehn, elf Jahren sind die meisten in der Regel dann bereits alleine online, um im Internet zu surfen, nach Dingen für die Schule zu suchen oder sich Videos/Filme anzusehen (ebd.).

Mit zunehmendem Alter werden den Kindern auch immer mehr Rechte bei der Auswahl der Inhalte und Anwendungen eingeräumt. So dürfen im Grundschulalter die mit Abstand meisten mitbestimmen, welcher Kinofilm angeschaut wird, und selbst entscheiden, welche Bücher und Zeitschriften gelesen werden. Im Alter zwischen zehn bis 13 Jahren bestimmen die meisten bereits selbst, welche Sendungen sie im Fernsehen sehen und welche Apps sie mit dem Tablet oder Smartphone nutzen. Und gut die Hälfte der Kinder nimmt Einfluss auf den Kauf von Unterhaltungselektronik, Computern etc. (Edeka Verlagsgesellschaft et al. 2023).

Berücksichtigt man die – sicher nicht eins zu eins übertragbaren – Schätzungen der Haupterziehenden zu der Zeit, die ihre Kinder täglich mit klassischem Fernsehen, Radio und Büchern sowie mit Internet, digitalen Spielen und Bewegtbildstreaming verbringen, dann sind die Sechs- bis Siebenjährigen im Schnitt schon fast drei Stunden täglich mit Medien beschäftigt. Abgesehen von Radio und Büchern nehmen die täglichen Nutzungszeiten im Altersverlauf weiter zu – bei den digitalen Zugängen besonders deutlich. Bei den Älteren, den 12- bis 13-Jährigen, haben sich die täglichen Nutzungszeiten in aller Regel dann bereits auf deutlich über fünf Stunden aufsummiert; etwa dreieinhalb Stunden davon werden allein für die Nutzung digitaler Medien verwandt, für Streaming, Mediatheken und *YouTube*, für Internet allgemein sowie für die digitalen Spiele (Feierabend et al. 2025).

Letztlich zeigen die Daten der KIM-Studie unmissverständlich, dass die Kinder im Altersverlauf immer mehr Zeit mit Medien verbringen und zum Ende der Kindheit hin bereits ein Großteil der Freizeit mit Medien allgemein und ein beträchtlicher Teil mit digitalen Medien speziell ausgestaltet wird. Interessanterweise erweisen sich die Nutzungszeiten insgesamt betrachtet seit Jahren stabil und haben auch unter den Bedingungen der Covid-19-Pandemie nicht spürbar zugenommen. Angesichts des begrenzten Freizeitbudgets und der Beliebtheit anderer (non-medialer) Freizeitbeschäftigungen stehen heutzutage bereits Kinder unter Druck, die verschiedenen Aktivitäten ›unter einen Hut‹ zu bekommen: Parallelnutzung, Multitasking und Verschmelzung unterschiedlicher Beschäftigungen. Radio hören beim Frühstück, die digitalen Spiele beim Zusammensein mit Freund*innen, Hausaufgaben machen mit *YouTube*, fernsehen mit *WhatsApp*-Austausch sind Beispiele.

Fernsehen, YouTube, Netflix & Co.

Zwar haben Kinder im Grundschulalter heute noch immer eine besondere Bindung ans Fernsehen. Mit den frühen Zugängen zu *YouTube* und den kostenpflichtigen, in den meisten Haushalten verfügbaren Streamingdiensten hat das klassische lineare Fernsehen aber deutlich an Relevanz verloren. Das zeigt sich sowohl bei den Nutzungshäufigkeiten als auch bei den Fernsehzeiten der 6- bis 13-Jährigen. Unabhängig vom Verbreitungsweg bzw. genutzten Endgerät (Fernsehgerät, SmartTV etc.) sahen Mitte der 2010er Jahre noch gut drei Viertel (fast) täglich fern. Nach den kontinuierlichen Rückgängen in der Folgezeit waren es im Jahr 2022 noch zwei Drittel (ebd.).

Legt man die verlässlichsten AGF-Daten zugrunde, wurden zu Beginn dieses Zeitraums zwischen 2010 und 2022 noch die meisten täglich vom Fernsehen erreicht. Zuletzt war es dann nur noch gut ein Drittel. Die Sehdauer, die in den 2000er Jahren noch bei über eineinhalb Stunden lag, nahm immer weiter ab auf knapp 40 Minuten im Jahr 2022. Die beliebtesten Programme sind noch immer *KIKA*, *Super RTL* (bzw. *TOGGO*) und *Disney Channel* mit ihren Programmen für Kinder. Mit zunehmendem Alter der Kinder haben dann auch *Das Erste*, *Sat.1* und *ProSieben* größere Relevanz (Feierabend/Scolari 2023).

Mit über 70 Prozent regelmäßigen Nutzer*innen (mindestens mehrmals pro Woche) ist klassisches lineares Fernsehen aktuell nur noch für die Kinder im Grundschulalter der präferierte Zugang zu den beliebten Bewegtbildinhalten und sind *KiKA* und *TOGGO*, das Kinderprogramm von Super RTL, noch immer die präferierten Kanäle. Im Alter zwischen zehn und 13 Jahren bevorzugen die Mädchen wie die Jungen die digitalen Kanäle: Mit 82 bzw. 89 Prozent regelmäßigen Nutzer*innen haben dann bereits die Videos und Shorts auf *YouTube* eine deutlich höhere Relevanz und bewegt sich der Zugang zu Filmen, Serien etc. im Netz oder per Streaming auf dem Niveau von linearem Fernsehen (Edeka Media et al. 2024).

Generell erfüllen die genutzten Bewegtbildinhalte ganz unterschiedliche Funktionen; sie werden als witzig erachtet, bringen die Kinder zum Lachen, lassen sie gut abschalten und entspannen, bieten spannende Geschichten und die Option, in der Schule mitreden zu können, die Möglichkeit, in andere Welten einzutauchen und etwas zusammen mit Freund*innen und in der Familien zu machen, der eigenen Fantasie freien Lauf zu lassen und sich in andere Figuren hineinzuversetzen, etwas zu lernen und auf Neues aufmerksam zu werden (ebd.). Der zuletzt wieder gestiegener Co-Viewing-Anteil Erwachsener von über 30 Prozent der Sehbeteiligung am Tagesprogramm der drei beliebtesten Sender (Guth 2023) zeigt, dass in nicht wenigen, aber eben nicht den meisten Fällen die Eltern mit dabei sind.

Was die genutzten Angebote im Einzelnen angeht, stehen bei den jungen Zuschauer*innen noch immer genau die Sendungen im Mittelpunkt, die schon seit einigen Jahren erfolgreich an sie als Kinder adressiert sind – mit spezifischen Präferenzen von Mädchen und Jungen. Nach der offenen Abfrage in der Trend Tracking Kids Studie waren im Jahr 2024 *Biene Maja*, *Die Pfefferkörner*, *Miraculous*, *PAW Patrol* und *SpongeBob* die Favoriten der sechs- bis neunjährigen Mädchen. Bei den gleichaltrigen Jungen war *SpongeBob* die klare Nummer eins, gefolgt von *PAW Patrol*, *Angelo*, *Ninjago* und *Pokémon*. Bei den älteren, den Zehn- bis Zwölfjährigen, ist für die Mädchen *Schloss Einstein* der absolute Favorit, gefolgt von *Die Pfefferkörner*, *GZSZ* und *Unter uns*. Bei den Jungen rangiert *SpongeBob* noch immer ganz vorn, gefolgt von *Die Simpsons*, *Schloss Einstein* und *Pokémon* (vom Orde/Durner 2024).[38]

Auch wenn im Grundschulalter die meisten und in den Jahren danach immerhin noch knapp die Hälfte der Kinder ihre Serien, Filme oder Videos (fast) jeden Tag im festen Programm des linearen Fernsehens sehen, haben die Bewegtbildangebote im Netz deutlich an Relevanz gewonnen. Viele Jahre bündelte sich die Aufmerksamkeit der Kinder auf die kostenlosen Videoportale, wobei fast alles bei *YouTube* zusammenlief. Mit der entsprechenden Ausstattung in den Haushalten und den onlinefähigen mobilen Endgeräten im Besitz der Kinder und Jugendlichen haben sich die Zugänge nun erweitert. Mit *TikTok*, das zugleich der Einstieg in die Social-Media-Welt ist (s. u.), hat sich die Bewegtbildnutzung vieler Kinder auf Apps verlagert, in denen (sehr) kurze Videos geteilt werden. Diese sind nach dem Grundschaltalter hinter dem linearen Fernsehen der am zweithäufigsten genutzte Kanal zur Bewegtbildnutzung, gefolgt von den Videoportalen im Netz, den abonnierten

---

38 Mit wachsender Neugierde und sich erweiternden Interessen nutzen die meisten Kinder im Grundschulalter regelmäßig die an sie adressierten Informations- und Wissenssendungen. *Die Sendung mit der Maus* ist hier noch immer die Nummer eins. Auf den weiteren Plätzen folgen *Galileo*, *Löwenzahn*, *Wissen macht Ah!* und *Logo* (Feierabend et al. 2025).

Streamingdiensten und Mediatheken/Apps der Fernsehsender (Edeka Verlagsgesellschaft et al. 2023).

Bei den kostenlosen Videoportalen ist nicht *YouTube Kids* als spezielles Angebot für Kinder, sondern *YouTube* der unangefochtene Favorit. Hier nutzen die 6- bis 13-Jähren ein sehr breites inhaltliches Spektrum: Schon zu Beginn des Grundschulalters schauen sich gut zwei von drei Kindern auf der Plattform mindestens einmal pro Woche lustige Clips an. Im Weiteren sehen sich die Kinder regelmäßig Musikvideos, Tier- und Sportvideos, Tutorials, YouTuber*innen, Let's Plays, Challenge-Videos, Mode-/Beautyvideos, Lernvideos für die Schule, Vlogs mit den Alltagsberichten von YouTuber*innen, Sendungen aus dem Fernsehen, Produkt- und Reaction-Videos an. Bei den kostenpflichtigen Streamingdiensten dominiert *Netflix*, gefolgt von *Disney Channel* und *Amazon Prime Video* (Feierabend et al. 2025). Daneben haben die digitalen Kanäle *Toggolino* und *KiKANiNCHEN* in den letzten Jahren deutlich hinzugewonnen; *TOGGO* erreichte im Jahr 2023 fast 20 Prozent Marktanteil bei den jungen Zuschauer*innen (Guth 2023).

Mit dem Smartphone endlich autonom online

Abseits der zugenommenen Bedeutung digital ausgesteuerter Sendungen, Filme und Videos wird die digitale Welt für Kinder heute vor allem mit den Anwendungen des Smartphones alltagsrelevant. Einmal im Portfolio der zur Verfügung stehenden Möglichkeiten ziehen die mobilen onlinefähigen Alleskönner immer mehr Aufmerksamkeit auf sich – mit einer beeindruckenden Dynamik in den letzten Jahren: Im Jahr 2014 nutzte zu Beginn der Grundschulzeit bereits jedes fünfte Kind zumindest gelegentlich ein Smartphone (meist das der Eltern). Im Jahr 2017 waren es bereits doppelt so viele, also zwei von fünf Kindern im Alter zwischen sechs und sieben Jahren, im Jahr 2019 schon gut die Hälfte und im Jahr 2022 dann bereits fast zwei Drittel (Rohleder 2022). Nach leicht rückläufiger Tendenz nutzen mit sechs, sieben Jahren noch immer die meisten, 59 Prozent der Kinder, das Smartphone zumindest gelegentlich (Wintergerst 2024).

Bei der frühen Mitbenutzung des Smartphones sind die Zugänge der Kinder in aller Regel noch stark begrenzt, einer elterlichen Erlaubnis unterworfen und häufig auch von der Anwesenheit der (erwachsenen) Besitzer*innen gerahmt. Das ändert sich mit dem ersten eigenen Smartphone grundlegend. Wie das Einstiegsalter der Mitbenutzung hat sich auch der Besitz eines Smartphones in den letzten Jahren im Leben von Kindern immer weiter nach vorn verlagert. Schaut man sich die Zahlen an, dann hatten in den letzten Jahren (spätestens) mit zehn Jahren die meisten Kinder ein eigenes Smartphone – mit zwölf oder 13 Jahren sind es schon jenseits der 90 Prozent (Guth 2023, Rohleder 2022). Mit dem persönlichen Besitz wird das Smartphone als autonomer Zugang in die digitale Welt schnell zu einem ständigen, unverzichtbaren Begleiter im Alltag und ist in ganz unterschiedlichen Handlungs- und Erfahrungskontexten der Kinder präsent.[39]

Obwohl Eltern negative Einflüsse der Medien auf die Entwicklung ihrer Kinder heute vor allem bei den onlinefähigen Endgeräten und hier vor allem bei den Smartphones verorten, sind die Kinder bei der Nutzung ihrer eigenen Endgeräte nicht allzu vielen Regeln unterworfen. Auch werden die Zugänge in den wenigsten Familien mit geräteseitigen Einstellungen oder installierten Apps inhaltlich und zeitlich beschränkt (▶ Kap. 5.4). Im Ergebnis nutzen die Kinder weitgehend ›ungestört‹ verschiedene Anwendungen und Onlinedienste: Die mit Abstand meisten nutzen die installierten Apps, um regelmäßig Text- und Sprachnachrichten auszutauschen, digitale Spiele zu spielen, sich Fotos/Videos anzuschauen oder selbst welche zu machen (und zu verschicken) oder nach Dingen zu googlen. Ebenso nutzen die meisten ihr Handy regelmäßig, um mit ihren Freund*innen oder den Eltern zu telefonieren (Feierabend et al. 2025).

Mit den mobilen, multifunktionalen Smartphones schnellen dann auch Häufigkeit und Dauer der Onlinenutzung in die Höhe. Waren die Kinder in den 2000er Jahren noch nicht allzu viel und bis in die 2010er Jahre hinein vor allem zu Hause mit PCs/Laptops im Internet unterwegs, sind sie in den letzten Jahren immer häufiger, länger und zunehmend mobil online. Dabei hat sich das Smartphone schon vor Jahren als präferierter Onlinezugang etabliert, was weniger im Hinblick auf die Nutzung klassischer Internetangebote, sondern vor allem im Kontext der beliebten Onlinedienste und Apps zu sehen ist. Die mit Abstand beliebteste Apps ist *WhatsApp*. Der Messengerdienst ist quasi als Standardanwendung gesetzt. Im Weiteren schätzen die Kinder auf ihren Geräten die mobilen Anwendungen von *YouTube* sowie *TikTok*, *Instagram* und *Snapchat* besonders, die mit zunehmenden Alter sprunghaft an Bedeutung gewinnen.

Insgesamt betrachtet waren nach den Zahlen aus der letzten KIM-Studie im Jahr 2024 schon knapp die Hälfte der Zehn- bis Elfjährigen und etwa drei Viertel der 12- bis 13- Jährigen (fast) täglich im Internet unterwegs. Die

---

39 Am Ende der Grundschulzeit nehmen die meisten ihr Smartphone nicht nur zu den Treffen mit Freund*innen, sondern auch in die Schule und zum Sportverein/zur Jugendgruppe mit. Die Hälfte nimmt es (abends) mit ins Bett, gut jede*r Dritte auch auf die Toilette bzw. ins Badezimmer (Feierabend et al. 2025).

täglichen Onlinezeiten älterer Kinder wurden von den Haupterziehenden bereits auf deutlich über eine Stunde geschätzt – Streaming und digitale Spiele nicht mitgerechnet. Inhaltlich standen bei der Internetnutzung nicht mehr spezielle Kinderseiten im Netz, auch nicht das ›Drauf los‹-Surfen oder der – lange Zeit prägende – spezifische Zugang über die Suchmaschinen (v. a. *Google*) im Mittelpunkt, sondern der digitale Austausch mit Messengerdiensten und die ersten Zugänge zu Social Media.

Frühe Teilhabe an digitalem Austausch und Vernetzung

Sieht man von der mobilen Videonutzung mit der *YouTube*-App einmal ab, die einen nicht unerheblichen Teil der gesamten Bewegtbildnutzung von Kindern ausmacht (s. o.), dann haben mit dem Smartphone im persönlichen Besitz von Kindern vor allem die digitalen Möglichkeiten zu kommunikativem Austausch und sozialer Vernetzung eine besondere Relevanz erlangt. Auch wenn die präferierten Apps mit ihren diversen Nutzungsoptionen eine klare Zuordnung immer schwieriger erscheinen lassen, haben die Messengerdienste für den (meist individualisierten) Austausch der Kinder von Beginn an einen zentralen Stellenwert; außerdem wird für viele noch im Grundschalter die Welt von Social Media relevant. In beiden Bereichen liegt der Fokus der jungen Nutzer*innen in aller Regel auf nur einer App.

Bei den Messengerdiensten ist *WhatsApp* die unangefochtene Nummer eins. Vor 15 Jahren an den Markt gegangen und wenig später – was den Zuwachs an Nutzer*innen anbetrifft – als am schnellsten gewachsener Internetdienst überhaupt herausgestellt, hat sich *WhatsApp* nicht zuletzt bei den jungen Smartphonebesitzer*innen als Inbegriff des schnellen digitalen Austauschs in Text, Bild, Sprach- und nun auch Videonachrichten etabliert. Neben dem kommunikativen Austausch und den Verabredungen unter den Peers ist der Dienst unter dem Dach der *Meta Platforms* (bis 2021 *Facebook Inc.*) längst auch für die Absprachen mit den Eltern relevant – und hat den außerhäuslichen Kinderalltag vielfach durchdrungen.[40]

WhatsApp ist nach wie vor auch das beste Beispiel dafür, dass Kinder Apps und Dienste nutzen, für die sie laut Mindestalter in den Nutzungsbedingungen noch zu jung sind und das Einverständnis der Eltern benötigen. Für

---

40 Typische Nutzungssituationen sind neben der Freizeit im engeren Sinne der Weg zur Schule und die Unterrichtspausen. Auch direkt nach dem Aufstehen, beim Frühstück und Mittagessen, dem Hausaufgaben Machen/Lernen, beim Abendessen ist WhatsApp bei vier bis neun Prozent der Kinder mit von der Partie (Feierabend et al. 2025).

4.3 Mediatisierte Freizeit der 6- bis 13-Jährigen

drei von fünf Internetnutzer*innen im Alter zwischen sechs und 13 Jahren ist der Messenger mit einer (fast) täglichen Nutzung bereits alltagsrelevant. Neben dem digitalen Austausch mit Freund*innen, Bekannten und nicht zuletzt den Eltern sind die Kinder im Schnitt bei drei *WhatsApp*-Gruppen angemeldet. Andere Messengerdienste können hier nicht ansatzweise mithalten. Allenfalls *Snapchat* hat mit seinen integrierten Social-Media-Optionen größere Relevanz. Immerhin jede*r Zehnte nutzt diese App (fast) täglich (Feierabend et al. 2025).

Durch das erste Smartphone haben die Kinder in den letzten Jahren auch ihren eigenen Zugang zur Welt von Social Media. Mit zunehmender Beliebtheit bereits seit Ende 2019 hat sich *TikTok* hier als Ersteinstieg etabliert und repräsentiert damit für Kinder die bereits angeführte ›neue Ära der Mediennutzung‹, bei der die jungen Nutzer*innen von algorithmischer Intelligenz und personalisierten Inhalten umgeben sind, die sich ihren Stimmungen und Bedürfnissen anpassen (Beule/Zauner 2022). Ihre besondere Attraktivität bezog die App bei den jungen Nutzer*innen, bei den Mädchen mehr als bei den Jungen, zunächst aus der unaufwendigen Herstellung eigener Videos mitsamt den implementierten umfangreichen Effekten und Filteroptionen. Und die meisten nutzten die App zu Beginn denn auch nicht nur zur Vernetzung und dem Ansehen der Kurzvideos anderer, sondern auch um selbst etwas zu erstellen und beizutragen.[41]

Mit zunehmender Bedeutung der algorithmisiert in die ForYou-Page eingespeisten Mikrovideos in Endlosschleife hat der produktiv-eigenaktive Umgang der Kinder mit *TikTok* allerdings ab- und der rezeptive Umgang zugenommen. Das heißt, die *TikTok*-Nutzung hat sich bei Kindern hin zu dem verlagert, was andere dort teilen. Die Influencer *Younes Zarou* und *Julian Bam* waren im Jahr 2024 bei den Kindern am beliebtesten (Feierabend et al. 2024). Nach *WhatsApp* und *YouTube* ist *TikTok* mittlerweile die Nummer drei der genutzten Apps: Im Alter von zehn, elf Jahren nutzt fast jedes zweite Kind TikTok regelmäßig – meist mehrmals wöchentlich oder täglich. Jedes vierte Kind in diesem Alter greift mit dieser Häufigkeit auch schon auf *Instagram* zu. Hier führt *Pamela Reif* die breit gefächert Liste der Lieblingsinfluencer*innen an (Feierabend et al. 2025).

Mit den frühen Zugängen nicht nur zu Social Media im engeren Sinne, sondern auch zu *YouTube* haben sich die beliebten Influencer*innen bereits als wichtige Vorlagen (und Reibungsfläche) im Leben von Kindern etabliert. Für die Mädchen waren das im Jahr 2024 *Dagi Bee*, Bianca Heinicke und *Julia*

---

41 Mit den frühen öffentlichen Selbstdarstellungen haben damit bereits Kinder mit Erfolgsdruck und Interaktionsrisiken zu tun (Stecher et al. 2020; ▶ Kap. 8.4).

4 Veränderte Freizeit- und Medienwelten von Kindern und Jugendlichen

Beautx, für die Jungen *Julian Bam*, *Knossi* und *Twenty4Tim* (vom Orde/Durner 2024). Davon abgesehen machen nicht wenige Kinder auf Social Media auch ihre ersten unangenehmen Bekanntschaften mit (unbekannten) Leuten. Im Kontext der in aller Regel nicht restriktiv beschränkten Profile werden mit Blick auf den öffentlichen Austausch von Kindern bei *TikTok & Co.* schon seit Jahren die negativen Erfahrungen mit sexuellen Belästigungen, Cybergrooming, In-App-Käufen, Cybermobbing und altersunangemessenen Inhalten moniert (Guddat/Hajok 2020), die auf das erweiterte Spektrum an medienumgangsbezogenen Risiken in der digitalen Welt verweisen (▶ Kap. 8).

Vermehrtes Eintauchen in digitale Spielewelten

Früh waren Kinder, die Jungen mehr als die Mädchen, auch an Computerspielen interessiert. Ende der 1990er Jahre nutzten die 6- bis 13-Jährigen ihre ersten Zugänge zum PC vor allem, um alleine oder zusammen mit anderen in virtuellen Spielewelten zu agieren. Auch der Gameboy war zu dieser Zeit noch sehr beliebt. Heute greifen Kinder auf ganz unterschiedliche Zugänge zurück und haben neben den ersten Konsolen-, Computer- und Tabletspielen, die nur im Ausnahmefall von ihren Eltern mit technischen Schutzvorkehren versehen werden, ihre multifunktionalen Smartphones auch als präferiertes ›Spielgerät‹ etabliert (Hajok 2021a).

Insgesamt betrachtet sind digitale Spiele für Kinder ab einem Alter von ca. acht Jahren wichtig (Guth 2023). Zum Ende des Grundschulalters hin tauchen schon die meisten regelmäßig in die digitalen Spielewelten ein, gut jedes vierte Kind (fast) täglich. Auch wenn in den letzten Jahren immer mehr Mädchen von den Games, insbesondere den Spiele-Apps fürs Smartphone (und Tablet), fasziniert waren, sind vor allem die Jungen regelmäßig mit digitalen Spielen beschäftigt. Im Alter von sechs bis 13 Jahren greifen sie deutlich häufiger auf Konsolenspiele und den klassischen Zugang via PC/Laptop zurück als die Mädchen. Die Jungen spielen auch häufiger Games, für die sie (gemäß Alterskennzeichnung) noch zu jung sind. Absoluter Favorit für die Jungen und auch für die Mädchen war im Jahr 2024 *Minecraft*. Im Ranking der Jungen folgten *FIFA*, das offiziell erst ab zwölf freigegebenen *Fortnite* und *Mario Kart*. Bei den Mädchen waren im Weiteren Spiele auf *Roblox*, *Animal Crossing*, *Candy Crush* und *Die Sims* besonders beliebt (Feierabend et al. 2025).[42]

---

42 Im Jahr 2023 sah das Ranking noch etwas anders aus: Die *Super-Mario*-Spiele rangierten bei Mädchen wie Jungen auf Platz eins. Für die Mädchen waren im Weiteren *Animal-*

Auch im Hinblick auf die Nutzungsdauer wird deutlich, dass digitale Spiele im Altersverlauf von Kindern an Relevanz gewinnen. Die in den KIM-Studien befragten Haupterziehenden bezifferten schon 2018 die Gamingzeiten von Kindern zu Beginn des Grundschulalters auf im Schnitt fast eine halbe Stunde täglich. Für die älteren Kinder, die 12- bis 13-Jährigen, gingen sie von ca. einer dreiviertel Stunde täglichem Gaming aus. Interessanterweise nahm die Nutzungsdauer unter den Bedingungen der Covid-19-Pandemie nur minimal zu und hat sich danach auf diesem Niveau eingepegelt. So gingen die Haupterziehenden auch im Jahr 2024 von knapp einer halben Stunde täglichem Gaming bei den Sechs- bis Siebenjährigen und einer dreiviertel Stunde bei den 12- bis 13-Jährigen aus (ebd.).

Die meiste Zeit binden mit zunehmendem Alter allerdings nicht die kurzweiligen Handy- und Smartphonespiele, die in aller Regel kostenfrei angeboten werden, aber mit implementierten Kaufoptionen und glücksspielähnlichen Mechanismen bereits auf das für Kinder besonders zu beachtende Feld eines von Intransparenzen, Werbung und Kostenrisiken Marktes verweisen (▶ Kap. 8.2), sondern die PC-, Konsolen- und Onlinespiele. Im Alter von zehn bis 13 Jahren sind die (tragbaren und festen) Spielkonsolen dann auch eine relevante Größe, was die Ausgaben in den Familien anbetrifft. So gaben die Eltern im Jahr 2023 an, in den letzten zwölf Monaten im Schnitt 69 EUR allein hierfür ausgegeben zu haben (Edeka Verlagsgesellschaft et al. 2023).

Die Motive für das Gaming sind breit gefächert. In jedem zweiten Fall tauchen die jungen Gamer*innen in die Welt digitaler Spiele ein, weil sie hier gut abschalten und entspannen können. Im Alter zwischen sechs und neun Jahren geht es im Weiteren darum, etwas zusammen mit Freund*innen oder in der Familie zu machen, sich abzulenken und auf andere Gedanken zu bringen und vielen auch darum, ein Ziel zu erreichen und sich mit anderen zu messen. Letzteres ist für die älteren Kinder im Alter zwischen zehn und 13 Jahren der zweitwichtigste Grund fürs Gaming, gefolgt vom Wunsch, etwas zusammen mit Freund*innen und in der Familie zu machen sowie sich abzulenken und auf andere Gedanken zu bringen (Edeka Media et al. 2024). Für die besondere Zeit unter Corona ist dokumentiert, dass bereits Kinder ab dem Alter von zehn Jahren vermehrt in die (vernetzten) Spielewelten eingetaucht sind, um ihre sozialen Kontakte aufrechtzuerhalten, Stress abzubauen, dem belastenden Alltag zu entfliehen und Sorgen zu vergessen (Thomasius 2020).

Crossing- und Barbie-Spiele relevant, für die Jungen nach FIFA und Minecraft auch Lego- und Pokémon-Spiele (Edeka Verlagsgesellschaft et al. 2023).

4 Veränderte Freizeit- und Medienwelten von Kindern und Jugendlichen

Und sonst? Radio, (Hör-)Bücher, Zeitschriften

Neben den skizzierten erweiterten Zugängen von Kindern zu digitalen Endgeräten und Anwendungen sind im Alter von sechs bis 13 Jahren noch einige andere, ›klassische‹ Medien alltagsrelevant. So wie das Fernsehen nicht zuletzt aufgrund der ›neuen‹ Verbreitungswege noch immer Relevanz besitzt, hat sich auch Radio (und Musik) Hören nicht zuletzt wegen der digitalen und mobilen Zugangsmöglichkeiten im Kinderalltag behauptet und sogar wieder leicht an Stellenwert gewonnen. Weitgehend unabhängig von Alter und Geschlecht hört knapp die Hälfte der Kinder regelmäßig Radio, gut jedes fünfte Kinder sogar (fast) täglich (Feierabend et al. 2025).

Der nur wenig gesunkene Stellenwert des Radios im Kinderalltag ist vor allem im Kontext der seit vielen Jahren ritualisierten Zugänge etwa nach dem Aufstehen/beim Frühstück oder bei familiären Autofahrten zu sehen. Auch ist das Radio eng mit Musik hören und den ersten, oft noch mit den Eltern geteilten Vorlieben von Kindern, von Mädchen mehr als von Jungen, für bestimmte Bands und Sänger*innen verbunden. 2024 führte Taylor Swift das Feld an, gefolgt von Mark Foster und Helene Fischer. Musik nimmt mit dem Alter der Kinder an Bedeutung zu. Insgesamt betrachtet hört fast jedes vierte Kind im Alter zwischen sechs und 13 Jahren (fast) täglich Musik – beim Aufstehen, Spielen oder Einschlafen ist Musik ein Begleiter vieler (ebd.).

Mit fast ungebrochenem Stellenwert seit Ende der 1990er Jahre ist das Lesen gedruckter Bücher im Alltag der Kinder präsent – mit einer beeindruckenden Kontinuität im Altersverlauf der Kinder. Die Eltern beziffern die tägliche Lesezeit auf im Schnitt gut 20 Minuten. Auch zeigen die Daten der letzten KIM-Studie, dass die Mädchen noch immer deutlich häufiger in die (meist fiktiven) Welten der Bücher eintauchen als die Jungen. Der Anteil der (fast) täglichen Leser*innen war auch im Jahr 2024 bei den Mädchen fast doppelt so hoch wie bei den Jungen (13 gegenüber 7 Prozent). Mindestens ein-/mehrmals pro Woche nahmen zwei von drei Mädchen und nur gut jeder dritte 6- bis 13-jährige Junge ein Buch in die Hand. Titel der Reihen *Gregs Tagebuch* und *Die Schule der magischen Tiere* sind bei den Kindern im Grundschulalter beliebt, bei den älteren zieht *Harry Potter* noch immer die mit Abstand meiste Aufmerksamkeit auf sich.[43]

---

43 Im Jahr 2024 war *Das Klugscheißerchen* Jahresbestseller im Segment Kinderbuch. Es folgten *Gregs Tagebuch 19 – So ein Schlamassel!* und *Die Schule der magischen Tiere 15: Vierundzwanzig*. Neben weiteren Titeln der Reihe fanden sich unter den zehn meistverkauften Kinderbüchern *Rico, Oskar und die Tieferschatten*, *Das kleine Böse Buch (Band 1)* sowie *Harry Potter und der Stein der Weisen* (Börsenblatt 2024a).

4.3 Mediatisierte Freizeit der 6- bis 13-Jährigen

Neben den Zugängen zu Büchern, die von den Kindern fast ausschließlich ›auf Papier‹ und nur sehr selten ›auf dem Bildschirm‹ gelesen werden, haben Hörspiele, Hörbücher und auch Podcasts in den letzten Jahren weiter an Bedeutung gewonnen. Fast jede*r Dritte lauscht im Alter zwischen sechs und 13 Jahren den beliebten Erzählungen und Geschichten – mittlerweile fast ausschließlich digital ausgespielt. Besonders beliebt sind seit Jahren *Die drei ???* sowie *Bibi und Tina*, auch *TKKG*, *Bibi Blocksberg* und *Harry Potter* (Feierabend et al. 2025).

Die Gründe, sich etwas anzuhören, sind durchaus verschieden. Vor allem geht es den Kindern darum, gut abschalten und sich entspannen zu können. Den Sechs- bis Neunjährigen geht es im Weiteren um spannende Geschichten, um Dinge, die witzig sind und sie zum Lachen bringen, und in jedem dritten Fall auch um das Eintauchen in eine andere Welt. Für die Zehn- bis 13-Jährigen spielen neben der Entspannung für viele auch spannende Geschichten, die Gewohnheit, Ablenkung und anderes mehr eine Rolle (Edeka Media et al. 2024).

Eine Tageszeitung indes haben Kinder heute kaum in der Hand, was im Kontext der generell nur noch geringen Verfügbarkeit im Haushalt zu sehen ist. Die an die jungen Leser*innen adressierten Zeitschriften, Magazine und Comics sind indes noch immer für viele alltagsrelevant und werden noch immer zumeist in ihren gedruckten Auflagen gelesen: Jedes zweite Kind, die Jüngeren wie die Älteren, wendet sich mehrmals pro Woche oder sogar täglich Zeitschriften, Magazinen und Comics zu; erst nach dem Grundschulalter werden die verschiedenen Titel in nennenswertem Umfang, das heißt in gut jedem dritten Fall, über ihre digital Vermarktung auf dem Bildschirm gelesen.

Die mit Abstand reichenweitestärksten Kinderzeitschriften waren im Jahr 2024 mit jeweils über 600.000 Leser*innen *Just Kick-it!*, *GEOlino* und *Lustiges Taschenbuch*. Auf diese Titel fokussiert sich seit einigen Jahren schon das Interesse der Jungen. Die Mädchen lesen nicht nur häufiger, sondern wenden sich vor allem den an sie adressierten Titeln zu. Hier sind *Wendy*, *Mädchen*, *Disney Die Eiskönigin*, *Barbie*, *Popcorn* und *Prinzessin* die beliebtesten Titel (ebd.).

4.4 Das digital durchdrungene Leben der Jugendlichen und jungen Erwachsenen

Während die Kinder in Deutschland noch immer stark an ihre beliebten Fernsehsendungen, Bücher und Zeitschriften gebunden sind und zum Ende der Grundschulzeit beginnen, sich die digitale Welt über Streamingdienste, digitale Spiele und Podcasts hinausgehend auch über ihr erstes Smartphone, die Nutzung der Messengerdienste und ersten Zugängen zu Social Media zu erschließen, ist der Alltag Jugendlicher heute von einer digital ausgelebten Freizeit speziell und einem digital durchdrungenem Leben insgesamt gekennzeichnet. Messengerdienste und Social Media, Streaming und digitale Spiele sind zentrale Bezugspunkte. Ein weitgehend unbefangener Medienumgang, bei dem die meisten keiner elterlichen (zeitlichen) Limitierungen mehr unterworfen sind und zum Ende des Jugendalters hin meist frei im Netz agieren können, ohne dass ihnen die Eltern hier etwas verbieten (Rohleder 2022, Wintergerst 2024), ist eine wichtige Rahmung, auf die noch detaillierter einzugehen ist (▶ Kap. 5).

Im Gegensatz zu Kindern, die unter den besonderen Bedingungen der Covid-19-Pandemie Medien allgemein und digitale Endgeräte und Anwendungen speziell zwar mehr genutzten haben, aber eben mit moderater Zunahme bei der Dauer und Häufigkeit, hat die Lebenswelt der Jugendlichen unter Corona einen beschleunigten Digitalisierungsschub erfahren, dem bereits früh eine Nachhaltigkeit attestiert wurde (Hajok 2021b). Auch wenn sich die Dinge nach der prägenden Zeit in einigen Bereichen wieder ›normalisiert‹ haben, waren einzelne Zugänge zur digitalen Welt den Heranwachsenden scheinbar wichtiger denn je – zumindest waren sie hier auch im Jahr 2023 noch immer häufiger und länger unterwegs als vor der Zeit von Kontaktbeschränkungen und Distanzunterricht.

Mit dem Smartphone permanent on (und zunehmend gestresst)

Die prägnantesten Veränderungen beim Medienumgang Jugendlicher waren in der Vergangenheit eng an die vielfältigen Möglichkeiten gebunden, die zunächst klassische Internetangebote, später die Online-Dienste und Apps für die mobilen Endgeräte geboten haben. In diesem Gesamtzusammenhang haben sich die Onlinezeiten in den letzten 20 Jahren weiter erhöht und wurden im Jahr vor der Covid-19-Pandemie von den Jugendlichen im wei-

4.4 Das digital durchdrungene Leben der Jugendlichen und jungen Erwachsenen

teren Sinne, also den 12- bis 19-Jährigen, selbst bereits auf täglich knapp dreieinhalb Stunden geschätzt. Im Jahr 2020 nahmen sie dann sprunghaft zu auf den bisherigen Höchststand von fast viereinhalb Stunden. Mit dem Wegfall der Beschränkungen haben sie sich wieder auf knapp dreieinhalb Stunden täglich im Jahr 2024 normalisiert (Feierabend et al. 2024). Auf diesem Niveau bewegen sich – unabhängig von Geschlecht und Bildung – die verlässlicheren, zuletzt in der JIM-Studie 2023 abgefragten Bildschirmzeiten am Smartphone.

Insgesamt betrachtet erreichen die diversen Internetangebote und Onlineanwendungen seit Jahren schon in keiner anderen Altersgruppe eine so große Reichweite wie bei der Jugend – bis auf wenige Ausnahmen sind alle Heranwachsenden täglich online (Beisch/Koch 2023). Als präferierter Onlinezugang hat sich längst das Smartphone etabliert, wobei der Zugang weniger über die Browseranwendung ins ›klassische‹ Internet erfolgt, sondern vielmehr über die Apps an Bord direkt zu den beliebten Onlinediensten. Sieht man von PC-/Konsolenspielen und SmartTV ab, dann ist der mobile onlinefähige ›Alleskönner‹ Dreh- und Angelpunkt davon, was die Jugend in der digitalen Welt treibt. Wenn die meisten regelmäßig Nachrichten verschicken, Videos und Filme streamen, online Musik und Radio hören, nach Infos für die Schule oder das eigene Hobby suchen und nicht wenige sich auch zum Tagesgeschehen im Netz informieren oder online shoppen gehen, wird durchaus verständlich, dass sich drei von fünf Heranwachsenden ein Leben ohne Internet gar nicht mehr vorstellen können (Rohleder 2022, Wintergerst 2024).

Was allein bei der mobilen Nutzung mit dem Smartphone im Mittelpunkt steht, zeigt der Blick auf die drei wichtigsten Anwendungen der 12- bis 19-Jährigen (abgefragt ohne Antwortvorgabe): *WhatsApp* ist noch immer die unangefochtene Nummer eins. Bei den weiblichen Heranwachsenden ist *Instagram* die Nummer zwei, gefolgt von *TikTok* (mit weiterem Zugewinn im letzten Jahr), *Snapchat*, *YouTube* und *Spotify*. Bei den männlichen Heranwachsenden ist *YouTube* hinter *WhatsApp* die Nummer zwei. Erst dann kommen *Instagram*, *TikTok*, *Snapchat*, *Spotify* und *Google* (Feierabend et al. 2024). ChatGPT als bekannteste der aktiv benutzten KI-Anwendung der Jugend wird zwar mittlerweile von den meisten zur Information und Wissensaneignung genutzt (▶ Kap. 7.1), war aber im letzten Jahr noch nicht unter den beliebtesten Anwendungen zu finden.

Mit Blick auf die (systemseitig) angezeigten Bildschirmzeiten, die gut drei Viertel der Jugendlichen kennen und fast die Hälfte auch (regelmäßig) prüfen, wird das zeitliche Ausmaß der Smartphonenutzung gut sichtbar: Am Ende der Kindheit noch bei ca. zwei Stunden liegt die durchschnittliche

4 Veränderte Freizeit- und Medienwelten von Kindern und Jugendlichen

Bildschirmzeit zu Beginn des Jugendalters schon jenseits der 200 Minuten täglich und summiert sich – unabhängig vom Geschlecht und formalem Bildungshintergrund (Haupt-/Realschule oder Gymnasium) – dann auf dreieinhalb Stunden täglich (ebd.). Dass dies unterm Strich (zu) viel Zeit des begrenzten Freizeitbudgets ausmacht, haben viele Heranwachsende selbst erkannt. Nach einer repräsentativen forsa-Umfrage zum Safer Internet Day 2023 fällt es den meisten der befragten 14- bis 17-Jährigen nicht nur (eher) schwer, »mal nicht auf das Smartphone zu schauen«. Bei der Hälfte der Jugendlichen hat sich auch die Einsicht eingestellt, dass sie »weniger Zeit mit digitalen Medien verbringen sollten« (Klicksafe 2023).

> Wie bereits im Jahr 2016 war auch in der letzten JIM-Studie von einem digitalen Stress zu lesen, dem sich Heranwachsende heute vor allem am Smartphone ausgesetzt sehen. Die meisten machen die Erfahrung, sich bei der Nutzung zu vergessen, und verbringen mehr Zeit mit dem Handy als geplant – oder aber genießen es, wenn sie Zeit ohne Handy haben können. Zwei von fünf Jugendlichen wissen zu berichten, manchmal so viele Nachrichten aufs Handy zu bekommen, dass es nervt. Jede*r Dritte hat Angst, etwas zu verpassen, wenn das Gerät ausgeschaltet ist. Mittlerweile gelingt es aber auch gut einem Drittel, das Smartphone regelmäßig bewusst auszuschalten, um Zeit für sich zu haben (Feierabend et al. 2024).

Kein Tag ohne Messenger und Social Media

Mit den Lieblings-Apps der Jugendlichen ist schon deutlich geworden, worauf die beeindruckenden Bildschirmzeiten im Kern zurückgehen: Messengerdienste und Social Media im weitesten Sinne sind die zentralen Bezugspunkte. Der digitale Austausch über die verschiedenen Dienste hatte bereits in den 2010er Jahren spürbar zugenommen und ist mit den Kontaktbeschränkungen unter Corona dann sprunghaft angestiegen. Für die Heranwachsenden im Alter zwischen zehn und 17 Jahren ist ein Anstieg von gut zwei Stunden im September 2019 auf gut drei Stunden werktags im April 2020 dokumentiert. Auch wenn sich die Nutzungszeiten in der Folgezeit wieder etwas ›normalisiert‹ hatten, lagen sie im Juni 2022 mit im Schnitt 164 Minuten werktags noch immer deutlich über dem Vor-Corona-Niveau (Thomasius 2023).

Bei der Nutzung von Messengerdiensten und Social Media zeigt sich auch, wie eng die Identitätsbildungsprozesse im Jugendalter heute mit den digi-

4.4 Das digital durchdrungene Leben der Jugendlichen und jungen Erwachsenen

talen Formen von kommunikativem Austausch und der sozialen Vernetzung, der mediatisierten Selbstdarstellung und dem Einholen von Feedback verflochten sind (▶ Kap. 3.5). Für die individualisierten Chats bzw. den Austausch in Gruppen ist *WhatsApp* auch bei den Jugendlichen die klare Nummer eins. Im Alter zwischen zwölf und 19 Jahren nutzten lediglich vier Prozent den Messengerdienst nie oder seltener als mehrmals pro Woche. Für gut die Hälfte ist im Jugendalter auch der für seine ›flüchtigen‹ Bilder und Filter (Snaps) bekannte Dienst *Snapchat* alltagsrelevant. In den letzten Jahren sorgte die App auch mit dem implementierten Chatbot *My AI* für einiges Aufsehen. Mit jeweils ca. zehn Prozent regelmäßigen Nutzer*innen hat in den letzten Jahren auch die Bedeutung von *Signal* und *Telegram* zugenommen (Feierabend et al. 2024).[44]

Bei der Nutzung ›klassischer‹ Messengerdienste geht es den Jugendlichen vor allem um den persönlichen Austausch unter Freund*innen, die Vernetzung in Gruppen allgemein und den Klassenchat speziell. Daneben hat die Bedeutung der Dienste in den letzten Jahren auch für die Absprachen mit den Erziehenden und die familiäre Alltagsorganisation zugenommen (Hajok 2021b). Im beliebten Gamingbereich haben insbesondere die männlichen Heranwachsenden eigene Formen des (nicht nur spielbezogenen) Austauschs etabliert. Nicht mehr *Teamspeak*, sondern *Discord* und *Twitch* mit seiner (die Livestreams begleitenden) Chatfunktion sind hier vorn. Den 30 bzw. 21 Prozent (fast) täglichen Nutzern stehen deutlich weniger Nutzerinnen gegenüber (10 bzw. 5 Prozent) (Feierabend et al. 2024).

Durchaus spannend sind die veränderten Zugänge zur Welt von Social Media. Zwar ist *Instagram* im Jugendalter noch immer die Nummer eins. Nach dem weiter gestiegenen Stellenwert in den letzten Jahren liegt *TikTok* aber mittlerweile fast gleichauf. Im Alter zwischen 14 und 17 Jahren nutzen gut zwei Drittel der Jugendlichen (fast) täglich *Instagram* und knapp zwei Drittel *TikTok*. Gut jede*r Fünfte setzt mit dieser Regelmäßigkeit noch auf das Soziale Netzwerk *Facebook*, das damit weiter an Bedeutung verloren hat. Die relativ junge Social-Media-App *BeReal* war im Jahr 2023 immerhin für jede*n sechste*n Jugendliche*n (fast) täglich relevant. Sie lag damit noch vor *Pinterest* und *Twitter*. Sieht man von *Facebook* und *Twitter* ab, dann werden alle

---

44 Am Beispiel *Telegram*, der zunächst als Alternative zum – unter Datenschutzgesichtspunkten – kritisierten *WhatsApp* galt, zeigt sich spätestens mit den hier verbreiteten Verschwörungstheorien zur Covid19-Pandemie (Draga et al. 2021), dass Jugendliche bei ihrem Medienumgang durchaus unbefangen und neugierig agieren – und auch Grenzen ausloten.

Social-Media-Angebote von den weiblichen Heranwachsenden häufiger genutzt als von den männlichen (ebd.).

Mit den Verschiebungen bei den genutzten Angeboten haben sich auch die spezifischen Aneignungsweisen der Jugendlichen gewandelt, die eng mit den Besonderheiten der Angebote und den hier angelegten Strukturen für Austausch und Vernetzung verbunden sind. Da sind bei *WhatsApp* mittlerweile nicht nur die Gruppenchats, sondern auch Videotelefonie und das Teilen des Standorts angesagt. Bei *Snapchat* sind es nicht nur die Schnappschüsse, sondern auch der Chatbot *My AI*, die *Snap Map* und *Streak* als Freundschaftsbeweis. *YouTube* wiederum gilt nicht nur als Videoplattform, sondern gefällt immer mehr wegen seiner *Shorts*. Bei *TikTok* stehen die Mikrovideos klar im Mittelpunkt, die App dient aber auch als Suchmaschine. Bei *Instagram* wiederum geht es längst nicht mehr nur um schöne inszenierte Bilder, sondern auch um Videos, *Stories* und *Reels*. Und die Bilder, Memes und Boards bei *Pinterest* sind nicht zuletzt (Anregung zum) Do-It-Yourself (Saferinternet.at 2024).

Generell zeigt sich bei der Nutzung von Social Media eine Verschiebung weg von einem produktiv-kreativen hin zu einem rezeptiv-konsumtiven Umgang. Wie vor Jahren schon bei *YouTube* beobachtet, fokussiert auch die Nutzung von Social Media im engeren Sinne immer mehr auf das, was andere dort treiben, und ist immer weniger vom kreativen Erstellen oder Bearbeiten, Posten oder Teilen eigener Inhalte geprägt (▶ Kap. 7.3). Man denke nur an die ›verfolgten‹ Influencer*innen, allen voran bei *Instagram*, die von vielen nicht nur als wichtige Werbeträger*innen wahrgenommen werden, sondern auch als Menschen, die über ernsthafte Dinge sprechen, oder einfach nur als gute Freund*innen (Feierabend et al. 2023a).[45] Ein vor allem rezeptiv-konsumtiver Umgang zeigt sich nicht zuletzt bei *TikTok*. Im Mittelpunkt stehen hier die im Videoformat personalisiert an die jungen Nutzer*innen adressierten Inhalte, die auch im Hinblick auf Kontaktaufnahmen von Erwachsenen, Intransparenzen und In-App-Käufen im Kontext von Social Media nicht zuletzt als problematische Vorlagen und riskante Selbstdarstellungen anderer diskutiert werden (Guddat/Hajok 2020).

Was die beliebten Influencer*innen anbetrifft, liegt in der Gunst der weiblichen Heranwachsenden Bianca Heinicke noch immer vorn, gefolgt von

---

45 Ein gar nicht so neues, aber mit KI zukünftig wichtiger werdendes Phänomen sind virtuelle Influencer*innen. Sie agieren in verschiedenen Bereichen, von Mode über Fitness bis hin zu Lifestyle, und wurden aus Marketingzwecken zum Leben erweckt. Mit Eigenschaften wie Glaubwürdigkeit, Authentizität, Vertrauen und Ausstrahlung haben sie nicht zuletzt bei Heranwachsenden Relevanz (Roloff/Hajok 2023).

Dagi Bee, Julia Beautx, Pamela Reif und Katja Krasavice. Bei den männlichen Heranwachsenden führt Rezo das Feld an, gefolgt von Montana Black, Julien Bam, Younes Zarou und Knossi (vom Orde/Durner 2025). Am Beispiel von *TikTok* zeigt sich wiederum: Das inhaltliche Spektrum der Videos ist insgesamt betrachtet zwar recht breit, ein spezifisches Interesse der Heranwachsenden an Comedy/Humor/Pranks, Lifehacks/Tipps, Tutorials/DIY (Do It Yourself), Inspiration und Musik/Singen/Lipsynch ist allerdings nicht zu übersehen (Granow/Scolari 2022).

Vom Fernsehen zu YouTube, Netflix & Co.

Auch abseits der beliebten Social-Media-Kanäle hat die Bewegtbildnutzung für die Heranwachsenden noch immer Relevanz. Mehr als die Kinder haben sich die Jugendlichen allerdings vom klassischen (linearen) Fernsehen verabschiedet und setzen auf die neuen Zugangswege, wobei sich in den mit Abstand meisten Haushalten ein Fernsehgerät bzw. Smart TV befindet und auch ein Streamingdienst abonniert ist. Jede*r zweite Jugendliche besitzt auch einen eigenen Fernseher mit Internetzugang. Insgesamt betrachtet hat das Fernsehen in den letzten Jahren aber an Bedeutung verloren. Zu Beginn der 2010er Jahre sahen noch neun von zehn Jugendlichen (fast) täglich fern, im Jahr 2024 waren es ›nur noch‹ knapp drei Viertel. Lagen die durchschnittlichen täglichen Fernsehzeiten der Jugendlichen bis in die 2010er Jahre hinein noch bei deutlich über zwei Stunden, wurde die reine TV-Nutzungszeit der Jugend letztes Jahr auf nur gut eine Stunde beziffert. Dem standen fast zwei Stunden Streamingdienste gegenüber (Feierabend et al. 2024).

Das »Fernsehen« fassen die Jugendlichen mittlerweile sehr weit und zählen insbesondere die kostenpflichtigen Streamingangebote mit dazu. So führte *Netflix* im Jahr 2022 erstmals das Ranking des in der JIM-Studie erfragten Lieblingsprogramms an und hat diesen besonderen Stellenwert weiter ausgebaut. Im Jahr 2024 war *Netflix* für jede*n bereits das ›liebste Fernsehprogramm‹. Mit deutlichem Abstand folgten *ARD/Das Erste*, *RTL*, *ZDF* und *ProSieben*. *Vampire Diaries*, *Germany's Next Topmodel*, *Gossip Girl* und *Bridgerton* waren die Sendungshighlights der weiblichen Heranwachsenden. Bei den absoluten Favoriten der männlichen Zwölf- bis 19-Jährigen waren interessanterweise nicht mehr *Die Simpsons* und *Star Wars* vertreten, sondern die *Tagesschau*, *Sportschau* und *The Rookie* (ebd.).

Was die favorisierten Bewegtbild-Genres der Heranwachsenden angeht, zeigen die Daten der letzten Trend Tracking Kids Studie einige markante

Unterschiede bei den verschiedenen Altersgruppen. So sind die Mädchen im Alter zwischen 13 und 16 Jahren zunächst vor allem an den Soaps, Castingshows und Sitcoms interessiert. Im Alter zwischen 17 und 19 Jahren dominieren dann die Sendungen der Kategorie »Drama«, gefolgt von den Castingshows und Soaps. Die Jungen fokussieren zu Beginn des Jugendalters ihre Bewegtbildnutzung stark auf die Sitcoms und haben auch ein besonderes Interesse an Zeichentrick und Anime. Später stehen auch bei ihnen aber die Dramas ganz vorn, gefolgt von Sendungen der Kategorien »Krimi/True Crime« und »Mystery/Horror« (vom Orde/Durner 2025).

Auch wenn *YouTube* noch immer die Nummer eins für die Bewegtbildnutzung ist, hat *Netflix* weiter an Stellenwert gewonnen. Zwei von drei Jugendlichen nutzen die Videoplattform *YouTube*, um sich Sendungen, Serien und Filme anzuschauen. Jede*r Zweite nutzt hierfür (fast) täglich *Netflix*. Jede*r Dritte setzt mit dieser Regelmäßigkeit auf *Amazon Prime Video* und jede*r Fünfte auf *Disney+*. Mit immerhin jeweils um die 15 Prozent (fast) täglichen Nutzer*innen sind im Jugendalter auch die Livestreams der Sender, die Mediatheken der Öffentlich-Rechtlichen und *Sky* nicht irrelevant. *YouTube*, TV-Livestreams und *Sky* werden häufiger von den männlichen Heranwachsenden genutzt, *Prime Video* und in der Tendenz auch *Netflix* häufiger von den weiblichen (Feierabend et al. 2024).

Die Videoplattform *YouTube* – über viele Jahre hinweg das beliebteste Internetangebot der Jugend schlechthin – ist für die Bewegtbildnutzung insofern weiterhin eine wichtige Größe, als dass hier neben klassischen Sendungen, Serien und Filmen auch die diversen plattformspezifischen Videoformate große Relevanz besitzen.[46] In der weiten Spanne von zwölf bis 19 Jahren nutzen vier von fünf Heranwachsenden *YouTube* regelmäßig. Die männlichen Heranwachsenden sind noch immer stärker an die Plattform gebunden, sowohl was die Nutzungshäufigkeit (59 gegenüber 35 Prozent tägliche Nutzer*innen) als auch die durchschnittliche Verweildauer anbetrifft (120 gegenüber 71 Minuten täglich). Die Kanäle bekannter YouTuber*innen, die in aller Regel auch auf *Instagram* und *TikTok* erfolgreich präsent sind, haben noch immer eine besondere Bedeutung: Im Jahr 2024 waren für die männlichen Heranwachsenden vor allem *Paluten*, *Montana Black*

---

[46] Auch wenn sie in den letzten JIM-Studien nicht mehr differenziert ausgewiesen wurden, muss weiterhin von einer inhaltlich breit gefächerten Nutzung ausgegangen werden, bei der Musikvideos, die Kanäle der beliebten YouTuber*innen, lustige Clips, Erklärvideos/Tutorials für Schule/Ausbildung bei sehr vielen, Mode-/Beauty-Videos bei den Mädchen, Let's Plays und Sportvideos bei Jungen im Mittelpunkt stehen (Hajok 2023b).

und *Trymacs* interessant, die weiblichen setzen demgegenüber nicht mehr auf *Bibis Beauty Palace* und *Lisa & Lena*, sondern auf *Rezo, Julian Bam, Laser Luca* und *Dagi Bee* – seit über zehn Jahren erfolgreich im Geschäft (ebd.).

Digitale Spiele weiter hoch im Kurs – mitsamt sozialer Vernetzung

Als Hauptzielgruppe waren insbesondere die männlichen Heranwachsenden schon zu Beginn des Aufkommens von Video- und Computerspielen fasziniert. Schon Ende der 1990er Jahre tauchte bereits knapp die Hälfte der 12- bis 19-Jährigen (fast) täglich in die virtuellen Spielewelten ein. War zu Beginn der Computer der präferierte Zugang, standen Ende der 2000er Jahre bereits die Online-Spiele im Fokus. Sie boten den überwiegend männlichen Gamern nicht nur immer realistischer und lebendiger wirkende Spielhandlungen, sondern vor allem einfache Möglichkeiten der Vernetzung und Kommunikation. 2018 etwa nutzten bereits vier von fünf Jugendlichen das sog. Teamspeak, wobei nur die wenigsten ihre Kommunikation auf das Spiel beschränkten, sondern die meisten auch persönliche Themen besprachen (Hajok 2023b).

Unter den besonderen Bedingungen der Covid-19-Pandemie hatten die Vernetzungsmöglichkeiten von digitalen Spielen gerade für die Heranwachsenden einen besonderen Stellenwert. So war im ersten Lockdown das »soziale Kontakte aufrecht erhalten« nach »Langeweile bekämpfen« und noch vor den (eskapistischen) Gründen (»Realität entfliehen«, »Stress abbauen«, »Sorgen vergessen«) das zweitwichtigste Nutzungsmotiv von älteren Kindern und Jugendlichen für das Gaming und auch ein zentraler Hintergrund, weshalb die Gamingzeiten nicht zuletzt unter der Woche nach oben schnellten (von 90 Minuten im September 2019 auf 138 Minuten im April 2020) und trotz der Normalisierung auch nach Wegfall der Kontaktbeschränkungen noch über dem Vor-Corona-Niveau lagen (115 Minuten im Juni 2022) (Thomasius 2020, 2023). Auch die dysfunktionale pathologische Nutzung (im Sinne einer Abhängigkeit von digitalen Spielen) hat sich in den letzten Jahren deutlich erhöht (▶ Kap. 8.4).

Die gestiegenen Gamingzeiten, die nach den aktuellen Daten der JIM-Studie im Jahr 2024 bei den 12- bis 19-Jährigen (drei Viertel spielen mehrmals pro Woche oder täglich) noch immer über denen von 2019 lagen (91 gegenüber 81 Minuten) sind nicht zuletzt im Kontext der beliebten Spiele-Apps für die mobilen Endgeräte zu sehen. Zwar hat das Smartphone zuletzt etwas an Bedeutung verloren. Gut die Hälfte der Heranwachsenden, junge Frauen mehr als die jungen Männer, taucht (fast) täglich in die Welt der Spiele-Apps für Smartphones und Tablets ein. Im Weiteren folgen mit jeweils knapp einem Drittel (fast) täglicher Nutzer*innen die Konsolenspiele und klassischen Computerspiele für PC/Laptop, die bei den männlichen Heranwachsenden noch immer klar im Vordergrund stehen (Feierabend et al. 2024).

Insgesamt betrachtet nutzten die männlichen Heranwachsenden digitale Spiele noch immer deutlich häufiger (fast) täglich als die weiblichen (87 Prozent gegenüber 58 Prozent) und verbleiben im Durchschnitt fast doppelt so lange in den digitalen Spielewelten (114 gegenüber 66 Minuten täglich). Auch bei den exzessiven Gamer*innen mit vier Stunden und mehr täglicher Spielzeit sind die männlichen Heranwachsenden deutlich überrepräsentiert (elf gegenüber drei Prozent). Zudem tauchen die Haupt- und Realschüler*innen nach eigenen Angaben häufiger exzessiv in die digitalen Spielwelten ein als die Gymnasiast*innen (zehn gegenüber vier Prozent), was im Hinblick auf ein gegebenenfalls sozial erwünschtes Antwortverhalten allerdings etwas mit Vorsicht zu genießen ist. Dass das Gaming im Altersverlauf der Jugendlichen deutlich an Relevanz verliert, lässt sich aktuell nicht (mehr) konstatieren (ebd.).

Mit Blick auf die persönlichen Highlights der Jugendlichen zeichnet die JIM-Studie seit einigen Jahren schon das gleiche Bild: *FIFA*, *Minecraft* und *Fortnite* sind die Favoriten der Jungen, *Minecraft*, *Die Sims* und *Hay Day* die der Mädchen. In ebenfalls ungestützten Abfrage der letzten Trend Tracking Kids Studie zeigt sich, dass bei den männlichen Heranwachsenden im Alter von 13 bis 16 Jahren mit *Call of Duty* ein offiziell erst »ab 18« freigegebener Ego-Shooter unter dem Top 5 ist und bei den 17- bis 19-Jährigen das 18er Action-Game *Grand Theft Auto (GTA)* bereits auf Platz zwei landet. Für die Mädchen und jungen Frauen wird in beiden Altersgruppen *Super Mario* mit seinen diversen Varianten als absolutes Highlight genannt, *Candy Crush* ist die Nummer zwei der jüngeren und *Animal Crossing* die der älteren heranwachsenden Gamerinnen (vom Orde/Durner 2025).

Weniger Radio, mehr Podcasts und vor allem Musikstreaming

Betrachtet man die Audionutzung insgesamt, dann sind die Jugendlichen auch in diesem Bereich Vorreiter*innen für die unbefangene Nutzung digitaler Kanäle. Neben klassischen Radioprogrammen via Antenne, DAB+ oder Internet nutzen vor allem sie die non-lineare Verbreitung von Audioinhalten im Netz, vor allem, um Musik zu streamen oder zu downloaden, immer häufiger auch, um den Podcasts zu lauschen. Mit seinen neuen Verbreitungswegen blieb das Radio mit seinem vorgegebenen Programm bis Ende

4.4 Das digital durchdrungene Leben der Jugendlichen und jungen Erwachsenen

der 2010er mit recht hohem Stellenwert im Jugendalltag präsent. Im Gegensatz zum Hören von Musik hat das Radio in den letzten Jahren aber seinen Status als verlässliche Konstante eingebüßt. Gerade zu Beginn der Covid-19-Pandemie wandten sich die Jugendlichen vom Radio ab und lieber anderen Dingen im Netz zu.[47]

Auch wenn die Reichweiten in den älteren Altersgruppen teilweise deutlich höher liegen, die profunden Daten der Audioforschung zeigen, dass über die verschiedenen Zugangswege Tag für Tag noch immer gut ein Drittel der Heranwachsenden (hier im Alter zwischen 14 und 19 Jahren) von öffentlich-rechtlichen wie auch von privaten Radioprogrammen erreicht werden (Gattringer 2024). Am häufigsten hören die Jugendlichen mittlerweile (im elterlichen) Auto Radio, erst dann folgen das (häusliche) Radiogerät, der Zugang via Handy/Smarthone oder den Smartspeakern wie *Amazon Echo* und *Google Home*, mit denen im Jahr 2023 immerhin noch jede*r fünfte Jugendliche im 14-Tage-Turnus erreicht wurde (Feierabend et al. 2023a).

Spätestens mit einem Alter von 14 Jahren spielen auch die Podcasts eine Rolle im Alltag vieler Heranwachsender. Auch wenn sie zuletzt bei den Jüngeren deutlich hinzugewonnen haben, sind sie mit aktuell ein Viertel (fast) täglichen Nutzer*innen bei den Jugendlichen im engeren Sinne, den 14- bis 17-Jährigen, am bedeutsamsten, wobei die Gymasiast*innen und in der Tendenz auch die jungen Frauen bei den Hörer*innen überrepräsentiert sind (ebd.). Die inhaltlichen Präferenzen der Heranwachsenden liegen vor allem bei Comedy/Satire und True Crime, das Smartphone und *Spotify* sind längst die bevorzugten Zugänge (Winkler et al. 2022). Der bekannte Audio-Streaming-Dienst hat damit seinen exponierten Stellenwert zum Musik-Hören um ein Marktsegment erweitert, das sich gerade bei Jugendlichen und jungen Erwachsenen zunehmender Beliebtheit erfreut.

Schon mit der massenhaften Verbreitung von Musik auf Tonträgern, den beliebten Orten für Livemusik und Schallplattenunterhaltung sowie den speziellen Musikformaten zunächst im Radio und später dann im Fernsehen waren Jugend- und Musikkultur untrennbar miteinander verbunden. In den 1990er Jahren erfolgte der Zugang bevorzugt noch oft mit Kassetten und vor allem mit CDs, ab Mitte der 2000er Jahre immer häufiger mit den eigenen mp3-Player (bzw. iPods) und seit den 2010er zunehmend über das Internet als universelle Musikplattform. Die Zugangswege haben sich also in den letzten

---

[47] Dies ist nicht zuletzt im Kontext der veränderten Tagesstrukturen und -abläufe zu Lasten der unter Jugendlichen etablierten Nutzungssituationen (zum Frühstück, vor der Schule, beim Autofahren etc.) zu sehen, in denen das Radio quasi schon immer eher ein ›Nebenbeimedium‹ war.

Jahrzehnten veränderte – der große Stellenwert von Musik im Lebensraum der Jugend ist mit den digitalen Zugangsmöglichkeiten geblieben (Hajok 2013b). Und hieran hat sich bis heute nichts grundlegend verändert.

Noch immer hören fast alle Jugendlichen täglich oder zumindest mehrmals pro Woche Musik; das Musik-Hören ist hinter der Nutzung des Smartphones und des Internets allgemein die dritthäufigste Freizeitbeschäftigung der Jugend. Als wichtigsten Zugang haben sich die (abonnierten) Musikstreamingdienste (*Spotify*, *Apple music*, *Amazon Prime music*, *YouTube music* etc.) etabliert, auf die mittlerweile die mit Abstand meisten zu Hause zugreifen können – 85 Prozent, um genau zu sein. Allein über sie nutzen die 12- bis 19-Jährigen im Schnitt fast zwei Stunden pro Tag Audioinhalte. *Spotify*, im Ranking der wichtigsten Apps die Nummer sechs, ist in puncto Musikstreaming die klare Nummer eins (Feierabend et al. 2024). Die Musikpräferenzen der Jugend waren in der Vergangenheit und sind auch heute noch breit gefächert. Eine Vorliebe für Rapmusik allgemein, Popmusik und Deutschrap speziell ist seit Jahren allerdings nicht zu übersehen. Bei nicht wenigen sind auch Techno, House oder Elektro, Metal, Indie, Alternative oder klassischer Rock sowie – oft in eine persönliche Migrationsgeschichte eingebunden – türkische, arabische, indische oder andere Musik aus aller Welt beliebt (Calmbach et al. 2020, 2024).

Kontinuität beim Bücher lesen, Zeitungen und Zeitschriften indes auch online kaum relevant

Wie bei den Kindern sind Bücher auch bei Jugendlichen nicht gänzlich aus dem Alltag verschwunden. In der längerfristigen Betrachtung zeigt sich sogar eine erstaunliche Kontinuität und ein nur minimaler Bedeutungsverlust gedruckter Bücher, während eBooks noch immer für die mit Abstand meisten keine Option sind. Wie 25 Jahre zuvor nahm auch im letzten Jahr noch gut ein Drittel der 12- bis 19-Jährigen täglich oder mehrmals pro Woche ein Buch in die Hand – und nur jede*r Sechste liest von sich aus, also ohne externen Anlass insbesondere in der Schule, nie ein Buch. Die höchste Affinität zeigen noch immer die weiblichen Heranwachsenden. Sie haben auch 2024 in ihrer Freizeit häufiger (fast) täglich ein Buch gelesen als die männlichen Heranwachsenden (47 gegenüber 28 Prozent) und verweilen im Schnitt auch länger mit der Lektüre (70 gegenüber 53 Minuten) (Feierabend et al. 2024).

Im Gegensatz zu den jüngeren Leser*innen stehen bei der Jugend nicht mehr die Titel der bekannten Reihen im Mittelpunkt, sondern ganz unterschiedliche Einzeltitel, die auch für die besondere Bindung der weiblichen

4.4 Das digital durchdrungene Leben der Jugendlichen und jungen Erwachsenen

Heranwachsenden ans Lesen stehen – und zuweilen ein Zeugnis dafür sind, dass hier auch am Erwachsenenbereich geschnuppert wird.[48] Bleibt man beim klassischen Jugendbuch, dann ergibt sich nach der offiziellen Bestsellerliste 2024 ein folgendes, völlig anderes Ranking als im Jahr zuvor: mit *A Good Girl's Guide to Murder* auf Platz 1, gefolgt vom in der deutschen Übersetzung bereits 1984 erschienenen Klassiker *Die Welle*, *Culpa Mía – Meine Schuld*, *Percy Jackson 6: Der Kelch der Götter* und *Powerless* (Börsenblatt 2024b).

Nicht uninteressant sind die generellen Entwicklungen in den letzten Jahren: Einerseits finden Jugendliche zunehmend in der digitalen Welt Zugang zu Büchern, lesen diese aber vor allem klassisch auf Papier. Andererseits haben sich die Verkäufe von Kinder- und Jugendbüchern verringert, die Ausgaben für die jungen Leser*innen in den Jahren 2019 bis 2023 aber deutlich erhöht – angetrieben von den Jugendlichen, die in den vier Jahren etwa 70 Prozent mehr für ihren Lesestoff ausgegeben haben. Wichtige Impulse für das Lesen von Büchern erhalten Jugendliche heute via Social Media, wobei für die Jüngeren *TikTok* (bzw. BookTok) und *YouTube*, für die Älteren *Instagram* die größte Relevanz besitzen (Börsenverein des Deutschen Buchhandels 2024).

Im Hinblick auf die Zeitungen, die noch nie den besten Stand bei der Jugend hatten, sowie die ›früher‹ so beliebten Zeitschriften und Magazine ist die Entwicklung schon seit einigen Jahren recht eindeutig: In den gedruckten Auflagen haben sie mit der zunehmenden Bedeutung digitaler Endgeräte und Anwendungen im Jugendalltag stark an Relevanz verloren.[49] Zwar fanden im letzten Jahr wieder etwas mehr Heranwachsende zu Hause eine abonnierte Zeitung oder Zeitschrift vor (40 bzw. 30 Prozent der 12- bis 19-Jährigen). Täglich oder mehrmals pro Woche gelesen werden die Printausgaben aber nur von jedem*r Zehnten. Auf die Onlineausgaben von Tageszeitungen und Zeitschriften/Magazinen setzen mittlerweile geringfügig mehr (Feierabend et al. 2024).

Gerade die Jugendzeitschriften, die mit monatlichen Auflagen von hunderttausenden Stück jahrzehntelang der Jugend die zentrale Vorlage für ihr Leben gaben, haben in der digitalen Welt an Bedeutung verloren und sind im

---

48 Vor gut zehn Jahren machte die *Fifty Shades of Grey*-Reihe in der Jugend die Runde, aktuell wird ›besorgt‹ auf die Beliebtheit des Dark Romance Genres geschaut und eine mögliche Jugendschutzrelevanz der frei verfügbaren Titel diskutiert (Döring 2025).
49 In der gesamtgesellschaftlichen Betrachtung haben die Jugendlichen (und jungen Erwachsenen) in besonderem Maße den Trend weg von den klassischen Printausgaben hin zu Artikeln und Beiträgen im Netz, nicht zuletzt zu den Onlineangeboten der gedruckten Zeitungen und Zeitschriften, mitgetragen (Kupferschmitt/Müller 2023).

Kontext der gestiegenen Bedeutung von Social Media nicht zuletzt zur Information und Orientierung (▸ Kap. 7.1) die großen Verliererinnen der heutigen Zeit. Für die *Bravo* als das ehemals wichtigste Sprachrohr ist etwa dokumentiert, dass sich der Abwärtstrend bekannter Jugendzeitschriften unter den Bedingungen der Covid-19-Pandemie weiter forciert hatte: Verglichen mit dem ersten Quartal 2020 sank die verkaufte Auflage um 20 Prozent im ersten Quartal 2022 auf nur noch knapp über 65.000 Stück (Vogel 2022).

4.5 Ein kurzer (vager) Blick in die Zukunft

Die digitale Welt ist unverkennbar bereits im (familiären) Alltag von Klein- und Vorschulkindern präsent. Wie es hier in den nächsten Jahren weiter geht, ist zum einen von den technischen Entwicklungen im Bereich der Kindermedien abhängig, insbesondere was die digitale Erweiterung, Durchdringung bzw. Hybridisierung klassischer Kindermedien anbetrifft. Die *tiptoi* oder *BOOKii* Hörbücher/-stifte, Hörspielboxen, Kindertablets und an Kleinkinder adressierten digitalisierten Anwendungen zum Malen, Hören, Sehen, Spielen etc., die auch über die (im Haushalt verfügbaren) Smartphones, Tablets, Sprachassistenten, Smart TV etc. abgespielt werden, haben sich im Alltag nicht weniger etabliert und werden sich – ergänzt um neue Möglichkeiten und den Gesetzen des Marktes unterworfen – auch längerfristig als digitale Kindermedien behaupten.

Angesichts der noch sehr begrenzten medienbezogenen Fertigkeiten und Kompetenzen von Klein- und Vorschulkindern zur selbständigen Auswahl, interessengeleiteten Zuwendung und sinnverstehenden Aneignung (▸ Kap. 5.1) hängen die zukünftigen Entwicklungen zum anderen weiterhin vor allem vom Handeln der Erziehenden ab. Da sich Klein- und Vorschulkinder die Zugänge zur digitalen Welt in aller Regel noch nicht selbst erarbeiten können bzw. auf das angewiesen sind, was ihnen die Eltern und andere Erziehende (aktiv) zur Verfügung stellen, entscheidet sich hierin, ob immer mehr Kinder immer früher in ihrem Leben und immer mehr mit digitalen Medien beschäftigt sind – oder sich eine gegenteilige Entwicklung einstellt.

Nicht gänzlich entkoppelt von den öffentlichen, meist aus der neurowissenschaftlich-medizinischen Ecke vorgetragenen Entrüstungsdiskursen scheint das Primat eines vorsichtigen bzw. schrittweisen Heranführens kleiner Kinder an die digitale Welt und maßvollen Kontakts mit den neuen

Möglichkeiten mittlerweile in vielen erzieherischen Kontexten von Familien (und Kitas sowieso) angekommen. Jedenfalls ist aktuell nicht davon auszugehen, dass eine ganze Generation von Klein- und Vorschulkindern immer früher und ungebremst in die digitale Welt geführt wird. Der Blick in die Vergangenheit, der zunächst auf elektronisches Spielzeug fokussierte, später dann das Fernsehen als Babysitter identifizierte und zuletzt das Smartphone im Kinderwagen monierte, zeigt jedenfalls, dass gerade die zu frühen, entwicklungsinadäquaten Kontakte zur digitalen Welt heute noch immer nicht die Regel sind.

Etwas anders sieht es im Alltag der älteren Kinder aus. Hier lässt sich im Blick zurück eine sehr dynamische Entwicklung erkennen, die sich zuletzt vielleicht etwas abgeschwächt hat, aber trotzdem nur eine Richtung kennt: in die digitale Welt hinein. Im Zentrum steht das Smartphone als Dreh- und Angelpunkt quasi von allem. Zur Erinnerung: Allein in den acht Jahren von 2014 bis 2022 hat sich der Anteil der (zumindest gelegentlichen) Nutzer*innen zu Beginn des Grundschulalters von einem Fünftel auf zwei Drittel erhöht. Für den gleichen Zeitraum kann man ziemlich sicher sein, dass sich das Alter, zu dem die meisten Kinder den mobilen Alleskönner im persönlichen Besitz haben und schon weitgehend autonom nutzen können, im gleichen Zeitraum vom zwölften auf das zehnte Lebensjahr vorverlagert hat. Auch angesichts der damit verbundenen Herausforderungen im Erzieherischen scheint hier ›das Ende der Fahnenstange‹ erreicht.

Weiter erhöhen werden sich vermutlich noch die Zeiten, die Kinder in der digitalen Welt verbringen. Die seit einigen Jahren schon beliebten Bewegtbildangebote werden ihren exponierten Stellenwert nicht von jetzt auf gleich einbüßen. Eine besonders enge Bindung quasi rund um die Uhr schaffen die immer früheren Zugänge zu personalisierten Social-Media-Angeboten und nicht zuletzt das, was Messengerdienste bereits den Kindern an digitaler Kommunikation und Interaktion abfordern. Ergänzt um die vernetzten Spielewelten scheinen letztlich alle sozialen bzw. sozial gerahmten digitalen Kanäle ihr ›Potenzial‹ bei Kindern, denen es entwicklungsbedingt noch an eigenen Strategien zur Selbstregulation mangelt, noch lange nicht ausgeschöpft zu haben. Weiter steigende Nutzungszeiten sind dann nicht zuletzt im Kontext der zugenommenen allgemeinen Belastungen von Kindern in Deutschland (▶ Kap. 2.3) und den ›typischen‹ Bewältigungsstrategien zu sehen.

Was die in der Summe schon heute vielerorts beeindruckenden Nutzungszeiten angeht, haben die Jugendlichen die soeben den Kindern unterstellten Entwicklungen bereits vorweggenommen. Gerade der vom Sozialen so geprägte Freizeitraum der Jugend hat unter den Bedingungen der Covid-

19-Pandemie eine Beschleunigungsschub erfahren, der nachhaltige Spuren hinterlassen hat. Was die Onlinenutzung allgemein und die Nutzung von Social Media und das Abtauchen in die vernetzten Spielewelten speziell anbetrifft, sind erste Sättigungstendenzen allerdings nicht zu übersehen. Die skizzierte, heute schon vorhandene ›Genervtheit‹ der Jugend vom hochfrequenten digitalen Austausch, die Angst vieler, mit ausgeschaltetem Smartphone etwas zu verpassen, und die Strategien fast ebenso vieler, bewusst ›off‹ zu gehen, um mal Zeit für sich zu haben, ist hier eine markante Entwicklung, vor deren Hintergrund nicht per se von weiter steigenden Zeiten in den digitalen Medienwelten ausgegangen werden kann. Die zunehmend personalisierten Inputs scheinen quantitativ ihr Potenzial heute schon ausgeschöpft zu haben.

Wie die unbefangenen Zugänge zu *ChatGPT* nahelegen, werden sich die Jugendlichen auch zukünftig schnell neuen digitalen Technologien zuwenden. Im Mittelpunkt werden vor allem die Dienste stehen, die den Heranwachsenden bei ihren Orientierungs- und Suchprozessen bzw. der Bewältigung ihrer Entwicklungsaufgaben behilflich sind, ohne dass ihnen hier (allzu viele) zusätzliche Kosten entstehen. Vor dem Hintergrund, dass sich *Alexa* und *Google Home* im familiären bzw. häuslichen Alltag bei jungen Menschen bis heute nicht in der Breite durchgesetzt haben, werden neue KI-basierte Systeme in Zukunft vor allem als (vermeintlich kostenfreie) App-Anwendungen für das eigene Smartphone eine Rolle spielen – ergänzt um die neuen Technologien, die ganz selbstverständlich im verborgenen Hintergrund der beliebten Onlinedienste agieren. Abseits der direkten Kosten für Endgeräte, Mobilfunkverträge und digitale Spiele (und der hier angelegten Kaufoptionen) werden die Jugendlichen zur Information, Orientierung und Wissensaneignung wie auch zum kommunikativen Austausch und zur sozialen Vernetzung auf die digitalen Anwendungen setzen, für die sie nicht mit Geld, sondern den eigenen Daten und hinterlassenen Datenspuren bezahlen.

5 Mediale und lebensweltliche Kontexte prägen das Geschehen

Das grundlegend veränderte Auf- und Heranwachsen junger Menschen unter dem Eindruck digitaler Endgeräte und Anwendungen ist bisher ebenso deutlich geworden wie der Wandel der Lebens- und Freizeitwelten von Kindern und Jugendlichen. Die folgenden Kapitel beschäftigen sich mit der spannenden Frage, welche Konsequenzen sich daraus für Entwicklung, Sozialisation und auch Bildung junger Menschen ergeben. Hierfür gilt es zunächst, die zentralen Kontexte und Rahmungen zu betrachten, mit denen das Handeln junger Menschen in der digitalen Welt verschränkt ist – wenn es ihnen nicht sogar maßgeblich entspringt.

Theoretisch-konzeptioneller Hintergrund sind die zu Beginn skizzierten Perspektiven auf Mediensozialisation und Medienaneignung (▶ Kap. 2.5), die die kommunikationswissenschaftlichen und medienpädagogischen Zugänge bieten. Demnach hinterlassen digitale Medien, die verschiedenen Endgeräte und Anwendungen mit ihren vermittelten Inhalten und diversen Anwendungsmöglichkeiten nicht für sich genommen Spuren im Leben von Kindern und Jugendlichen, sondern sind als mögliche Implikationen für die Entwicklung und Sozialisation der jungen Menschen (▶ Kap. 6) in komplexe Aneignungsprozesse eingebunden.

Die persönlichen Zugänge bzw. Auswahl aus dem Verfügbaren, die eigentliche Wahrnehmung und Nutzung sowie die Bewertung und Verarbeitung der Erfahrungen sind dann von medialen, individuellen und sozialen Faktoren bedingt, die wiederum unter je spezifischen situativ-lebensweltlichen und gesamtgesellschaftlichen Bedingungen ineinander spielen. Aus diesem unübersichtlichen Gesamtzusammenhang, der im Hinblick auf seine zentralen Elemente, nicht aber hinsichtlich des konkreten ›Zusammenwirkens‹ bereits sehr gut beschrieben und erforscht ist, können nachfolgend nur einige wesentliche Aspekte herausgegriffen werden. Diese lassen sich in medien- und subjektbezogene Faktoren sowie das soziale Umfeld und die gesellschaftlichen Rahmungen unterscheiden und als prägende lebensweltliche Kontexte des andelns von Kindern und Jugendlichen in der digitalen Welt wie folgt bündeln (▶ Abb. 1).

5 Mediale und lebensweltliche Kontexte prägen das Geschehen

Medienbezogene Faktoren	**Subjektbezogene Faktoren**
Anbieterinteressen, Angebotsstrukturen und besondere Bindungskraft von digitalen Endgeräten/Anwendungen	Persönliche Zugänge zur digitalen Welt und medienbezogene Vorlieben, Kompetenzen und Umgangsweisen
	Handeln von Kindern und Jugendlichen in der digitalen Welt
Soziales Umfeld	**Gesellschaftliche Rahmungen**
Erzieherisches Handeln von Eltern, Pädagog*innen etc. sowie Medienaneignung und Bewältigung unter Peers	Regulierung der digitalen Welt und Umsetzung der digitalen Rechte auf Teilhabe, Schutz und Förderung

Abb. 1: Zentrale Einflüsse und Rahmungen des Handelns in der digitalen Welt (eigene Darstellung nach Fleischer/Hajok 2016)

Fokussiert auf die besondere Bindungskraft, die digitale Endgeräte und Anwendungen mit ihren strukturellen Besonderheiten und vielfältigen Optionen (von sich aus) entfalten, richtet sich der Blick nachfolgend zunächst auf die medienbezogenen Faktoren. Als zentrale Größe für die Wahrnehmung und Verarbeitung von digitalen Medien werden anschließend die medienbezogenen Kompetenzen von Kindern und Jugendlichen im Verlauf ihrer Entwicklung und Sozialisation skizziert. Nach einem Einblick in die (handlungsleitenden) unterschiedlichen Perspektiven der direkt und indirekt beteiligten Akteur*innen wird anschließend auf die erzieherischen Kontexte des Handelns in der digitalen Welt und die besondere Rolle der Peers eingegangen.

Die wichtigen gesellschaftlichen Rahmungen werden abschließend beschrieben. Der Fokus richtet sich hier zum einen auf die (erstarkten) digitalen Rechte, die Kindern und Jugendlichen heute ›eingeräumt‹ werden, und zum anderen auf die zentralen gesetzlichen Bestimmungen und (daran orientierten) konkreten Maßnahmen zum Kinder- und Jugendmedienschutz sowie zur Förderung und Befähigung junger Menschen.

5.1 Besondere Bindungskraft digitaler Medien

Auch wenn die Sicht auf Medien – wie im einführenden Teil bereits angesprochen – in den öffentlichen, oft normativ angelegten Diskursen sehr ambivalent ist, wird von jeher eher von einem großen Beeinflussungspotenzial von Medien allgemein und digitalen Technologien und medialen Anwendungen speziell ausgegangen. Der Fokus liegt dabei noch immer allzu oft auf den Medien selbst und nicht auf den (sehr) individuellen und vielfältig gerahmten Zugängen, Wahrnehmungs- und Verarbeitungsweisen junger Menschen. Auch wenn die (mit ihrem Forschungsfeld zuständige) kommunikationswissenschaftliche Medienwirkungsforschung hier begrifflich ›Wasser auf die Mühlen schüttet‹, kann auch sie kein generalisierbares Bild nachhaltiger Beeinflussungen zeichnen und sieht die Zugänge, Nutzung und Verarbeitung von Medien und ihren Inhalten von zahlreichen Faktoren bedingt. Das, was digitale Medien und Anwendungen hier von sich aus an besonderer Bindungskraft ›mitbringen‹, ist nur ein Faktor unter vielen.

In einem Klassiker der Disziplin werden die relevanten Faktoren nicht nur bei den Angeboten selbst (Verbreitungsform, Interaktionsmöglichkeiten, inhaltliche Aufbereitung, verfolgte Absichten etc.), sondern auch bei den Nutzer*innen (persönliche Dispositionen, Einstellungen, Zuwendungsmotive, Betroffenheit, Involvement etc.) verortet (Bonfadelli 2004). Die mögliche ›Wirkmacht‹ von Medien im Leben der Menschen wird in den unzähligen Studien und Konzepten bis heute weniger in einer unmittelbaren Beeinflussung der Einstellungen und des Handelns ihrer Nutzer*innen gesehen, sondern vielmehr darin, dass sich das, was die Menschen beschäftigt, womit sie sich auseinandersetzen und worüber sie sich unterhalten, überwiegend medial ›gesetzte‹ Themen sind. Diese werden in der heutigen Zeit nicht nur immer mehr digital verbreitet, sondern auch zunehmend im digitalen Raum verhandelt – und verlassen diesen zuweilen auch gar nicht mehr.

Als gesellschaftliche Größe, die im Alltag junger Menschen heute vor allem durch digitale Endgeräte und Anwendungen ihre Relevanz bezieht, konstituieren sich Medientechnologien (und mögliche Implikationen für das Leben ihrer Nutzer*innen) allerdings nicht aus sich selbst heraus und auch nicht in den öffentlichen Diskursen. Vielmehr liegt ihre Bedeutung in der grundsätzlichen Akzeptanz, also ob sie überhaupt Relevanz im Alltag der Menschen erlangen, und in der konkreten Aneignung ihrer Nutzer*innen, also was die Menschen dann im Einzelnen mit ihnen anfangen. In diesem Zusammenhang ist auf einige Besonderheiten von digitalen Technologien und Anwendungen einzugehen, hinsichtlich derer sie sich von den Printmedien (Zeitungen,

Zeitschriften, Bücher etc.), Tonträgern (Schallplatten, Kassetten, CDs) und auch vom klassischen Fernsehen und Radio unterscheiden. Zentraler Punkt ist hier: das Verlassen der ›Einbahnstraße‹ von linearen, an ein weitgehend unbekanntes Publikum gesendeten Botschaften hin zu Technologien und Anwendungen, die einen interaktiven Austausch von Inhalten und Anwendungen ermöglichen.

Bezogen auf Kinder und Jugendliche wurde schon vor einigen Jahren auf die mobilen, onlinefähigen und multifunktionalen Endgeräte, die digitalen Angebote und Strukturen zur Vernetzung mit ihren ausgetauschten dynamischen und nutzergenerierten Inhalten, den implementierten Feedbackmöglichkeiten und Individualisierungsoptionen, die Möglichkeiten der Digitalisierung als Erleichterung des Austauschs von Kulturprodukten aller Art und die neuen Formen der Wertschöpfung, des Marketing und der Werbung (Prosuming, virales Marketing, Targeting) hingewiesen. Wesentlich sind in dieser Perspektive weniger die digitalen Austausch- und Vernetzungsmöglichkeiten an sich, sondern vielmehr die Neugestaltung der Kommunikationsstrukturen und -räume, auf die Kinder und Jugendliche in ihrem Alltag angewiesen sind. Eine aktive Mitgestaltung ist zwar grundsätzlich möglich, aber eben nur im Rahmen der anbieter- und diensteseitig vorgegebenen Strukturen (Hajok/Lauber 2013).

> Was innerhalb dieser Strukturen im weltweit aufgespannten Netz alles in einer Minute passiert, hat in den letzten Jahren immer wieder mal die Runde gemacht. Im Jahr 2023 war von fast 19 Millionen versendeten *WhatsApp*-Nachrichten, über zehn Millionen Minuten Views bei *Instagram*, fast 3,5 Millionen erstellten *Snaps*, gut drei Millionen mit dem Smartphone gemachte Fotos, 2,4 Millionen Google-Suchanfragen, fast 700.000 Stunden YouTube-Views, fast 350.000 *Twitter*-Tweets und über 270.000 App-Downloads für iOS und Android die Rede. Bereits zwei Jahre zuvor wurde der markante Anstieg der Downloads bei *TikTok* von 1.400 im Jahr 2020 auf 5.000 im Jahr 2021 sowie die gestiegenen Views bei *Twitch* von 1,2 Millionen auf 2 Millionen in jeder Minute herausgestellt (Austin 2023, 2021).

Wie in der Welt analoger Medien sind die Angebotsstrukturen in der digitalen Welt nicht nur vorgegeben, sie sind auch gezielt angelegt. In aller Regel geht es den Herstellern und Anbietern schlicht darum, die (noch) unbefangenen jungen Nutzer*innen an die eigenen Angebote zu binden. Fünf Aspekte, die bereits als ein zentraler medialer Hintergrund für das veränderte Heranwachsen in der digitalen Welt mit Fokus auf die Online-Risiken zusammengetragen wurden (Hajok 2019a), erscheinen aktuell besonders relevant und lassen sich wie folgt konkretisieren.[50]

- *Multioptionalität und inhaltliche Bandbreite:* Digitale Medien ermöglichen frühzeitig autonome Zugänge und Umgangsweisen, bei denen sich Kinder und Jugendliche weitgehend selbstbestimmt und von eigenen Interessen, Neigungen, Bedürfnissen etc. geleitet aus einer großen Vielfalt und Vielzahl ›bedienen‹ und das für sie persönlich Relevante auswählen können – auf inhaltlicher Ebene auch Dinge, die ihnen in der analogen Welt (noch) verwehrt sind. Allein über das multifunktionale Smartphone, das als ständiger Begleiter jederzeit und überall dabei ist, speist sich hier ›alles aus einer Hand‹ – zumindest was die medialen Inhalte und digitalen Anwendungen betrifft, die den Heranwachsenden wichtig sind.
- *Belohnungssysteme und Personalisierung:* Digitale Spielewelten und Social Media binden die jungen Nutzer*innen in besonderem Maße mit ausgefeilten Mechanismen, die den jungen Nutzer*innen eigenen Erfolg bestätigen, soziale Anerkennung suggerieren oder andere persönliche Vorteile verschaffen, in ihre Welten. In digitalen Spielewelten werden nicht nur die je spezifischen Aktionen der Spielenden umsetzt, vielerorts wird mit ununterbrochen-aufeinanderfolgenden Handlungen auch ein gezielt angelegter Streak aufrechterhalten, der Konsistenz, Fortschritt und persönlichen Erfolg suggeriert. In aller Regel bieten sich den Gamer*innen auch (Kauf-)Optionen, mit denen sie ihre digitalen Spielecharaktere mit spezifischen Accessoires und Eigenschaften ›aufpolieren‹ können. Social-Media-Angebote und Streamingplattformen steuern ihre Inhalte zunehmend personalisiert auf die Interessen, Bedürfnisse und Neigungen der Nutzenden aus und ermöglichen anderen persönliche Offerten und Vorschläge an sie.
- *Eigenaktivität und Selbstausdruck:* Der kommunikative Austausch im Netz ist für Heranwachsende ein willkommenes Mittel, um sich frühzeitig mit selbst erstellten Texten, Bildern, Videos etc. öffentlich zu präsentieren, kreativ auszudrücken und Feedback einzuholen. Auch die niedrigschwelligen bzw. ›unaufwendigen‹ Ausdrucksformen (Teilen, Liken, Kommentieren etc.) sind ein Zeugnis von Eigenaktivität und Selbstausdruck. Kreativität, Problemlösung und (Selbst-)Behauptung unter anderen prägen das Agieren in vernetzen Spielewelten. Hinzu kommen noch die ge-

---

50 Die ursprüngliche Systematisierung wird nachfolgend etwas ausgeführt und um den heute (in vielen digitalen Angeboten) immer wichtigeren Aspekt der gezielt angelegten Belohnungssysteme mitsamt neuen Formen einer Personalisierung ergänzt.

zielt gesetzten ›Erfahrungspunkte‹ als motivationssteigerndes Gamification-Element für die eigenen digitalen Aktivitäten. Hier wie dort gestalten die jungen Nutzer*innen digitale Welten jedenfalls aktiv mit, erleben ihre eigene Kompetenz, auch schwierige Anforderungen bewältigen zu können, und erfahren in ihrem zunehmend digitalen Alltag auf diese Weise immer früher auch die wichtige Selbstwirksamkeit, bei der sie sich in ihren eigenen Kompetenzen ›erleben‹ können.

- *Involvement und soziale ›Verpflichtung‹:* Insbesondere digitale Spiele, Social Media und Messengerdienste binden die Heranwachsenden in ein mediatisiertes (para-)soziales Geschehen ein, das gemeinschaftlich ausgestaltet, geteilt und erlebt wird. Innerhalb der vorgegebenen Strukturen sind die jungen Nutzer*innen weitgehend ›frei‹ Agierende und nutzen die digitalen Welten nicht nur, sondern erleben sich als Teil von Spielewelten, von sozialen Vergleichen, vom Gruppenaustausch etc. Nicht nur beim Gaming, sondern beim Konsum von Musik, Podcasts, Serien, Büchern können sie sogar vollständig in dieser einen Tätigkeit aufgehen (sog. Flow-Erleben). Wenn sie nicht die einzigen im digitalen Raum sind, erfahren sie auch Zugehörigkeit und Gemeinschaft, was vielerorts mit sozialen Verpflichtungen einhergeht, etwa durch die Verabredungen zum gemeinsamen Gaming, Lesen und Beantworten von Nachrichten etc.
- *Endlosigkeit und Allgegenwärtigkeit:* Vor allem Austauschplattformen, Messenger und digitale Spielewelten offerieren mit ihren dynamischen Inhalten und Interaktionen eine schier endlose Welt mit immer neuen Reizen und inhaltlichen Botschaften, die angebots- und diensteseitig in aller Regel kein vordefiniertes Ende haben. Bereits bei den einzelnen Zugängen, aber auch im Hinblick auf die genutzten digitalen Kanäle insgesamt evozieren sie ein Unendlichkeitserleben. Das in Social Media systematisch angelegte sog. Infinity Scrolling, bei der den Nutzer*innen automatisch immer neue Inhalte geladen werden, ist hier das beste Beispiel. Zudem können digitale Anwendungen längst rund um die Uhr (24/7) und mit den mobilen Endgeräten zumindest optional auch überall genutzt werden und erhalten in permanenter Verfügbarkeit und ausgiebiger Nutzung eine Omnipräsenz im Alltag, bei der auch nicht-mediale Beschäftigung medial gerahmt und digital durchdrungen wird.

Letztlich lässt sich bereits beim Blick auf die digitalen Endgeräte und Anwendungen eine ganze Reihe von Argumenten dafür finden, weshalb diese von sich aus eine größere ›Sogwirkung‹ im Leben junger Menschen entfalten als klassische analoge Medien in der Vergangenheit aufzubauen vermochten. Wenn die digitalen Angebote bereits gezielt an kleine Kinder und mit immer mehr Nachdruck dann an ältere Kinder und Jugendliche adressiert werden, geraten die Nutzer*innen in den Fokus, die einerseits weitgehend unbefangen in der Welt agieren und deren Medienumgang mehr von Neugierde als von Vorsicht gekennzeichnet ist. Andererseits bilden sie entwicklungs- und sozialisationsbedingt die entsprechenden Kompetenzen für einen angemessenen Umgang mit Medien allgemein und den digitalen Vertreterinnen speziell erst noch aus – und haben trotzdem immer früher Zugang.

5.2 Medienbezogene Kompetenzen von Kindern und Jugendlichen

Wie sich junge Menschen die Medien allgemein und digitale Anwendungen speziell aneignen und welche Bedeutung die genutzten Möglichkeiten dann für das eigene Leben erlangen, ist in besonderem Maße mit den individuellen medienbezogenen Fähigkeiten verschränkt. Diese sind wiederum an den jeweiligen Entwicklungsstand gebunden und entscheidend von den Fertigkeiten und Fähigkeiten bedingt, die beim Auf- und Heranwachsen in den verschiedenen Bereichen der Entwicklung und Sozialisation junger Menschen schrittweise ausgebildet werden.

> Für die ersten Zugänge zur digitalen Welt sind vor allem die motorischen, sprachlichen und kognitiven Fähigkeiten relevant; sie sind die zentrale Grundlage, um Medien wahrzunehmen, sich ihnen zuzuwenden, sie bedienen und die Inhalte verstehen zu können. Mit zunehmendem Alter werden dann zudem die Kompetenzen im Bereich der sozialen, sexuellen und ethisch-moralischen Entwicklung relevant; dann ist die Aneignung der digitalen Welt immer mehr mit den Prozessen der Ausbildung einer persönlichen und sozialen Identität verschränkt.

Angesichts der Diversität persönlicher Entwicklungsverläufe im Kontext der je spezifischen inneren und äußeren Realitäten im Leben junger Menschen ist auch die Ausbildung der medienbezogenen Fähigkeiten nur idealtypisch an das Alter gebunden und wird im Fachdiskurs an spezifische, voneinander abgrenzbare Phasen der Entwicklung festgemacht, die junge Menschen beim Aus- und Heranwachsen ›durchlaufen‹, ohne dass es hier starre Zeiten und feste Abläufe gäbe. Da die medienbezogenen Kompetenzen entscheidend für die Frage sind, was Kinder und Jugendliche überhaupt mit den digitalen Möglichkeiten anfangen können, sind sie der zentrale Ansatzpunkt sowohl für die Entwicklung von an junge Menschen adressierte digitale Endgeräte und Anwendungen wie auch für die verschiedenen Formen erzieherischer Einflussnahme und pädagogischer Begleitung junger Menschen. Außerdem sind medienbezogene Kompetenzen auch ein wichtiger Hintergrund für die Prüfung von Medienangeboten durch die Institutionen des Kinder- und Jugendmedienschutzes (▶ Kap. 5.5). Letzteres ist als Erwachsenenversuch zu werten, die Aneignungsprozesse junger Menschen in ›geordnete Bahnen‹ zu lenken.

Auch wenn nachfolgend punktuell auf die Kompetenzen einzugehen ist, die Kinder und Jugendliche zu einem bestimmten Entwicklungsstand noch nicht ausgebildet haben, liegt der Fokus nicht auf den Defiziten. Vielmehr werden auch hier bereits Kinder als in ihrer dinglich-materiellen Lebenswelt und sozialen Umwelt fähige Akteur*innen gesehen (Bollig/Kelle 2014). Sie handeln entsprechend ihrer Ressourcen aktiv und dabei innerhalb eines Rahmens von individuellen Möglichkeiten, die zu Beginn des Lebens zweifelsohne noch sehr begrenzt sind, sich jeden Tag ein bisschen mehr erweitern – und damit auch zu immer mehr befähigen, was die eigenständige Aneignung der digitalen Welt anbetrifft.[51]

Medien registrieren und erste Funktionen entdecken: Die Zugänge der Kleinkinder

In ihrer Lebenswelt sind Kinder bereits vom ersten Lebenstag an von Medien umgeben. Die ersten Zugänge hängen entscheidend von der Ausprägung ihrer Sinne (Hören und Sehen) und dem aktiv von den Erziehenden zur Verfügung gestellten ab. Sie erfolgen vor allem im familiären Kontext vermittelt durch Eltern, Geschwister und anderer Bezugspersonen (Theunert 2015). Aufgrund des sich erst noch auszubildenden Sehsinns sind ganz zu Beginn nicht die Abbildungen auf ihrer Kleidung, Bettwäsche oder Tapete

---

51 Die medienbezogenen Kompetenzen von Kindern und Jugendlichen sind – idealtypisch am Alter festgemacht – für die Medienerziehung allgemein (zuletzt Fleischer/Hajok 2025) und familiäre Erziehung speziell (Eggert/Wagner 2016), für die strukturierten Erziehungs- und Bildungsprozesse in Kita und Schule (Fleischer/Hajok 2019) sowie im Hinblick auf eine gelingende digitale Teilhabe junger Menschen (Kramer/Gabler 2021) und einen angemessenen Schutz (Hajok 2015a) bereits herausgearbeitet worden.

5.2 Medienbezogene Kompetenzen von Kindern und Jugendlichen

ihres Kinderzimmers die ersten medialen Erfahrungen, sondern die Musik und Stimmen aus dem Radio (und Fernsehen). Wie die anderen Alltagsgeräusche und Gespräche im Haushalt werden sie bereits von Säuglingen wahrgenommen. Mit den Erweiterungen des eigenen Erfahrungsraums und der Fähigkeit, Dinge erkennen zu können, registrieren die Kinder dann, was sich an Büchern, Zeitschriften und Endgeräten im Haushalt bzw. in den Händen ihrer Bezugspersonen befindet.

Reagieren bereits Säuglinge auf die medialen Quellen, dann ist dies zunächst eine Orientierungsreaktion, bei der auditive, visuelle etc. Reize empfangen werden und sich ihnen zugewandt wird, ohne sie jedoch zu verstehen. Die Zuwendung ist zunächst also eine bloße Reaktion auf Umweltreize und keine vom Kind ausgehende Initiative, etwa wenn es durch Laute und Bewegungen eine Reaktion, Aufmerksamkeit, Bestätigung oder Wertschätzung von der nahen Bezugsperson erhalten möchte. Oft bis ins zweite Lebensjahr hinein sind die Kinder noch in den medialen Reizen ›gefangen‹, was schnell auch ihrem natürlichen Bewegungsdrang entgegensteht. Dies ändert sich erst, wenn sie in der Lage sind, zwischen sich und ihrer Umwelt zu unterscheiden, ihre Aufmerksamkeit weg von sich selbst und den direkten Bezugspersonen hin zu den medialen Angeboten zu richten. Die ersten Schritte in die Welt der Medien sind dann das aufmerksame Beobachten und Imitieren des Medienumgangs anderer (v.a. der direkten Bezugspersonen), das Be- und Ertasten von Medien und Endgeräten (Fernbedienung, Smartphone etc.), auch die Versuche, die Dinge zu ›erschmecken‹ (Fleischer/Hajok 2025).

Beim ersten Erkunden und Untersuchen der Welt mit ihren eigenen Händen sind Kleinkinder heute nicht zuletzt am Smartphone interessiert – dem kleinen eckigen Ding, das die Erwachsenen so oft in den Händen halten. Angeschaltet leuchtet es bunt und interagiert mit Berührungen und vereint die Zutaten, die kleine Kinder faszinieren: Töne, Licht, Farben, Interaktion und eben die Tatsache, dass es von den ›Großen‹ so oft benutzt wird (Böhm 2024). Auch beim neugierigen Erkunden anderer Endgeräte (Tablet, Fernbedienung etc.) entdecken die Kinder erste Funktionen. Sie beginnen, die Medien zu bedienen, oft noch in der Adaption des Handelns anderer, und können inhaltliche Botschaften nicht nur wahrnehmen, sondern linear aufgebaute, einfache Geschichten bereits kognitiv erfassen. Ihre Aufmerksamkeitsspanne ist allerdings noch stark eingeschränkt.

Das Wiedererkennen von Dingen, die aus unmittelbarer Erfahrung bereits bekannt sind (Spielzeuge, Alltagsgegenstände, Tiere etc.), hat bei den ersten Zugängen zu medialen Inhalten eine wichtige Bedeutung. Wenn die Kinder geistig in der Lage sind, Ähnlichkeiten zwischen den Darstellungen und

Objekten aus ihrem Alltag festzustellen, werden die Inhalte der Medien interessanter. Eine besondere Rolle spielen hier die Medienfiguren, die den Kindern in den an sie adressierten Angeboten begegnen. Erste Held*innen wie das *Sandmännchen*, *Feuerwehrmann Sam* und *Heidi* werden gemocht, weil sie freundlich und lustig aussehen und positive Gefühle bei den Kindern hervorrufen und ihnen ermöglichen, eine persönliche Beziehung zu den Medienfiguren aufzubauen (Fleischer 2014).

Erst mit zunehmenden kognitiven und sprachlichen Fähigkeiten und einem wachsenden Erfahrungsschatz sind Kleinkinder bei den an sie adressierten Medien nicht mehr zwingend auf eine permanente Begleitung, Unterstützung und Individualisierung bzw. Übertragung der Mediengeschichten (etwa beim Vorlesen und gemeinsamen Fernsehen) angewiesen, sondern können sich ›ihre‹ Medieninhalte mehr und mehr selbständig zu eigen machen. Mit dem Erschließen der Sprache verstehen sie, was die Medienfiguren zu ihnen sagen. Sie beginnen, die sie umgebenden Dinge in sprachliche Kategorien (Begriffe) zu fassen und damit gedanklich umzugehen. Etwa im dritten Lebensjahr befreit die Sprache die Kinder dann auch immer mehr von der Notwendigkeit der unmittelbaren Erfahrung, weil sie sich nun in andere Situationen, Gedanken und Welten hineindenken bzw. diese gedanklich hervorrufen können (Tomasello 2002).

Als gemacht verstehen und in Alltag integrieren: Medien im Vorschulalter

Im Vorschulalter differenzieren sich die sprachlichen Fähigkeiten weiter aus. Grundlegende Gefühle und Motive der beliebten Medienfiguren rücken mehr und mehr in den Fokus. Die Kinder beginnen zu verstehen, dass andere Menschen anders denken und fühlen, Dinge anders sehen als sie selbst, und dass es Gefühle, Motive und Handlungen gibt, die sich ihrer unmittelbaren, subjektiven Gefühlswelt und Wahrnehmung entziehen. Als mediale Vorbilder werden die Figuren aber noch als leibhaftig anwesend erlebt, ihr Handeln nicht hinterfragt, sondern als gesetzt hingenommen – und zum Teil im Spiel imitiert: unmittelbar während der Rezeption oder im direkten Anschluss. Die Kinder beziehen das repräsentierte Handeln aber noch nicht auf das eigene Leben, sondern gleichen so lediglich (als defizitär) erlebte Unterschiede zwischen sich und den medialen Vorbildern aus (Klein 2013).

Zunehmend fähig, sich gedanklich in andere Situationen, Gefühls- und Gedankenwelten hineinzuversetzen, beginnen die Kinder im Vorschulalter dann auch die Beziehungen zwischen den Figuren zu begreifen und deren Handeln mit Hintergründen und Intentionen in Verbindung zu bringen. Sie erschließen sich den Bildschirm als ›Grenze‹ zur Welt der Fiktion und erkennen, dass die beliebten Medienfiguren keine Möglichkeit haben, auf sie zuzugreifen. Sie setzen sich dennoch (aktiv) mit den Figuren auseinander und bauen eine – in binärer Codierung – meist noch gleichgeschlechtliche parasoziale Beziehung zu ihnen auf.[52] Neben den zuvor im Mittelpunkt stehenden Zeichentrickfiguren rücken nun auch erste Realfiguren (etwa von TV-Wissenssendungen) in den Fokus (ebd.). Besonders beliebt sind dabei die Figuren, die wichtige Entwicklungsthemen (Gerechtigkeit, Gut/Böse, Freundschaft etc.) ansprechen und den Kindern beim Mitfiebern und Nachspielen ermöglichen, in eine andere, attraktivere und ›mächtigere‹ Rolle zu schlüpfen (Schubert-Suffrian 2020).

Im Vorschulalter wird das Denken immer anschaulicher und die Fantasie ausgeprägter. Mit dem Wunsch nach (mehr) Selbständigkeit erforschen die Kinder ihre dingliche und soziale Umwelt zunehmend eigensinniger. Im Spiel und den Interaktionen mit anderen entwickeln sie erste eigene Konzepte zur Welt, die sie umgibt, und auch ein Grundverständnis, dass sie befähigt, ›Schein‹ vom ›Sein‹ zu unterscheiden (Bischof-Köhler 2000). Sie werden sich ihren Gefühlen und Wünschen bewusster und können diese im Vorschulalter auch bereits artikulieren und mit anderen besprechen. Die Kinder verlangen (immer vehementer) nach den beliebten Kindersendungen, Hörbüchern/-spielen, Zeitschriften und ersten digitalen Spielen. Mit der Entwicklung eines eigenen ›Geschmacks‹ bilden sie auch ein eigenes Bewusstsein für ästhetische Kriterien aus. Ohne es immer genau auf den Punkt bringen zu können, wissen und erfahren die Vorschüler*innen, was für sie gut, schön und lustig ist.

Nach dem Erkennen erster dramaturgischer Mittel (Hörspiel-Jingle, Musik zur Sendung, Titelseite der Zeitschrift etc.) steigt die Sensibilität für ästhetische Kriterien und die Kinder bilden die Grundlagen eines Format- und Genrewissens aus, mit dem sie bestimmte Darstellungen bereits ›erwarten‹ und während der Nutzung dann immer besser einordnen und emotional distanzierter wahrnehmen können. Mit fünf, sechs Jahren sind sie kognitiv bereits in der Lage, einfachen und chronologisch aufgebauten Handlungsabläufen zu folgen und Beziehungen zwischen den Figuren nachzuvollziehen. Fehlt es an einem Happy End, nehmen sie allerdings die Sorge um ›ihre‹ Figuren noch mit in den eigenen Alltag. Gerade wenn die Kinder Bezüge zu sich selbst, zu eigenen Ängsten und Wünschen, zu ihrem familiären Zu-

---

52 Es ist bereits aus den 1950er Jahren bekannt, dass solche parasozialen Interaktionen zwischen den Zuschauer*innen und den Figuren im Fernsehen den Interaktionssituationen im Alltag sehr ähnlich sein können, als ob ein direkter, persönlicher Kontakt vorliegen würde, aber eben imaginiert (Horton/Wohl 2002).

sammenleben entdecken, setzen sie sich intensiv mit dem medial Wahrgenommenen auseinander (Fleischer/Hajok 2025).

Mit den skizzierten Kompetenzen und eigenen medienbezogenen Wünschen können und wollen Kinder bereits im Vorschulalter die Medien selbständiger nutzen – zum Spaß und zur Unterhaltung, zum Befriedigen (erster) inhaltlicher Interessen und nicht zuletzt aus intrinsischer Neugierde und Entdeckungslust heraus. Dabei wenden sich die Kinder explorativ (und durchaus auch impulsiv handelnd) neuen, überraschenden, reizvollen Ereignissen und Dingen zu. Mit ihren Reizen (und ihrer Einbindung in spezifischen Situationen und Orte) werden digitale Medien allein schon dann interessant, wenn sie im lebensweltlichen Zusammenhang neu sind bzw. den Kindern eine neue Information bieten, die nicht zu dem passt, was sie bereits kennen. Die Zuwendung ist dann nicht zuletzt der Versuch, eine neue Erkenntnis zu gewinnen und ein Gleichgewicht zwischen Kognition und Erfahrung herzustellen (Kramer/Gabler 2021).

Die ersten Apps zum Spielen, Malen, Gestalten und Lernen, auf die immer mehr Eltern setzen (▶ Kap. 4.2), werden nicht zuletzt schon für viele Vorschüler*innen relevant, weil diese mit adaptiven Zugängen, symbolischer Menüführung und kindgerechter Gestaltung an deren Vorlieben und Fähigkeiten ansetzen. Von emotional belastenden Inhalten (Bedrohungssituationen, Gewalthandlungen, heftiger Streit, Demütigung, Verängstigung von Medienfiguren) sowie Gestaltungsmitteln, die auf eine sensorische Erregung zielen (aggressive Musikuntermalung, visuell überreizende Actionpassagen, düstere Bildgestaltung) sind Kinder aber auch im Vorschulalter noch überfordert, was einen besonderen Schutz- und Unterstützungsbedarf offenbart (Hajok 2015a).

Verstehen können und eigene Interessen erweitern: Medienwelten im Grundschulalter

Mit Eintritt in die Schule ändert sich das Leben der Kinder grundlegend. Sie werden mit (neuen) sozialen Umgangsformen, Regeln, Denkweisen und Einstellungen konfrontiert. Im Abgleich mit dem, was von ihnen in bestimmten Situationen toleriert und erwartet wird, entwickeln sie die zuvor angeeigneten grundlegenden Verhaltensmuster weiter und variieren sie. Vor allem in den formellen, von klassischem Unterricht gekennzeichneten Bildungskontexten der Grundschule erwerben sie grundlegende Fähigkeiten (Lesen, Schreiben, Rechnen) und bilden immer komplexere kognitive Fähigkeiten aus (logisches, abstraktes, hypothetisches Denken). Diese Kompetenzen sind die wesentliche Grundlage, um sich die Medien und ihre Inhalte sinnverstehend anzueignen und sich damit auch digitale Technologien in ihrer Bedeutung fürs eigene Leben zu eigen machen zu können.

Das Medienhandeln selbst erfolgt im Grundschulalter immer selbstbewusster. Die Kinder erschließen sich unbefangen, was an Medien im Haushalt verfügbar ist und ihnen zur Nutzung erlaubt wird bzw. nur ihnen zur Verfügung gestellt wird (▶ Kap. 4.3). Mit den sich stark erweiternden und immer spezifischeren Interessen verfolgen sie diese nicht zuletzt bei der Mediennutzung und erweitern das Portfolio nicht zuletzt um die digitalen Möglichkeiten zur Information und Orientierung. Dabei legen sie immer mehr Wert darauf, dass ihnen die Eltern nicht permanent ›über die Schulter schauen‹. Was die technische Bedienung und Anwendung des Verfügbaren für eigene Belange anbetrifft, sehen sich zum Ende des Grundschalter schon die meisten als kompetent an (»Ich kann das gut«) (Feierabend et al. 2025). Inhaltlich ist es ihnen wichtig, dass sie beim Fernsehen, Bücher und Zeitschriften lesen, den digitalen Spielen, Onlinediensten oder Apps von speziellen, an sie als Zielgruppe adressierten Angeboten angesprochen werden.[53] In der Expertise ihrer Eltern fühlen sich die meisten bei ›ihren‹ Medien gut aufgehoben und greifen gern auf Kindermedien-Angebote zurück (Edeka Verlagsgesellschaft et al. 2023).

Mit immer mehr eigenen Medienerfahrungen und sich erweiternden kognitiven Fähigkeiten können die Kinder ›ihre‹ Medienangebote begreifen und verarbeiten. Handlungsstränge der beliebten Mediengeschichten werden gedanklich erweitert, Informationen losgelöst von konkreten Beispielen ›weitergedacht‹ und verschiedene Handlungsebenen miteinander verknüpft (Klein 2013). Das Lesen (und Betrachten der Illustrationen) von Kinderbüchern gibt den Kindern etwa nicht nur Raum zur Fantasie, es unterstützt sie auch, sich selbst und andere akzeptieren zu lernen, und kann ein wertvoller Beitrag zur Stärkung der Fähigkeit zu Perspektivübernahme, Empathie und Empfinden von sozialer Gerechtigkeit sein (Humborg/Koné 2022).

Schon weit ausgebildet ist die Fähigkeit, zwischen Realität und Fiktion zu unterscheiden, sofern die Angebote beides nicht gezielt miteinander ›vermischen‹. Große Schwierigkeiten haben Kinder im Grundschalter jedoch noch, die Inszenierung authentisch wirkender Angebote (etwa des Reality TV) zu entschlüsseln, die Glaubwürdigkeit medial vermittelter Informationen einzuschätzen oder nicht klar vom Content getrennte Werbung als solche zu

---

53 Auch im Grundschulalter begreifen sich Kinder noch als Kind und empfinden die im elterlichen Kontext erlaubten, an sie adressierten Medien auch als Wertschätzung (Fleischer/Hajok 2019).

erkennen. Insbesondere bei den Onlinewerbeformen, mit denen sie bei ihren ersten Zugängen ins Netz in Berührung kommen, gibt es im Kontext der kognitiven Entwicklung (als Basis für das Werbeverständnis), der Mediensozialisation allgemein und bisherigen Onlineerfahrung speziell noch Schwierigkeiten, diese überhaupt als solche zu erkennen (Dreyer et al. 2014).

Im Hinblick auf die in ihren Angeboten verwendeten dramaturgischen Mittel sind die Kinder häufig schon zu Beginn des Grundschulalters gut aufgestellt. So können sie bedrohliche oder aber heitere Musik sowie bestimmte Farbgebungen als wichtige Kontextualisierungen zuordnen. Sie haben in aller Regel auch verinnerlicht, dass die ›bösen‹ Charaktere häufig mit dunklen Farben und mit bedrohlicher Musik eingeführt werden, und erweitern ihr Wissen um spezifische Mediengenres und die Bedeutung bestimmter Dramaturgien (Fleischer/Hajok 2025). Mit der zunehmenden Aneignung von Sprache und den – schulisch eingeforderten – Lesefähigkeiten können sie Bücher und Zeitschriften für sich (alleine) entdecken und ungestört in die beliebten Geschichten eintauchen und sie imaginieren. Ausgeprägte feinmotorische und erweiterte kognitive Fähigkeiten ermöglichen ihnen, nicht zuletzt in den digitalen Spielewelten immer komplexere Herausforderungen zu bewältigen.

Immer interessanter werden im Grundschulalter die Wissenssendungen, die im direkten Zusammenhang mit der kognitiven Entwicklung und dem kaum zu stillenden ›Wissensdurst‹ in dieser Zeit zu sehen sind, sowie die ersten TV-Shows, Filme und Serien für die ganze Familie, die nicht zuletzt im Zusammenhang mit dem Bedürfnis der Kinder nach Nähe und Beziehung zu den Eltern (und Geschwistern) stehen.[54] Gezeichnete oder computeranimierte Charaktere verlieren ihre Bedeutung als Identifikationsmöglichkeiten und idealisierte Traumvorbilder zwar nicht gänzlich, als mediale Vorbilder ziehen die Kinder aber zunehmend Realfiguren vor. Sie ›erleben‹ diese als Freund*innen oder Fantasiegefährt*innen und machen sich deren Eigenschaften zu eigen, sofern sie zu den eigenen Bedürfnissen und Interessen passen. Ein als positiv erlebtes Ziel des Vorbildes kann bereits erkannt, die Handlung zum Erreichen des Ziels jedoch noch nicht angemessen reflektiert werden (Klein 2013).

---

54 Als eine latente soziale Funktion des Fernsehens ist bei Kindern im Grundschulalter neben den ca. einem Drittel Co-Viewing-Anteil zur Daytime (Guth 2023) auch das gemeinsame Fernsehen zum Abend hin wichtiger und dient nicht zuletzt der sog. Nähe-Distanz-Gestaltung, bei der – gewissermaßen nebenbei – im ›geschützten‹ Rahmen des gemeinsamen Fernsehens Beziehungen ausgestaltet und Gespräche (auch über ganz alltägliche Dinge) geführt werden.

Zunehmend selbst ausgestalten und für sich nutzen: Medienzugänge der Preteens

Spätestens mit Übergang in die weiterführende Schule erweitern sich die Kinder ihre Handlungs- und Erfahrungsräume zunehmend selbständig und setzen sich verstärkt mit grundlegenden Fragen und komplexen Phänomenen auseinander. Ethisch-moralische Überlegungen, die auch für ein kritisches Hinterfragen des eigenen Medienhandeln essenziell sind, spielen aber noch immer eine untergeordnete Rolle. Mit dem eigenen Smartphone erweitert sich das Portfolio an digitalen Optionen rasant. Die Kinder haben dann Zugang zu einer Welt, in der ihnen medial quasi alles rund um die Uhr zur Verfügung steht, was die Ausbildung der Kompetenz, Frust und Verzicht aushalten zu können, auf eine harte Probe stellt. Auch fehlt es noch an Fähigkeiten, das Handeln selbst zu regulieren. Angesichts der Bindungskraft digitaler Medien wird das ohne Grenzsetzung in der Erziehung gerade in den (vernetzen) Spielewelten und (personalisierten) Social Media Angeboten schnell zum Problem.

Auch haben die Preteens eigene Strategien für einen (zeitlich) angemessenen Umgang, bei dem die anderen wichtigen Dinge des Alltags (Schule, Schlafenszeiten, Sozialkontakte etc.) nicht leiden, in aller Regel noch nicht entwickelt (bzw. erfolgreich erprobt). Noch nicht allzu weit ausgebildet ist auch die Fähigkeit zu einer selbstregulierten Mediennutzung, bei der die jungen Nutzer*innen ihre Medienzugänge bereits selbstbestimmt steuern (und sie nicht von den Medien gesteuert werden) und sie ihre Aufmerksamkeit auf nur eine Sache fokussieren (Hausaufgaben machen ohne gleichzeitig den Alltag mit Freund*innen im Chat zu besprechen), was in aller Regel mit mehr Zeit für die Bewältigung der ›eigentlichen‹ Aufgabe, einer fehlenden Bearbeitungstiefe und motivationalen Handlungskonflikten verbunden ist (Kramer/Gabler 2021). Zudem fehlt es noch an der Fähigkeit, Zusammenhänge zwischen Mediennutzung und Alltagsbewältigung und mögliche negative Implikationen zu erkennen. Vielmehr werden belastende negative Erfahrungen, die eine (eigene) Intervention erfordern, bis ins Jugendalter vor allem an der Anzahl konkreter ›Vorfälle‹ und an der Intensität der (emotionalen) Belastung festgemacht (Thiel/Lampert 2023).

Mit der Etablierung eigener Handlungs- und Erfahrungsräume beginnen die Preteens, sich mit ihrem Medienhandeln von ihren Erziehenden abzugrenzen. Sie drücken damit ihr Streben nach mehr Unabhängigkeit aus, was oft noch vor dem Jugendalter ein gezieltes Aufweichen elterlicher Regeln, Umgehen von Verboten und gezieltes Nutzen der neuen Möglichkeiten außerhalb des elterlichen Einflussbereichs impliziert (Fleischer/Hajok 2025).

5 Mediale und lebensweltliche Kontexte prägen das Geschehen

Geleitet werden sie von ihren persönlichen (alterstypischen) handlungsleitenden Themen (aus den Bereichen Musik, Sport, Mode, Wissen, Lifestyle etc.). Trotz Individualität und Diversität sind Mädchen vor allem an Kommunikation und Austausch interessiert und orientieren sich zunehmend an den Vorlagen von Influencerinnen. Jungen sind mehr an digitalen Spielen (und den implementierten Vernetzungsmöglichkeiten) interessiert und orientieren sich an den Vorlagen von bekannten Gamern und Sportlern im Netz. Noch wenig hinterfragt wird von den Preteens die ›Expertise‹ der YouTuber*innen (Gebel et al. 2016).

Mit den instrumentell-technischen Fähigkeiten zur Bedienung, erweiterten Fähigkeiten im Bereich des logischen, abstrakten und hypothetischen Denkens sowie den spezifischen, schnell angeeigneten digitalen Skills sind die Preteens vielerorts bereits in der Lage, sich in ihren virtuellen Spielewelten nicht nur auszuleben, sondern hier auch Selbstwirksamkeit zu erfahren und sich (unter anderen) zu behaupten. Den persönlichen (und von der Schule angeregten) Informationsbedürfnissen gehen die Preteens zwar mit steigender Informations- und Recherchekompetenz nach.[55] Über die Mechanismen und Interessen, die hinter den digitalen Anwendungen stehen, wissen die Preteens oft noch nicht hinreichend Bescheid, ebenso hinsichtlich der wichtigen Frage, was (Medien-)Öffentlichkeit heute alles beinhaltet und welchen ›Wert‹ die Privat- und Intimsphäre für sie als Mensch hat.

Auch die Möglichkeit, die Gesellschaft mit dem eigenen Medienhandeln aktiv mitgestalten zu können, ist ihnen noch nicht vollends bewusst – und auch noch nicht allzu wichtig. Zwar beginnen die jungen Nutzer*innen bereits vor dem Jugendalter ihre zunehmend digitalen Erfahrungen für sich einzuordnen und zu bewerten. Um sich ihren Auswahlkriterien und Nutzungsmotiven, möglichen Einflüssen auf ihre Meinungen und Vorstellungen bewusst zu werden, benötigen sie aber noch Anregungen und Unterstützung von außen. Wichtiger Inputgeber sind hier bereits weniger die Eltern, sondern die Peers. Bei den klassischen filmischen Angeboten haben sie das Fiktionale bereits adäquat im Blick. Das befähigt sie beim Schauen der für ihr Alter freigegebenen Filme bereits zu einer distanzierten Wahrnehmung, bei der belastende Elemente verarbeitet werden können (Fleischer/Hajok 2025).

---

55 Aufgrund einer (gerade in den formellen Bildungskontexten noch immer) unzureichenden Unterstützung und Förderung bei der Ausbildung der dafür erforderlichen Kompetenzen gibt es aber noch immer größere Defizite hinsichtlich einer adäquaten Suche, Einordnung, Auswahl und eigenen Aufbereitung von Informationen aus dem Dickicht der digitalen Welt.

Bei den immer wichtiger werdenden digitalen Artikulations- und Interaktionsmöglichkeiten erfassen die Kinder an der Schwelle zum Jugendalter schnell die für sie relevanten Optionen zur Selbstpräsentation und zum Austausch mit anderen und eignen sich die notwendigen Kompetenzen zur Anwendung (der Interaktionsmöglichkeiten, Filteroptionen, Bearbeitungstools etc.) unbefangen an. Eine besondere Sensibilität für mögliche Risiken der digitalen Welt haben sie aber noch nicht ausgebildet (Gebel et al. 2022). Auch fehlt es den Preteens entwicklungs- und sozialisationsbedingt noch an Problembewusstsein und ist ihr Medienhandeln noch mehr von Neugierde als von Vorsicht gekennzeichnet. Eine vorgelagerte kritische Auseinandersetzung mit möglichen Folgen und der Tragweite des eigenen Medienhandelns steht meist noch aus.

Neben den Erfahrungen mit irritierenden, verängstigenden, belastenden Darstellungen (von Gewalt, Sexualität, Kriegen, Katastrophen etc.) werden noch vor dem Jugendalter auch die ersten konsum-, kommunikations- und verhaltensbezogenen Risiken im Spektrum von Kostenfallen, Mobbing, Grooming, exzessiver Mediennutzung zwar immer relevanter (▶ Kap. 8.2, ▶ Kap. 8.3). In aller Regel können die Preteens die negativen Erfahrungen noch nicht adäquat bewältigen. Für viele sind sie schambehaftet oder werden (einzig) auf sich bezogen. Nicht wenige fühlen sich selbst schuld oder bleiben mit ihren Erfahrungen allein, anstatt sich den Erziehenden anzuvertrauen (Hasebrink et al. 2019).

Versierter, zunehmend kritischer Umgang: Digitale Teilhabe der Jugend

Schon zu Beginn des Jugendalters haben Heranwachsende heute vielfältige Medienerfahrungen gesammelt und eigene Zugänge in die digitale Welt etabliert. Die Fähigkeiten für einen anwendungsbezogen-versierten Umgang mit den neuen Möglichkeiten eignen sie sich bei den ersten Zugängen schnell an und erlangen vielerorts einen Kompetenzvorsprung gegenüber ihren Eltern, pädagogischen Fachkräften etc., was den technischen Umgang und die Anwendung digitaler Optionen anbetrifft. Inhaltlich werden neben den persönlichen Interessen an Unterhaltung und Entspannung, Austausch und Vernetzung, Eigenkreativität und Mitgestalten zunehmend das Ausbilden eigener Einstellungen und Überzeugungen im Kontext vermittelter Werte und Normen, der eigene Lebensentwurf und die persönliche Zukunft, das Geschehen in der Welt und der Gesellschaft und nicht zuletzt die selbständige Aneignung von (schulischem) Wissen relevant.

5 Mediale und lebensweltliche Kontexte prägen das Geschehen

Die zunehmend selbstbestimmten, immer weniger elterlichen Regeln unterworfenen Zugänge in die digitale Welt sind im Jugendalter vom Experimentieren und Erprobungshandeln gekennzeichnet; das von Neugierde bzw. dem Wunsch nach Informationsgewinn geleitete Handeln ›verleitet‹ dazu, impulsiv zu handeln und – wider besseren Wissens – Dinge zu tun, die der eigenen Person schaden (Kramer/Gabler 2021). Beim Gaming, auch bei den (gestreamten) Videos, Filmen und Serien steigen nicht wenige (intendiert) in Handlungen ein (bzw. wenden sich Angeboten zu), die mit ihren expliziten Darstellungen von Gewalt und Sexualität noch nicht für sie bestimmt sind. Beim digitalen Austausch testen sie die Grenzen von sozialem Miteinander aus. Und bei den Informations- und Suchprozessen im Netz, die nicht zuletzt zu Social Media führen, nehmen Jugendliche keineswegs nur unbeabsichtigt Desinformation, Hass und Extremismus wahr (▶ Kap. 8.1).

Mit der zunehmenden Fähigkeit zu Selbstreflexivität, abstraktem mehrdimensionalen und relativen Denken können die Jugendlichen die Tragweite und möglichen Folgen ihres eigenen Medienhandelns zwar immer besser abschätzen. Faktisch geben viele aber noch immer zu viel Persönliches von sich im Netz preis, präsentieren sich anderen zuweilen zu freizügig oder es gelingt ihnen nicht, bei den nun auch online ausgetragenen Konflikten und Streitigkeiten eine Eskalation bis hin zu Cybermobbing zu vermeiden. Weit verbreitet sind die Schwierigkeiten, die komplexen intransparenten Medien- und Angebotsstrukturen (Anbieterkonzentration, Geschäftsmodelle, Targeting, virales Marketing etc.) zu durchdringen. Die Problematik potenziell beeinträchtigender und verstörender Inhalte ist den Jugendlichen indes meist ebenso bewusst wie die der neuen Interaktions- und Verhaltensrisiken (Fleischer/Hajok 2025).

Durch eigene Erfahrungen und die vertiefte Auseinandersetzung mit sich selbst sowie dem eigenen Handeln etablieren die Jugendlichen einen zunehmend reflexiven und kritischen Zugang zur digitalen Welt. Dieser ist aber vor allem von einem lustbetonten, an persönlicher Belohnung orientierten und weniger von einem kontrollierten Umgang gekennzeichnet, weshalb auch Jugendliche größere Schwierigkeiten haben, sich im Medienhandeln selbst zu regulieren. Besonders deutlich wird das bei der zeitlich ausgedehnten bzw. exzessiven Nutzung von digitalen Spielen und Streamingangeboten, Social Media und Messengerdiensten. Zunehmend selbstreflexiv nehmen viele zwar den digitalen Stress wahr, sind genervt von den vielen digitalen Inputs und setzen sich nicht selten mit ihren Bildschirmzeiten auseinander. Nach wie vor sind aber viele von der Sorge ›getrieben‹, etwas (wichtiges) zu verpassen, wenn sie ›off‹ sind (zuletzt Feierabend et al. 2024).

5.2 Medienbezogene Kompetenzen von Kindern und Jugendlichen

Mit ca. 16 Jahren haben Jugendliche in aller Regel bereits ein ethisch-moralisches Bewusstsein entwickelt und verfügen über gefestigte Wertorientierungen, mit denen sie auch mögliche Folgen des eigenen Medienhandelns für sich und andere immer besser reflektieren können. So, wie sie bei Problemen im Alltag und nicht zuletzt bei unliebsamen Medienerfahrungen auf die Meinungen und Hilfe von Freund*innen vertrauen, verhandeln sie ihre Orientierungen und Vorstellungen nun auch vor allem im Kreise ihrer Freund*innen – Face-to-Face und digital. Von Familie zu Familie sehr verschieden gelingt es Eltern häufig noch immer, einen dialogischen Austausch mit den Jugendlichen aufrechtzuerhalten. Nicht selten werden aber neben der Peergroup auch andere erwachsene Vertrauenspersonen als Ansprechpartner*innen und Vorbilder wichtiger (Fleischer/Kroker 2015).

Die bereits fortgeschrittene Fähigkeit zur (emotionalen) Distanzierung befähigt im Jugendalter, auch drastische Darstellungen so einordnen und verarbeiten zu können, dass keine nachhaltigen Belastungen zu erwarten sind. Etwas anders sieht es aus, wenn es Bezüge zum eigenen Leben gibt.[56] Auch sind am Ende des Jugendalters die Wertorientierungen bereits so weit gefestigt, dass die Heranwachsenden aggressives Verhalten und Grenzüberschreitungen anderer im Netz als solche einordnen und angemessen damit umgehen können. Werden allerdings Gewalthandlungen, Hass und Hetze als üblich und nachahmenswert dargestellt oder als probates Mittel legitimiert oder auch mit ›attraktiven‹ Vorbildern positiv ästhetisiert, können sie noch ein (sozial-ethisch) desorientierendes Potenzial entfalten (Hajok 2015a).

Die als Stars ›erlebten‹ medialen Vorbilder haben sich im Jugendalter bereits weitgehend weg vom Filmischen hin zu den Influencer*innen mit Prominenz in den Bereichen Lifestyle, Musik, Sport und Gaming verschoben. Sie werden von den Heranwachsenden gezielt nach subjektiv Relevantem abgescannt, bieten ihnen wichtige Vorlagen (und Reibungsflächen) für die Identitätsarbeit und werden zu einem wichtigen Element des Austauschs unter Peers, der auch in ›unsicheren‹ Zeiten noch Konsistenz und Halt bietet. Wichtigster Input der Auseinandersetzung mit dem eigenen (und anderen) Geschlecht sind nun die digital repräsentierten (und verstärkten) Stereotype.

Die von den Influencer*innen ›vorgelebten‹ Verhaltensweisen, Eigenschaften und Wertvorstellungen werden dabei aber nicht (mehr) unreflektiert wahrgenommen, sondern wohl vor allem bei einer positiven Bewertung

---

56 So wurde vor einigen Jahren herausgestellt, dass auch Jugendliche noch von (filmischen) Darstellungen verängstigt werden können, wenn sie in den Alltagsproblemen und -ängsten der Protagonist*innen oder in den Gewaltkonflikten einen Bezug zu ihrer Realität erkennen (Fuhs 2009).

als attraktiv ins eigene Leben integriert. Nicht wenige, bauen zu denen, denen sie folgen, eine parasoziale Beziehung auf, nehmen sie wie ›gute Freund*innen‹ wahr. Wenn viele glauben, dass die Werbung, die ›ihre‹ Influencer*innen machen, (immer) gekennzeichnet ist (Feierabend et al 2023a), deutet das auf noch bestehende Schwierigkeiten bei der Einordnung der vermittelten Botschaften hin. Grundsätzlich werden Werbebotschaften aber als solche nicht nur erkannt, sondern sind ein Stück weit auch willkommen und inspirierend, wenn Influencer*innen als ästhetisch positiv, authentisch und ehrlich wahrgenommen werden (Kühnle et al. 2018).

> Die Ausführungen haben gezeigt: Trotz der noch sehr begrenzten Fähigkeiten werden bereits kleine Kinder magisch von medialen Reizen angezogen und können sich ihnen – von sich aus – noch nicht entziehen. Für sie haben die gezielten Einflussnahmen der Erziehenden, die bestimmen, welche Medien ihnen zur Verfügung gestellt und in welchen Zusammenhängen diese wie genutzt werden können, eine tragende Bedeutung. Im Verlauf des Grundschulalter nehmen nicht nur die Kompetenzen der Kinder zu. Sie verlangen auch immer mehr an eigenen Zugängen zur digitalen Welt und setzen ihre Interessen immer vehementer bei den Erziehenden durch. Mit den noch vor dem Jugendalter herausgebildeten Fähigkeiten zur souveränen Bedienung und Anwendung der digitalen Möglichkeiten für eigene Belange können die Heranwachsenden zwar immer versierter in der digitalen Welt agieren. Erst im Verlauf des Jugendalters bilden sie jedoch die Fähigkeiten für ein verantwortungsvolleres Handeln sich und anderen gegenüber heraus.

5.3   Perspektiven beteiligter Akteur*innen

Der heutige Medienumgang junger Menschen ist nicht nur einer besonderen Bindungskraft von digitalen Technologien und Anwendungen bei sich erst noch ausbildenden Kompetenzen unterworfen. Von besonderer Bedeutung ist der soziale Bezugsrahmen im Spannungsfeld von klassischen Instanzen (Familie, Kita, Schule) mit ihren gezielten Einflussnahmen und selbst gewählten Vergemeinschaftungen (v.a. der Peers) als mitgestaltende Agenturen. In diesem, von der Sozialisationsforschung grundlegend abgesteckten Rahmen (▶ Kap. 2.5), ist das Handeln von Kindern und Jugendlichen in der digitalen Welt von den direkt und indirekt beteiligten Akteur*innen ihrer sozialen Umwelt beeinflusst.

Hervorzuheben sind die Erziehenden und – mit zunehmendem Alter der jungen Nutzer*innen – auch die Heranwachsenden selbst, die als Peers die (gemeinschaftliche) Aneignung der neuen Möglichkeiten aktiv begleiten. Die Erzieher*innen in den Kitas, Lehrer*innen in den Schulen und all die anderen pädagogischen Fachkräfte im Umfeld junger Menschen haben demgegenüber bis heute keine allzu große Relevanz erlangt, was eine aktive Mitgestaltung und Begleitung des Handelns junger Menschen in der digitalen Welt anbetrifft – zumindest, wenn man sich die Situation in Deutschland insgesamt anschaut. In den Kindertagesstätten stehen andere Dinge im Mittelpunkt, in der Schule sind digitale Medien vor allem Mittel zum Lernen und weniger ein Gegenstand zur Auseinandersetzung mit dem eigenen Umgang und gemachten Erfahrungen und in den außerschulischen pädagogischen Settings, die die Medienwelten ihrer Zielgruppen schon früh aufgegriffen haben, sind nicht allzu viele junge Menschen anzutreffen.

Welche Rolle die aktiv beteiligten Akteur*innen haben, zeigt sich nicht nur im Hinblick auf die bereits beschriebene Mediennutzung von Kindern und Jugendlichen an sich, sondern auch hinsichtlich der zentralen Frage, wie sich die jungen Nutzer*innen die digitalen Möglichkeiten in der je spezifischen Bedeutung für ihr Leben zu eigen machen. Wie am Beispiel des medienerzieherischen Handeln und der Bewältigung digitaler Erfahrungen auch noch gezeigt wird, beeinflussen die Erziehenden und die Heranwachsenden als Peers das Handeln junger Menschen in der digitalen Welt im darauf bezogenen kommunikativen Austausch und all dem anderen darauf bezogenen Agieren. Dieses ist wiederum eng mit ihrer eigenen Haltung und Perspektive verknüpft, insbesondere hinsichtlich der Möglichkeiten für das (eigene) Leben und mögliche Gefahren für die Entwicklung und Sozialisation.

Eine je eigene Sicht auf die Dinge als Hintergrund des Handelns

Der Medienumgang junger Menschen ist also nicht nur Ausdruck eigener Interessen, Vorlieben, Kompetenzen, realen und medialen (Vor-)Erfahrungen, sondern immer auch Zeugnis des Handelns der Erziehenden (v. a. der Eltern) und weiterer Bezugspersonen (Erzieher*innen, Lehrer*innen, Peers, Geschwister etc.), die allesamt ihre eigenen Erfahrungen, Ansichten und Erwartungen haben (Lauber/Hajok 2013). Die persönlichen Perspektiven der Akteur*innen sind insofern eine wichtige Größe, als dass sie neben Handlungskompetenzen, Ressourcen und situativen Rahmungen sowohl das eigene Medienhandeln als auch das auf den Medienumgang anderer bezogene Handeln leiten – und hier sind die Sichtweisen von den Heranwachsenden und ihren Erziehenden als Hauptakteur*innen durchaus eigen.

Die Heranwachsenden selbst sind die meiste Zeit ihres Lebens weitgehend unbesorgt in der digitalen Welt unterwegs – das zeigten die Ausführungen zu ihrem Medienumgang sehr deutlich und wird im Kontext ihrer erst noch auszubildenden Fähigkeiten auch verständlich. Unbefangen wird genutzt, was Interesse weckt, Orientierung, Abwechslung, Spaß und Unterhaltung bietet. Entwicklungs- und sozialisationsbedingt steht (noch) nicht im Mittelpunkt, die Tragweite und Folgen des eigenen Handelns ›richtig‹ abzuschätzen, ja überhaupt zu einer wichtigen Größe zu machen, bevor sie die digitalen Technologien und Anwendungen für sich nutzen. Ihre Einstellung ist grundsätzlich offen und mehr an den Möglichkeiten orientiert als an potenziellen Risiken: Neugierde, pädagogisch zuweilen auch als Leichtsinn gesehen, geht vor Vorsicht.

Bei ihren Eltern mit explizitem Erziehungsauftrag stellt sich die Sachlage anders da. Sie haben bereits bezogen auf die besonders schutzbedürftigen kleinen Kinder ganz unterschiedliche Sichtweisen, die eine offene, ambivalente oder negative Haltung zu digitalen Medien erkennen lassen. Bei den einen stehen die Möglichkeiten fürs familiäre Miteinander, Unterhaltung, Kreativität und das Entdecken der Welt im Mittelpunkt. Andere haben zugleich die möglichen Gefahren und Chancen, etwa als Bildungsangebot, im Blick. Wieder andere sehen in digitalen Medien vor allem eine Störgröße im Familiären, einen Manipulator ihrer Kinder oder betonen das Abhängigkeitsrisiko (Eggert et al. 2021).

Die Problemsicht der Eltern kleinerer Kinder fokussiert die (frühen Zugänge) ins Internet, das gewissermaßen als Synonym für die Onlinewelt speziell und digitale Welt allgemein gilt. So waren in der letzten miniKIM-Studie neun von zehn Eltern von Kindern im Alter von zwei bis fünf Jahren der Meinung, dass das Internet gefährlich für Kinder sei und diese nur im Netz unterwegs sein sollten, wenn ein Filter- und Schutzprogramm installiert ist. Ebenso viele sind der Überzeugung, dass auch das Smartphone viele Gefahren berge und die Kinder auch hiermit nur mit installiertem Filter- oder Schutzprogramm im Internet surfen sollten (Kieninger et al. 2024).

Die Eltern älterer Kinder erkennen zwar auch viel Positives, insbesondere dass ihre Kinder bei ihren Zugängen zur digitalen Welt etwas fürs eigene Leben lernen können, die Nutzung von PC/Laptop bspw. wichtig für den Schulerfolg ist und das Handy/Smartphone quasi schlicht benötigt wird, um bei Freund*innen mitreden zu können. Im Gegensatz zum ›guten alten‹ Buch, das als förderlich für die Fantasie der Kinder und wichtig fürs Lernen und

Schulerfolg gesehen wird, gibt es bei den digitalen Zugängen aber größere Vorbehalte und Befürchtungen, insbesondere bezüglich möglicher (negativer) Einflüsse auf die Gewaltbereitschaft ihrer Kinder, fehlender realweltlicher Erfahrungen (macht Kinder zu ›Stubenhockern‹), familiärer Streits oder einer zu starken Bindung (Kinder haben Schwierigkeiten, aufzuhören) (Feierabend et al. 2025).

Wenn die Heranwachsenden schon selbstverständlich in der digitalen Welt unterwegs sind, prägt dies auch die Perspektive, die ihre Eltern auf die möglichen Risiken für die Entwicklung ihrer Kinder ganz allgemein haben. Das (in der Sache seltene) Ergebnis der EU Kids Online-Befragung, repräsentativ für die Perspektive der Erziehenden von Heranwachsenden im Alter von neun bis 17 Jahren, zeigte im Jahr 2019, dass diese sich allerlei Sorgen machen und digitale Risiken dabei eine Rolle spielen. Neben der Sorge, wie sich das Kind wohl in der Schule macht, nehmen die Erziehenden auch die allgemeinen Entwicklungsrisiken (Verkehrsunfall, Verbrechen, Krankheit, Mobbing, Alkohol-/Drogenkonsum, fehlendes Geld für Sorge etc.) in den Blick.[57] Im Ranking der abgefragten Entwicklungsrisiken stand bei den Eltern weiblicher Heranwachsender die Sorge, dass die Tochter von Fremden im Internet kontaktiert wird, jedenfalls bereits auf Platz zwei, das Sehen ungeeigneter Inhalte im Netz auf Platz fünf – letzteres ist bei den Eltern männlicher Heranwachsender das meistgenannte medienbezogene Risiko (Hasebrink et al. 2019).

Grundsätzlich gehen die Erziehenden von einem großen Beeinflussungspotenzial digitaler Medien aus. Vor gar nicht so langer Zeit, im Jahr 2021, um genau zu sein, schrieben die repräsentativ befragten Eltern von Schüler*innen der fünften bis zehnten Klasse ›dem Internet‹ eine größere ›Wirkmacht‹ zu als den Peers und sich selbst als Eltern. Den Einfluss von Fernsehen und Lehrer*innen schätzten sie demgegenüber deutlich geringer ein (IfD-Allensbach 2021). Das klassische Fernsehen, das über viele Jahre auch die Perspektive auf mögliche negative Einflüsse durch altersunangemessene Inhalte prägte, wird trotz der noch immer großen Relevanz insbesondere im Alltag von Kindern kaum noch als Problem wahrgenommen – der Fokus von Eltern liegt längst auf den onlinefähigen digitalen Endgeräten, den Smartphones, Tablets und Laptops sowie den digitalen Spielen.

---

57 Hier zeigt sich auch, dass bei all den Perspektiven auf und öffentlichen Diskursen über digitale Risiken die realweltlichen Gefährdungen die skizzierten besonderen Lebenslagen, Alltagserfahrungen und Belastungen junger Menschen, die einem unbeschwerten Auf- und Heranwachsens in Deutschland entgegenstehen (▶ Kap. 2.3), zumindest für Erziehenden eine große Rolle spielen.

Insgesamt betrachtet haben die Erziehenden von Preteens und Jugendlichen eine weitgehend positive Sicht auf das Heranwachsen in der digitalen Welt. Die Antworten der in der soeben genannten Studie befragten Eltern von Fünft- bis Zehntklässler*innen auf die spannende Frage, ob sie die Einflüsse digitaler Medien und moderner Technologien eher förderlich oder hemmend für die Entwicklung ihrer Kinder sehen, zeigten zwar eine gewisse Ambivalenz der Elternschaft, zeichnen insgesamt aber ein sehr positives Bild – was allerdings auch im Kontext der besonderen Zeit während der Corona-Pandemie zu sehen ist. Knapp die Hälfte der 2021 befragten Erziehenden gab an, dass digitale Medien und moderne Technologien die Entwicklung ihrer Kinder (eher) fördern, nur knapp ein Siebtel sah die Entwicklung ihrer Kinder dadurch (eher) gehemmt und immerhin gut ein Drittel der Elternschaft sah das Beeinflussungspotenzial digitaler Medien und Technologien differenzierter (»Ganz verschieden, kommt darauf an«).

Kritischer ist der Blick auf KI-Anwendungen. Sie werden zwar von vielen Eltern bereits selbst genutzt und sind im Hinblick auf die Chancen und Risiken durchaus ein Gesprächsthema in den Familien. Ob nun aber die Vor- oder Nachteile der Anwendungen überwiegen, wird von den Erziehenden ambivalent betrachtet: Während gut ein Drittel der Eltern von Kindern im Jugendalter die Vor- und Nachteile explizit für schulische Belange gleichermaßen in den Blick nehmen, schlägt das Pendel bei etwa jedem vierten Elternteil zu einer Seite aus. Vor allem diejenigen, die KI-Anwendungen bereits selbst genutzt haben, sind hinsichtlich des Nutzens zur Bewältigung der schulischen Anforderungen ihrer Kinder positiver eingestellt (Körber-Stiftung 2024).

Bei der Sicht auf digitale Risiken scheiden sich die Geister

Sowohl was das generelle Risikobewusstsein als auch die Sicht auf die konkreten Gefahren im Einzelnen anbetrifft, könnten die Unterschiede zwischen den Heranwachsenden, die digitale Medien bereits selbstverständlich nutzen, und ihren Eltern, die dem oft verständnislos gegenüberstehen, kaum größer sein. Wie weit die Perspektiven spezifisch von Heranwachsenden im Alter zwischen neun und 16 Jahren sowie von ihren Eltern auf mögliche schlimme oder belastende Erfahrungen bei der Onlinenutzung konkret auseinandergehen, sowohl hinsichtlich grundlegender Zugänge, genutzter Angebote als auch der Verarbeitung der Erfahrungen, ist mit den im Jugendmedienschutzindex[58] offen erhobenen Perspektiven nicht zu übersehen (▶ Tab. 5).

Tab. 5: Sorgen hinsichtlich der Onlinenutzung von Heranwachsenden von ihnen selbst und aus Sicht ihrer Eltern

		Risikobehaftete digitale Welt?			
Heranwachsende 9 bis 16 Jahre	Anteil	Jahr	Anteil	Eltern der Heranwachsenden	
Mindestens eine Sorge genannt (Tendenz abnehmend)	58 44	2017 2022	73 77	Mindestens eine Sorge genannt (Tendenz leicht zunehmend)	
Sorgen Heranwachsender		Rang		Sorgen der Eltern	
Verhalten Heranwachsender		1.		Kontakte mit Anderen	
Kontakte mit Anderen		2.		Wahrgenommene Inhalte	
Kosten/Vertragsbedingungen/Datenschutz		3.		Konsequenzen fürs Kind	
Persönliche Konsequenzen		4.		Das zeitliche Ausmaß	
Wahrgenommene Inhalte		5.		Verhalten Heranwachsender	
Technische Risiken		6.		Kosten/Vertragsbedingungen/Datenschutz	
Das zeitliche Ausmaß		7.		Technische Risiken	

Anteil in Prozent, ungestützte Abfrage (ohne Antwortvorgabe), Ranking für das Jahr 2022. Eigene Darstellung nach Gebel et al. (2022)

Zentrales Ergebnis des zugrunde liegenden empirischen Zugangs ist, dass trotz der in einigen Bereichen teilweise deutlich zugenommenen negativen Erfahrungen von Kindern und Jugendlichen die schon länger beobachtete eher geringe Sensibilität der Heranwachsenden für mögliche schlimme oder belastende Onlineerfahrungen weiter gesunken ist. Der ohnehin deutlich besorgtere Blick ihrer Eltern ist demgegenüber von einer (leicht) zugenommenen Problemsicht auf die Onlinenutzung ihrer Kinder gekennzeichnet. Den Fokus legen die Erziehenden dabei auf mögliche Kontakte mit anderen,

---

58 Der Jugendmedienschutzindex gibt differenziert Einblick in die persönlichen Erfahrungen und Perspektiven der am Umgang mit digitalen Medien Beteiligten. Für die Heranwachsenden im Alter von neun bis 16 Jahren und ihre Eltern liegen Ausgaben aus den Jahren 2017 und 2022 vor (Brüggen et al. 2017, Gebel et al. 2022), für pädagogische Fach- und Lehrkräfte eine im Jahr 2018 veröffentlichte Ausgabe (Gebel et al. 2018). Die sehr verschiedenen Sichtweisen auf die Risiken der digitalen Welt wurden erst kürzlich noch einmal aufbereitet (Gebel/Brüggen/Lauber 2025).

meist fremden Menschen mit negativem Einfluss auf ihre Kinder und die Konfrontation mit zunehmend nutzergenerierten problematischen bzw. altersunangemessenen Inhalten. Die 9- bis 16-Jährigen selbst legen den Fokus demgegenüber vor allem auf das Verhalten (anderer) Heranwachsender.

In der gestützten Abfrage (mit Antwortvorgaben) bestätigt sich, dass Eltern einen deutlich besorgteren Blick auf die Onlinenutzung ihrer Kinder haben als diese selbst. Welche Risiken im Einzelnen in den Blick genommen werden, ist eng mit dem Alter der Kinder und den sich damit erweiternden Zugänge zur digitalen Welt verknüpft. So sorgen sich die Erziehenden jüngerer Heranwachsender im Alter von neun bis 16 Jahren vor allem darüber, dass ihre Kinder im Netz mit verstörenden oder beängstigenden Inhalten in Kontakt kommen, hier nicht vertrauenswürdige Personen kennenlernen oder von anderen belästigt werden. Mit zunehmendem Alter der Kinder ist für die Erziehenden daneben die Frage zentral, ob ihre Kinder zu viel Zeit im Netz verbringen. Die meisten Heranwachsenden bestätigen dies zwar für sich und andere, aber eben in geringerem Umfang als fünf Jahre zuvor (Gebel et al. 2022).[59]

In der gestützten Abfrage der Studie zu den diversen Risiken in der digitalen Welt tritt eine problemfokussierte Sicht der Erziehenden noch deutlicher ›zu Tage‹. Auch zeigt sich hier, dass die Sorgen der Eltern in den letzten Jahren deutlich zugenommen haben, insbesondere bezogen auf unerwünschte Kontakte, Belästigungen, Mobbing beim digitalen Austausch- und Vernetzungshandeln, die Wahrnehmung altersunangemessener Inhalte im Spektrum von Gewalt, Sexualität und Extremismus sowie das eigene Fehlverhalten der eigenen Kinder im Netz (ebd.). Die Heranwachsenden selbst nehmen heute vor allem die Kontaktrisiken als ›Problem‹ wahr (Jennewein et al. 2024). Tatsächlich waren sie in den letzten Jahren bereits häufig damit konfrontiert und haben die Erfahrungen eher zu als abgenommen (▶ Kap. 8.3).

Die Akteur*innen in den professionalisierten pädagogischen Zugängen sind noch deutlich kritischer gegenüber dem Umgang junger Menschen mit digitalen Medien eingestellt. Ihre Sicht ist sorgenvoller als die der Eltern – der Heranwachsenden sowieso – und auch deutlich negativer: Sie nehmen das Auf- und Heranwachsen in der digitalen Welt vielerorts vordergründig als ein ›Problem‹ wahr, das einer – aus ihrer pädagogischen Sicht – ange-

---

59 Auch wenn Heranwachsende heute bei sich selbst eine zeitlich ›ausufernde‹ Nutzung insbesondere von Games und Video-Apps beobachten, empfinden viele die elterlichen, mit der Höherwertigkeit medienfreier Aktivitäten und der Suchtgefahr digitaler Medien argumentierten Regeln und Grenzen als zu ›eng‹ (Jennewein et al. 2024).

messenen Entwicklung und Erziehung junger Menschen zu einer eigenverantwortlichen und gemeinschaftsfähigen Persönlichkeit eher im Wege steht, als dass es sie fördert. Hier spiegelt sich auch die bekannte bewahrpädagogische Sicht wider, in der – was Medien insgesamt anbetrifft – auf den Erhalt des Altbekannten und für gut Befundenen und auf ein Bewahren vor dem weitgehend Unbekannten, für schlecht Befundenen gesetzt wird.

Vor diesem Hintergrund sind auch die Ergebnisse des Jugendmedienschutzindex aus dem Jahr 2018 zu sehen, in dem pädagogische Fachkräfte sowohl aus dem schulischen als auch außerschulischen Bereich offen bzw. ungestützt nach ihren Sorgen befragt wurden. In besonderem Maße sorgten sie sich hinsichtlich der inhaltlichen Gefahren. Aber auch mögliche negative persönliche Folgen für die Heranwachsenden, in ihrem Verhalten selbst begründete Risiken sowie kompetenzbezogene und strukturelle Defizite, insbesondere was die (noch) fehlenden Medienkompetenzen der jungen Nutzer*innen und die ›Versäumnisse‹ von Erziehung (und Bildung) angeht, prägten die Beurteilungen der Fachkräfte. Bei der gestützten Abfrage identifizierten die meisten für die 9- bis 16-Jährigen allgemein und die von ihnen Betreuten in dem Alter speziell dann auch ein ganzes Arsenal von Online-Risiken als ›typische‹ Erfahrung von Kindern und Jugendlichen in diesem Alter. Weit oben rangierte aus Fachkräftesicht zu dieser Zeit, dass die Heranwachsenden zu viel Zeit online verbringen, mit zu viel Werbung in Kontakt kommen, zu viele persönliche Dinge öffentlich machen, von anderen gemobbt werden oder selbst andere mobben (Gebel et al. 2018).

> Wenn die Heranwachsenden ein merklich geringeres Risikobewusstsein haben als die Erwachsenen und sich bezüglich konkreter Risiken deutlich weniger Sorgen machen als ihre Eltern und die Pädagog*innen in ihrer Peripherie, heißt das nicht zwangsläufig, dass bei ihrem (noch) unbefangenen Handeln in der digitalen Welt mit Fokus auf die Möglichkeiten fürs eigene Leben die Risiken zu sehr in den Hintergrund treten. Die zentrale Frage ist vielmehr, ob sie all das als ›ernstzunehmende‹ Probleme wahrnehmen, was aus Sicht der von Eltern und Fachkräften als schlimm, belastend oder anderweitig als Gefahr für ihre Entwicklung und Erziehung gesehen wird.

Die Unterschiede in den Perspektiven der Akteur*innen sind keineswegs neu. Dass die Erwachsenen im Erzieherischen eine übergroße Besorgtheit sowohl im Hinblick auf realweltliche wie auch digitale Risiken haben, ist seit vielen

Jahren eine Kernelement der Sicht Heranwachsender.[60] Die verschiedenen Ausgaben des Jugendmedienindex zeigten aber schon für einige Jahre, dass allen bislang genannten Akteur*innen ein (wirksamer) Schutz wichtiger ist als möglichst ›ungestört‹ im Netz agieren zu können, wobei die Verantwortung dafür den Erwachsenen zugeschrieben wird.

5.4 Erzieherisches Handeln als zentrale Rahmung

Nach den skizzierten Perspektiven der Akteur*innen, die am Handeln junger Menschen in der digitalen Welt nicht unerheblich beteiligt sind und dieses mit ihrem eigenen, darauf bezogenen Handeln maßgeblich mitgestalten, richtet sich der Blick nun auf Formen des Einfluss nehmenden Handelns. Der Fokus liegt zunächst auf den intendierten Einflussnahmen von Eltern, die mit ihrem grundgesetzlich verankerten Erziehungsrecht und -auftrag auch bei Fragen der Medienerziehung die Verantwortung tragen und privilegiert sind (Dreyer 2025). Faktisch sind sie zumindest in den ersten Lebensjahren ihrer Kinder noch Vorbild und bestimmende Größe, verlieren aber schon mit dem Grundschulalter ihrer Kinder an Einfluss als strikt vorgebende Instanz.

Mit der Etablierung eigener Zugänge zur digitalen Welt unterliegt das Medienhandeln der Heranwachsenden dann zunehmend dem Einfluss von Freund*innen und den wichtigen Bekannten auf Augenhöhe. Dabei agieren die Peers zunehmend in der Funktion als Berater*innen und Begleiter*innen für medienbezogene Fragen und Probleme aller Art und geben gerade im Hinblick auf die digitalen Zugänge den Ton an, was denn warum genutzt werden soll. Der Einfluss der Eltern als maßgebliche Größe sinkt und die Erziehenden nehmen – idealtypisch betrachtet – mehr und mehr die Rolle von Ansprechpartner*innen und Begleiter*innen ein, wobei hier auch die pädagogischen Fachkräfte aus dem Umfeld der Heranwachsenden ins Spiel kommen (Fleischer/Hajok 2016).

Mit ihren spezifischen Rollen, die die Akteur*innen beim Handeln von Kindern und Jugendlichen in der digitalen Welt einnehmen, rahmen sie auch

---

60 Bezogen auf eine exzessive bis hin zur pathologisch-dysfunktionalen Mediennutzung als eines der heutigen Hauptrisiken des Handelns junger Menschen in der digitalen Welt (▶ Kap. 8.4) wurde bereits früh herausgearbeitet, dass sich die Heranwachsenden an Vorurteilen und einer zu großen Besorgtheit der Erwachsenen stören (Wölfing et al. 2015).

die herausgestellten Phasen der Aneignung auf je spezifische Weise. Ganz grob auf die Realitäten geschaut: Den Erziehenden kommt eine besondere Bedeutung für die Zugänge zur digitalen Welt zu – bei Kindern mehr als bei Jugendlichen. Die Peers haben heute eine besondere Relevanz für die Be- und Verarbeitung der digitalen Erfahrungen und sind eine wichtige Unterstützungsinstanz vor allem von Jugendlichen. Der Blick richtet sich zunächst aber auf das Feld der familiären Erziehung.

Die erzieherischen Konzepte sind divers und herausfordernd gerahmt

Auch das auf den Medienumgang junger Menschen bezogene Handeln von Eltern ist grundsätzlich vor dem Hintergrund der spezifischen Kontexte familiärer Erziehung in Deutschland zu sehen – hier fehlt es vielerorts an Ressourcen und eigene Belastungen der Eltern sind weit verbreitet (▶ Kap. 2.3). In diesen Kontext sind die aktuellen Perspektiven auf mögliche digitale Kindeswohlgefährdungen einzuordnen, die noch immer vor allem auf die (mit dem sozioökonomischen Status von Eltern verbundenen) ungleichen Startvoraussetzungen junger Menschen ins Leben verwiesen. So wird etwa festgestellt, dass Kinder aus benachteiligten Familien intensiver, weniger beaufsichtigt, aber stärker über elterliche Restriktionen beeinflusst online sind, dem entgegen die privilegierten Kinder bei ihrer Onlinenutzung in der Tendenz stärker von ihren bildungsnahen Eltern gefördert werden (Heeg et al. 2023).

Hinlänglich bekannt ist, dass Eltern bei ihrem auf den Medienumgang ihrer Kinder bezogenen Tun in einem breiten Handlungsspektrum agieren. Auf der Grundlage eigener Erfahrungen, Ansichten und Erwartungen, die bereits bei den Erziehenden in einem Familiensystem vielerorts Differenzen aufweisen, gewähren sie ihren Kindern große Freiräume, begrenzen ihren Medienumgang, gehen stark regulierend-kontrollierend vor, halten ihre Schützlinge autoritär von bestimmten Medien und Inhalten fern – oder agieren einfach nur unsicher (Junge 2013). Die weit verbreiteten Sorgen zum Handeln junger Menschen in der digitalen Welt haben sie dabei im Hinterkopf. Bezogen auf den für die Heranwachsenden wichtigen Social-Media-Bereich, der mit ›klassischen‹ Sozialen Netzwerken wie *Facebook* schon vor Jahren Teil des familiären Alltags war, wurde bereits herausgestellt, dass sich Eltern zwar viel mit der Frage beschäftigen, wie sie den Medienumgang ihrer Kinder erzieherisch begleiten können, bei der Medienerziehung im Alltag aber weitgehend überfordert sind und in einen Konflikt zwischen Verantwortung und Ohnmacht geraten (Kutscher/Bouillon 2018).

Welchen grundverschiedenen Mustern die auf den Medienumgang von Kindern und Jugendlichen bezogene Einflussnahme von Eltern folgt, zeigte eine (in der Sache) einzigartige Studie schon vor gut zehn Jahren (Eggert et al. 2013).[61] Sie bietet den Interessierten noch immer den besten Orientierungsrahmen zu den ›Konzepten‹, die im medienerzieherischen Handeln der Erziehenden verfolgt werden. Als Ergebnis der Fallstudien wurden sechs Handlungsmuster extrahiert, die von einigen Unsicherheiten in der Elternschaft und nicht unbedingt konsequent angewandten und stringent umgesetzten Erziehungsstilen zeugen, aber auch Formen einer angemessenen Begleitung junger Menschen auf den Weg in die digitale Welt erkennen lassen.

Demnach agieren die einen Eltern eher intuitiv, beobachten (wenn es denn überhaupt möglich ist) ihre Kinder beim Medienumgang und greifen nur situativ ein – hier eröffnen sich früh Spielräume und Unwägbarkeiten für die Heranwachsenden. Andere haben demgegenüber recht strikte Orientierungslinien und reglementierten den Medienumgang ihrer Kinder gezielt und normgeleitet – nicht selten aber an den eigentlichen Interessen und Fähigkeiten der Kinder und Jugendlichen vorbei. Wieder andere lassen die Dinge (auch) beim Medienumgang weitestgehend laufen, begleiten ihn nicht aktiv und erlegen ihren Kindern allenfalls vereinzelt Regeln auf – die Heranwachsenden können so frühzeitig und weitgehend autonom (bzw. auf sich gestellt) ›ihre‹ digitalen Medien nutzen. Daneben gibt es noch eine elterliche Medienerziehung, mit der vor allem das übergeordnete Ziel verfolgt wird, dass der Familienalltag nicht gestört (der ›Laden soll laufen‹) und der Medienumgang der Kinder in diesem Sinne mit Regeln und Verboten funktionalistisch kontrolliert wird – wenn es stressig oder konfliktbeladen wird, kommen die Beschränkungen.

Neben diesen Mustern medienerzieherischen Handelns, die nicht unbedingt für eine angemessene Begleitung junger Menschen auf den Weg in die digitale Welt stehen, gleichwohl aber die Erziehungserfahrung nicht weniger kennzeichnen und ihr Auf- und Heranwachsen entscheidend prägen, gibt es noch zwei weitere beobachtete, von Eltern praktizierte Muster. Hinter ihnen steht eine hohe erzieherische Aktivität, in deren Ergebnis die Heranwach-

---

61 Auf der Grundlage von 48 familienbezogenen Fallstudien konnte in der Studie des bekannten Instituts für Medienpädagogik (JFF) erstmalig ein differenziertes Bild des medienerzieherischen Handelns in Familien in Deutschland im Kontext der familiären und sozialen Lebenszusammenhänge gezeichnet werden, dessen Ergebnisse – in aktueller Einordnung – noch immer den Fachdiskurs prägen (Eggert 2025).

senden eine – in der heutigen Zeit – angemessene medienerzieherische Begleitung erfahren.

> Da sind zum einen Eltern, die im Kern darauf setzen, dem Medienumgang mit einer klaren inhaltlichen und zeitlichen Regulierung einen Rahmen zu setzen (bzw. einen solchen sogar gemeinsam mit ihren Kindern aushandeln) – die Kinder finden von Vorneherein ein übersichtliches, Handlungssicherheit bietende Feld vor. Zum anderen gibt es auch die Eltern, deren medienerzieherisches Handeln vor allem darauf abstellt, ihre Kinder orientiert an ihren Interessen, Bedürfnissen, ihrem Alter und Entwicklungsstand individuell zu unterstützen – die Kinder können sich in der auf sie bezogenen Beziehung entfalten.

In einer aktuelleren JFF-Studie zur Bedeutung von digitalen Medien in Familien mit jungen Kindern wurde auch deutlich, wie eng der grundsätzliche Fahrplan bei der Medienerziehung mit der Haltung der Erziehenden verwoben ist. Haben die Eltern eine offene Haltung, dann agieren sie kontrollierend und unterstützend am Potenzial für ihre Kinder (Entdecken der Welt und Kreativität) orientiert oder setzen flexibel und mit wenig Kontrolle auf die digitalen Möglichkeiten zur Unterhaltung ihrer Kinder und fürs Miteinander. Eine ablehnende Haltung der Eltern geht nicht nur mit einem überzeugten, sehr restriktiven Umgang einher, um Risiken von Vornherein zu vermeiden. Zuweilen geht die negative Sicht auf digitale Medien als Störgröße im familiären Alltag und Manipulator der eigenen Kinder auch mit sehr wenig Kontrolle und starker Verunsicherung einher (Eggert et. al. 2021).

Bereits was die grundlegenden Formen des auf den Medienumgang bezogenen Handelns von Erziehenden betrifft, sind Unsicherheiten und vermeintlich dysfunktionales Agieren vieler Erziehender nicht zu übersehen. In der Befragung zum Jugendmedienschutzindex etwa gab ein Drittel der Elternschaft an, dem eigenen Kind (sehr) oft die Nutzung von Online-Angeboten zu erlauben, obwohl sie darin Risiken sehen. Offenbar stellt es eine immense Herausforderung für Eltern dar, das richtige Gleichgewicht zwischen dem Schutz ihrer Kinder und gleichzeitiger Ermöglichung von Teilhabe zu finden (Gebel et al. 2022). Ein weit verbreitetes Unverständnis, Unwissenheit und auch Desinteresse an dem, was die Kinder heute in digitale Welten treibt, kommen vielerorts noch hinzu.

All die genannten schwierigen Rahmungen sind auch im Kontext der persönlichen Biografien, Ressourcen und Belastungen von Erziehenden zu sehen. Letztlich haben alle Eltern von ihren Kindern stark abweichende medienbiografische Erfahrungen. Selbst die jungen Eltern von heute, die mit Internet, Computerspielen und den ersten Sozialen Netzwerken aufgewachsen sind, finden seitens ihrer Kinder eine Faszination für digitale Anwendungen vor, die nicht mehr allzu viel mit dem zu tun haben, was sie in der Jugend ins Internet trieb. Faktisch erhalten Eltern hierzulande auch zu wenig Unterstützung von außen. Der eigene Zugang zu den Angeboten in Netz ist für viele noch immer keine naheliegende Option. Die persönlichen Belastungen von Eltern haben bekanntlich zugenommen und ihrer Erziehung weitere Ressourcen genommen. Auch unter Covid-19 zeigte sich, dass dies nicht zuletzt auf ihr medienerzieherisches Handeln ausstrahlt.[62]

Digitale Medien als ein durchaus konfliktbehaftetes Thema im Erzieherischen

Es gibt noch ein weiteres, bis heute ungelöstes Problem: Der Umgang mit den digitalen Endgeräten und Anwendungen ist in vielen Familien wie in den professionellen erzieherischen Kontexten ein sehr konfliktbeladenes Thema; nicht nur die Erziehenden, auch die Heranwachsenden können das auf digitale Medien bezogene Handeln der jeweils anderen Seite kaum noch nachvollziehen (Hajok 2024c). Das, was Kinder und Jugendlichen als üblich und normal empfinden, triggert vielerorts höchst unangenehm die Erziehenden; deren Reaktionen wiederum stoßen auf wenig Gegenliebe.

Zum einen werden Eltern wie pädagogische Fachkräfte – in ihrem Handeln der eigenen Haltung (und oft sehr subjektiven Wahrnehmung) unterworfen – bei ihren Schützlingen mit einem ganzen Arsenal an Dingen konfrontiert, die sie stören und nach einer adäquaten ›Bearbeitung‹ im Erzieherischen trachten; die Identifikation mit ›falschen Vorbildern‹ im Netz, die Nutzung ungeeigneter Inhalte und eine exzessive, ja sogar pathologischer Medienumgang sind nur Beispiele für die identifizierten Probleme. Dieses letztere, nebulöse ›Zu viel‹ an digitalen Medien, aus dem schnell eine digitale Abhängigkeit konstruiert wird, wie sie bei den Zugängen junger Menschen zu Computerspielen und Social Media in den letzten Jahren tatsächlich an Re-

---

62 Trotz vermehrten physischen Beisammenseins von Eltern und ihren Kindern durften bereits die Kleinen mehr Medien nutzen (Kieninger et al. 2021); außerdem nahm die Aktivität der Erziehenden im ersten Pandemiejahr nicht zu, sondern leicht ab – sowohl was die Art der Nutzung digitaler Medien durch Heranwachsende anbetrifft als auch Regeln zu Nutzungszeiten und Inhalten sowie deren (konsequente) Umsetzung (Thomasius 2021).

levanz gewonnen hat (▶ Kap. 8.4), verweist noch immer besonders deutlich auf medienumgangsbezogene Konflikte und Belastungen von Familien insgesamt und Erziehenden speziell. So fühlen sich Eltern, deren Kinder Messengerdienste und Social Media im Hinblick auf das zeitliche Ausmaß und eine (zu) enge Bindung problematisch nutzen, weniger selbstwirksam in ihrer Medienerziehung und sind unzufriedener mit der Kommunikation in der Familie insgesamt (Thomasius 2024).

Zum anderen sind die digitalen Zugänge, die häufig aus einem (vehement) vorgebrachten Wunsch heraus angeschafft werden, eine finanzielle Belastung für die Familien. Und wenn die Smartphones, Tablets, Spielkonsolen etc. einmal angeschafft sind, offenbaren sich die Möglichkeiten einer Kontrolle und gezielten Nutzungssteuerung als durchaus begrenzt bzw. lassen sich ›umgehen‹. Ohnehin werden die Endgerät und Anwendungen viel unterwegs oder hinter der verschlossenen Tür genutzt. Nicht unwichtig ist auch die Frage, wie die Erziehenden selbst in der digitalen Welt agieren und mit ihrem eigenen Medienhandeln und bei der Medienerziehung die Rechte ihrer Kinder respektieren.

Es kann nicht verwundern, dass solche Rahmungen, auf die schon seit Jahren hingewiesen wird, Streits im Erzieherischen evozieren – und diese haben offenbar weiter an Relevanz gewonnen.[63] Nach möglichen positiven und negativen Folgen des Medienumgangs ihrer Kinder gefragt, gab in der letzten KIM-Studie gut die Hälfte der befragten Eltern von Kindern im Alter von sechs bis 13 Jahren an, dass die Nutzung von Handy bzw. Smartphone oft für Streit in der Familie sorgt. Ein wichtiger Hintergrund für die Konflikte ist, dass die Kinder hier wie auch bei der Nutzung von Tablet und PC/Laptop nach Meinung vieler Eltern Schwierigkeiten haben, damit aufzuhören, und Kinder vor den Bildschirmen zu ›Stubenhockern‹ werden (Feierabend et al. 2025).

Schon vor einigen Jahren war einer Expertise von Fachkräften aus Erziehungsberatungsstellen und professionellen Betreuungsformen zu entnehmen, dass digitale Medien, die eigenen Einstellungen und Haltungen dazu, die gerade genannten Beobachtungen und Erfahrungen im Alltag und der jeweilige Umgang mit ihnen im erzieherischen Handlungsraum, oder besser: in der Beziehungsarbeit von Erziehenden und Heranwachsenden als Katalysator für ›ernstzunehmende‹ Konflikte fungieren (Wagner et al. 2016).

---

63 Im Jugendmedienschutzindex berichtete im Jahr 2017 knapp ein Fünftel der Heranwachsenden im Alter zwischen neun und 16 Jahren von häufigen (!) Streits mit den Eltern bezügliche der eigenen Onlinenutzung, im Jahr 2022 schon ein Viertel (Gebel et al. 2022).

5 Mediale und lebensweltliche Kontexte prägen das Geschehen

> Medienumgangsbezogene Konflikte scheinen gerade im Hinblick auf digitale Medien und Anwendungen, die – wie gezeigt – eine besondere Sogwirkung entfalten – nicht nur weit verbreitet, sondern in (fast) allen Erziehungskontexten eine Rolle zu spielen – keineswegs nur in Familien mit Migrationshintergrund oder niedrigem sozioökonomischen Status. Die ›gute Stube‹ ist also nicht ausgenommen. Vielmehr sind Konflikte nach der Expertise der Erziehungsberater*innen nur ein ›Problem‹ und gewissermaßen ein Indikator für generelle Kommunikations- und Beziehungsprobleme, die im Erzieherischen ›überdeckt‹ anstatt aufgearbeitet werden. Sie werden von den Beteiligten als besondere Herausforderung und Belastung wahrgenommen; multiproblematische Settings ›blockieren‹ dabei eine positive Eltern-Kind-Interaktion.

Im Weiteren war in dieser Expertise zu lesen: Eltern agieren nicht selten übertrieben besorgt (und beschützend), setzen aus Hilflosigkeit heraus digitale Medien als Erziehungsmittel ein und ›vermischen‹ dabei Erziehungsbereiche, etwa wenn der Nichteinhaltung von Regeln und Absprachen in anderen Bereichen mit Sanktionen im digitalen Bereich begegnet wird – die beliebtesten Zugänge und Anwendungen zuerst; das Smartphoneverbot ist die Höchststrafe.[64] Und natürlich wird angemessene Be- und Verarbeitung der digitalen Probleme im Erzieherischen durch die immer selteneren persönlichen Begegnungen erschwert. Das Lösen von Konflikten im direkten Face-to-Face-Kontakt ist ein Stück weit den Familiengruppen bei *WhatsApp & Co.* gewichen.

Die auch von Fachkräften empfohlenen verbindlichen, zwischen Erziehenden und Heranwachsenden ausgehandelten (und vielleicht sogar schriftlich fixierten) individuellen Nutzungsvereinbarungen für den Umgang mit digitalen Medien scheinen indes noch immer Mangelware zu sein. Im Erzieherischen scheint weiterhin lieber auf Regeln gesetzt zu werden, die die Heranwachsenden gar nicht ›erreichen‹, weil sie zu abstrakt sind, ihre Interessen nicht adäquat berücksichtigen oder eben nicht umgesetzt werden. Störend sind auch Vorurteile gegenüber dem Umgang mit digitalen Medien und die bereits genannte ›übergroße‹ Besorgtheit der Erziehenden, die oft mit fehlendem Vertrauen einhergeht. Und wie die Erkenntnisse zu den in Wohngruppen und Internaten lebenden Heranwachsenden zeigen, haben

---

64 Wie sich in den aktuelleren Erfahrungen von Heranwachsenden ableiten lässt, wird das Handyverbot zuweilen auch ›ausgesprochen‹, wenn sich Heranwachsende ihren Eltern anvertrauen (Jennewein et al. 2024).

5.4 Erzieherisches Handeln als zentrale Rahmung

selbst professionell Erziehende wenig Vertrauen in das Medienhandeln und die Selbstregulierungskompetenz der Betreuten (DigiPäd 24/7 2022). Vor dem Hintergrund der besonderen erzieherischen Vorerfahrungen, die vielerorts mit dem Medienumgang der Heranwachsenden verschränkt sind, ergeben sich hier sehr spezifische Anforderungen für eine angemessene Begleitung (Hajok 2025).

Ein Störfaktor im Erzieherischen ist auch der Umgang mit digitalen Medien der Erziehenden selbst. Öffentlich kritisiert wurde in der Vergangenheit – und das völlig zu Recht – der Umgang von Eltern mit den Persönlichkeitsrechten bzw. der Privat- und Intimsphäre ihrer Kinder in der digitalen Welt, insbesondere was das Teilen privater Informationen und das Veröffentlichen von Bildmaterial (Sharenting) anbetrifft (Frantz et al. 2017, Kutscher 2023, Kutscher/Bouillon 2018). Nimmt man die aktuellsten Daten zur Hand, dann gibt es in den meisten Familien mit Kindern im Alter zwischen sechs und 13 Jahren zwar Regeln, was öffentlich gepostet wird. Für gut ein Drittel der Haupterziehenden ist es aber kein Problem, Bilder oder Videos der eigenen Kinder zu posten (Feierabend et al. 2025).

In reichweitenstarken Momblogs auf *Instagram* breiteten Mütter bereits vor einigen Jahren vor zigtausend Follower*innen ihr Familienleben öffentlich aus – die eigenen Kinder waren hier zuweilen sogar in sexualisierten Posen öffentlich repräsentiert (Hajok/Wüstefeld 2020). Auch die von Eltern verantworteten Kanäle der bekannten Kidfluencer*innen auf *YouTube* mit hunderttausenden Abonnent*innen sind in diesem Zusammenhang zu nennen. Abseits der Gefahren für junge Menschen sind hier auch die Rechte von Kindern ein Thema (Hajok/Melber/Otto 2022).

Mit ihrem Handeln bleiben die Erziehenden Vorbild und Reibungsfläche zugleich. Wenn sie ihren Kindern beim eigenen Handeln in der digitalen Welt kein ›gutes Vorbild‹ sind, lässt sich schlecht das Handeln der Kinder kritisieren, und die Konflikte sind vorprogrammiert. Eltern ist jedenfalls oft gar nicht bewusst, welchen Anteil sie am Medienumgang ihrer Kinder und an der Dynamik im Erziehungsalltag haben. Nicht wenige Eltern nutzen digitale Medien selbst intensiv, sehen sich als kompetent im Umgang und machen sich (daher) nicht allzu viel Gedanken über Risiken oder notwendiges steuerndes Eingreifen bei ihren Kindern (Wagner et al. 2016). Viele sehen den eigenen Medienumgang unabhängig von dem ihrer Kinder. Während der eigene Griff zum Smartphone einen triftigen Grund (geschäftliche Nachricht, wichtige Info, Terminabsprache) habe, wollen ihre Kinder doch nur Zocken oder Chatten (Eggert 2025), so eine der vorherrschenden Einschätzungen von Eltern. Wenn die Erziehenden selbst keine ›guten‹ Vorlagen bieten, fehlt es den Heranwachsenden an Einsicht für regulierendes erzieherisches Eingreifen – sie werden immer selbstverständlicher das einfordern, was ihnen die (meiste Zeit ihres Lebens wichtigsten) Bezugspersonen vorleben.

Frühe Zugänge treffen auf begrenzte Reglementierung und Begleitung

Repräsentative Daten, insbesondere die regelmäßig in der KIM-Studienreihe zum Handeln der Eltern von Kindern im Alter zwischen sechs und 13 Jahren veröffentlichten, belegen seit vielen Jahren sehr eindrücklich, dass junge Menschen – wie gezeigt – nicht nur immer früher (in ihrem Leben) in der digitalen Welt unterwegs sind, sondern dort auch immer früher agieren dürfen. Interessanterweise gibt es hinsichtlich der digitalen Endgeräte und Anwendungen in vielen Familien aber überhaupt keine Regeln zur Nutzung. So gab auch im Jahr 2024 nur jede*r zweite befragte Haupterziehende an, es gäbe eine Regel zur Nutzung des Handys bzw. Smartphones. Hinsichtlich der Nutzung der Dienste sieht es ganz ähnlich aus, und in nur etwa jedem dritten Fall wird die Nutzung von PC/Laptop, Spielkonsole und Tablet geregelt, nur in jedem vierten Fall die des Fernsehens (Feierabend et al. 2025).

Im Weiteren zeigen die Daten der Studienreihe, dass die Kinder die neuen Möglichkeiten über weite Strecken auch unbegleitet nutzen dürfen, ohne dass hier irgendwelche Beschränkungen aktiviert sind. Die beliebten Spiele auf den Smartphones oder Tablets im Haushalt werden schon im Alter von sechs, sieben Jahren von jedem zweiten Kind überwiegend allein genutzt, ebenso das Fernsehen. Jedes dritte Kind in dem Alter schaut sich die beliebten Videos, Filme, Serien überwiegend allein online an und jedes neunte surft bereits solitär im Internet.

Die mit Abstand meisten Eltern setzen nicht auf die existenten und durchaus sinnvollen Einstellungen (Altersprofile, Zeitlimitierung etc.) zum Schutz ihre Kinder an den verschiedenen Endgeräten, mit denen das, was vorab geregelt wurde, für die Kinder auch bei Nutzung ›sichtbar‹ wird. Bleiben wir bei den (im Leben junger Menschen) frühen Zugängen, dann nutzt im Alter von sechs, sieben Jahren nur jedes fünfte Kind einen Smart-TV oder ein Tablet und nur jedes siebte Kind ein Smartphone oder eine Spielkonsole mit entsprechenden Schutzeinstellungen. Auch beim PC/Laptop sind die mit Abstand meisten Kinder bei der Nutzung keiner technischen Beschränkung unterworfen (ebd.).

Ganz offensichtlich vertrauen sehr viele Eltern noch immer nicht auf die Möglichkeiten von Schutz- und Sicherheitseinstellungen bei den genutzten Endgeräten und Anwendung, wissen nicht davon oder wie sie einzurichten sind.[65] Schon vor Jahren wurde jedenfalls herausgestellt, dass nur die wenigsten Eltern auf den Geräten ihrer Kinder Sicherheitseinstellungen anpassen. Ebenso nutzten nur die wenigsten Apps zur Ausfilterung problematischer Inhalte, zum Blockieren von Werbung, zur Limitierung der Nutzungszeit oder zum Monitoring (Hasebrink et al. 2019).

Beim Smartphone, das sich im Leben von Kindern nach dem Grundschulalter als Tor zur digitalen Welt etabliert hat, sind aktuell nur in jeweils jedem sechsten Fall eine Jugendschutzsoftware allgemein bzw. ein Programm zum Sperren problematischer Inhalte oder die geräteseitigen Sicherheitseinstellungen aktiv und in jedem achten Fall ist die Nutzungszeit technisch eingeschränkt. Bei den Smart-TVs sind nur in jedem sechsten Benutzerkonten (nach den bekannten Altersfreigaben) für die Kinder eingerichtet und bei den Spielkonsolen die mit Abstand wenigsten Schutzeinstellungen aktiviert (Feierabend et al. 2025).

Die konkreten Erziehungserfahrungen der älteren Kinder und Jugendlichen, die in aller Regel bereits selbstverständlich in der digitalen Welt unterwegs sind, zeigen deutlich, dass die elterlichen Einflussnahmen auf ihren Medienumgang begrenzt sind, insbesondere was ein an Schutz und Sicherheit orientiertes Handeln anbetrifft. Die im Jugendmedienschutzindex differenziert abgefragten typischen, häufig gemachten Erfahrungen mit den diversen Optionen zeigen, dass jeweils nur ein Viertel der 9- bis 16-Jährigen mit einer Kindersicherung oder einem Jugendschutzprogramm auf dem Endgerät im Netz unterwegs ist, wobei die Eltern hier vor allem die Geräte der männlichen Heranwachsenden im Visier haben. Auch all die anderen Formen elterlichen Handelns sind nach den Daten für nicht einmal die Hälfte der Heranwachsenden typische Erziehungserfahrung. Im Vergleich mit der Studienausgabe von vor fünf Jahren haben die Reglementierung und Begleitung trotz der zugenommenen Risikowahrnehmung der Erziehenden sogar noch abgenommen (Gebel et al. 2022).

Größere Bedeutung haben nach den Daten eigentlich nur eine Berücksichtigung der Altersfreigaben bei der Installation von Apps und Spielen sowie das Setzen von Regeln, was das Erlauben und Verbieten bestimmter Inhalte und Angebote oder die Festlegung von Nutzungszeit und -dauer der Endgeräte und Anwendungen anbetrifft. Nur in der Gruppe der Jüngeren, der

---

65 Aus diesem Grund bietet Medien-kindersicher.de seit einigen Jahren einen Überblick und gibt für alle relevanten Endgeräte (Router, Smartphone/Tablet, PC/Laptop, Smart-TV, Spielkonsolen, Sprachassistenten, Smartwatch) und beliebten Dienste wie TikTok einen Überblick über die Möglichkeiten und Schritt-für-Schritt-Anleitungen.

Neun- bis Zwölfjährigen, sind noch die meisten auf diese Weise beschränkt.⁶⁶ Gerade hinsichtlich einer (diskursiven) Begleitung, also dass die Eltern mit ihren Kindern über die Onlinenutzung sprechen, sie ihnen zeigen, wie sie sich selbst schützen können, die Heranwachsenden gezielt an altersangemessene Angebote heranführen oder die Eltern auch mal bei der Onlinenutzung dabei sind, sind die meisten mit elf, zwölf Jahren in aller Regel bereits auf sich alleine gestellt.

Generell nehmen die Erfahrungen mit Reglementierung und Begleitung im Altersverlauf der Heranwachsenden ab. Dies zeigt auch der Jugendmedienschutzindex eindrucksvoll und vor nicht allzu langer Zeit bestätigte es auch eine der seltenen Längsschnittstudien, die gezielt den Veränderungen der Medienerziehung im familienbiografischen Verlauf nachging. In vier Erhebungswellen über die Jahre 2016 bis 2019 befragt, nahmen die von den Eltern eingesetzten Strategien einer aktiven, restriktiven und technischen Mediation sowie eines Monitorings mit zunehmendem Alter (und damit immer mehr zugestandenen Autonomien) der Jugendlichen deutlich ab – sowohl aus Sicht der befragten 12- bis 14-Jährigen wie auch aus der ihrer Haupterziehenden (Potzel 2022).

5.5 Die Peers als wichtige Unterstützungsinstanz

Im Setting weitgehend unbegleiteter Zugänge und weit verbreiteter Konflikte zum Umgang mit digitalen Medien in Familien füllen die Peers heute vielleicht den wichtigsten Part bei der Aneignung der digitalen Möglichkeiten. Generell haben die (kulturellen) Vergemeinschaftungen Heranwachsender mit den veränderten Sozialisationsprozessen weiter an Relevanz gewonnen (▶ Kap. 2.5). Die Interaktionen ›auf Augenhöhe‹ sind längst überaus wichtige Erfahrungs- und Erprobungsräume zur Bewältigung der Anforderungen des Alltags und Herausforderungen der Jugendphase (Griese 2016). Heute sind Peergroups nicht nur wichtige Orte eines informellen Lernens, sondern auch wichtige Netzwerke informeller Hilfe, ja sogar eine wichtige

---

66 Bezogen auf die Altersfreigaben zeigt die KIM-Studienreihe allerdings seit einigen Jahren, dass ein beträchtlicher Teil der Elternschaft diese noch immer als pädagogische Empfehlungen missverstehen. Die zentralen Fragen bezüglich zeitlicher Regelungen sind, ob und wie sie auch umgesetzt werden.

5.5 Die Peers als wichtige Unterstützungsinstanz

Unterstützungsressource auf dem Weg in Partnerschaft und selbstbestimmte Sexualität (Werner 2023).

Die besondere sozialisatorische Funktion erwächst in dieser Perspektive aus den – für Erwachsene nur schwer zu ›unterwandernden‹ – Peer-Interaktionen, in denen gleichberechtigte Kooperation, Aushandeln von Konflikten, Bindungsfähigkeit und Perspektivenübernahme eingefordert werden (Rieker 2023). Zudem sind die Peers heute – wie gezeigt – mehr denn je digital vernetzt und die Aushandlungsprozesse der Vergemeinschaftungen digital gerahmt, ohne dass es die grundlegende Bedeutung für das Heranwachsen mindert; bezogen auf digitale Fragen erscheint der digitale Austausch darüber mehr als nur naheliegend.

Beim Umgang mit digitalen Endgeräten und Anwendungen machen die Peers ohnehin ›gemeinsame Sache‹ und Agieren dabei ›auf Augenhöhe‹. Sie machen ihre ganz eigenen Erfahrungen, die dennoch vergleichbar mit denen der anderen sind. Sie tauschen sich ganz selbstverständlich über ihre Lebenswirklichkeit aus, verhandeln sie online – teilöffentlich und individualisiert. Sie sind im schnellen digitalen Kontakt, wenn es neue Möglichkeiten wahrzunehmen oder digitale Probleme zu lösen oder eben die (permanenten) Konflikte über ihren Medienumgang im Erzieherischen zu bewältigen gilt.

> Die Frage, welche Bedeutung die digitale Welt tatsächlich im Leben derjenigen Heranwachsenden erlangt, die hier schon mehr oder minder selbstverständlich unterwegs sind, verweist heute in vielen Punkten direkt auf die Bewältigung der Erfahrungen durch die Be- und Verarbeitung im sozialen Umfeld der Peers mitsamt (selbstreferenziellen) Bezügen der digitalen Welt selbst. Vor allem hierin ist eingebettet, was junge Menschen heute mit den neuen Möglichkeiten anfangen und welche Potenziale und Gefahren sich daraus für ihre Persönlichkeitsentwicklung ergeben.

Besonders gut dokumentiert ist dies für die (zunächst) irritierenden oder belastenden Erfahrungen junger Menschen im Netz, die sie von sich aus noch nicht adäquat be- und verarbeiten können. Für die 12- bis 17-Jährigen wurde vor gar nicht so langer Zeit in einem qualitativen Zugang differenziert Einblick in die persönlichen Umgangsweisen mit Interaktionsrisiken gegeben, die mittlerweile eine besondere Bedeutung beim Handeln junger Menschen in der digitalen Welt haben (▶ Kap. 8.3). Wie belastend die Erfahrungen mit verletzendem Verhalten, sexuellen Grenzverletzungen, Grooming etc. für sie sind, hängt nicht nur von der Anzahl bzw. Häufigkeit der Vorfälle ab, sondern auch von der persönlichen Bewertung der Situation und – nicht zuletzt – von der emotionalen Belastung, die mit der Erfahrung verbunden ist. Die eigenen Bewältigungsstrategien reichen dann – je nach Situation und Belastungsgrad – von einem Ignorieren des Stressors bzw. der Inhalte, Passivität oder Konfrontation über technische Abwehrstrategien wie das Blockieren bis hin zu emotionsregulierenden Strategien, etwa durch Ablenkung und Fokussierung auf etwas Positives (Thiel/Lampert 2023).

Ein besonders spannendes Ergebnis der Studie: In aller Regel versuchen die Heranwachsenden, das ›Problem‹ alleine zu lösen – erst, wenn die eigene Bewältigungsstrategie scheitert, suchen sie Unterstützung, vor allem emotionale, durch nahestehende Personen, aber eben nicht nur durch die Erziehenden, sondern auch durch die Peers. Einen besonderen Wert schreiben sie dabei einem wert- und vorurteilsfreien Zuhören ihrer Ansprechpartner*innen, deren Verschwiegenheit und dem Gefühl zu, von ihnen mit den eigenen Sorgen und Bedürfnissen ernst genommen zu werden. Im Hinblick auf die Herausforderungen im digitalen Raum haben die Heranwachsenden demnach bereits eine recht hohe Überzeugung von Selbstwirksamkeit, geben sich aber nicht per se gleich geschlagen, wenn die eigene Bewältigung nicht zum erwünschten Ergebnis führt, sondern vertrauen sich (erst) dann ihren direkten sozialen Bezugspersonen an.

Nach noch aktuelleren Befunden bedienen sich Heranwachsende heute mittlerweile einer breiten Palette von medialen Strategien, um unerwünschte Kontakte im Netz (von Vornherein) zu vermeiden. Die einen nutzen bestimmte Social-Media-Angebote erst gar nicht oder äußern sich hier überhaupt nicht. Andere sind präsent und eigenaktiv, machen aber möglichst wenig von ihrer Person erkennbar, nutzen Verfremdungen oder Verzichten ganz auf die Kamera bei Chatten, um keine Angriffsfläche (etwa für sexuelle Belästigungen) zu bieten. Zuweilen sind auch dienstseitige Möglichkeiten, um unangenehme Kontakte zu vermeiden, zu blocken oder abzubrechen ein Kriterium für die Auswahl der genutzten Apps (Jennewein et al. 2024).

Kommt es dennoch zu negativen Erfahrungen, dann vertrauen sich nach der Studie zumindest bei schwerwiegenden Problemen viele ihren Eltern an. Vielen sind auch die Möglichkeiten zum Löschen, Blockieren und Melden vertraut, nicht allzu viele scheinen aber tatsächlich Gebrauch davon zu machen. Nach den Reaktionen auf ›schlechte Interneterfahrungen‹ gefragt, gab in der letzten BITKOM-Studie nur jede*r Siebte an, den Vorfall bei der Plattform gemeldet zu haben. Professionelle Beratung oder die Meldung bei der Polizei sind nur vereinzelte Reaktionen. Und jede*r Achte hat schlicht gar nichts unternommen (Wintergerst 2024).

Welch exponierten Stellenwert die Peers in der digitalen Welt als Ansprechpartner*innen und aktive Unterstützer*innen von Kindern und Jugendlichen haben, zeigten bereits die in der EU Kids Online-Befragung in Deutschland 2019 eingeholten Perspektiven der 9- bis 17-Jährigen. Auf die Frage, an wen sie sich bei schlimmen oder verstörenden Onlineerfahrungen wenden, wurden die Peers als wichtigste Instanz herausgestellt, ohne dass die Eltern gänzlich aus dem Spiel sind. Gut die Hälfte der befragten Heranwachsen gab an, sich bei entsprechenden Erfahrungen an die Freund*innen (ihres Alters) zu wenden und knapp die Hälfte vertraute sich den Eltern (bzw. Stief-/Pflegeeltern) an.[67]

Die Peers sind nach den Daten für die weiblichen und älteren Heranwachsenden die klare Nummer eins, die eigenen Eltern haben für die jüngeren und männlichen Heranwachsenden ihre größte Bedeutung. Deutlich weniger relevant als Ansprechpartner*innen sind die Geschwister (sofern vorhanden) oder andere Erwachsene (Lehrer*innen, Fachkräfte, Vertrauenspersonen). Jede*r Sechste – auch das ist ein wichtiges Ergebnis – vertraut sich bei schlimmen oder verstörenden Erfahrungen im Netz niemanden an (Hasebrink et al. 2019).

Aktuellere Studien zu spezifischen Erfahrungen junger Menschen in der digitalen Welt bestätigen die besondere Bedeutung von Peers und belegen damit auch, wie wichtig die Vergemeinschaftungen unter Heranwachsenden im direkten sozialen Umfeld (und ihren digitalen Erweiterungen) sind. Zu verweisen ist z. B. auf die Be- und Verarbeitung von Hassbotschaften im Netz bzw. Hatespeech (Education Group 2023, MPFS 2022) oder die Erfahrungen junger Menschen mit sexualisierter Gewalt, die sich mit den digitalen Anbahnungen und Formen in den letzten Jahren immer weiter ins Netz verlagert haben (▶ Kap. 8.3). Mit Verweis auf internationale Studien, Ermittlungsdaten und Betroffenenbefragungen wurde auch hier erst kürzlich auf die entscheidende Rolle der Peers beim frühzeitigen Anvertrauen verwiesen.[68]

Ohne einer weiteren Entkopplung junger Menschen von der Erwachsenenwelt durch das Handeln in der digitalen Welt an sich und der Bewältigung der hier gemachten Erfahrung ins Wort reden zu wollen: Die Bedeutung der

---

67 Zu einem ganz ähnlichen Ergebnis kam letztes Jahr die BITKOM-Studie. Auf die Frage, wie sie sich bei schlechten Erfahrungen im Netz verhalten haben, gaben 44 Prozent der befragten 10- bis 18-Jährigen an, mit jemanden Gleichaltrige darüber gesprochen zu haben. Jede*r zweite vertraute sich einen Erwachsenen an, ohne dass hier zwischen Eltern, Fachkräften etc. unterschieden wird (Wintergerst 2024).
68 Daten des Global Survivor Survey von Protect Children belegen demnach, dass fast jede*r zweite Erwachsene mit sexualisierter Gewalterfahrung als junger Mensch einer/einem Freund*in (oder einem Geschwister) davon erzählt hat (Reinicke 2025).

Peers wird nicht zuletzt im Kontext der genutzten digitalen Räume gemeinschaftlichen informellen Lernens, Unterstützens und Bewältigens, die für Erwachsene mehr denn je verschlossen sind, weiter zunehmen.

5.6 Medienumgangsbezogene Rechte, gesetzliche Regulierung und Förderung

Nachdem die besondere Bindungskraft digitaler Medien als zentraler medialer Bedingungsfaktor herausgegriffen wurde, die medienbezogenen Kompetenzen von Kindern und Jugendlichen als von der eigenen Entwicklung und Sozialisation vorgegebene individuelle Faktoren beschrieben und die sozialen Bedingungen für das Handeln junger Menschen in der digitalen Welt fokussiert auf die medienerzieherischen Kontexte und die Rolle der Peers betrachtet wurde, wird nun noch der gesellschaftliche Rahmen skizziert. Wesentlich sind in diesem Zusammenhang die Realitäten, die das Handeln von Kindern und Jugendlichen in der digitalen Welt gesellschaftlich strukturieren und die – was die eigenen Ansprüche anbetrifft – als ein erstaunlich statisches Fundament mit vorgeben, welche digitale Welt sie vorfinden und was sie damit überhaupt anfangen können.

Eine erste Rahmung ist die digitale Welt im gesamtgesellschaftlichen Kontext an sich. Die markanten Bezüge sind bei den entworfenen Typen eines veränderten Auf- und Heranwachsens bereits beschrieben worden (▶ Kap. 3). Dabei ist in vielen Punkten deutlich geworden, dass das, was junge Menschen in der digitalen Welt begegnet, nicht vorrangig der Prämisse einer freien Entfaltung der Persönlichkeit in einem geschützten Rahmen folgt, sondern vor allem kommerziellen Interessen. Man muss nur die Entstehungsgeschichte des Internets ins Feld führen, bei der es eben nicht um ein tragendes Geschäftsmodell für die teuren Infrastrukturen ging, sondern um vernetzte dezentrale Informations- und Kommunikationsstrukturen. Von Beginn an wurde das Internet als eine Art ›Umsonst-Medium‹ gesehen, und bis heute sind die Menschen kaum bereit, für die Nutzung der Dienste ›in die eigene Tasche‹ zu greifen. Die einzige Währung, die zählt, ist das Sammeln, Auswerten und Verscherbeln persönlicher Daten und Spuren, die im Netz von den Nutzer*innen hinterlassen werden. Insofern greift eine Regulierung von außen immer auch in einen kommerziellen Prozess ein – und widerspricht den Interessen der dahinterstehenden Akteur*innen.

5.6 Medienumgangsbezogene Rechte, gesetzliche Regulierung und Förderung

Eine zweite gesellschaftliche Rahmung ist die institutionalisierte Bildung und Erziehung. Bereits für den Kita-Bereich gibt es nicht nur Überlegungen, sondern auch Konzepte, wie Kinder frühzeitig und mit Augenmaß, also in engen Zeitfenstern und begleitet, an kindgerechte digitale Angebote herangeführt werden können – und wie sie diese entdecken, für sich erschließen und als Werkzeuge nutzen lernen. An Überlegungen und Konzepten mangelt es auch im schulischen Bereich nicht. Das Lernen nicht nur mit digitalen Medien (als Lernwerkzeuge), sondern auch über digitale Medien (als Lerngegenstand) mitsamt Potenzialen und Gefahren des Umgangs ist längst in den Bildungsplänen verankert – im Unterricht ist allerdings noch immer nicht viel davon zu sehen. Große Summen eines Digitalpaktes wurden nicht abgerufen, dann kam Corona und der Fokus verlagerte sich (wieder) auf das Lernen mit digitalen Medien. Sowohl frühkindliche Bildung und Erziehung als auch schulische Bildung bieten gleichberechtigte Zugänge für (fast) alle Kinder und Jugendlichen – für ihr Handeln in der digitalen Welt sind sie jedoch kein allzu relevanter gesellschaftlicher Rahmen.[69]

Die dritte gesellschaftliche Rahmung ergibt sich aus dem, was die Gesellschaft Kindern und Jugendlichen heute an Rechten für eine unbeschwerte Teilhabe an der digitalen Welt ›einräumt‹ – und was staatliche Medienregulierung und die anbieterseitigen Maßnahmen einer Selbstregulierung zur Anwendung bringen. Die in den gesetzlichen Bestimmungen verankerten Vorgaben zu altersangemessenen Medienzugängen junger Menschen zum Schutz vor den Gefahren in der digitalen Welt und zur Förderung der Potenziale eines souveränen Medienumgangs verdichten sich in Deutschland mittlerweile zur wichtigsten gesamtgesellschaftlichen Rahmung, die nach adäquater Umsetzung verlangt. Gerade im Hinblick auf den Umgang junger Menschen mit digitalen Endgeräten und Anwendungen wird heute auf einen ganzheitlichen Ansatz gesetzt, bei dem Zugang und Teilhabe, Schutz und Sicherheit sowie Förderung und Befähigung gleichberechtigt verankert sind.

---

69 Immerhin: In den Settings offener Kinder- und Jugendarbeit sieht es schon seit vielen Jahren anders aus. Auch in den Hilfen zur Erziehung (HzE), den professionellen Settings von Erziehung für Menschen mit ohnehin schon belastenden Alltags- und Erziehungserfahrungen, hat man sich erfolgreich auf den Weg gemacht, die besonders vulnerablen Gruppen auch beim Auf- und Heranwachsen in der digitalen Welt angemessen zu begleiten (Hajok 2025).

Medienbezogene Rechte von Kindern und Jugendlichen

Mit den öffentlichen Diskursen zu den Teilhabe- und Partizipationsrechten junger Menschen wurde der gesellschaftliche Blick in der jüngeren Vergangenheit wieder mehr auf die Kinder und Jugendlichen selbst, ihre medienumgangsbezogenen Rechte gelegt. Wenn Chancen und Risiken ihrer digitalen Welt diskutiert werden, muss das auch so sein. Bereits aus den Persönlichkeitsrechten lassen sich (direkte) Konsequenzen für die Nutzung digitaler Medien ableiten. Sie sind in allen Kontexten von Erziehung und Bildung zu wahren und haben in der familiären Erziehung wie in Wohngruppenbetreuung, in der schulischen Bildung wie im Ganztagsbereich oder der außerschulischen Jugendarbeit von jeher einen großen Stellenwert.

Zum Schutz der (immateriellen) Eigenschaften eines Menschen ›installiert‹, umfasst das aus dem Grundgesetz abgeleitete Allgemeine Persönlichkeitsrecht (APR) diverse Einzelrechte, die angesichts der veränderten Lebenswirklichkeiten von Kindern, Jugendlichen und Familien sowie der mit der Covid-19-Pandemie gestiegenen Notwendigkeit, Bildungs- und Erziehungsprozesse digital auszugestalten, eine besondere Entsprechung erfahren haben. Von Medien allgemein und digitalen Zugängen besonders ›betroffen‹ sind das Recht am eigenen Bild sowie am gesprochenen und geschriebenen Wort, der Schutz der Privat-, Geheim- und Intimsphäre, der Schutz des Lebensbildes, das Recht auf informationelle Selbstbestimmung sowie das Recht auf Gewährleistung der Vertraulichkeit und Integrität informationstechnischer Systeme (Hajok 2024c).

Bereits mit Geburt Träger*innen der Grundrechte, die sie in der Kindheit noch nicht selbst, sondern nur vertreten durch die Sorgeberechtigten wahrnehmen bzw. geltend machen können, nehmen Minderjährige mit dem gesetzlichen Jugendalter (14 bis 17 Jahre) ihre Persönlichkeitsrechte schon weitestgehend selbst wahr, was auch einer pädagogischen oder erzieherischen Einflussnahme auf ihren Medienumgang immer engere Grenzen setzt. Das Zugestehen von höchstpersönlichen Lebensbereichen etwa erfordert dann die Akzeptanz einer ›digitalen Intimsphäre‹, in die es – wie beim verschlossenen Zimmer – nicht ohne triftigen Grund (Gefahrenabwehr, Verhinderung von Straftaten etc.) und erst nach begründeten Anfangsverdacht oder Kenntnisnahme einzudringen gilt. Das Recht an der selbstbestimmten Verwendung persönlicher Daten ist heute direkt auf einen digitalen Austausch bezogen, den ohne Zustimmung der Betroffenen nur autorisierte Stellen einsehen dürfen (v.a. Ermittlungsbehörden zur Beweissicherung). Und die sexuelle Mündigkeit mit der ihr hierzulande ›unterstellten‹ Fähigkeit Jugendlicher, auch im Bereich der Sexualität die Folgen und Tragweite des

5.6 Medienumgangsbezogene Rechte, gesetzliche Regulierung und Förderung

eigenen Handelns für sich und andere hinreichend abschätzen zu können, entzieht den individualisierten einvernehmlichen erotischen Bildaustausch (sog. Sexting) unter 14- bis 17-Jährigen eine Unzulässigkeit, wie sie anderswo (z. B. in den USA, Neuseeland, Australien) strafrechtlich verfolgt wird (Hajok 2019b).[70]

Neben ihren Persönlichkeitsrechten, die den Heranwachsenden in vielen Bereichen und mit einem bestimmten Alter auch Zugänge zu den digitalen Medien zuerkennen, hatten Kinder und Jugendliche hinsichtlich des Zugangs zu Medien schon viele Jahre ganz grundsätzliche und in den letzten Jahren durchaus erstarkte medienbezogene Rechte. Diese wurden schon in der UN-Kinderrechtskonvention (UN-KRK) von 1989 verbrieft und sind mit der 2016 vom Europarat verabschiedeten »Sofia-Initiative« und den 2018 ausgegebenen Empfehlungen für die EU-Mitgliedsstaaten für die digitale Welt konkretisiert worden (Council of Europe 2019).

Tab. 6: Digitale Grundrechte von Kindern und Jugendlichen

Zugang und Teilhabe	Das aus Art. 17 UN-KRK abgeleitete Recht auf Zugang und Teilhabe zielt darauf ab, Kindern und Jugendlichen auch in der digitalen Welt altersangemessene und diskriminierungsfreie Zugänge zu ermöglichen und dabei die Rechte auf freie Meinungsäußerung und Austausch von Information (Art. 13), Zusammenschluss (Art. 15), Freizeit und Spiel, Erholung und kulturelle Teilhabe (Art. 31) zu wahren.
Sicherheit und Schutz	Das in Art. 3 UN-KRK gefasste Recht auf Sicherheit und Schutz erfordert mehr denn je, Kinder und Jugendliche auch in der digitalen Welt durch geeignete Maßnahmen vor allen Formen von Gewalt, Ausbeutung und Missbrauch zu schützen (Art. 39), ihre Privatsphäre zu wahren und ihr privates und familiäres Leben gegen willkürliche und rechtswidrige Eingriffe zu schützen (Art. 16).
Förderung und Befähigung	Das in Art. 28 UN-KRK verbriefte Recht auf chancengleiche Bildung, mit der Kinder und Jugendliche auf ein verantwortungsvolles Leben vorbereitet werden sollen (Art. 29), gewährt einen Anspruch auf Medienkompetenzförderung, der auch bezogen auf die digitalen Herausforderungen in allen Kontexten von Bildung und Erziehung einzulösen ist.

Zusammenfassende Darstellung nach Hajok (2020d)

---

70 Zur aktuell in Deutschland zu beobachtenden fortschreitenden Kriminalisierung junger Menschen in diesem Zusammenhang und möglichen Kinderrechteverstößen siehe Andresen et al. (2023).

Die europäischen Leitlinien verdichten sich letztlich zu einem ›Grundrecht‹ von Kindern und Jugendlichen auf eine *unbeschwerte Teilhabe im digitalen Raum*, bei dem die Rechte junger Menschen auf Zugang und Teilhabe, Schutz und Sicherheit sowie Bildung und Förderung im Gesamtzusammenhang gedacht und auf ihre digitalen Lebenswelten übertragen werden. Die zu dieser Zeit hergestellten Bezüge zur UN-KRK sind in Tabelle 6 nachzulesen.

Die UN-Kinderrechtskonvention war in Deutschland schon im Jahr 2018 der zentrale Bezugsrahmen für die von der Jugend- und Familienministerkonferenz beschlossene Strategie für eine zeitgemäße und effektive Weiterentwicklung eines Kinder- und Jugendmedienschutzes. Im entsprechenden Kieler Beschluss wurde schon auf die Notwendigkeit einer gleichrangigen Verankerung von Teilhabe, Schutz und Förderung verwiesen, um jungen Menschen eine unbeschwerte Teilhabe auch im digitalen Raum zu ermöglichen (JFMK 2018). Und auch auf europäischer Ebene haben die Entwicklungen weiter ›an Fahrt aufgenommen‹ – wegweisend mit dem am 24. März 2021 vom UN-Kinderrechteausschuss veröffentlichten »General Comment #25«.[71] Zumindest punktuell findet sich diese ganzheitliche, an den Rechten von Kindern und Jugendlichen sowie den Chancen und Risiken der digitalen Welt orientierte Perspektive heute nicht nur im gesetzlichen Kinder- und Jugendmedienschutz wieder. Sie rahmt auch zunehmend die Ansprüche und das Handeln in den verschiedenen Feldern institutionalisierter Bildung und Erziehung.

Grundlage und Ansprüche des gesetzlichen Kinder- und Jugendmedienschutzes

Als die beauftragte Regulierungsinstanz verdichtet sich das grundgesetzlich verankerte Handeln des Kinder- und Jugendmedienschutzes heute zu der wichtigsten gesamtgesellschaftlichen Rahmung, wenn es um den Schutz und die Sicherheit junger Menschen beim Auf- und Heranwachsen in der digitalen Welt geht. Abgeleitet aus dem Recht eines jeden auf eine freie Entfaltung seiner Persönlichkeit (Art. 2 Abs. 1 GG) ist es in Verbindung mit dem staatlichen Schutzauftrag (Art. 1 Abs. 1 GG) erklärtes Ziel und Auftrag, Kinder

---

71 Hier wird ausgeführt, wie die Kinderrechte heute im Hinblick auf die Zugänge zu und Umgangsweisen junger Menschen mit (digitalen) Medien zu verstehen und auf eine zeitgemäße, den Herausforderungen der digitalen Welt angemessene Art und Weise auszulegen sind. Konkrete Anregungen finden sich bspw. unter https://kinderrechte-digital-leben.de/kinderrechte/

5.6 Medienumgangsbezogene Rechte, gesetzliche Regulierung und Förderung

und Jugendliche vor solchen Medien zu schützen, die sie in ihrer Entwicklung oder Erziehung zu einer eigenverantwortlichen und gemeinschaftsfähigen Persönlichkeit beeinträchtigen oder (schwer) gefährden können. Das daraus abgeleitete grundsätzliche Ziel ist eine möglichst effektive Reduzierung medieninduzierter Entwicklungsrisiken (Dreyer 2013).

Auch wenn der Kinder- und Jugendmedienschutz in Deutschland ein Rechtsgut mit Verfassungsrang ist, genießt er keine alleinige Privilegierung bzw. absolute Vorrangstellung. Zum einen ist die Pflege und Erziehung von Kindern das natürliche Recht der Eltern und die zuallererst ihnen obliegende Pflicht – der Staat wacht lediglich darüber bzw. erfüllt das sog. Wächteramt (Art. 6 Abs. 2 GG). Zum anderen sind die Freiheit der Berichterstattung und das Recht auf freie Meinungsäußerung zu beachten und es verbieten sich staatliche Eingriffe (vor Veröffentlichung) wegen des Zensurverbots (Art. 5 Abs. 1 GG). In dieser grundlegenden Einordnung sind auch die Maßnahmen zum Schutz und zur Sicherheit junger Menschen im digitalen Raum mit den (ggf. konkurrierenden) anderen Rechtsgütern abzuwägen – auch bspw. mit der Kunstfreiheit.

Grundsätzlich geht man im gesetzlichen Kinder- und Jugendmedienschutz davon aus, dass bestimmte Medieninhalte und Medienumgangsweisen (in diesem Sinne) negative Implikationen für die Persönlichkeitsentwicklung junger Menschen haben können. Für die digitale Welt wird dabei allerdings nicht nur auf eine besondere ›Wirkmacht‹ digitaler Anwendungen und der mit ihnen transportierten Inhalte abgestellt, sondern auch auf die skizzierten medienbezogenen Kompetenzen, spezifischen Medienumgangsweisen und erzieherischen Lebenskontexte junger Menschen als Adressat*innen. Das an Schutz und Sicherheit orientierte Handeln ist insofern auch von den Realitäten in der digitalen Welt geleitet.

Zentrale handlungsleitende Vorstellungen sind im Einzelnen, dass Kinder und Jugendliche in ihrer Entwicklung zu einer gemeinschaftsfähigen Persönlichkeit noch nicht abgeschlossen und daher noch grundsätzlich ›beeinflussbarer‹ als Erwachsene sind, nicht nur durch reale, sondern eben auch durch mediale Erfahrungen. Zudem wird darauf verwiesen, dass bestimmte Medieninhalte von Kindern und Jugendlichen (eines bestimmten Alters) noch nicht adäquat eingeordnet und verarbeitet werden können und auch bestimmte Umgangsweisen die Entwicklung der schutzbedürftigen Minderjährigen beeinträchtigen können. Auch die noch bestehenden Schwierigkeiten seitens der jungen Nutzer*innen, die Folgen ihres Medienhandelns ›richtig‹ abzuschätzen zu können, und die fehlende Kontrolle und Begleitung hat der Kinder- und Jugendmedienschutz im Blick (Hajok 2014). Denn zwei grundlegende Ansprüche kennzeichnen hier das Handeln: das Bewahren und das Befähigen.

Das Bewahren setzt an den digitalen Zugängen an und zielt darauf, die Heranwachsenden von Vornherein vor möglichen Entwicklungsbeeinträchtigungen und -gefährdungen zu schützen. Hier geht es um einen Fremdschutz, der mit den bekannten Mitteln im Spektrum der Altersfreigaben (ohne Altersbeschränkung, ab 6, 12, 16 oder 18 Jahren) und deren Umsetzung mit Sendezeitschienen im Fernsehen, Indizierungen für jugendgefährdende Medien, altersdifferenzierende technische Zugangsbeschränkungen seitens der Medienangebote selbst bzw. der Zugänge zu ihnen ansetzt. Die letztgenannten haben in der digitalen Welt einen besonderen Stellenwert, setzen aber voraus, dass entsprechende Maßnahmen und Instrumente angebotsseitig umgesetzt bzw. vorgehalten werden und im Erzieherischen auch tatsächlich zur Anwendung kommen, und hier gibt es – wie gezeigt – Defizite.

Das Befähigen wendet sich demgegenüber den jungen Nutzer*innen zu. Hier geht es um einen Selbstschutz, mit dem Kinder und Jugendliche mit Angeboten zur Aufklärung und Prävention bei der Ausbildung von Kompetenzen für einen kritisch-reflexiven Medienumgang unterstützt werden sollen, auf dessen Grundlage sie von den möglichen Gefahren wissen, sie im eigenen Medienumgang erkennen und ihnen (idealerweise) selbst aus dem Weg gehen können. Auch die Unterstützung der Ausbildung von Strategien für einen angemessenen Umgang bzw. eine adäquate Bewältigung bereits gemachter (negativer) Erfahrungen ist hier zu nennen, auf deren Grundlage die jungen Nutzer*innen die Erfahrungen so Be- und Verarbeiten können, dass sie in ihrer Entwicklung nicht nachhaltig beeinträchtigt werden, sondern aus der Bewältigung vielleicht sogar gestärkt daraus hervorgehen. Aufgrund dieser an die jungen Nutzer*innen selbst adressierten Zugänge hat der Kinder und Jugendmedienschutz in der digitalen Welt heute seine größte Bedeutung.

System, Akteur*innen und Prüfkriterien

Die verschiedenen Maßnahmen und nicht zuletzt diejenigen, die auf eine Regulierung der digitalen Welt selbst abzielen, werden in Deutschland schon seit vielen Jahren im (wiederum gesetzlich verankerten) System der sog. regulierten Selbstregulierung umgesetzt. Der Staat hat hier (nur noch) eine Aufsichtsfunktion und wacht über die Einhaltung der gesetzlichen Bestimmungen. Hierfür ist die Kommission für Jugendmedienschutz (KJM) zuständig. Die praktische Umsetzung und Bestimmungen, insbesondere was eine

5.6 Medienumgangsbezogene Rechte, gesetzliche Regulierung und Förderung

Vorabprüfung von Medienangeboten und ihre Alterskennzeichnung anbetrifft, obliegt den – von der KJM anerkannten – Freiwilligen Selbstkontrollen, die in unabhängigen, pluralistisch zusammengesetzten Gremien Prüfungen durchführen.

Allseits bekannt und am längsten aktiv in der Sache ist die Freiwillige Selbstkontrolle der Filmwirtschaft (FSK), die im Auftrag der obersten Landesjugendbehörden schon seit 1949 Filme unter Jugendschutzgesichtspunkten prüft.[72] Die Prüfungen erfolgen auf der Basis der Regelungen des Jugendschutzgesetzes (JuSchG) und der Grundsätze der FSK, die eine wirksame Durchsetzung der im Grundgesetz (GG) verankerten Meinungs- und Informationsfreiheit, insbesondere der Presse- und Kunstfreiheit, in Abwägung mit anderen Grundrechten wie dem Grundrecht von Kindern und Jugendlichen auf körperliche, geistige und seelische Unversehrtheit vorsehen.

Die Freiwillige Selbstkontrolle Fernsehen (FSF) ist wiederum für den Fernsehbereich zuständig und prüft die fiktionalen Programmangebote der Privatsender. An der vergebenen Altersfreigaben werden dann die Sendezeitschienen gekoppelt, das heißt, Sendungen und Filme ohne Jugendfreigabe dürfen nur zwischen 23 und 6 Uhr, »ab 16« freigegebene zwischen 22 und bis 6 Uhr und »ab 12« freigegebene in der Schiene 20 bis 6 Uhr (wenn die Sendung dem Wohl jüngerer Kinder nicht entgegensteht, auch im Tagesprogramm). Differenziert nach den Altersstufen macht die FSF für Erziehende und andere Interessierte auch ihre an den medienbezogenen Fähigkeiten von Kindern und Jugendlichen orientierten Prüfkriterien transparent und unterscheidet hier die Kategorien Angst, Gewalt, Desorientierung, Sex und Sprache (FSF 2024).

Im Hinblick auf die Zugänge junger Menschen zur digitalen Welt und den hier genutzten Anwendungen und Diensten hat zum einen die Unterhaltungssoftware Selbstkontrolle (USK) eine besondere Bedeutung. Sie prüft seit 1994 die unter Kinder und Jugendlichen beliebten digitalen Spiele und hat es bis heute auf über 55.000 Prüftitel und 16 Millionen Kennzeichnungen im Onlinebereich (meist Apps) gebracht. Das Prüfaufkommen im Bereich der Games ist seit Jahren zwar rückläufig, dennoch wurden im Jahr 2024 über 1.500 Titel geprüft. Auch in diesem Bereich wird am häufigsten, in drei von vier Fällen, die Freigabe »ab 12« und am seltensten »keine Jugendfreigabe« vergeben.

---

72 In den letzten Jahren wurden im Schnitt jeweils um die 10.000 Altersfreigaben vergeben. 2024 hat die FSK über 600 Kinofilme und fast 1.000 Home-Entertainment-Langfilme gekennzeichnet. An häufigsten wird seit Jahren die Altersfreigabe »ab 12« und am seltensten keine Jugendfreigabe bzw. »ab 18« vergeben (FSK 2025).

Nach den Neuregelungen des Jugendschutzgesetzes (JuSchG) im Jahr 2021 (s. u.) werden nun (endlich) auch die Nutzungsrisiken im Altersfreigabeverfahren berücksichtigt. Bei Games, die bspw. Funktionen wie Chats, In-Game-Käufe und Kaufmechanismen nach dem Zufallsprinzip wie sog. Lootboxen enthielten, wurden die bekannten Alterskennzeichen um entsprechende textliche Hinweise ergänzt, etwa ein Drittel der Games bekamen eine höhere Alterseinstufung (USK 2025). Mit den ›offiziellen‹ Alterskennzeichen der USK sind seit einige Jahren auch die Apps im Google-Playstore, nicht aber die im iOS App Store gekennzeichnet.

Einen besonderen Stellenwert hat zum anderen die Freiwillige Selbstkontrolle Multimedia-Diensteanbieter (FSM), die seit 1997 für den Onlinebereich aktiv ist. Sie ist die einzige Selbstkontrolleinrichtung, die keine systematischen Vorabkontrollen und Alterskennzeichnungen vornimmt, was angesichts der ungeheuren Vielzahl an Angeboten und des (nutzergenerierten) dynamischen Contents schlicht auch gar nicht so ohne weiteres möglich wäre – von den Livesettings der Social-Media-Kanäle und den individualisierten Settings der Messengerdienste sowieso nicht. Geprüft werden an der FSM vielmehr technische Zugangsbeschränkungen aller Art, technische Mittel zur Umsetzung altersdifferenzierter Zugänge (etwa bei Streamingdiensten), Kinderschutzsoftware und Jugendschutzprogramme zur Ausfilterung kinder- und jugendschutzrelevanter Inhalte (auch bei mobilen Endgeräten) und Altersverifikationssysteme (AVS), die nur identifizierten und authentifizierten Erwachsenen Zugang zu bestimmten Angeboten im Netz erlauben.

Im Weiteren berät die FSM die Anbieter bei der Umsetzung der gesetzlichen Bestimmungen und unterhält eine Beschwerdestelle, bei der Jede*r Kinder- und Jugendschutzverstöße online melden kann – die FSM geht diesen dann entsprechend nach. Im Jahr 2024 waren das nach dem bisherigen Höchststand im Jahr zuvor 25.536 Beschwerden – gut zwei Dritteln der gemeldeten Onlineangebote wurden nach der Prüfung ein Verstoß gegen deutsche Jugendschutzbestimmungen attestiert. Bei den mit Abstand meisten handelt es sich um frei zugängliche Pornografie sowie um Darstellungen sexuellen Missbrauchs von Kindern; alle auf deutschen Providern gehosteten und auch die mit Abstand meisten im Ausland vorgehaltenen Angebote konnten schnell gelöscht werden. Davon abgesehen wurde – eher selten – gegen Gewaltdarstellungen und sog. Hasskriminalität im Netz vorgegangen (FSM 2025).

Neben den genannten Freiwilligen Selbstkontrollen sind noch zwei weitere Akteur*innen im Feld des restriktiv-bewahrenden Kinder- und Jugendmedienschutzes unterwegs. Zum einen die Bundeszentrale für Kinder- und

5.6 Medienumgangsbezogene Rechte, gesetzliche Regulierung und Förderung

Jugendmedienschutz (BzKJ), die den meisten noch unter ihrem früheren Namen Bundesprüfstelle für jugendgefährdende Medien (BPjM) bekannt ist. Die BzKJ ist für die Indizierung jugendgefährdender Medien auf Antrag/Anregung hin insgesamt zuständig, also wenn Medien die im Gesetz genannten Jugendgefährdungstatbestände erfüllen (s. u.). 1.180 Verfahren (inkl. 686 Anträge und 215 Anregungen zur Indizierung) wurden hier im Jahr 2024 geführt und die mit Abstand meisten davon als (schwer) jugendgefährdend eingestuft und indiziert (BzKJ 2025a). Im Gegensatz zum Markt der Trägermedien sind die Indizierungsfolgen bei Onlineangeboten, die seit Jahren den Prüfschwerpunkt bilden, allerdings recht begrenzt (Nichtanzeige in Suchmaschinenergebnissen, Einpflegung in Blacklists etc.). Von sich aus können sie letztlich keinen wirksamen Schutz bewirken, was einen Zugang von Kindern und Jugendlichen mit jugendgefährdenden Inhalten im Netz angeht.

Deutlich relevanter im Hinblick auf schnelle Abhilfe und frühzeitiges Aufspüren ist zum anderen Jugendschutz.net mit besonderem Schwerpunkt bei den von Kindern und Jugendlichen genutzten Plattformen und Onlinediensten. Seit 1997 ist das Kompetenzzentrum von Bund und Ländern für den Schutz von Kindern und Jugendlichen im Internet die gemeinsame Einrichtung der Jugendminister. Das Zentrum geht nicht nur Beschwerden nach, es recherchiert vor allem selbst hinsichtlich möglicher Verstöße gegen die gesetzlichen Bestimmungen. Von den 17.630 im Jahr 2024 festgestellten Verstößen, einem absoluten Höchststand, waren 89 Prozent Darstellungen sexualisierter Gewalt (meist gegenüber Kindern). Im Weiteren handelte es sich vor allem um politischen Extremismus, Pornografie, Darstellungen von Gewalt und Selbstgefährdungen sowie um Cybermobbing (Jugendschutz.net 2025).[73] Es wird noch zu zeigen sein, dass diese aufgefundenen Probleme im Leben nicht weniger Kinder und Jugendlicher auch eine Rolle spielen (▶ Kap. 8.4).

Daneben gibt es (mit öffentlichen Mitteln geförderte) Initiativen und Einrichtungen, die dem präventiv-befähigenden bzw. erzieherischen Kinder- und Jugendmedienschutz verschrieben sind. Sie bieten – meist kostenfrei – seit einigen Jahren schon den unterschiedlichen Zielgruppen gut aufbereitete Informations-, Aufklärungs- und Unterstützungsangebote für die digitalen

---

73 Fast alle aufgefundenen Angebote wurden als absolut unzulässig eingestuft. Nur wenige bleiben nach offiziellem Anbieterkontakt durch die Jugendschutzstelle online. Die Löschquoten nach Meldung von den Nutzer*innen bei den Plattformen sind abseits der Darstellungen sexualisierter Gewalt demgegenüber eher gering (teilweise deutlich unter 50 Prozent) und bei den betreffenden Diensten *YouTube*, *Instagram* und *TikTok* sehr unterschiedlich (Jugendschutz.net 2024a).

5 Mediale und lebensweltliche Kontexte prägen das Geschehen

Herausforderungen: Schärfen des Risikobewusstseins und Unterstützung bei der Bewältigung negativer Erfahrungen für die Heranwachsenden, Checklisten und Tipps für die Erziehenden und Materialien für die Fachkräfte in Kita, Schule und außerschulischer Jugendarbeit. Allein ein Blick ins Portfolio von Klicksafe.de, Bestandteil des deutschen Awareness Centres Klicksafe im Digital Europe Programm (DIGITAL) der Europäischen Union für mehr Sicherheit im Internet, zeigt die vielfältigen Zugänge und Berücksichtigung der aktuellen digitalen Herausforderungen.

Gesetzliche Bestimmungen zu Schutz (und Förderung)

Das Handeln des Kinder- und Jugendmedienschutzes erfolgt zum einen auf der Grundlage des Jugendschutzgesetzes (JuSchG) mit den Regelungen zu jugendgefährdenden Medien, zur Alterskennzeichnung von Filmen, Computerspielen etc. und zum anderen auf der Grundlage des Jugendmedienschutz-Staatsvertrags (JMStV) mit seinen Regelungen zum Schutz von Kindern und Jugendlichen in Rundfunk und Telemedien (inkl. Internet, Onlinedienste etc.). Beide Gesetzestexte greifen auch die wichtigsten Verbote des Strafgesetzbuchs (StGB) zur Verbreitung medialer Inhalte und strafbewehrter Formen der Mediennutzung auf, die bezüglich sexualisierter Selbstdarstellungen junger Nutzer*innen im Netz, Formen digitaler sexueller Gewalt unter Heranwachsen, Teilen pornografischer Inhalte sowie Hochladen oder Posten gewaltverherrlichender Clips tatsächlich eine gewisse Relevanz in der digitalen Welt der Auf- und Heranwachsenden haben (▶ Kap. 8.4).

Der Blick in die Gesetze zeigt, dass es schon eine ganze Palette an verbotenen bzw. unzulässigen Medieninhalten gibt. Sie unterliegen hierzulande einem absoluten Verbreitungsverbot, dürfen also weder Minderjährigen noch Erwachsenen zugänglich gemacht werden. Nach § 15 Abs. 2 JuSchG und § 4 Abs. 2 JMStV zählen hierzu harte Pornografie (Kinder-, Jugend-, Tier- und Gewaltpornografie), Volksverhetzung, Gewalt- und Kriegsverherrlichung, Anleitung zu Straftaten, Darstellungen, die die Menschenwürde verletzen, und nicht zuletzt Darstellungen (auch virtuelle) von Kindern und Jugendlichen in aufreizend geschlechtsbetonter Körperhaltung (sog. Posendarstellungen), die bereits mit der Neufassung des Sexualstrafrechts 2015 gemäß §§ 184b und c Straftatbestände erfüllen (Liesching 2015).

Abgesehen von den absolut unzulässigen Darstellungen sind nach § 15 Abs. 2 Nr. 5 JuSchG und § 4 Abs. 2 JMStV auch solche (Erwachsenen-)Inhalte für Minderjährige jeden Alters tabu, die (offensichtlich) geeignet sind, ihre Entwicklung oder Erziehung zu einer eigenverantwortlichen und gemein-

5.6 Medienumgangsbezogene Rechte, gesetzliche Regulierung und Förderung

schaftsfähigen Persönlichkeit (schwer) zu gefährden. Das sind genau die Dinge, über die die BzKJ mit ihren Indizierungen zu befinden hat. Hierzu zählen pornografische Darstellungen unterhalb der Schwelle zur harten Pornografie (s. o.), unsittliche und verrohende, zu Gewalttätigkeit, Verbrechen und Rassenhass anreizende Medieninhalte, selbstzweckhafte detaillierte Gewaltdarstellungen sowie Selbstjustiz nahelegende Darstellungen.

Ferner sind Kinder und Jugendliche vor solchen Inhalten zu schützen, die in gefestigter Spruchpraxis zur Indizierung von Medien in weiteren anerkannten Fallgruppen der Jugendgefährdung gefasst sind. Hierzu zählen Medien, die Menschengruppen diskriminieren, den Nationalsozialismus verherrlichen oder verharmlosen, Drogen oder exzessiven Alkoholkonsum propagieren oder selbstschädigendes Verhalten nahelegen (BzKJ 2025b, c). Zu Letzterem werden auch sog. pro-Ana-/pro-Mia-Angebote gezählt, die wie die Angebote, in denen Suizid, Selbstverletzungen und andere Gesundheitsgefährdungen propagiert werden, mittlerweile eine nicht unerhebliche Rolle bei den auf das eigene Medienhandeln bezogenen Risiken spielen (▶ Kap. 8.4).

Nicht zuletzt kommen die Reglungen § 14 JuSchG und § 5 JMStV zu den für bestimmte Altersgruppen entwicklungsbeeinträchtigenden Inhalten zum Tragen. Fokussiert auf altersunangemessene Darstellungen von Gewalt, Sexualität, Extremismus, Drogen und die Gefahr einer übermäßigen Ängstigung, sozial-ethischen Desorientierung oder anderweitigen negativen Beeinflussung junger Menschen setzen die genannten anerkannten Freiwilligen Selbstkontrollen schon seit vielen Jahren unverändert auf Altersfreigaben (ab 6 Jahren, ab 12 Jahren, ab 16 Jahren, keine Jugendfreigabe/ab 18). Sie gelten in der analogen Welt noch immer als wichtigstes Instrument des Kinder- und Jugendmedienschutzes. Abseits von digitalen Spielen und den kostenpflichtigen Streamingdiensten entfalten die Altersfreigaben in der digitalen Welt von Kindern und Jugendlichen jedoch keine allzu große Wirkung. Die sich aus den Freigaben ergebenden Abgabe- und Zugangsbeschränkungen (zu Filmen, TV-Sendungen, Computerspielen, Apps, Onlinediensten etc.) sind nicht nur für die Anbietenden eine wichtige Größe, sie sollten auch im Erzieherischen berücksichtigt und umgesetzt werden, was – wie gezeigt – keineswegs immer der Fall ist.

Waren die Regelungen zum Kinder- und Jugendmedienschutz über die ganzen Jahre hinweg vor allem an einer potenziell negativen Wirkung von altersunangemessenen Inhalten orientiert, nimmt das reformierte Jugendschutzgesetz nun auch die Mediennutzungs- und Interaktionsrisiken in den Blick. Sie stehen in besonderem Maße für die (stark) erweiterten Risikolagen in der digitalen Welt, wie sie noch ausführlicher beschrieben wird (▶ Kap. 8). So wird im neuen § 10a Abs. 1 und 2 JuSchG nicht nur der Schutz von Kindern und Jugendlichen vor entwicklungsbeeinträchtigenden und jugendgefährdenden Medien, sondern in § 10a Abs. 3 auch deren persönliche Integrität bei der Mediennutzung als zentrales Schutzziel herausgestellt. Die im neuen § 10b Abs. 2 JuSchG formulierte Berücksichtigung von Mediennutzungsrisiken hat aber nur einen fakultativen »Kann«-Charakter und es fehlt an Verbindlichkeit für Medienanbieter (Liesching/Zschammer 2021).[74]

> Seit Inkrafttreten des Jugendschutzgesetzes am 1. April 2003 und der damit vollzogenen Zusammenführung des zuvor geltenden Gesetzes zum Schutze der Jugend in der Öffentlichkeit (JÖSchG) und des Gesetzes über die Verbreitung jugendgefährdender Schriften und Medieninhalte (GjS) zu einem einheitlichen Gesetz, das Kindern und Jugendlichen einen möglichst umfassenden Schutz bieten soll, war der Schutz vor Risiken in der Welt der Medien zwar gesetzlich verankert – es ging aber ausschließlich um inhaltsbezogene Risiken. Mit der letzten Novellierung im Jahr 2021 wurden die Bestimmungen nicht nur um Regelungen zu möglichen Mediennutzungsrisiken ergänzt, wie sie heute beim Handeln junger Menschen in der digitalen Welt im Mittelpunkt stehen, sondern auch der Aspekt der Förderung und Befähigung mit eingebracht.

Eine besondere Bedeutung für den hier angesprochenen erzieherischen Schutz hat in diesem Zusammenhang der neu eingefügte § 10a Abs. 4 JuSchG. Hieraus leitet sich explizit ein Rechtsanspruch für Kinder, Jugendliche, personensorgeberechtigte Personen und pädagogische Fachkräfte auf die Förderung von Orientierung bei der Mediennutzung und Medienerziehung ab. Die Vorschriften des SGB VIII bzw. des Kinder- und Jugendhilfegesetzes bleiben hiervon unberührt. Zudem ist gemäß § 11 Abs. 2 nun nicht mehr nur den Sorgeberechtigten, sondern auch den Erziehungsbeauftragten erlaubt, die Parental-Guidance-Regelung (sog. PG-Regelung) im pädagogischen Alltag in Anspruch zu nehmen. Pädagogische Fachkräfte können den betreuten Kindern ab sechs Jahren nun als auch die Anwesenheit bei öffentlichen Filmveranstaltungen mit Filmen, die für Zuschauer*innen ab zwölf Jahren

---

74 Das heißt praktisch: *YouTube, TikTok, Instagram* & Co. können nicht dazu verpflichtet werden, von Vornherein dafür zu sorgen, dass die jungen Nutzer*innen bei ihnen in einem geschützten Raum unterwegs sind. Sie müssen allenfalls Tools zum Schutz vorhalten (SafeSearch-Funktion, eingeschränkter/begleiteter Modus etc.). Für die Aktivierung bzw. den Einsatz im Erzieherischen sind die Eltern verantwortlich – wie gezeigt, sind technische Schutzinstrumente aber hier nicht sehr populär.

5.6 Medienumgangsbezogene Rechte, gesetzliche Regulierung und Förderung

freigegeben und gekennzeichnet sind, gestatten, sofern sie die Kinder dabei begleiten.

Die nicht unwichtigen Regelungen des SGB VIII selbst werden schon seit einigen Jahren so ausgelegt, dass die hier fixierten Rechte von Kindern und Jugendlichen auch hinsichtlich ihrer Medienzugänge einzulösen sind – und zwar von allen Einrichtungen, die der Bildung, Förderung und Erziehung von Kindern und Jugendlichen dienen, unabhängig davon, ob in öffentlicher oder freier Trägerschaft (Schäfer 2014). Das in § 1 Abs. 1 SGB VIII verbriefte Recht eines jeden jungen Menschen auf Förderung seiner Entwicklung und auf Erziehung zu einer verantwortlichen Persönlichkeit ist dementsprechend auch im Hinblick auf die zunehmend digitalen Lebenswirklichkeiten junger Menschen einzulösen.

Ebenso ist der erzieherische Kinder- und Jugendschutz nach § 14 Abs. 2 Satz 1 SGB VIII so auszulegen, dass in den Handlungsfeldern der Kinder- und Jugendhilfen bei der Befähigung junger Menschen zu Selbstschutz sowie zu Kritikfähigkeit, Entscheidungsfähigkeit und Eigenverantwortlichkeit die medieninduzierten Entwicklungsrisiken nicht nur als ›reale‹ Gefahren für die Heranwachsenden ernst genommen werden, sondern auch eine angemessene ›pädagogische‹ Antwort darauf gefunden wird. Hier lässt sich eine Brücke zum besonderen Schutzauftrag nach § 8a SGB VIII und zur Sicherstellung von geeignetem (haupt- und ehrenamtlichen) Personal nach § 72a SGB VIII schlagen, zu deren adäquater Umsetzung immer mehr (oberste) Landesjugendbehörden in den Anerkennungsverfahren für freie Träger der Kinder- und Jugendhilfe Präventions- und Schutzkonzepte erwarten, die medienbezogene Regelungen beinhalten oder sogar spezielle Medienkonzepte (oder medienpädagogische Konzepte) einfordern (Hajok 2024c).[75]

Regulierung digitaler Dienste auf europäischer Ebene

Was die Regulierung speziell von digitalen Anwendungen und Diensten anbetrifft, gab es in Deutschland aufgrund fehlender (verbindlicher) gesetzlicher Regelungen zu einem wirksamen anbieterseitigen Kinder- und Ju-

---

75 Bislang war die Umsetzung der gesetzlichen Einbindung einer Familienförderung, die Sorgeberechtigte im Sinne einer ›frühen Hilfe‹ dabei unterstützen soll, ihre (mediale) Erziehungsverantwortung besser wahrnehmen zu können, eher zurückhaltend. § 16 Abs. 1 SGB VIII sieht hierfür aber explizit auch Angebote vor, mit denen sich Erziehende die erforderlichen Kenntnisse und Fähigkeiten im Bereich Medienkompetenz aneignen können.

gendmedienschutz lange Zeit großen Handlungsbedarf, dem bislang auch die entsprechenden Anpassungen im JuSchG und JMStV bislang nicht vollends genügen konnten. Aktuell entfaltet der Digital Service Act (DSA), eine EU-Verordnung, deren Regelungen in den Mitgliedsstaaten seit dem 17. Februar 2024 unmittelbar gelten, die größte Breitenwirkung – und zumindest optional auch die größte Schutzwirkung für Kinder und Jugendliche in der digitalen Welt. Der DSA wird wegen seiner Regulierung sogar als ein »Gamechanger« gesehen, der den Beinamen »Grundgesetz für das Internet« durchaus verdient (Kettemann 2024, S. 55). Letzteres bleibt allerdings im Hinblick auf die tatsächliche Umsetzung nicht zuletzt im Kontext der aktuellen Bestrebungen der weltweit agierenden Techkonzerne nach De-Regulierung noch abzuwarten.

Die Umsetzung der Verordnung in Deutschland wird mit dem am 16. Mai 2024 in Kraft getretenen Digitale-Dienste-Gesetz (DDG) konkretisiert und hat nicht zuletzt für die Regulierung der großen Online-Plattformen, die im Alltag von Kindern und Jugendlichen eine große Relevanz haben, eine besondere Bedeutung. Neben der Verpflichtung zum Vorhalten eines Melde- und Abhilfesystems, mit dem (wirksam) gegen rechtswidrige Inhalte vorgegangen wird, zielen zahlreiche spezifische Regelungen ausdrücklich auf den Schutz von Minderjährigen ab. Hervorzuheben ist hier Artikel 28 Abs. 1 DSA, der den Anbietern von Online-Plattformen, die für Minderjährige (frei) zugänglich sind, nun endlich auferlegt, mit geeigneten und verhältnismäßigen Maßnahmen für ein hohes Maß an deren Privatsphäre, Sicherheit und Schutz innerhalb des Dienstes zu sorgen. Auch die Verpflichtung für sehr große Online-Plattformen (und Suchmaschinen) zu einer regelmäßigen Risikobewertung und -minderung sowie die Berücksichtigung von sog. vertrauenswürdigen Hinweisgebenden, unverzügliche Bearbeitung von Hinweisen und Transparenzpflichten für Anbieter sind herauszustellen (BzKJ 2024).

Von besonderer Bedeutung für die noch auszuführenden konsum- und marktbezogenen Risiken (▶ Kap. 8.2) sind die Vorgaben des DSA, mit denen die Anbietenden bspw. verpflichtet sind, die Funktionsweise der eingesetzten algorithmischen Empfehlungssysteme offenzulegen und ihren Einfluss auf die Plattforminhalte, einschließlich einer Content-Moderation, zu erklären. Auch muss es den Nutzer*innen möglich sein, Informationen darüber zu erhalten, aufgrund welcher Parameter ihnen personalisierte Werbung angezeigt wird – und wie sie diese Parameter beeinflussen können. Der DSA verbietet sogar Werbung, die sich gezielt an Kinder richtet, und die Nutzung sensibler Merkmale (sexuelle Orientierung, religiöse oder politische Überzeugung etc.) zur Profilbildung (Grünke et al. 2024).

5.6 Medienumgangsbezogene Rechte, gesetzliche Regulierung und Förderung

Die medienpädagogischen Zugänge in der Gesellschaft

Wenn auch die medienpädagogischen Zugänge in den institutionalisierten Kontexten von Erziehung bis heute keine Breitenwirksamkeit derart entfalten, dass alle Kinder und Jugendlichen gleichberechtigt hiervon erreicht werden, sind sie neben den wichtigen Formen der Regulierung der digitalen Welt (und der Zugänge junger Menschen zu ihr) eine nicht unerhebliche gesellschaftliche Rahmung für das Handeln junger Menschen in der digitalen Welt. Im Rückgriff auf ein mittlerweile in der dritten Ausgabe erschienenes Einführungswerk zur Medienpädagogik (Süss et al. 2018) lassen sich diese im Sinne eines ganzheitlichen Zugangs den verschiedenen Phasen von Medienaneignung als theoretisch-konzeptionelle Rahmung des Medienumgangs junger Menschen (▶ Kap. 2.5) zuordnen und wie folgt zusammenfassen.

Zugang und Auswahl aus den digitalen Möglichkeiten: Hier geht es zum einen um das Bewahren mit den skizzierten Formen der Regulierung insbesondere im Sinne des gesetzlichen Kinder- und Jugendmedienschutzes, bei denen die Zugänge zur digitalen Welt und Auswahl der Inhalte und Anwendungen von Vornherein orientiert an Schutz und Sicherheit junger Menschen, altersangemessen bzw. entwicklungsadäquat ausgestaltet werden. Dabei sollen die Grenzen des Medienumgangs sichtbar und Heranwachsende mit restriktiv-bewahrenden Maßnahmen vor inhalts-, konsum-, kommunikations- und verhaltensbezogenen Risiken geschützt werden. Zum anderen geht es um das Aufklären durch die Vermittlung von Wissen zur digitalen Welt und das Offerieren von (Selbst-)Lernangeboten, auf deren Grundlage Kinder und Jugendliche frühzeitig von den Chancen und Risiken der digitalen Welt wissen.

Wahrnehmung und Nutzung von digitalen Endgeräten und Anwendungen: Hier geht es zum einen um das Reflektieren. Durch diesen Zugang sollen die Heranwachsenden zur Auseinandersetzung mit ihrem Medienumgangs angeregt werden, damit sie ihren eigenen Medienalltag auf Basis bisheriger Erfahrungen bewusst(er) gestalten ›lernen‹. Die Auseinandersetzung mit den eigenen Bildschirmzeiten ist hier ein erster wertvoller Schritt. Auf der anderen Seite geht es um das aktive Handeln mit digitalen Medien durch pädagogisch initiierte und begleitete Learning-by-Doing-Prozesse, in denen sie selbsttätig die Fähigkeit zu einem souveränen Handeln in der digitalen Welt ausbilden.

Bewertung und Verarbeitung der in der digitalen Welt gemachten (Medien-)Erfahrungen: Hier steht das Konzept des ›Reparierens‹ im Mittelpunkt, in dem Kinder und Jugendlichen Hilfsangebote zur adäquaten Be- und Verarbeitung bzw. Bewältigung belastender medienumgangsbezogenen Erfahrungen offeriert werden. Angesichts der skizzierten besonderen Bedeutung der Peers als wichtige Unterstützungsinstanz ist dieser Zugang heute weiterzudenken, als den jungen Menschen professionelle institutionalisierte Unterstützungssysteme zur Verfügung zu stellen. Mehr denn je gilt es, die Heranwachsenden für die eigene und kollektive Bewältigung belastender Medienerfahrungen unter Peers zu stärken (Hajok 2025) und die Erziehenden zu einem angemessenen Umgang mit den unliebsamen Erfahrungen in der digitalen Welt anzuregen.

Im Sinne dieses ganzheitlichen, am Konzept der Medienaneignung festgemachten Ansatzes gilt es, die grundlegenden medienpädagogischen Zugänge in allen Kontexten von Erziehung und Bildung umzusetzen. Greift man auf die etablierten Medienkompetenzmodelle zurück, müssen Kinder und Jugendliche also unmittelbar und mittelbar dabei unterstützt werden, dass sie zu einem kundigen, (be-)nutzenden, gestaltenden und kritischen Medienhandeln – so der Klassiker unter den Medienkompetenzmodellen (Baacke 1997) – fähig sind. An den strukturierten Bildungsprozessen orientiert, kann es aber auch gern um einen sachgerechten, selbstbestimmten, kreativen und sozial verantwortlichen (Tulodziecki 1997) Umgang mit digitalen Medien gehen. Oder kurz auf den Punkt gebracht: in der digitalen Welt souverän durchs Leben gehen können (Schorb/Wagner 2013).

> Gleich auf welches Modell man zurückgreift: Rein theoretisch bzw. vermittelnd, also ohne den tatsächlichen Umgang mit den Endgeräten und Anwendungen, wird es nicht gehen. Idealerweise sind Kindern und Jugendlichen digitale Handlungs- und Erfahrungsräume zu offerieren, in denen sie zunächst (pädagogisch begleitet) ihre Erfahrungen und Kenntnisse im praktischen Umgang mit digitalen Medien erweitern, dann die neuen Möglichkeiten für eigene Anliegen, Fragen, Bedürfnisse etc. nutzen und beginnen, den eigenen Medienumgang bewusst wahrnehmen und reflektieren sowie das Wesen, die Funktionen und dahinter stehende Intentionen digitaler Medien durchschauen können (Fleischer/Hajok 2019).

Heraus erwächst die gesamtgesellschaftliche, insbesondere von Eltern und pädagogischen Fachkräfte wahrzunehmende Aufgabe, frühzeitig die digitalen Lebenswirklichkeiten angemessen zu berücksichtigen. Das meint nicht, bereits junge Familien und Kindertagesstätten schnellstmöglich zu einem digitalen Ort zu machen, sondern verweist auf die schlichte Notwendigkeit, auch den Medienumgang von Kindern (und ihren Erziehenden als Vorbild) im Alltag einfließen zu lassen. Praktisch heißt dies, die jeweils ersten Schritte in die Welt der Medien aktiv zu begleiten, dabei schrittweise und in engen Zeitfenstern auch Zugänge zu digitalen Medien zu ermöglichen, damit Kinder im geschützten Raum ihre ersten Medienerfahrungen sammeln können und frühzeitig eine altersangemessene reflexiv-praktische Mediennutzung gestärkt wird.

Ein geeigneter Ort für eine frühzeitige Medienerziehung und Medienbildung sind nicht nur die Familien, sondern auch die Kitas. Besonders wertvoll ist, wenn die kindlichen Medienerfahrungen genügend Raum für eine spielerische Bearbeitung (unter Kindern) und Begleitung (durch Erziehende) erhalten. In der erzieherischen wie pädagogischen Praxis sollten die Medien bereits bei denen Kleinen, die sich die digitale Welt nur schrittweise, behutsam und begleitet zu eigen machen sollten, nicht im Mittelpunkt stehen, sondern vielmehr ein Werkzeug (unter vielen) sein, mit dem bspw. entdeckendes Lernen unterstützt und die Sprachentwicklung von Kindern gefördert werden kann (Behr 2025). Wie bei anderen pädagogischen Zugängen darf natürlich auch die Arbeit mit und über Medien nie der körperlichen, emotionalen, sozialen etc. Entwicklung der betreuten Kinder im Wege stehen.

Die Schule, eigentlich der einzige Ort, in dem alle Kinder und Jugendlichen der betreffenden Altersgruppen zu erreichen sind, ist im Hinblick auf eine wünschenswerte grundständige Medienkompetenzförderung junger Menschen eigentlich der wichtigste Handlungsort. Wie zu Beginn des Kapitels geschildert, wird schulische Bildung in Deutschland diesem Anspruch aber bis heute allenfalls unzureichend gerecht.

6 Mögliche Folgen für die Persönlichkeitsentwicklung

Fokussiert auf wesentliche Momente hat sich gezeigt: Die Bindungskraft digitaler Medien ist hoch, die darauf bezogenen Kompetenzen jungen Menschen sind vom Entwicklungsstand bedingt, die handlungsleitenden Perspektiven der beteiligten Akteur*innen grundverschieden, die auf den Medienumgang bezogenen Erziehungserfahrungen junger Menschen von zu wenig Begleitung geprägt, für die Bewältigung mehr denn je sie selbst und die Peers ›zuständig‹ und der gesetzliche Kinder- und Jugendmedienmedienschutz entfaltet als regulierende Instanz im Hinblick auf einen anbieterseitigen Schutz nur eine begrenzte Reichweite. Vor diesem Hintergrund sind auch mögliche Implikationen des Umgangs mit digitalen Endgeräten und Anwendungen für die Persönlichkeitsentwicklung junger Menschen in einen komplexen Gesamtzusammenhang eingebunden, in dem die einzelnen, direkt und indirekt beteiligten Akteur*innen, ihre unterschiedlichen Einschätzungen und Handlungsweisen die Prozesse auf je spezifische Weise beeinflussen.

Unstrittig ist, dass bereits die ersten Medienzugänge von Kindern wie das zunehmend autonome Handeln junger Menschen in der digitalen Welt Implikationen für die Entwicklung und Sozialisation der jungen Nutzer*innen haben. Diese lassen sich letztlich in allen Bereichen der Persönlichkeitsentwicklung beobachten: bei der das Jugendalter prägenden Identitätsbildung ebenso wie bei der kognitiven, körperlich-physiologischen, psychisch-emotionalen, sozialen, sexuellen, ethisch-moralischen, religiösen Entwicklung und politischen Sozialisation im Leben junger Menschen insgesamt.

In dem von persönlichen Fähigkeiten und Vorerfahrungen, erzieherischen Einflussnahmen und dem Austausch unter Peers sowie dem von den Maßnahmen der gesetzlichen Regulierung umspannten Rahmen sind bei Kindern bereits die grundsätzlichen Zugänge zur digitalen Welt und Nutzungsmodi relevant für ihre Entwicklung. Der maßgebliche ›sozialisatorische Einfluss‹ ist im weiteren Verlauf des Heranwachsens dann vor allem im Kontext der wahrgenommenen Inhalte und Vorlagen für die Persönlichkeitsentwicklung zu sehen, die den Heranwachsenden besonders beim digitalen Austausch- und Vernetzungshandeln begegnen.

Welche Potenziale und Risiken sich aus dem Umgang junger Menschen mit digitalen Endgeräten und Anwendungen für die verschiedenen Bereiche ihrer Entwicklung und Sozialisation im Einzelnen ergebenen können, fasst Tabelle 7 entlang einiger markanter Aspekte exemplarisch zusammen, die sowohl das Feld der Potenziale wie das der Risiken für die Persönlichkeitsentwicklung aufmachen.

Tab. 7: Mögliche Einflüsse des Medienumgangs auf einzelne Bereiche der Persönlichkeitsentwicklung junger Menschen

Entwicklungspotenziale	Bereiche	Entwicklungsrisiken
◆ Erprobungshandeln im ›geschützten‹ Raum ◆ bestärkender Austausch unter Peers und Gleichgesinnten ◆ Anregungen für eigene Zukunft	**Identitätsbildung** Selbstdarstellung, Einholen von Feedback, Orientierung an anderen	◆ unrealistische, riskante, gefährliche Selbstdarstellungen ◆ Hates/unangemessene Kontaktaufnahmen ◆ problematische/unrealistische Lebensentwürfe
◆ Angebote zur kindlichen Sprachentwicklung ◆ Anregung zu kritisch-reflexiver Auseinandersetzung mit Welt ◆ aktives Lernen beim Gaming	**Kognitive Entwicklung** Denken, Gedächtnis, Lernen, Problemlösen, Sprache	◆ Sprachentwicklungsstörungen, Hyperaktivität etc. durch exzessive Nutzung ◆ Übernahme personalisierter Botschaften, Einstellungen etc.
◆ Ausbildung feinmotorischer Skills und sensorischer Fähigkeiten ◆ Aufklärungs-, Informations-, Beratungsangebote (Ernährung, Gesundheit, Lebensrisiken etc.)	**Körperlich-physiologische Entwicklung** Körperwachstum, Gewichtszunahme, Motorik, Sensorik	◆ Bewegungsmangel, körperliche Inaktivität, fehlender Schlaf etc. ◆ Vernachlässigungen ◆ Nahelegung/Verherrlichung selbstschädigenden Verhaltens
◆ Identifikation, Entspannung und Kompensation ◆ Gefühlsregulation, ›unbeschwertes‹ Flow-Erleben ◆ Stärkung von Selbstwert- und Zugehörigkeitsgefühl	**Psychisch-emotionale Entwicklung** Persönliches Erleben von sich selbst und anderen, Fühlen, Befinden	◆ Belastungen durch digitale Gewalt, Grausamkeiten etc. ◆ zwanghafte Nutzung (FOMO) und Social-Media-Burnout ◆ problematisches Vergleichsverhalten
◆ Aufbau parasozialer Beziehungen ◆ Erweiterung des eigenen ›Sozialraumes‹ ◆ Verhandlung eigener Anliegen	**Soziale Entwicklung** Empathiefähigkeit, soziales Verhalten, kommunikativer Austausch	◆ Darstellungen dissozialen Verhaltens als üblich/normal ◆ Erfahrungen mit Cybermobbing ◆ toxische Kommunikation und dissozial-aggressives Verhalten

Tab. 7: Mögliche Einflüsse des Medienumgangs auf einzelne Bereiche der Persönlichkeitsentwicklung junger Menschen – Fortsetzung

Entwicklungspotenziale	Bereiche	Entwicklungsrisiken
• Zugang zu Sexualaufklärung und sexueller Bildung • zeitgenössisches Begehren und Beziehungspflege • Lustgewinn und gesteigerte Selbstakzeptanz	**Sexuelle Entwicklung** Formierung, Konkretisierung, Ausleben sexueller Vorlieben	• verfrühte Zugänge zu Internetpornografie • (öffentliche) sexualisierte Selbstdarstellungen • sexuelle Grenzverletzungen und Cybergrooming
• gesetzes- und regelkonformes Handeln von Medienfiguren • vorgelebte akzeptierte Werte • adäquate Einordnung von Krisen, Konflikten, Kriegen etc.	**Ethisch-moralische Entwicklung** Akzeptanz von Regeln und Gesetzen, Orientierung an Werten und Prinzipien	• akzeptierte Werte und Normen in Abrede stellen • Propagierung von Regelbruch • Wecken von Gewalttätigkeit, Hinterlist, Schadenfreude etc.
• journalistische Berichterstattung zu aktuellen Ereignissen • interreligiöse/-kulturelle Bildung • Peer-Austausch zu individuell-reflektierendem Glauben	**Religiöse Entwicklung** Existenzielle Sinnsuche vor einem transzendenten Hintergrund	• religiös-fundamentalistische Indoktrination • Befürwortung von/Aufruf zu Gewalt gegenüber ›Ungläubigen‹ • Manipulative okkulte Praktiken
• Verhandlung gesell. relevanter Themen • Einbringen der eigenen Sicht in öffentliche/politische Diskurse • niedrigschwellige Beteiligung	**Politische Sozialisation** Einstellungen, Werte, Verhalten, Artikulation, Partizipation	• (Erst-)Kontakt mit demokratiefeindlichen Botschaften • subtile Beeinflussung durch Desinformation/Propaganda • individualisierte Radikalisierung

Erweiterte und aktualisierte Übersicht nach Hajok (2019b)

Die in der Tabelle zusammengetragenen Punkte zeigen eindrucksvoll, wie grundlegend und vielschichtig die Entwicklung und Sozialisation junger Menschen heute mit ihrem Handeln in der digitalen Welt verschränkt sind und sich daraus in allen markanten Bereichen ihrer Persönlichkeitsentwicklung positive und negative Implikationen ergeben können. Dies wird nachfolgend entlang der verschiedenen Bereiche der Entwicklung und Sozialisation junger Menschen noch etwas ausgeführt, bevor sich die anschließenden Kapitel dann der spannenden Frage zuwenden, inwieweit zunächst die Potenziale und dann die Gefahren des Handelns in der digitalen Welt im Leben junger Menschen tatsächlich ein Rolle spielen.

6.1 Identitätsbildung: Selbstdarstellung und Orientierung an anderen

Im Hinblick auf die älteren Kinder und Jugendlichen, die sich heute selbstverständlich einen beträchtlichen Teil ihres Alltags im digitalen Raum bewegen, unterliegt nichts so stark den Einflüssen ihres Medienhandelns wie die Identitätsbildung. Sie verdichten sich in anderen Systematisierungen zu den Chancen und Risiken digitaler Medien für junge Menschen zu dem vielleicht größten Potenzial. Die Vernetzungen in Online-Communities als unterstützende Safe Spaces von Heranwachsenden und ihre dynamischen (symbolischen) Selbstdarstellungen, die sie näher an ihr Identitätsziel bringen, sind hier die zentralen Größen (Eichenberg/Auersperg 2024). Es gibt aber auch Schattenseiten.

Mit Bezug zum heutigen (Lebens-)Motto »Sein heißt ›medial stattfinden‹« ist dies bereits angeklungen (▶ Kap. 3.5). Mögliche Implikationen für die Persönlichkeitsentwicklung sind hier eng mit den beiden zentralen Modi einer »Identitätsbildung 2.0« verknüpft (Hajok/Zerbin 2015). Auf der einen Seite sind es die ›neuen‹ Formen der Selbstdarstellungen im Netz und des Einholens von Feedback. Hier geht es um die Beantwortung der beiden identitätsstiftenden Fragen »Wer bin ich?« und »Als wen sehen mich die anderen?«. Auf der anderen Seite sind es die digitalen Orientierungs- und Suchprozesse, mit denen die Heranwachsenden gezielt nach (attraktiven) Vorlagen für das eigene Leben Ausschau halten. Hier geht es um die Beantwortung der identitätsstiftenden Frage »Wer will ich sein?«.

> Die digitalen Selbstdarstellungen waren schon Mitte/Ende der 2000er Jahre, zu Zeiten der frühen Sozialen Netzwerkdienste, eine wichtige Facette des oft noch auf den sozialen Nahraum bezogenen Austauschhandelns junger Menschen. Hier etablierten sich zwei grundlegende Formen, die bis heute prägend sind: erstens die authentischen, als original und echt empfundenen Darstellungen zum Transfer des ›wirklichen‹ Selbst in die Öffentlichkeit der Sozialen Netzwerke und zweitens die experimentellen Darstellungen zum Ausprobieren und Austesten.

In frühen fachlichen Perspektiven zielten diese beiden Modi digitaler Selbstdarstellungen auf eine positive Reaktion Außenstehender (Feedback) ab, die eine stabilisierende Wirkung auf die Identität der Selbstdarsteller*-

6 Mögliche Folgen für die Persönlichkeitsentwicklung

innen haben kann (Misoch 2009). Mit dem Siegeszug der Smartphones war dann nicht nur die Nutzung der Dienste überall und jederzeit möglich, sondern auch das Teilen der gerade erst aufgenommenen Selbstdarstellungen: das Selfie vereinte dabei wie nichts anderes ein spontanes und zugleich inszeniertes Selbst.[76]

Seit geraumer Zeit stellen junge Menschen sich und ihre Identität vorzugsweise über Social Media dar, machen sich hier nicht nur für andere Nutzer*innen sichtbar, sondern werden in ihren Netzwerken auch wahrgenommen – die Anzahl der Freund*innen, Follower*innen und Likes sind dabei Indikatoren für den sozialen Status. Mögliche Implikationen für die Persönlichkeitsentwicklung sind eng mit diesen sozialen Funktionen verbunden und bieten neben der genannten ›stabilisierenden Wirkung‹ noch weitere Potenziale: Die Heranwachsenden können sich nach ihren Vorstellungen präsentieren. Durch das eigene Erstellen und Teilen der Selbstdarstellungen haben sie ein hohes Maß an Eigenkontrolle. Das Feedback kommt in den eigenen Netzwerken nicht von irgendwem, sondern von den wichtigen Peers (Glüer 2018). In diesem Sinne kann digitale Identitätsarbeit das Erprobungshandeln durchaus bereichern und einen identitätsstiftenden, bestärkenden Austausch unter Peers und Gleichgesinnten sinnvoll erweitern, die den Heranwachsenden im analogen Alltag nie über den Weg gelaufen wären (▶ Kap. 7.2).

Mögliche negative Folgen sind wiederum eng mit den Besonderheiten der digitalen Welt verbunden, die Identitätsbildungsprozesse generell riskanter erscheinen lassen (▶ Kap. 3.5). Denn die (öffentlich) geposteten Eigendarstellungen sind auch für Unbekannte sichtbar und per gezielter Suche jederzeit auffindbar. Sie können in andere Kontexte übertragen und missbräuchlich verwendet werden und vielerorts auch den Ausgangspunkt für aggressive Feedbackformen und unerwünschte Kontaktaufnahme sein, die im Falle von Hate, Beleidigungen und Mobbing die soziale Entwicklung und im Falle von Belästigungen und Grooming die sexuelle Entwicklung ›treffen‹ (s.u.). Zudem können die Suche nach Feedback und der Wunsch, sich sichtbar (und attraktiv) zu machen, eine exzessive bzw. ausufernde Inszenierung des Selbst (Brüggen et al. 2022) bzw. unrealistische, riskante, grenzverletzende, ja sogar eigengefährdende Ausdrucksweisen befördern, etwa wenn weibliche

---

76 Vom Oxford English Dictionary zum englischen Wort des Jahres 2013 gekürt, wurde das »Selfie« von der ZEIT ONLINE auch hierzulande zum Trend des Jahres gemacht und präsentierte FOCUS Online keine zwei Jahre später stolz die zehn wichtigsten Selfie-Trends, bei denen es nicht zuletzt um Schönheitsideale, Körperbilder und das ›perfekte‹ Aussehen geht (Hajok/Zerbin 2015).

6.1 Identitätsbildung: Selbstdarstellung und Orientierung an anderen

Heranwachsende mit sexualisierten Selbstdarstellungen Attraktivität beim anderen Geschlecht oder männliche Heranwachsende mit öffentlichen Posts selbstgefährdenden Verhaltens Aufmerksamkeit zu erzielen versuchen (▶ Kap. 8.4).

Was die Orientierung Heranwachsender an den Vorlagen anderer anbetrifft, haben in der frühen Kindheit bereits die Bilderbücher, vorgelesenen Geschichten und zunehmend digital durchdrungenen Kindermedien wie *BOOKii* und *tiptoi* eine nicht zu unterschätzende Bedeutung. Später sind die wichtigen Medienfiguren in fiktionalen Kinderformaten insbesondere beim Finden der eigenen Geschlechtsidentität relevant. Für die Jugendlichen hatten dann bereits in den 2010er Jahren die beliebten YouTuber*innen mit ihren regelmäßig hochgeladenen Videos eine besondere Relevanz; sie erreichten ein junges Millionenpublikum.

Die weiblichen Heranwachsenden folgten vor allem dem, was *Dagi Bee* und *BibisBeautyPalace* mit ihren Lifestyle-, Mode- und Kosmetik-Videos an ›anstrebenswerten‹ Vorlagen repräsentierten. Bei den männlichen Heranwachsenden gaben *Julian Bam* und *Gronkh* den Ton an. Letzterer wurde mit seinen Let's Play Videos bekannt und war Mitte der 2010er Jahre der meistabonnierte *YouTube*-Kanal in Deutschland. In der Folgezeit wurde mit den Kidfluencer*innen ein immer jüngeres Publikum auf *YouTube* erreicht und die Jugendlichen orientierten sich zunehmend an den attraktiven Lebensentwürfen der Influencer*innen auf *Instagram*. Was sie den jungen Nutzer*innen in ihren Kanälen vorleben, ist heute auch ein wichtiger Einfluss für andere Bereiche der Persönlichkeitsentwicklung.

Für *Instagram*, in der letzten Dekade der wichtigste digitale Handlungs- und Erfahrungsraum für die Identitätsbildungsprozesse, wurde in einem Fachbeitrag erst kürzlich wieder auf die spezifischen Herausforderungen der (digitalen) sozialen Vergleiche abgestellt – und mit der durchaus passenden Formel »Von Aufwärtsvergleichen und Abwärtsspiralen« gelabelt (Thiel 2025). Demnach (be-)fördert die Social Media Nutzung einen Vergleichsdruck; insbesondere weibliche Heranwachsen vergleichen sich in ›negativer‹ Weise mit anderen, wobei in den meisten Fällen Bilder zum Thema Schönheit der Auslöser sind. Damit verbunden sind zugleich spezifische Herausforderungen für die psychische Gesundheit bzw. das mentale Wohlbefinden Jugendlicher und junger Erwachsener (siehe unten).

Mögliche Implikationen der neuen Formen von Orientierung wurden in der Vergangenheit vor allem im Kontext repräsentierter Geschlechterstereotype, Körperbilder und Schönheitsideale mitsamt der in Social Media gesetzten Trends vor allem für weibliche Heranwachsende gesehen. Wie ein Lauffeuer verbreitete sich im Jahr 2013 das Ideal der Oberschenkellücke

6 Mögliche Folgen für die Persönlichkeitsentwicklung

(»Thigh Gap«) und wurde kein Jahr später das sich von Hüftknochen zu Hüftknochen spannende Bikinihöschen schlanker Mädchen zum großen Hype (Hajok/Zerbin 2015). In den letzten Jahren sorgte vor allem der »that girl«-Trend für Aufsehen, bei dem junge, schöne, dünne Influencerinnen ein perfektes, auf Selbstoptimierung und Wellness aufbauendes Leben suggerieren – und die Follower*innen von diesen Inspirationen eher unter Druck geraten (Kunath 2021).[77] Nicht zu übersehen sind auch die Risiken, die sich durch die (oft intransparenten) Konsumanreize der digitalen Vorlagen ergeben (▶ Kap. 8.2).

6.2 Kognitive Entwicklung: Zwischen Frühförderung und Aufmerksamkeitsdefiziten

Mögliche Einflüsse des Medienumgangs speziell auf die kognitive bzw. geistige Entwicklung junger Menschen werden vor allem mit Blick auf (kleine) Kinder diskutiert. Denn in den ersten Lebensjahren bis ins Grundschulalter hinein bilden Kinder die zentralen Fähigkeiten heraus, die erforderlich sind, die dinglich-materielle und soziale Umwelt, die sie umgibt, wahrnehmen und verstehen zu können. Wissen von der Welt wird erworben und persönliche Einstellungen, Interessen und Wünsche formen sich aus und bilden – neben den Emotionen – einen wichtigen Hintergrund für das eigene Handeln. Mit der Ausbildung zentraler geistiger Fähigkeiten (Denken, Gedächtnis, Lernen, Problemlösen etc.) ist die kognitive Entwicklung eine wichtige Basis für die Entwicklung in anderen Bereichen und eng mit der sprachlichen Entwicklung verknüpft: Einerseits werden die kognitiven Leistungen von den sich entwickelnden sprachlichen Fähigkeiten beeinflusst, anderseits bauen die sprachlichen Leistungen auf den sich entwickelnden kognitiven Fähigkeiten auf (Dornheim/Weinert 2019).

---

77 Auch wenn es keine verlässliche Zahlen zur Relevanz alternativer Darstellungen für Heranwachsende gibt: In den letzten Jahren wurden in Social Media auch Trends beobachtet, die auf eine positive Einstellung zum eigenen Körper, so wie er ist, abzielen. Im direkten Vergleich mit den in stark überrepräsentierten Fitspiration-Inhalten scheint die Nutzung von solchen *Body Positivity*-Inhalten die persönlichen Skripte zu erweitern und das Wohlbefinden im eigenen Körper zu steigern (Stein/Scheufen/Appel 2023).

6.2 Kognitive Entwicklung: Zwischen Frühförderung und Aufmerksamkeitsdefiziten

Als Träger von Informationen und Mittler von Sprache, Texten, Bildern etc. rahmen Medien schon immer die kognitive Entwicklung junger Menschen. Bereits die Ausbildung der ersten kognitiven Fähigkeiten von Kindern (Wiedererkennen von Dingen, symbolisches Denken etc.) durch die Aneignung von Symbolen und Bildern ist vielfach medial gestützt – über die Abbildungen in der direkten Umwelt und nicht zuletzt die beliebten Bilderbücher. Ebenso ist die Entwicklung des begrifflichen Denkens und der Sprache schon früh medial gerahmt – durch die beliebten Hörbücher und Hörspiele, Kindersendungen im Fernsehen oder im Stream und immer mehr auch durch digitale Erweiterungen von *tiptoi* und *BOOKii*, durch Sprachassistenten und digitale Vorleser sowie die ersten Apps zum Spielen, Malen, Gestalten und Lernen (▶ Kap. 4.2). Im Grundschulalter haben für die meisten Kinder dann die an sie adressierten Wissenssendungen eine Relevanz (▶ Kap. 4.3).

In Maßen bzw. als punktuelle Ergänzung der wichtigen realweltlichen Inputs, allen voran der Erziehenden, werden mögliche Einflüsse der ersten digitalen Medien im Alltag von Kindern für die kognitive Entwicklung durchaus positiv gesehen. So wird für die frühkindliche Entwicklung konstatiert, dass pädagogische Apps Kleinkindern helfen können, neue Wörter zu lernen und Sprachkenntnisse zu verbessern, übermäßige Bildschirmzeiten demgegenüber zu einer verzögerten Sprachentwicklung führen bzw. diese beeinträchtigen kann (Aufenanger 2024). Generell wird eine zu frühe (und zeitlich zu ausgedehnte) Nutzung digitaler bzw. elektronischer Medien im Kleinkindalter nicht nur mit Sprachentwicklungsstörungen, sondern auch mit Hyperaktivität und Störungen der Konzentrationsfähigkeit in Verbindung gebracht (BMG 2018). Noch etwas länger liegen die Befunde aus anderen Ländern zurück, die bei Kindern im Vorschulalter einen Zusammenhang zwischen exzessiver Fernseh- bzw. Bildschirmnutzung und Defiziten bei Gedächtnis, Wahrnehmung und Aufmerksamkeit konstatieren (Brzozowska/Sikorska 2016, Nathanson et al. 2014).

Mit zunehmendem Alter etablieren die Heranwachsenden eigene Zugänge zur Information und Wissensaneignung mitsamt Möglichkeiten zur Vernetzung. Diese können einerseits eine diverse, vertiefte und kritisch-reflexive Auseinandersetzung mit komplexen Phänomenen anregen. Auch die angeeigneten Modi von Kreativität, Entscheidungsfindung und Problemlösung beim Gaming, bei denen erworbenes Wissen gleich angewandt wird (aktives Lernen), können geistige Aktivitäten und kognitive Fähigkeiten fördern (▶ Kap. 7.1). Wenn inhaltlich konsistente und durch Personalisierung ›verengte‹ Inhalte und Botschaften auf bereits ›angelegte‹ Denkmuster und Einstellungen treffen, kann das seitens der jungen Nutzer*innen allerdings auch eine Internalisierung bzw. unreflektierte Übernahme nahelegen, bei der nicht allzu viele kognitive Leistungen herausgefordert werden.[78] Als Problem erscheint dies insbesondere im Hinblick auf den Kontakt mit altersunangemessenen bzw. entwicklungsinadäquaten Inhalten in ihren digitalen Welten (▶ Kap. 8.1).

6.3 Körperlich-physiologische Entwicklung: Unmittelbar und mittelbar ›betroffen‹

Auf den ersten Blick mag es etwas verwundern – aber der Umgang von Kindern und Jugendlichen mit digitalen Medien kann auch Folgen für ihre von Größenwachstum, Gewichtszunahme, Ausbildung motorischer und sensorischer Fähigkeiten geprägten körperlich-physiologische Entwicklung haben. Tatsächlich wurde die Mediennutzung der Menschen schon immer mit (v. a. negativen) Einflüssen für die Nutzer*innen Verbindung gebracht, die sich – zunächst weitgehend unabhängig von bestimmten Inhalten – unmittelbar aus einer mehr oder minder passiven Nutzung ergeben; das Fernsehen als klassisches ›Konsummedium‹, das bei der Nutzung zur Unterhaltung und Entspannung nicht allzu viel Eigenaktivität verlangte, ist ein bekanntes Beispiel. Insbesondere eine zeitlich ausgedehnte Mediennutzung, bei der andere Aktivitäten verdrängt werden, kann demnach mit Haltungs-, Seh- und Hörschäden, mit Bewegungsmangel und körperlicher Inaktivität im weitesten Sinne verbunden sein.

Auch beim Umgang mit digitalen Endgeräten bedarf es in aller Regel keiner allzu großen körperlichen Anstrengung und Dinge, die für eine ›gesunde‹ physiologische Entwicklung essenziell sind (Essen, körperliche Aktivitäten, Schlaf etc.), geraten bei einer zu starken Bindung an die digitalen Endgeräte und Anwendungen, die in den letzten Jahren immer mehr Heranwachsenden diagnostiziert wurde (▶ Kap. 8.4), zuweilen in den Hintergrund. So werden die Vernachlässigung anderer Aktivitäten und eine Verschiebung des Tag-Nacht-Rhythmus explizit als negative Folgen einer exzessiven bzw. pathologischen Nutzung von Social Media und digitalen Spielen hervorgehoben (Thomasius 2020). Potenziell positive Zusammen-

---

[78] Hier kommen auch die bereits beschriebenen Echokammern- und Filterblaseneffekte ins Spiel, bei der die jungen Menschen bei ihren Orientierungs- und Suchprozessen mehr denn je an den digitalen Vorgaben orientieren, die vor dem Hintergrund ihrer vermeintlichen Interessen direkt an sie adressiert werden (▶ Kap. 3.1).

6.3 Körperlich-physiologische Entwicklung: Unmittelbar und mittelbar ›betroffen‹

hänge derart, dass Heranwachsende (etwa beim Gaming) besondere feinmotorische Skills und spezifische sensorische Fähigkeiten ausbilden oder – sehr viel grundsätzlicher – digitale Medien als Werkzeug für Schnitzeljagden, Sozialraumerkundungen und andere Aktivitäten wichtige physische Erfahrungen initiieren und befördern können, werden indes sehr verhalten diskutiert.

Im Hinblick auf das, was junge Menschen heute in der digitalen Welt treiben, werden mögliche negativen Folgen weniger auf deren Umgang mit digitalen Endgeräten und Anwendungen an sich abgestellt, sondern auf das, was ihnen dort begegnet. Und hier machen nicht wenige die Erfahrung mit Dingen, die – bei entsprechender Aneignung – dann auch ihre körperlich-physiologische Entwicklung beeinträchtigen oder gefährden können. Im Mittelpunkt stehen hier die digital repräsentierten Vorlagen im weitesten Sinne, die in ganz unterschiedliche Formate bzw. Angebotsformen eingebunden sind und ihren ›Einfluss‹ mittelbar geltend machen.

Sie bieten jungen Menschen einerseits vielfältige positive Anregungen für eine möglichst unbeschwerte Entwicklung hin zu körperlich gesunden und gefestigten Erwachsenen – insbesondere, was die eigenen Wege zu Information, Orientierung und Wissensaneignung anbetrifft (▶ Kap. 7.1). Man denke an gut gemachte Aufklärungs-, Informations- und Beratungsangebote (etwa zu Ernährung, Gesundheit, kritischen Lebenssituationen, persönlichen Belastungen etc.). Andererseits können problematische Vorlagen insbesondere in Social Media, aber auch in Filmen, Serien, Musik etc. die körperliche Entwicklung und das Wohlbefinden nachhaltig beeinträchtigen oder sogar schädigen. Das Spektrum reicht von einer Bewerbung und Verbreitung gesundheitsgefährdender Substanzen über das Nahelegen und Befördern von Essstörungen, selbstverletzendem und suizidalem Verhalten bis hin zu gesundheitsgefährdenden Challenges.

Letztere machten bei einer noch recht aktuellen Analyse von über 2.500 *TikTok*-Challenges immerhin fast ein Drittel der analysierten Videos aus (Kobilke/Markiewitz 2024). Bereits im Jahresbericht von Jugendschutz.net für 2023 wurden neben den Challenges auch Pranks und Fitness-Angebote bei *TikTok* & Co. als Trends mit potenziell gefährlichen Folgen als eines von insgesamt fünf vertieften aktuellen Online-Risiken hervorgehoben (Jugendschutz.net 2024a). Und auch die Jahre zuvor wurden solche digital repräsentierten Verhaltensweisen in kind- und jugendaffinen Medienumgebungen beobachtet, aus denen bei Nachahmungen durch die jungen Nutzer*innen eine Gefahr für ihre körperlich-physiologische Entwicklung erwächst.[79]

Nicht irrelevant bezüglich möglicher Folgen ist die Frage, wer mit solchen Dingen in Kontakt kommt. Für den Bereich des nicht-suizidalen selbstverletzenden Verhaltens (NSSI) etwa legen aktuelle Befunde den Schluss nahe, dass Jugendliche mit entsprechender Vorgeschichte von bildlichen (nicht von textlichen) Darstellungen selbstverletzenden Verhaltens insofern getriggert werden, als dass die ›verzerrte‹ Wahrnehmung der Darstellungen mit einem erhöhten Drang zur Selbstverletzung verbunden ist (Goreis et al. 2024).

Auch verherrlichende Darstellungen von Drogen- und exzessivem Alkoholkonsum sind in diesem Zusammenhang zu nennen. Dabei geht es weniger um die Dauer und Häufigkeit der Nutzung, sondern vor allem um den Kontakt mit von anderen Heranwachsenden, an der Auseinandersetzung mit aktuellen Entwicklungsthemen orientierten Inhalten, die einen riskanten Umgang mit dem eigenen Körper nahelegen bzw. die jungen Nutzer*innen dazu anstiften (▶ Kap. 8.4). Bei Übernahme durch die jungen Nutzer*innen ins eigene Handlungsportfolio bzw. Nachahmung sind schwerwiegende negative Folgen für die körperlich-physiologische Entwicklung, die in Extremfällen bis hin zum Tod führen können, nicht auszuschließen.

6.4 Psychisch-emotionale Entwicklung: Vom Wohlbefinden bis zur mentalen Belastung

Bei der psychischen Entwicklung geht es im Kern um das persönliche Erleben von sich selbst, um die mentale Beschäftigung mit den körperlich-physiologischen Veränderungen insbesondere in der Pubertät und dem eigenen Verhalten sowie um die innere Auseinandersetzung mit der (sozialen) Umwelt und dem Verhalten anderer mit interaktivem Bezug zum Selbst. Entwicklungsziel ist das Wohlbefinden junger Menschen sowohl im Hinblick auf ihre Emotionen und ihr Stressniveau (innerlich) als auch hinsichtlich ihrer Beziehungen zu Familienmitgliedern und Peers (Siegler et al. 2022). Die Entwicklung Heranwachsender hin zu einem – in diesem Sinne – mental

---

79 Sorgten in der Vergangenheit etwa die Blue-Whale-, Momu-, Ice-Buckets- und Hot-Chip-Challenge für öffentliche Besorgnis, wurde auf der Webseite von Jugendschutz.net im Februar 2025 vor der Paracetamol-Challenge auf *TikTok* gewarnt.

6.4 Psychisch-emotionale Entwicklung: Wohlbefinden und mentale Belastung

gefestigten Menschen ist eng mit der körperlich-physiologischen Entwicklung, der Identitätsbildung, kognitiven, ethisch-moralischen und sozialen Entwicklung verschränkt und erhält im persönlichen Erleben, Empfinden, Fühlen und Befinden, den eigenen Gefühlen und persönlichem Wohlbefinden einen besonderen Ausdruck.

> Die Erfahrungen junger Menschen und Anregungen, die sie in der digitalen Welt finden, prägen heute in vielerlei Hinsicht das persönliche mentale Wohlbefinden. Eher förderlich erscheinen hier ein eigenaktives, produktives und partizipatives Medienhandeln mitsamt Selbstwirksamkeitserfahrung wie auch eine unterhaltsamen Onlinenutzung mit dem persönlichen Erleben von Freude, Erleichterung, Entspannung und eben Wohlbefinden (Trepte/Reinecke 2019).

Mit Blick auf Games als soziale Begegnungs- und Rückzugsräume und das Gaming als Werkzeug der Emotionsregulation wurde erst kürzlich herausgearbeitet, dass digitale Spiele ihren Beitrag zur Entwicklung und Aufrechterhaltung von Resilienz bzw. Widerstandsfähigkeit gegenüber Krisen und anderen Herausforderungen im ›realen‹ Leben leisten können. Gerade wenn die Spieler*innen sich in den Games in ihrer Kompetenz und Selbstwirksamkeit erleben, können Erfahrungsräume geschaffen werden, die einen Nährboden für die Ausbildung einer widerstandfähigen Psyche bereiten (Hoberg/Strobel/Kathmann 2024).

Generell können Darstellungen, die positive Emotionen und Identifikationsmöglichkeiten, Entspannung und Kompensation vom belastenden Alltag bieten, Kinder und Jugendliche mental unterstützen und Gefühle, oder besser: Stimmungs-, Gemüts- und Erregungszustände regulieren helfen.[80] Ebenso können das Flow-Erleben beim Gaming oder das Eintauchen in Musik, Podcasts oder filmische (Serien-)Welten zu einem ›unbeschwerteren‹ Erleben des Alltags beitragen. Bereits hier gibt es aber eine Kehrseite der Medaille, etwa wenn sich ein eskapistisches Handeln etabliert, mit dem sich die jungen

---

80 Bereits in den 1980er Jahren wurde dies mit der Theorie des Mood-Management systematisiert (Zillmann 1988). Demnach erfolgt die Auswahl medialer Angebote, um den aktuellen Zustand von Stimmungen und Emotionen zu ›verbessern‹. Ursprünglich auf den Bereich der Fernsehunterhaltung bezogen, wurde später auch die große Bedeutung von Musik für Heranwachsende nicht zuletzt damit begründet, dass damit im Alltag positive Stimmungszustände aufrechterhalten oder verstärkt und negative kompensiert bzw. abgeschwächt werden (Hajok 2013a).

Nutzer*innen ›vorschnell‹ aus belastenden Situationen entziehen, die mentale Auseinandersetzung mit sich selbst und ihrer Umwelt vermeiden ›lernen‹ und letztlich wichtige Erfahrungen unbewältigt zurückbleiben.

Hinsichtlich inhaltlichen Inputs, die Medien an die jungen Menschen herantragen, ist es insbesondere der ›Macht der Bilder‹ geschuldet, die auf psychisch-emotionaler Ebene lang anhaltende Belastungen hinterlassen können. Viele Erwachsene haben bis heute auch ängstigende, verstörende, traumatisierende Bilder vom Sehen altersunangemessener Fernsehsendungen in der Kindheit im Kopf, die von nachhaltigen Belastungen zeugen. Bei den heutigen Zugängen in die digitale Welt kommen die jungen Nutzer*innen potenziell mit allem Erdenklichen in Kontakt. Gerade in Social Media macht ein nicht unerheblicher Teil der Kinder und Jugendlichen heute belastende Erfahrungen, die insbesondere bei fehlenden persönlichen, familiären und sozialen Ressourcen negative Implikationen für die psychische Gesundheit haben (Kaman et al. 2024).

Auf inhaltlicher Ebene sind vor allem Darstellungen von Kriegen und Krisen, Gewalt und Grausamkeiten, Horror und Schockierendem (▶ Kap. 8.1), die abseits kurzfristiger negativer Emotionen (Ekel, Wut, Angst etc.) insbesondere bei jungen Nutzer*innen nachhaltige Verängstigungen hinterlassen können. Nicht zu übersehen ist auch die Gefahr von belastenden Inhalten mit hohem Identifikationspotenzial, etwa die Darstellungen selbstschädigenden Verhaltens junger Menschen oder die gezielten Kontaktaufnahmen, mit denen Heranwachsende mit entsprechenden Vorerfahrungen digital (quasi jederzeit) erneut getriggert, re-traumatisiert oder anderweitig folgebelastet werden können, wie es für z.B. für den Bereich der digitalen sexuellen Gewalt dokumentiert ist (▶ Kap. 8.3).

Hinsichtlich möglicher Zusammenhänge zwischen der Social Media Nutzung und der psychischen Gesundheit bzw. dem mentalen Wohlbefinden der Nutzer*innen wurde in der Vergangenheit vor allem auf die Nutzungsmodi abgestellt. Eine aktive Nutzung durch das Erstellen und Teilen eigener Inhalte ist demnach eher förderlich für das Wohlbefinden, eine passive Nutzung, bei dem nur den Inhalten anderer gefolgt wird, eher negativ. Ganz so einfach ist es nach aktuelleren Befunden aber nicht. Zwar scheint das Posten eigener Bilder auf *Instagram* mit positiven Emotionen verbunden zu sein und die subjektive Wahrnehmung des eigenen Wohlbefindens positiv zu ›beeinflussen‹. Andere Aspekte wie Lebenszufriedenheit, Selbstwertgefühl, Einsamkeit, Selbstbestätigung und soziale Verbundenheit scheinen dem entgegen durch das aktive Posten unbeeinflusst (Krause et al. 2023).

Im Hinblick auf eine (exzessive) Nutzung von Social Media und digitalen Spielen zeigte sich die WHO Europa auf der Grundlage einer umfassenden

Erhebung erst kürzlich überaus besorgt hinsichtlich negativer Auswirkungen auf die mentale Gesundheit und das Wohlbefinden der Jugend in ganz Europa (Boniel-Nissim 2024). Konkret für Deutschland ist in der bekannten DAK-Studienreihe zu lesen, dass die 10- bis 17-Jährigen mit einer (in diesem Sinne) problematischen Social Media Nutzung signifikant häufiger von depressiven Symptomen und Angstsymptomen berichten. Zudem wurden ihnen ein erhöhter Stresslevel, Defizite bei der Emotionsregulation und weniger Achtsamkeit attestiert (Thomasius 2024). Schon länger wird die permanente Nutzung von *Instagram*, *Facebook*, *TikTok* & Co. mit einem geringeren Selbstwertgefühl der exzessiv Nutzenden diskutiert, ebenso wie ein belastender Social Media Burnout durch die Hyperkonnektivität und zwanghafte Nutzung (FOMO).

Hervorzuheben ist in diesem Gesamtzusammenhang auch ein problematisches Vergleichsverhalten mit den digitalen Vorlagen von Influencer*innen oder dem Kreieren eines unrealistischen digitalen Ichs, was – im Abgleich mit dem ›realen‹ Dasein – zu Unzufriedenheiten mit dem eigenen Körper und herabgesetztem Selbstwert führen kann (► Kap. 8.4). Vergleichsweise selten wird demgegenüber die Steigerung des Selbstwert- und Zugehörigkeitsgefühls als ein Potenzial der Social Media Nutzung gesehen, und auch die Heranwachsenden selbst haben heute vor allem negativen Folgen für das mentale Wohlbefinden und psychische Gesundheit im Blick (Calmbach et al. 2024).

6.5 Soziale Entwicklung: Erweiterung des Sozialraums und Entgrenzung

Im einführenden Teil des Buchs zu den sozialisatorischen Grundlagen (► Kap. 2.5) wurde bereits kurz darauf eingegangen, dass Kinder in den ersten Lebensjahren elementare soziale Regeln und Umgangsformen erlernen und auf deren Grundlage erste Muster für soziales Verhalten ausbilden. Nicht die Medien, sondern die direkten Bindungserfahrungen und Entwicklung von Empathiefähigkeit sind hier die entscheidenden Größen; die Erziehenden haben mit ihrem Handeln und ihren Zuschreibungen hier noch einen exponierten Stellenwert (Fleischer/Hajok 2025). Vor dem Hintergrund der in den Familien, Kitas, Grundschulen etc. an die Kinder herangetragenen (und durchgesetzten) sozialen Umgangsformen, Konventionen und Regeln sowie

6 Mögliche Folgen für die Persönlichkeitsentwicklung

der aktiven Auseinandersetzung mit ihnen entwickeln die Heranwachsenden dann die Verhaltensmuster weiter, modifizieren sie und konkretisieren sie im alltäglichen Handeln. Neben den Peers werden hier bereits die Medien als informelle Erfahrungsräume relevant.

Bereits für die ganz kleinen Kinder ergeben sich Implikationen für die wichtigen Bindungserfahrungen. Werden sie zu früh den medialen Reizen in ihrer Umwelt überlassen (Radio, Fernsehen etc.), ist ihre Aufmerksamkeit (reaktiv) darauf gerichtet und treten (eigeninitiative) Handlungen, die auf eine die eine bestätigende oder wertschätzende Reaktion durch die engen Bezugspersonen aus sind, in den Hintergrund. Dabei wird ihre soziale (und emotionale) Entwicklung vor allem durch den Medienumgang der Eltern beeinflusst. Hier wurde erst kürzlich beschrieben, wie die Smartphonenutzung der Eltern die überaus wichtigen ersten Bindungs- und Beziehungserfahrungen zu den (emotional verfügbaren) Bezugspersonen negativ beeinflussen. Die zentralen Punkte sind hier die Unterbrechung der sozialen Interaktion durch die Smartphonenutzung (Technoferenz), die völlige Abwendung der Aufmerksamkeit weg vom Kind hin zum Endgerät (Absorption) und der Versuch, alles gleichzeitig zu machen (Multitasking), also sowohl in der Interaktion mit dem Kind als auch in der digitalen Welt unterwegs zu sein (Dinzinger 2024).

Im Hinblick auf den eigenen Medienumgang junger Menschen sind es bis ins Grundschulalter hinein vor allem die bekannten, zunehmend über Streamingdienste wahrgenommen Kindersendungen des Fernsehens, auch noch die Hörmedien (Hörbücher-/spiele, Podcasts etc.), die mit ihren Figuren und Geschichten wichtige Vorlagen für die soziale Entwicklung bieten. Der Aufbau erster Beziehungen zu den Held*innen im Kleinkindalter und die Intensivierung der parasozialen Beziehung zu Medienfiguren im Vorschulalter ist insofern ein erster wichtiger und auch förderlicher Schritt für die soziale Entwicklung, als dass sich die Kinder hier im ›geschützten‹ Raum in die kindgerecht repräsentierten Charaktere, deren Gefühls- und Gedankenwelten hineinversetzen sowie die Beziehungen zwischen den Figuren begreifen und deren Handeln mit Hintergründen und Intentionen in Verbindung zu bringen lernen (▶ Kap. 5.2). Nicht zuletzt hier bilden die Kinder die Fähigkeit zu Empathie und damit eine zentrale Grundlage für ihr Sozialverhalten aus.

Später bieten insbesondere die medialen Vorlagen von Familie, Freundschaft, Beziehung Konfliktverhalten etc., die den Heranwachsenden dann zunehmend in den beliebten Filmen, Serien, Soaps, Castingshows und den Videoformaten von *YouTube* und *TikTok* begegnen, vielfältige Anregungen und Möglichkeiten für soziale Lern- und Vergleichsprozesse. Dabei sind es

6.5 Soziale Entwicklung: Erweiterung des Sozialraums und Entgrenzung

weniger die wahrgenommenen medialen Vorlagen an sich, die mögliche positive oder negative Implikationen für die soziale Entwicklung junger Menschen haben. Es ist vielmehr die aktive Auseinandersetzung mit ihnen, die Be- und Verarbeitung durch die jungen Nutzer*innen selbst und nicht zuletzt im Kreise der Peers. Von Vornherein problematisch gesehen wird im Kinder- und Jugendmedienschutz allerdings, wenn – etwa in populären Fernsehformaten – sozial abträgliches bzw. dissoziales Verhalten wie das Niedermachen anderer als üblich und normal, erfolgversprechend und nachahmenswert dargestellt werden.[81]

Was die Zugänge zur digitalen Welt angeht, so werden mögliche Einflüsse auf die soziale Entwicklung vor allem im Kontext ihres Austausch- und Vernetzungshandelns gesehen. Auf der einen Seite – und das ist zunächst einmal positiv zu sehen – erweitern sich die jungen Menschen in Messengerdiensten, Social Media und vernetzten Spielewelten ihre Sozialräume, verhandeln ihre ganz ›eigenen‹ Interessen, Neigungen, Wünsche, Probleme, Sorgen etc. im kommunikativen Austausch untereinander und verleihen damit einem partizipativen Medienhandeln auf vielschichtige Weise besonderen Ausdruck (▶ Kap. 7.2 bis 7.4). Auf der anderen Seite – und das evoziert negative Implikationen – ist mit dem Sozialen auch das Erprobungshandeln und Konfliktverhalten ins Netz ›gewandert‹ und unterliegt hier den skizzierten Formen einer zeitlichen, räumlichen und sozialen Entgrenzung (▶ Kap. 3.4). In der Folge tun oder sagen auch junge Menschen in der digitalen Welt Dinge, die sie anderswo nicht tun oder sagen würden.

Die Schattenseite dieser Enthemmung wurden schon vor über 20 Jahren mit dem sog. Online Disinhibition Effect begründet und auf einige Besonderheiten verwiesen, die das digitale Austausch- und Vernetzungshandeln junger Menschen bis heute prägen: Bei der asynchronen Onlinekommunikation mit einem ›unsichtbaren‹ Gegenüber fehlt es an Augenkontakt, Mimik und Gestik sowie an Regeln und Autorität (Suler 2004). Tatsächlich werden heute noch immer nicht wenige Heranwachsende im Netz mit sozialer Ausgrenzung, Häme, Beleidigungen, Mobbing etc. und mit toxischer Kommunikation beim Gaming konfrontiert oder etablieren selbst ein entsprechendes dissozial-aggressives Verhalten im Netz (▶ Kap. 8.3 und ▶ Kap. 8.4).

---

81 Schon der hämische und zynische Umgang von Dieter Bohlen mit DSDS-Kandidat*innen, der bei frühen Staffeln bereits zu einem Aufsichtsverfahren der KJM wegen einer sozial-ethischen Desorientierung führte, zeigte sich, dass die kritisierten Umgangsformen nicht unreflektiert internalisiert werden, sondern vielmehr eine ›produktive Auseinandersetzung‹ unter Peers auf Basis bestehender/sich gerade herausbildender Wertvorstellungen anregt (Hackenberg/Hajok/Selg 2011).

6.6 Sexuelle Entwicklung: Zunehmende Selbstbestimmung im digitalen Risikoraum

Wesentlich für ein grundlegendes Verständnis möglicher Implikationen des Umgangs junger Menschen mit digitalen Medien in diesem Bereich ist die Erkenntnis sexualwissenschaftlicher Forschung, dass sich die persönlichen Konzepte bzw. Skripte von Sexualität (sog. *Lovemaps*) bereits in der Kindheit und Vorpubertät weitgehend durch Erfahrungen im nicht-sexuellen Bereich formieren, etwa was das grundsätzliche Beziehungshandeln von Erwachsenen, insbesondere den Erziehenden anbetrifft, und in der Pubertät der Heranwachsenden dann sexualisiert, also erfahren und konkretisiert werden (Schmidt 2009). Normativ betrachtet steht bei der sexuellen Entwicklung junger Menschen die Entwicklung (und Erziehung) einer selbstbestimmten und gleichberechtigten Sexualität im Mittelpunkt, bei der die Heranwachsenden ein Bewusstsein für mögliche Risiken (Übertragung von Krankheiten, unerwünschte Schwangerschaft etc.) ausbilden und die Grenzen anderer respektieren.

Bei näherer Betrachtung erweisen sich die persönlichen Skripte von Sexualität als relativ stabil gegenüber medialen Einflüssen und werden nicht ohne Weiteres von den Vorlagen bzw. medialen Skripten abgeändert oder gar ›überschrieben‹, auf die junge Menschen heute in der digitalen Welt immer früher treffen. Im Fokus des Fachdiskurses wie der öffentlichen Diskussionen um mögliche (negative) Folgen standen schon Ende der 2000er Jahre die (noch immer) frei zugänglichen Pornoportale im Netz, die insbesondere von den männlichen Heranwachsenden regelmäßig genutzt wurden – und bis heute als ein potenzieller ›Gefährder‹ im Leben von nicht wenigen Relevanz besitzen (▶ Kap. 8.1). Auf Basis einer unklaren und im Detail sogar widersprüchlichen Befundlage werden vor allem schädliche Einflüsse (für das Frauenbild, die eigene Sexualität, Gewaltbereitschaft und Beziehungsfähigkeit, Leistungs- und Erwartungsdruck etc.), aber auch positive Implikationen (Lustgewinn, gesteigerte Selbstakzeptanz, Erweiterung tradierter Geschlechterrollen etc.) diskutiert.

Nimmt man die bisherigen Erkenntnisse zusammen, dann ist von einer modifizierenden, vielleicht verstärkenden, aber kaum einer grundsätzlich verändernden ›Wirkung‹ der Nutzung von Pornografie (oder anderer expliziter Darstellungen von Sexualität) auf vorhandene Einstellungen, Meinungen und Verhaltensdispositionen junger Menschen auszugehen. Dass diejenigen, die in ihrer Jugend viel Pornos schauen, als Erwachsene entsprechende

6.6 Sexuelle Entwicklung: Zunehmende Selbstbestimmung im digitalen Risikoraum

Vorlieben ausbilden und sich entsprechend verhalten, kann jedenfalls nicht generalisierend gesagt werden.[82] Ebenso fehlt es an Belegen, dass die Zugänge zur Pornografie mit früheren eigenen Geschlechtsverkehrserfahrungen oder häufigeren Partnerwechseln verbunden sind, womit das Pornoverbot (nur noch) für Minderjährige im Jahr 1973 begründet wurde (Hajok 2013b).

Vielmehr zeigte eine Sonderauswertung der als 9. Welle bekannten BZgA-Studie zur Jugendsexualität erst kürzlich verlässlich, dass elterliche Sexualaufklärung bei sexuell aktiven Heranwachsenden mit einem statistisch signifikant risikoärmeren Sexualverhalten einhergeht – sowohl bezüglich des erreichten Konsensalters beim ›ersten Mal‹ und des positiven Erlebens als auch mit Blick auf zuverlässiges Verhütungsverhalten und die (geringe) Anzahl bisheriger Sexualpartner*innen (Döring/Walter/Scharmanski 2024).

> Auch die möglichen Folgen digitaler Inputs für die sexuelle Entwicklung junger Menschen sind vor dem Hintergrund der persönlichen Dispositionen und lebensweltlichen Kontexte zu sehen. Eine besondere Bedeutung kommt dem sozialen und kulturellen Hintergrund der jungen Nutzer*innen, ihren persönlichen Bindungs- und Beziehungserfahrungen, den bereits ausgebildeten medienbezogenen Kompetenzen und nicht zuletzt dem, was die älteren Bezugspersonen und Peers zu Sexualität äußern, was sie fordern und was sie vorleben, zu (Bauder/Hajok 2019).

Neben den Zugängen zu Internetpornografie werden mögliche Implikationen für die sexuelle Entwicklung junger Menschen vor allem im Kontext ihres digitalen Austausch- und Vernetzungshandelns betrachtet. Denn dem Sozialen ist auch das Sexuelle ein Stück weit ins Netz gewandert. Gemeint sind zum einen einvernehmliche erotische Austauschformen wie das Sexting, aber auch öffentlich gepostete oder geteilte (zu) freizügige Selbstdarstellungen. Gerade der ›persönliche‹ Austausch wurde schon zu Hochzeiten von *Facebook* als eine ›normale‹ Facette mediatisierter Alltagspraxis Jugendlicher gesehen, als eine moderne Form der Beziehungspflege und zeitgenössischer Ausdruck des Begehrens (Hoffmann/Reißmann 2014). In gewisser Weise leben die

---

82 Spannend sind hier noch immer die Ergebnisse einer Studie, in der junge Erwachsenen zu den Präferenzen, ihrer Intimität und sexuellen Zufriedenheit sowie zur Pornografienutzung in der Pubertät befragt wurden. Hier ließen sich keine signifikanten Zusammenhänge mit der aktuell ›gelebten‹ Sexualität erkennen. Ebenso wurden persönlichen Skripte von Sexualität durch den Pornokonsum nicht pornotypisch zugespitzt (Stulhofer et al. 2009).

6 Mögliche Folgen für die Persönlichkeitsentwicklung

Heranwachsenden hier ihre sexuelle Mündigkeit online aus und nutzen die neuen Potenziale für das Anbahnen und Ausgestalten (erster) Beziehungen. Insbesondere die weiblichen Heranwachsenden haben zudem früh die (gut gemachten) Angebote zur Sexualaufklärung bzw. sexuellen Bildung im Netz genutzt, um – niedrigschwellig und mit hoher Eigenkontrolle – Antworten auf ihre drängenden Fragen zu bekommen (▶ Kap. 7.1).

Auf der anderen Seite steht die sexuelle Entwicklung von immer mehr jungen Menschen auch unter dem Eindruck von sexuellen Grenzverletzungen untereinander und anderen Formen sexueller Gewalt, mit denen sie – oft völlig unvermittelt – bei ihrem digitalen Austausch- und Vernetzungshandeln konfrontiert werden. Ein besonderes Schädigungspotenzial wird hier dem von Erwachsenen an sie adressierten Cybergrooming attestiert, von dem die jungen Nutzer*innen bei ihren (zu) frühen und unbegleiteten Erkundungen in der in der digitalen Welt betroffen sind. Die strafbewehrten Kontaktaufnahmen wurden bereits in den frühen Onlinecommunities beobachtet, etwa beim 1999 gegründeten *Knuddels*, das bereits sehr jungen Nutzer*innen Chaträume zum digitalen Austausch offerierte (Flotho/Hajok 2011). Heute sind sie ein Thema von Social Media, auch in den vernetzten Spielewelten, und prägen das Feld der interaktions- und kommunikationsbezogenen Risiken in der digitalen Welt entscheidend mit (▶ Kap. 8.3).

6.7 Ethisch-moralische Entwicklung: Werte und Prinzipien auf dem Prüfstand

Greift man kurz auf das bekannte, immer wieder modifizierte und natürlich auch kritisierte klassische Stufenmodell von Kohlberg (1974) zurück, dann erscheint die moralische Entwicklung von Kindern und Jugendlichen heute insbesondere dann den Einflüssen in der digitalen Welt zu unterliegen, wenn auch die zunehmend digital ausgelebten zwischenmenschlichen Beziehungen an interpersonalen Erwartungen orientiert sind und den Heranwachsenden dadurch beim Austausch Anerkennung zuteilwird. Auch erscheint ein größeres Beeinflussungspotenzial vor allem dann gegeben, wenn die medialen Vorlagen – implizit oder explizit – Bezug zu gesellschaftlichen Normen und verbindlichen Gesetzen zur Regelung der sozialen Wirklichkeit in der Gesellschaft herstellen, in der sie leben, und allgemeine Prinzipien wie Ge-

6.7 Ethisch-moralische Entwicklung: Werte und Prinzipien auf dem Prüfstand

rechtigkeit und (abstrakte) ethische Prinzipien wie zwischenmenschliche Achtung zu deren Begründung medial repräsentiert werden.

So, wie junge Menschen die digitalen Möglichkeiten in den letzten Jahren immer mehr zur Information, Orientierung und Aneignung von Wissen, zu Austausch und Vernetzung und auch zu neuen Formen von Kooperation und Zusammenarbeit genutzt haben (▸ Kap. 7), unterliegt auch ihre ethisch-moralische Entwicklung mehr denn je den medial vermittelten und verhandelten Normen, Grundsätzen und Werten. Bereits Kinder orientieren sich bei der Ausformung eines ersten, grundlegenden Welt- und Menschenbildes an ihren beliebten Medienfiguren, die mit ihrem Handeln Bezüge zu Verhaltensnormen, zu erwünschtem und unerwünschtem, gesellschaftlich akzeptierten und abgelehnten Verhalten erkennen lassen. Später ist dann das medial vermittelte Geschehen in der Welt und der Gesellschaft ein wichtiger Input. Die Frage, wie die Dinge medial dargestellt und eingeordnet, und vor allem: wie sie im sozialen Umfeld verhandelt werden, ist hierbei zentral. Eine besondere Bedeutung kommt dabei dem digitalen Austausch- und Vernetzungshandeln Heranwachsender in der Welt von Social Media zu. Das aufmerksame Beobachten des Verhaltens der Peers im Netz sowie des digitalen Austauschs darüber bilden heute eine wichtige Grundlage dafür, dass Normen überhaupt wahrgenommen werden (Geber/Hefner 2019).

Werden die gesellschaftlich akzeptierten Werte und Normen durch das Handeln der Protagonist*innen des Fernsehens, der Stars auf den Bühnen oder der Influencer*innen als selbstverständlich vorgelebt, kann dies die ethisch-moralische Entwicklung positiv unterstützen, etwa Ausbildung eines Bewusstseins für Achtsamkeit und persönliche Verantwortung gegenüber anderen fördern und eigenes regelkonformes und solidarisches Handeln anregen. Förderlich erscheint auch, wenn in der medialen bzw. digitalen Thematisierung und Berichterstattung aktuelle Krisen, Konflikte und Kriege adäquat eingeordnet, friedvolle Lösungsmöglichkeiten angeboten, Verbrechen gegen die Menschlichkeit vor dem Hintergrund des Leids Betroffener angeprangert werden.

Werden demgegenüber purer Egoismus, Gewaltanwendung zur Durchsetzung eigener Interessen, Gesetzes- und Regelbruch als Erfolg versprechend propagiert, kann dies die Ausbildung einer grundlegenden Akzeptanz von gesellschaftlichen Normen und Regeln für das soziale Miteinander beeinträchtigen bzw. gefährden. Ebenso können mediale Darstellungen und digitale Anwendungen wie interaktive Spielewelten, die Sadismus, Gewalttätigkeit, Hinterlist und gemeine Schadenfreude wecken, einen ›verrohenden‹ Einfluss bei den jungen Nutzer*innen hinterlassen.[83]

Die Gefahr einer Übernahme von medial repräsentierten Einstellungen und Wertvorstellungen, die zu den Grundwerten der Verfassung und den anerkannten Erziehungszielen in einem erheblichen Widerspruch stehen und Heranwachsenden Vorlagen für eigenes ›Fehlverhalten‹ liefern, bereits vorhandene Bestrebungen oder Dispositionen verstärken und dadurch problematische oder gar strafbare Verhaltensweisen fördern können (▶ Kap. 8.4), wird im Kinder- und Jugendmedienschutz mit einer sozialethischen Desorientierung gefasst. In der Spruchpraxis der für Internet und Onlinedienste ›zuständigen‹ FSM ist hier nicht zuletzt von potenziell negativen Implikationen für die Ausbildung der an gesellschaftlichen Werten und Normen orientierten persönlichen Orientierungen und Wertvorstellungen (z. B. individuelle Freiheit, Eigenverantwortung, Chancengleichheit, Achtung der Menschenwürde und kultureller Vielfalt) junger Menschen die Rede (Hajok/Selg/Hackenberg 2010).

6.8 Religiöse Entwicklung: Existenzielle Sinnsuche und gezielte Ansprache im Netz

Angesichts des Bedeutungsverlustes der Kirchen in Deutschland scheint die religiöse Entwicklung heute keine allzu große Rolle mehr bei der Persönlichkeitsentwicklung junger Menschen zu spielen. Mit zunehmender Bedeutung nichtchristlicher Religionen und Glaubensgemeinschaften sollten mögliche Implikationen des Medienumgangs auf die Prozesse der existenziellen Sinnsuche und Sinnfindung (Fowler 2000), an deren Ende ein im Glauben ›gefestigter‹ Erwachsener steht, trotzdem nicht aus dem Blickfeld geraten. Neben der Familie, in der die jungen Menschen heranwachsen, der Gemeinde, in der sie leben, und der Schule, auf die sie gehen, sind in den letzten Jahren mediale Quellen auch für die religiöse Sozialisation immer wichtiger geworden. Hervorzuheben sind zum einen die in Unterhaltungs-

---

83 Als gesetzlich geregelte Fallgruppe einer Jugendgefährdung werden unter verrohend wirkenden Medien ausdrücklich auch solche gezählt, die geeignet sind, minderjährige Nutzer*innen hinsichtlich der im Rahmen des gesellschaftlichen Zusammenlebens gezogenen Grenzen der Rücksichtnahme und Achtung anderer zu desensibilisieren (BzKJ 2025a).

6.8 Religiöse Entwicklung: Existenzielle Sinnsuche und gezielte Ansprache im Netz

medien direkt zitierten oder aber implizit aufgegriffenen religiösen Symbole, Erzählungen und Motive.[84] Zum anderen sind es die journalistische Berichterstattung zu den christlichen Kirchen und dem Islam als ›konfliktträchtige‹ Religion sowie die diversen Selbstdarstellungen religiöser Gemeinschaften im Netz (Riegel 2018).

Wenn bei den Prozessen der Sinnsuche den Grundfragen der menschlichen Existenz (Leben nach dem Tod, ›höhere Macht‹ etc.) vor einem übersinnlichen bzw. transzendenten, von einer bestimmten Religion bzw. Glaubensrichtung aufgespannten Hintergrund nachgegangen wird, dann ist heute nicht zuletzt Social Media relevant. Dort, wo die kirchlichen Institutionen an Einfluss verlieren und Heranwachsende immer mehr Freiheit haben, selbst zu bestimmen, ob, was und woran sie glauben möchten (El-Menouar 2022), gewinnen auch neue Akteur*innen, seit einigen Jahren als Christfluencer*innen gelabelt, an Bedeutung – und holen ihre Zielgruppen, nicht zuletzt die Heranwachsenden, dort ab, wo sie mit ihren Interessen, Neigungen und eben auch Fragen ohnehin unterwegs sind. Das Erfolgsrezept: Authentizität, Spontaneität, Nahbarkeit, Vertraulichkeit und ein (für bedeutsam gehaltener) religiöser Erfahrungsbezug der Christfluencer*innen treffen auf Follower*innen, die nach sozialen Kontakten und Orientierung zu zentralen Fragen suchen (Pohl 2024).

Heute lernen die Heranwachsenden also nicht zuletzt in Social Media die Dinge kennen, die dem Leben Sinn geben. Sind sie religiös (oder offen gegenüber Spiritualität), dann informieren sie sich hier niedrigschwellig zu den einschlägigen Inhalten (Calmbach et al. 2024). Als förderlich für die religiöse Entwicklung erscheinen etwa die Kanäle liberaler christlicher Creator*innen, die – miteinander verbunden zum Beispiel im evangelischen Content-Netzwerk Yeet – ihren Glauben entlang von grundlegenden Sinnfragen, Werten und aktuellen gesellschaftlichen Fragen mit besonderer Nähe zur Lebenswelt junger Menschen einbringen. Auch klassische Dokumentationen und Angebote zur interreligiösen und interkulturellen Bildung im Netz, die Einblick in die Geschichte und Orientierung zu den verschiedenen Religionen bieten, ohne die eine oder andere als die einzig ›Wahre‹ herauszustellen, können junge Menschen auf dem Weg zur Religionsmündigkeit und freien Ausbil-

---

84 In klischeehafter Weise direkt zitiert werden in Filmen etwa Engel mit Flügeln, durchweg friedliche Buddhisten und koscher essende Juden. Die *Matrix*-Trilogie hat deutliche Bezüge zu christlicher Symbolik und *Avatar* zu einer ökosophischen Religiosität. Im beliebten *Minecraft* erleben sich die jungen Gamer*innen als Schöpfer der Welt (Riegel 2018).

dung eines individuell-reflektierenden Glaubens (und den Peer-Austausch darüber) unterstützen.

Ein negatives Beeinflussungspotenzial erscheint demgegenüber sehr hoch, wenn rechtskatholische Strömungen offen Antisemitismus, Frauenfeindlichkeit, Homophobie, Rassismus und Islamfeindlichkeit propagieren und sich – wie aktuell zu beobachten – mit rechtsextremen Kanälen zusammentun, um die besondere ›Wirkmacht‹ von Vernetzung im gemeinsamen Interesse zur gezielten, nicht zuletzt an Jugendliche und junge Erwachsene adressierte Propaganda benutzen (Ermer/Hajok 2025). Auch wenn salafistisch-islamistische Propaganda zu Terror, Gewalt und (bewaffnetem) Kampf gegen ›Ungläubige‹ aufruft, erscheint das negative Beeinflussungspotenzial für die religiöse und mittelbar auch für die ethisch-moralische und soziale Entwicklung sehr hoch.

Letzteres wird bereits seit Mitte der 2010er Jahre als Gefahr für Heranwachsende hervorgehoben. Zu dieser Zeit nutzten ultrakonservative Kreise des Islam *Facebook*, *YouTube* und *Twitter* bereits zur (subtilen) religiösen Beeinflussung, ideologischen Radikalisierung, zu offenen Gewaltaufrufen und nicht zuletzt als Rekrutierungsplattformen, um Heranwachsende mit Desintegrations-, Entfremdungs- und Diskriminierungserfahrungen für den Dschihad zu gewinnen. Terror, Krieg und Konflikte (etwa zwischen Israel und Palästina) wurden zur Rechtfertigung antisemitischer Hetze verwendet, Musik als Mittel der ideologischen Indoktrination und Hip-Hop als Werbemittel für salafistische Ideen verwendet (Glaser/Frankenberger 2016).

Ohne dass es verlässliche Zahlen zur aktuellen Verbreitung unter den jungen Nutzer*innen gibt: 2019 bis 2021 nahmen die Social-Media-Aktivitäten salafistischer Akteure wieder deutlich zu (in arabisch- und englischsprachigen Communities um über 100 Prozent und in deutschsprachigen um über 75 Prozent) (Comerford/Ayad/Guhl 2021). In den Jahren 2021/22 stießen die deutschen Jugendschützer*innen bei *Instagram*, *Pinterest*, *YouTube*, *Facebook*, *Twitter* und *TikTok* auf über 550 Fälle und attestierten den inhaltlichen Bezügen zum Ukraine-Krieg, zu den Taliban in Afghanistan, zu LTGBQ+ und anderem mehr meist eine strafrechtliche Relevanz (Binzer et al. 2022).

Lange vor den digitalen Erweiterungen wurden im Hinblick auf die ›religiöse‹ Entwicklung Heranwachsender vor allem Okkultismus und Satanismus, oder besser: der mediale Zugang zu übersinnlichen, spirituellen, esoterischen, sektiererischen, satanistischen etc. Bewegungen und Praktiken kritisch diskutiert. Die Indizierungen wegen einer potenziellen Jugendgefährdung liegen schon Jahrzehnte zurück (Hajok 2022a). Die Vertreter*innen der okkulten Bewegungen bedienten sich aber auch schon früh der Möglichkeiten im Netz und machten mit moderner, den Plattformen angepasster Gestaltung die Esoterik und Spiritualität in Social Media nicht zuletzt für Heranwachsender auf der Suche nach einem (transzendenten) Sinn interessant. Die Beschäftigung mit den – auf was für Wegen auch immer – an Heranwachsende herangetragenen Praktiken erscheint jedenfalls noch immer als ›ein realer Teil‹ von Jugendkultur, der neben positiven Aspekten (Sinngebung, Lebens-, Orientierungs- und Entscheidungshilfe, Gemeinschaftszugehörigkeit etc.) auch Gefahren (Verunsicherung, Angst, Abhängigkeit, Eskapismus, Autonomieverlust, Manipulation etc.) offenbart (Spenger 2014).

6.9 Politische Sozialisation: Zwischen Partizipation und Radikalisierung

Nimmt man auch für diesen Bereich eine sehr frühe, klassische Perspektive zur Hand, dann steht bei der politischen Sozialisation die Entwicklung politischer Einstellungen, Werte und Verhaltensweisen im Fokus. Diese bilden die Menschen in ganz verschiedenen Sozialisationskontexten aus und beziehen sich nicht nur auf explizit politische Themen, sondern auch auf soziale Einstellungen und können sowohl bewusste und unbewusste wie auch geplante und ungeplante Prozesse beinhalten (Greenstein 1967). Wie bei der Sozialisation insgesamt handelt es sich auch hierbei um einen lebenslangen Prozess, wenngleich die Erfahrungen, die Heranwachsende in ihrer Jugend bei der aktiven Auseinandersetzung mit ihrer sozialen und gesellschaftlichen Umwelt machen, eine besondere Bedeutung auch für ihre politische Sozialisation haben. Das Partizipieren gilt hier als eine zentrale Entwicklungsaufgabe und beinhaltet eben nicht nur die Entwicklung eines individuellen Normen- und Wertesystems, sondern auch die Ausbildung der Fähigkeit, die eigenen Bedürfnisse und Interessen öffentlich zu artikulieren (Hurrelmann/Quenzel 2016).

Seit vielen Jahren ist eine gewisse Distanz der Heranwachsenden gegenüber konventioneller politischer Teilhabe, dem politischen System und seinen Vertreter*innen, den Politiker*innen, nicht zu übersehen – und deswegen auch von einer ›unpolitischen‹ Jugend die Rede. Tatsächlich haben Heranwachsende aber sehr wohl ein Interesse an politischen bzw. gesellschaftlich relevanten Themen. Ebenso sind nicht wenige politisch engagiert. Sie beschreiben aber schon immer eigene Wege des Engagements. Nach den frühen Protestformen kommt heute den niedrigschwelligen, lebenswelt- und

6 Mögliche Folgen für die Persönlichkeitsentwicklung

erlebnisorientierten Beteiligungsformen, die der digitalen Welt ›entsprungen‹ bzw. eng mit ihr verknüpft sind, eine besondere Bedeutung zu (▶ Kap. 3.6). Die eigene Zukunft haben sie hier fest im Blick.[85]

Die Entwicklung zu einem Mitglied der Gesellschaft, das sich – so gewissermaßen das Ideal – in der Akzeptanz und (kritischen) Auseinandersetzung mit der gesellschaftlichen Ordnung eigene Standpunkte erarbeitet und aktiv an der (Mit-)Gestaltung seiner sozialen und politischen Umwelt beteiligt, ist heute sehr eng mit den Informations-, Austausch- und Partizipationsmöglichkeiten im Netz verschränkt. Sie bieten den Heranwachsenden einerseits vielfältige neue Optionen, sich über aktuelle Entwicklungen auf dem Laufenden zu halten und die Herausforderungen in der Gesellschaft (untereinander) zu verhandeln (▶ Kap. 7.2). Tatsächlich – und hier liegt ein besonderes Potenzial für die politische Sozialisation begründet – etablieren Heranwachsende im Netz neue Formen von Gemeinschaft und Zusammenarbeit, mit der sie ihre (gemeinschaftlich erarbeitete) Perspektive nicht zuletzt in aktuelle politische Diskurse einbringen, und neue Beteiligungsformen, mit denen sich sogar die Einflussmöglichkeiten auf die Politik erhöhen (▶ Kap. 7.4).

Andererseits steht die politische Sozialisation junger Menschen heute in besonderem Maße unter dem negativen Einfluss demokratiefeindlicher Bestrebungen, allen voran aus der rechten Ecke. Gerade diese Akteur*innen machen sich die neuen Möglichkeiten im Netz zur subtilen politischen Beeinflussung Heranwachsender und kontrollierten ›Aussteuerung‹ von Desinformation und (Hass-)Propaganda aktiv zu eigen und adressieren ihre Botschaften gezielt dort an junge Menschen, wo sie bei ihren Orientierungs- und Suchprozessen heute vor allem anzutreffen sind. Die öffentlichen Vernetzungen von Social-Media-Plattformen und individualisierten Austauschoptionen von Messengerdiensten fungieren hier gewissermaßen als ein Biotop zur Vernetzung und Radikalisierung sowie zur Inspiration untereinander und zum Planen von Aktionen (Guhl/Ebner/Rau 2020).

So wurde schon in den Jahren 2020/21 Social Media als zentraler Kanal der Verbreitung rechtsextremer Propaganda hervorgehoben, wobei neben *Pinterest, Facebook* und *Twitter* auch die bei jungen Menschen besonders beliebten Dienste *Instagram, YouTube* und *TikTok* hervorgehoben wurden (Ipsen et al. 2021). Mit der gezielten Nutzung der neuen Möglichkeiten von persona-

---

85 Mit zunehmender Relevanz im Altersverlauf zeigen sich die meisten Jugendlichen (seit einigen Jahren schon) am Weltgeschehen und dem Klimawandel (sehr) interessiert. Daneben standen in den letzten beiden Jahren der Ukraine-Krieg und Diversity bzw. Vielfalt in der Gesellschaft im Fokus der 12- bis 19-Jährigen (Feierabend et. al 2023a).

6.9 Politische Sozialisation: Zwischen Partizipation und Radikalisierung

lisiert ausgesteuerten Inhalten steht die kind- und jugendaffine *TikTok*-App nun besonders im Fokus. Das Kernproblem liegt dabei im Erstkontakt mit rechtsextremistischer Propaganda; auch kleine Kanäle bringen es hier schnell zu großer Reichweite bei jungen Menschen und können das Tor zur Radikalisierung über Chatgruppen bei *Telegram* & Co. aufschlagen (Franke/Hajok 2024).

In diesem Zusammenhang wird der aktuell beobachtete, an der Verschiebung der Parteienpräferenzen nach rechts und an mehr Zustimmung zu rechtspopulistischen Themen festgemachte ›Rechtsruck‹ von Jugendlichen und jungen Erwachsenen mit einer Dominanz digitaler Informationskanäle und nicht zuletzt mit der Präsenz der AfD auf *TikTok* in Verbindung gebracht (Schnetzer/Hampel/Hurrelmann 2024). Zwar ist das soziale Umfeld (Gespräche in der Familie und unter Peers) bei der politische Sozialisation Heranwachsender noch immer eine nicht zu unterschätzende Größe. Tatsächlich kommen die meisten im Netz aber regelmäßig mit Fake News, viele auch mit extremen politischen Ansichten, Verschwörungstheorien und Hassbotschaften in Kontakt, was mittlerweile auch einen wichtigen Bereich der medieninhaltsbezogenen Risiken in der digitalen Welt für junge Menschen markiert (▶ Kap. 8.1). Zumindest mittelbar, das wird im öffentlichen Diskurs zuweilen vergessen, dürften auch die Formen der gezielt an politisch Engagierte, Politiker*innen etc. adressierten digitalen Gewalt mitsamt den negativen Folgen für die Betroffenen (HateAid et al. 2025) die politische Sozialisation und eigenes Engagement beeinflussen.

Doch wie sieht es mit den tatsächlichen Erfahrungen der Kinder und Jugendliches aus? Was lässt sich zu der nicht ganz unwichtigen Frage sagen, inwieweit Kinder und Jugendliche tatsächlich die Potenziale der digitalen Welt wahrnehmen oder aber mit den skizzierten Risiken konfrontiert werden, sodass ihre Entwicklung zu einer eigenverantwortlichen und gemeinschaftsfähigen Persönlichkeit in ganz verschiedenen Bereichen beeinträchtigt oder gar (schwer) gefährdet ist? Dieser Frage wird in den beiden folgenden Kapiteln strukturiert nach zwei Konzepten nachgegangen, einem aus dem medienpädagogischen Zugang und einem aus der Perspektive des Kinder- und Jugendmedienschutzes.

7 Digitale Teilhabe als große Chance

Auch wenn in den öffentlichen, oft normativ-bewahrpädagogisch geführten Diskursen die Risiken eines Auf- und Heranwachsens in der digitalen Welt im Fokus stehen, richtet sich der Blick nun zuerst auf die Potenziale für die Entwicklung und Sozialisation junger Menschen. Der zentrale Hintergrund hierfür wurde mit dem differenziert beschriebenen Medienumgang der Auf- und Heranwachsenden in Deutschland bereits entfaltet. An einigen markanten Punkten zeigte sich, dass Jugendliche, ja bereits Kinder, den neuen Möglichkeiten in der digitalen Welt nicht passiv gegenüberstehen, sondern sich ihnen, geleitet von eigenen Neigungen, Bedürfnissen, Interessen, aktiv zuwenden und für ihre Belange in den Dienst nehmen. Punktuell sind hierbei bereits produktive und kreative Umgangsweisen deutlich geworden, die von einer digitalen Teilhabe zeugen, mit der junge Menschen nicht nur ihre eigene Medienwelt aktiv gestalten.

Im Mittelpunkt der nachfolgenden Ausführungen stehen die Teilhabemöglichkeiten von Kindern und Jugendlichen, wie sie im medienpädagogischen Diskurs bereits vor über zehn Jahren zu vier grundlegenden Formen eines partizipativen Medienhandelns gebündelt worden sind. Folgt man diesem Zugang, dann machen sich junge Menschen – und das ist positiv zu sehen – die neuen Möglichen digitaler Technologien und Anwendungen in vier Bereichen auf je spezifische Weise zu eigen: erstens über eigene Wege zur Information und Orientierung, zweitens über kommunikativen Austausch und soziale Vernetzung, drittens über einen aktiven Selbstausdruck mithilfe eigener Medienprodukte sowie viertens über neue Formen von Kooperation und Kollaboration (Wagner/Würfel 2013).

Im Zusammenspiel stehen diese Formen eines partizipativen Medienhandelns noch immer für das besondere Potenzial, dass sich jungen Menschen in der digitalen Welt bietet. Einzig der Bereich der Aneignung von (schulischem) Wissen hatte im Ursprungskonzept noch nicht den exponierten Stellenwert, der ihm heute zukommt. Ergänzt um eben diesen wichtigen Bereich lassen sich die Dimensionen des partizipativen Medienhandelns mit der im Zentrum stehenden Perspektive junger Menschen als aktiv handelnde Subjekte, die sich digitale Endgeräte und Anwendungen in ihrer je spezifischen Bedeutung fürs eigene Leben zu eigen machen, wie folgt zusammenfassen (▶ Abb. 2).

Information, Orientierung, Wissensaneignung Individuelle Medienmenüs zur Information, Orientierung an den Vorlagen anderer und Aneignung von (schulischem) Wissen	**Digitaler Austausch und Vernetzung** Pflege bestehender/Knüpfen neuer sozialer Kontakte, kommunikativer Austausch und Vernetzung unter Peers (und mit anderen)
Kreativität und aktiver Selbstausdruck Artikulation durch eigene Beiträge und Einholen von Feedback zu Anerkennung/Erleben der eigenen Kompetenz (Selbstwirksamkeit)	**Kooperation und Kollaboration** Neue Formen der Zusammenarbeit und gemeinschaftliches Bearbeiten von Inhalten/Strukturen zur digitalen Beteiligung und Mitgestaltung

Heranwachsende als (bereits) souverän agierende Nutzer*innen: Digitale Medien zur Teilhabe und für eigene Belange 'in den Dienst' nehmen

Abb. 2: Partizipatives Medienhandeln (eigene Darstellung)

Diese Dimensionen eines partizipativen Medienhandelns sind an anderer Stelle bereits mit Daten zum Medienumgang von Kindern und Jugendliche in Deutschland untermauert worden (Hajok 2021c)[86] und werden nachfolgend noch etwas differenzierter und mit aktuellen Befunden und neueren Entwicklungen fundiert dargestellt. Auf diese Weise ergibt sich ein systematischer Zugang zu einer digitalen Teilhabe, die jungen Menschen nicht nur vielfältige Potenziale für die Persönlichkeitsentwicklung offeriert, sondern vielerorts den Zugang zur digitalen Welt tatsächlich kennzeichnet. Über alle Dimensionen eines Partizipativen Medienhandelns hinweg wird dabei auf sieben Formen etwas näher eingegangen (Fokus A bis G). Zusammengenommen bilden sie auch die heutige Perspektive auf digitale Partizipation junger Menschen ab, die als eine Teilhabe in, an, mit und durch digitale Technologien und Medien verstanden wird (Grebe 2025).

---

86 Empirische Belege für eine – in diesem Sinne – digitale Teilhabe junger Menschen fanden sich in der Vergangenheit auch in den länderspezifischen Berichten der bekannten EU Kids Online-Studienreihe (Hasebrink et al. 2020) und mit Fokus auf die Bedeutung von Internet und Online-Diensten als eine positive Ressource für das (Zusammen-)Leben junger Menschen in der Schweiz (Hermida 2019).

7.1 Eigene Wege zur Information, Orientierung und Wissensaneignung

Schon im Ursprungskonzept des partizipativen Medienhandelns wurde zuerst auf die neuen Formen von Information und Orientierung junger Menschen abgestellt. Demnach etablieren die Heranwachsenden in der digitalen Welt entlang persönlicher Interessen und medialer Vorlagen (kollektiv) ihre eigenen Zugänge zu Information und Orientierung, teilen sie untereinander und stellen sich interessengeleitet ihre ›eigenen‹ Medienmenüs zusammen (Wagner/Würfel 2013). Während die ersten Medienzugänge von Klein- und Vorschulkindern noch von dem bestimmt sind, was die Erziehenden zur Verfügung stellen, steht mit zunehmendem Alter der Kinder dann immer mehr das im Mittelpunkt, was aktuell angesagt ist und als nützlich und wichtig fürs eigene Leben empfunden wird, ohne dass die von außen an junge Menschen adressierten Informations- und Bildungsansprüche gänzlich aus dem Blick geraten.

Fokus A: Selbständige Aneignung von (schulischem) Wissen

Wie für die Medienzugänge von Klein- und Vorschulkindern gezeigt (▶ Kap. 4.2), setzen nicht wenige Eltern bei der frühkindlichen Erziehung nicht nur auf digitale Vorleser und Apps zum Spielen, Malen, Gestalten, sondern auch auf digitale Anwendungen zum Lernen. In Maßen können solche ›pädagogischen Apps‹ Kleinkinder tatsächlich dabei unterstützen, neue Wörter zu lernen und Sprachkenntnisse zu verbessern (Aufenanger 2024). Für ältere Kinder haben die zunehmend autonom genutzten digitalen Zugänge bereits in den 2010er Jahren eine besondere Bedeutung für die Information, Orientierung und Wissensaneignung erlangt und sind mit dem gestiegenen Informations- und Orientierungsbedarf unter den Bedingungen der Covid-19-Pandemie sowie den von Distanzunterricht gekennzeichneten neuen Herausforderungen schulischer Bildung quasi unverzichtbar geworden.

Bereits vor Corona hatte hierzulande am Ende der Grundschulzeit jede*r Zweite das Netz regelmäßig für Schularbeiten genutzt. Im Weiteren informierten sich die Heranwachsenden online über (interessante) Produkte, erhielten hier Zugang zu Nachrichten oder suchten nach Informationen zur (eigenen) Gesundheit (Hasebrink et al. 2020). Zu dieser Zeit waren die digi-

7.1 Eigene Wege zur Information, Orientierung und Wissensaneignung

talen Zugänge zu Information, Orientierung und Wissensaneignung für viele schon mit Eintritt in die Schule relevant – mit zunehmender Bedeutung im Altersverlauf der jungen Internetnutzer*innen: Von den Sechs- bis Siebenjährigen nutze bereits jede*r Achte das Netz zumindest ab und zu, um Informationen zu den persönlichen Interessen oder aber für die Schule und Ausbildung zu suchen. Bei den 16- bis 18-Jährigen waren es bereits die meisten (Berg 2019).

Als sich mit Homeschooling bzw. Distanzunterricht die Chancen auf gleichberechtigte Teilhabe an Bildung in Deutschland verschlechtert hatten bzw. eng an die zur Verfügung stehenden digitalen Möglichkeiten gebunden waren, avancierte *YouTube* zu einem überaus wertvollen Angebot zur selbstständigen Wissensaneignung. Bereits vorher nutzten viele Jugendliche die Videoplattform als persönlichen Zugang zu alltagspraktischem und schulischem Wissen. Jede*r Fünfte wandte sich im Jahr 2019 auf *YouTube* sogar (fast) täglich den Tutorials bzw. Erklärvideos explizit für Schule und Ausbildung zu und jede*r nutzte mit dieser Regelmäßigkeit (andere) Wissensformate (Feierabend et al. 2020). Im ersten, von fehlenden schulischen digitalen Lernangeboten geprägtem Lockdown war *YouTube* dann das mit Abstand am häufigsten genutzte mediale Lernangebot, gefolgt von *Wikipedia*. Unterstützung beim Lernen erhielten die Jugendlichen zu dieser Zeit vor allem über Freund*innen im Chat und die Tutorials im Internet (MPFS 2020).

Nach einigen Monaten Erfahrung mit der besonderen Situation hatten die meisten Schüler*innen der fünften bis zehnten Klasse sowohl Suchmaschinen, Messengerdienste, Chats und Social Media, Erklärvideos, *YouTube*-Tutorials und *Wikipedia* wie auch Videokonferenzen und Lernplattformen bzw. Schulclouds stärker genutzt als vor Corona. Insbesondere für die im eigenen Alltag etablierten digitalen Kanäle wünschten sich viele, dass diese auch nach Corona stärker genutzt werden als zuvor (IfD-Allensbach 2021).[87] Was mögliche ›Lernerfolge‹ anbetrifft, sind die meisten Kinder und Jugendlichen im Alter von zehn bis 18 Jahren längst überzeugt davon, online ihr Wissen erweitert zu haben. Jede*r Vierte meinte in der BITKOM-Studie aus dem Jahr 2022 sogar, online die eigene Leistung in der Schule oder Ausbildung verbessert zu haben (Rohleder 2022).

---

87 Eine eher positive Perspektive auf ein digitales bzw. digital gestütztes Lernen lässt sich auch bei den Erziehenden ausmachen. Im Jahr 2021 fanden fast alle Eltern schulpflichtiger Kinder, dass digitale Technologien und Medien wie Computer, Tablets und Smartboards sowie Lernplattformen ein Standard in allen deutschen Schulen sein sollten und die Corona-Krise hier große Defizite offengelegt hat (Rohleder 2021).

7 Digitale Teilhabe als große Chance

In vielen Schulen haben die Vorbehalte gegenüber einem digitalen Lernen seitdem abgenommen. Auch zu Beginn der weiterführenden Schule sind White-/Smartboard, Computer/Laptop, Tablet und Handy aber noch immer die wenigsten Geräte, die regelmäßig (mindestens einmal pro Woche) im Unterricht genutzt werden (Feierabend et al. 2025). Abseits der Schule setzen die Heranwachsenden aber mehr denn je auf digitale Medien zum Lernen und öffnen sich schnell den auch neuen Technologien und Diensten. Nimmt man die Ergebnisse der letzten JIM-Studie aus dem Jahr 2024 ernst, dann nutzen über drei Fünftel der Jugendlichen KI-Anwendungen, allen voran *ChatGPT*, und ist die Nutzung für die Schule bzw. für Hausaufgaben das wichtigste Nutzungsmotiv. Die Zeit, die sie heute mit Lernapps, Tutorials, Lernvideos etc. verbringen, beziffern die repräsentativ befragten 12- bis 19-Jährigen auf über eine Stunde täglich. Und mit zunehmendem Alter wird immer mehr Zeit für schulische Belange im Netz verbracht (Feierabend et al. 2024).

Auch abseits des schulischen Lernens setzen die Heranwachsenden seit einigen Jahren zunehmend auf die eigenen Zugänge zur digitalen Welt. Schon länger diskutiert wird z. B. ein aktives Lernen in digitalen Spielewelten. Befördert vom Flow-Erleben, Involvement und den (damit verschränkten) Formen intrinsischer Motivation erschließen sich die jungen Gamer*innen nicht nur neue (Lern-)Inhalte, sondern wenden sie innerhalb der spezifischen (Wissens-)Domänen auch an. In sog. Serious Games werden solche spielinhärenten Lernprozesse gezielt genutzt, um (Lern-)Systeme zu kreieren, in denen sich engagierte und intrinsisch motivierte Lernende in einer (möglichst) freiwilligen und intensiven Auseinandersetzung neues Wissen aneignen, bestehendes Wissen kritisch reflektieren und ggf. aktualisieren (Tappe/ Gennert 2023).

Fokus B: Eigene Wege zu (subjektiv relevanter) Information und Orientierung

Was Information und Orientierung im weitesten Sinne anbetrifft, hat für Kinder das (klassische) Internet eine besondere Bedeutung. In der KIM-Studie 2020 danach gefragt, was für sie das Internet ist, stand wie zwei Jahre zuvor Information im weitesten Sinne an erster Stelle, mit zugenommenem Stellenwert im Vergleich zu zwei Jahren zuvor. Gut die Hälfte aller befragten 6- bis 13-Jährigen schätzte insbesondere die Informationsquellen/-plattformen im Netz und dass man hier alles findet, was man will, zu allen Themen. Erst an zweiter Stelle hatten die Kinder die beliebten Anwendungen (Spiele spielen, Filme/Fotos ansehen, Musik hören, einkaufen) und die Kommunikation

7.1 Eigene Wege zur Information, Orientierung und Wissensaneignung

(Kontakt, Austausch, Verbindung zu Menschen, Netzwerk rund um die Welt) im Blick (Feierabend et al. 2021). Damit nehmen auch die Autonomien von Kindern beim Nachgehen eigener Interessen und Bedürfnisse ebenso wie bezogen auf die alltäglichen Anforderungen zur Bewältigung des eigenen Alltags weiter zu.

Nach den aktuellen Daten stehen die digitalen Möglichkeiten zur Information und Orientierung 6- bis 13-Jähriger aber nicht im Mittelpunkt. Für Nachrichten allgemein sowie Informationen zu Umwelt, Natur und Klima setzen die Kinder noch immer vor allem auf das Fernsehen, gefolgt von der Thematisierung in der Familie bzw. der Schule. Über Schule, Musik, Freizeitangebote in ihrer Umgebung und Dingen, die sie kaufen möchten, informieren sie sich vor allem über den eigenen Freundeskreis. Die Peers sind auch bei Mode- und Beautythemen, Influencer*innen/Stars, neuen Filmen/Serien und digitalen Spielen die Informationsquelle Nummer eins. Gerade hier werden aber auch die Onlineangebote und nicht zuletzt die eigene Recherche und Informationssuche über die Suchmaschinen, allen voran *Google*, relevant (Feierabend et al. 2025).

Spätestens an der Schwelle zum Jugendalter wurden in der jüngeren Vergangenheit für viele auch die unterhaltsamen kurzen Videos von *TikTok* wichtig; sie dienten den jungen Nutzer*innen mit ihrem breit gefächertem Themenspektrum schon früh als ›Fenster zur Welt‹ (Götz et al. 2020). Legt man den Fokus nicht auf einzelne Kanäle, dann suchen und finden Jugendliche in der digitalen Welt längst all das, was sie an Information und Orientierung beim Heranwachsen benötigen: Antworten auf Wissensfragen aller Art, praktische Unterstützung zur Bewältigung des Alltags und sogar Beratung bei persönlichen Krisenerfahrungen. Auch hierzu werden sie künftig immer mehr Zugang über generative KI erhalten. Schon heute nutzen Jugendliche (und junge Erwachsene) die neuen Möglichkeiten nicht nur häufiger als die älteren Semester. Neben Bildung steht für sie auch die Nutzung für private Belange mehr im Vordergrund (Reiss et al. 2025).

Gerade im Hinblick auf (noch) schambehaftete Themen und (sehr) persönliche Probleme vertrauen die Heranwachsenden auf die digitalen Kanäle, die sie anonym und mit hoher Eigenkontrolle nutzen können. So hat sich das Internet bereits in den 2010er Jahren als eine überaus wichtige Quelle zur Sexualaufklärung etabliert. Die meisten Jugendlichen beziehen persönlich wichtigen Informationen zu Sexualität schon seit einigen Jahren vor allem über (offizielle) Aufklärungs- und Beratungsseiten, *Wikipedia* und den digi-

7 Digitale Teilhabe als große Chance

talen Austausch mit Expert*innen und anderen Nutzer*innen mit ihrer persönlichen Expertise (Scharmanski/Hessling 2021).[88]

Die für das Jugendalter typischen Orientierungs- und Suchprozesse stellen zwar noch immer in besonderem Maße auf das Finden einer eigenen Identität und das Ausbilden einer von Kohärenz und Authentizität, Anerkennung und Handlungsfähigkeit gekennzeichneten Persönlichkeit ab, auch sie führen heute aber mehr denn je direkt in die Welten von digitalem Austausch und Vernetzung (▸ Kap. 6). Neben den wichtigen Vorlagen fürs eigene Leben, die insbesondere die Influencer*innen in den zunehmend personalisierten Social-Media-Welten bieten, erhalten die Heranwachsenden in ihren Netzwerken (ganz nebenbei) auch Informationen zum aktuellen Geschehen in der Welt, der Gesellschaft und ihren sozialen Nahraum – und verhandeln es auch hier. Bereits aus den Selbsteinschätzungen Jugendlicher wird aber noch immer ein ›Nachholbedarf‹ bei der Informationskompetenz abgeleitet (Kastorff et al. 2025), was ein wichtiger Hintergrund für die in den letzten Jahren wieder zugenommene Bedeutung von Fake News ist (▸ Kap. 8.1).

Fokus C: Digitale Zugänge zu gesellschaftlich relevanter Information

Für das aktuelle Tagesgeschehen sind neben Social Media vor allem die Suchmaschinen bedeutsam, die von vielen Jugendlichen um die mehr oder minder gezielten Zugänge zu den Nachrichten von Providern (*gmx, web.de, t-online* etc.), Onlineangeboten von TV-/Radiosendern und Zeitungen/Zeitschriften sowie von Newsfeeds/-widgets ergänzt werden (Feierabend et al. 2022b). Für Informationen zum aktuellen Weltgeschehen sind Familie, Peers und Radio-/TV-Nachrichten zwar noch immer die bevorzugten Kanäle. Im Weiteren sind allerdings *TikTok, Instagram* und *YouTube* wichtige Informationsquellen.[89] Hier treffen die jungen Nutzer*innen auch auf klassische journalistische Angebote, die seit einigen Jahren über die Social Media-Ka-

---

88 Unbestritten ist auch die zunehmende Bedeutung von Informations-, Selbsthilfe- und Beratungsinhalten im Netz etwa zu Essstörungen, psychischen Krisen, Selbstverletzung und Suizidalität, wobei die ebenfalls verbreiteten verherrlichenden Darstellungen zugleich auf verhaltensbezogene Risiken in der digitalen Welt verweisen (▸ Kap. 8.4).

89 Was die Zugänge Jugendlicher und junger Erwachsener zu Politik anbetrifft, haben abgesehen von Zeitungen und Zeitschriften alle Kanäle in den letzten Jahren an Bedeutung gewonnen. Besonders markant ist aber auch hier die zugenommene Relevanz von Social Media im weitesten Sinne und von *Google*-Suchen und *YouTube*-Nachrichtenkanälen speziell (Rysina/Leeven 2024).

näle ausgespielt (*Tagesschau, FAZ* etc.) oder sogar direkt an Heranwachsende als Zielgruppe adressiert werden (*News-WG, MrWissen2Go* etc.), um sie in ihren digitalen Welten abzuholen und ihnen eine direkte (und nicht zeitverzögerte) Kommunikation zu aktuellen, gesellschaftlich relevanten Themen anzuregen (Bettendorf 2020).

Daneben gewinnen auch neue Technologien an Bedeutung. Die Relevanz von KI-Anwendungen für schulisch Belange wurde bereits herausgestellt (Fokus A). Gut zwei Drittel der jugendlichen Nutzer*innen, bedienten sich *ChatGPT* & Co. im Jahr 2024 aber auch, um sich zu informieren (Feierabend et al. 2024). Nicht nur in Deutschland, sondern auch in Österreich etabliert sich die OpenAI-Lösung damit als wichtige Informationsplattform. Andere Chat-Bots wie MyAI von *Snapchat* oder der Zugang zur Microsoft-Lösung über die Suchmaschine *Bing* spielen dagegen noch immer nur eine sehr untergeordnete Rolle (Saferinternet.at 2025). Und mit den anbieterseitig in Social Media schon vielfach eingesetzten Vorschlagsalgorithmen (ML) bieten sich abseits möglicher negativer Filterblasen- und Echokammern-Effekte durchaus Potenziale, insbesondere was ein vereinfachtes Auffinden von informativen Inhalten oder den Kontakt mit subjektiv Relevantem durch die Personalisierung von Inhalten betrifft (Grünke et al. 2024).

Was den generellen Zugang zur Information mit gesamtgesellschaftlicher Relevanz anbelangt, hat sich indes nicht viel getan. Das in der Rückschau schon seit vielen Jahren beobachtete zunehmende Interesse am politischen Bereich im Altersverlauf Jugendlicher ist noch immer vor allem an die großen Themen und Krisen der Gegenwart gebunden. Nach der Covid-19-Pandemie und den darauf bezogenen (für das eigene Leben relevanten) Regelungen und Maßnahmen waren im Jahr 2023 aktuell die meisten am Weltgeschehen allgemein, dem Klimawandel und dem Ukraine-Krieg (sehr) interessiert. In der offenen Abfrage der JIM-Studie 2024 richteten die Jugendlichen ihren Blick dann vor allem auf Krieg allgemein und die aktuellen Kriege (Russland/Ukraine und Israel/Palästina) speziell. Im Weiteren interessierten sie für die großen Sportveranstaltungen (Fußball-WM, Olympia etc.), den Klimawandel bzw. die Umwelt, die Wahlen, Politik, Migration und die Wirtschaft (Feierabend et al. 2024).

So relevant Social Media für die Heranwachsenden als Informations- und Nachrichtenquelle auch sein mag – ihr Wissen um das aktuelle Weltgeschehen beziehen sie in erster Linie aus persönlichen Gesprächen (in der Familie und mit Freund*innen), aus klassischen TV- und Radionachrichten und erst dann via *Instagram*, *YouTube* und *TikTok* (ebd.). Hier werden politische Inhalte im engeren Sinne eher zufällig und nebenbei, gewissermaßen als ›Beifang‹ wahrgenommen (Calmbach et al. 2024). Während für das Verfolgen von

Trends *TikTok* mittlerweile die Nummer eins der Heranwachsenden ist, erfahren sie vor allem über *WhatsApp*, was in der eigenen Gegend los ist, und informieren sich online in erster Linie via *YouTube* über das aktuelle Weltgeschehen, ohne die Apps als wirklich gut geeignet dafür anzusehen (Feierabend et al. 2024).

Insgesamt betrachtet begegnet den jungen Menschen nicht zuletzt beim ganz normalen Austausch- und Vernetzungshandeln ein breites Spektrum an gesellschaftlich relevanten Themen. Im Alter zwischen zehn und 18 Jahren sind das neben dem Klimawandel die aktuellen Kriege (Ukraine, Gaza), Armut und Krankheiten, was im Kontext der Lebenswirklichkeit von nicht Wenigen zu sehen ist (▶ Kap. 2.3), sowie Flucht und Vertreibung (Wintergerst 2024). Angesichts der weit verbreiteten Sorgen bezüglich des Klimawandels sind Umweltschutz und Nachhaltigkeit auch bei den jungen Erwachsenen noch wichtige Themen. Aktuelle Befunde werden allerdings so gelesen, dass nur eine Minderheit bereit ist, für Nachhaltigkeit (persönlichen) Verzicht zu üben (Schnetzer/Hampel/Hurrelmann 2024).

Im Hinblick auf gesellschaftlich relevante bzw. politische Themen haben die Heranwachsenden die ›seriösen‹ Wege der Nachrichtennutzung (Fernsehnachrichten und gedruckte Tageszeitung) bereits vor Jahren weitgehend verlassen und ›weniger qualifizierte‹ Informations- und Meinungsbildungsprozesse etabliert (Hasebrink et al. 2021). Wie sich am Beispiel von *TikTok* zeigt, sind sie hier zwar abseits der Videos, die primär der (kurzweiligen) Unterhaltung dienen, mit informativem Hintergrund vertreten und führen Hashtags zu kreativen Bearbeitungen von politischer Information (Ackermann/Dewes 2020). Auch sind seit einigen Jahren neben der *Tagesschau* die Angebote des öffentlich-rechtlichen Zusammenschlusses von *Funk* auf *TikTok* mit einem eigenen Profil vertreten und bereiten aktuelle Themen aus Politik, Kultur und Gesellschaft auch für junge Nutzer*innen verständlich auf (Guddat/Hajok 2020).[90] Im Ranking der beliebtesten Formate tauchen solche Formate, bei allem Erfolg, den sie verbuchen können, allerdings (noch) nicht auf.

---

90 Angesichts der in den letzten Jahren nicht zuletzt bei der kind- und jugendaffinen Plattform *TikTok* gezielt verbreiteten Verschwörungsmythen, Hassreden und Fake News zu den aktuellen Entwicklungen in der Gesellschaft scheinen andere Angebote aber seitdem die Oberhand gewonnen zu haben (▶ Kap. 8.1).

7.2 Kommunikativer Austausch und soziale Vernetzung auf Augenhöhe

Neben den soeben skizzierten, umfangreich wahrgenommenen Möglichkeiten zur Information, Orientierung und Wissensaneignung haben sich die Heranwachsenden in der digitalen Welt auch die neuen Formen von kommunikativem Austausch und sozialer Vernetzung schnell und unbefangen zu eigen gemacht und auch damit einem partizipativen Medienhandeln besonderen Ausdruck verliehen. Hervorzuheben sind hier die Mischformen von privater und öffentlicher Kommunikation, die – über die bloße Repräsentation lebensweltlicher Kontakte hinausgehend – mit einer zielgerichteten Erweiterung der sozialen Kontakte verbunden sind und Menschen zusammenführen, die offline mit ihren spezifischen Interessen, Problemen etc. nicht zueinander kämen (Wagner/Würfel 2013).

Hinzu kommt: Die Heranwachsenden etablieren hier erweiterte soziale Handlungs- und Erfahrungsräume, in denen sie unter sich sind. Das heißt nicht zuletzt, dass das von Ausprobieren und Austesten gekennzeichnete Erprobungshandeln hier möglichst wenig erwachsener und idealerweise gar keiner pädagogischen Kontrolle unterliegen soll. In diesem Zusammenhang stellen sich den Heranwachsenden nicht nur spezifische interaktions- und kommunikationsbezogene Risiken (▶ Kap. 8.3). Vielmehr lassen sich für den digitalen, auf Social Media fokussierten Austausch und einer faktischen Erweiterung persönlicher Sozialer Netzwerke an sich durchaus auch eine Stärkung von sozialen Bindungen und Gemeinschaftsgefühl, Steigerung von Selbstwert- und Zugehörigkeitsgefühl sowie Reduzierung von Einsamkeit und Isolation beobachten (Hajok et al. 2022).

Zu Zeiten von SMS und *SchülerVZ* waren die digitalen Kommunikations- und Vernetzungsmöglichkeiten noch recht stark auf den sozialen Nahraum beschränkt; der Austausch unter Freund*innen und Mitschüler*innen stand im Mittelpunkt. Auch bei den erweiterten Optionen der Messengerdienste, von denen *WhatsApp* – wie gezeigt – bis heute die unangefochtene Nummer eins in der Lebenswelt junger Menschen ist, sind in aller Regel noch immer Menschen untereinander vernetzt (und im Austausch), die sich bereits kennen. Partizipatives Medienhandeln heißt hier, den kommunikativen Austausch unter Freund*innen und Peers sowie – ergänzt um schulische Belange (s. o.) – unter Mitschüler*innen auch digital zu pflegen, schnelle Absprachen mit den Erziehenden zu treffen und sich im Kreise der Familie auszutauschen.

Fokus D: Alltagspraktischer Austausch und Orientierung an anderen

Bei den Videoplattformen, hier ist bei Kindern wie bei Jugendlichen bis heute *YouTube* die klare Nummer eins, und Social-Media-Angeboten, hier war zunächst das Soziale Netzwerk *Facebook* der Favorit der Heranwachsenden; heute sind Kinder vor allem an *TikTok* und Jugendliche an *Instagram* gebunden (▶ Kap. 4), stellt sich die Lage etwas anders dar. Die Nutzung dieser Angebote offeriert jungen Menschen in besonderem Maße eine Erweiterung von kommunikativem Austausch und sozialer Vernetzung: Eigene Posts bekommen größtmögliche Öffentlichkeit, optional gibt es auch eine Vielzahl von Kontakten und Kommentaren – nicht zuletzt von völlig Fremden bzw. Menschen, die die jungen Nutzer*innen allenfalls aus dem Netz kennen. Kritisch betrachtet ist der kommunikative Austausch aber auch immer weniger von eigenen Posts initiiert, sondern ›umspinnt‹ mit Liken, Kommentieren und Teilen immer mehr das, was andere in Social Media posten (Hajok 2021c).

Wichtige Indikatoren für die ›erfolgreiche‹ Erweiterung der lebensweltlichen Kontexte sind die Anzahl der Likes bzw. »Mag ich«- und »Gefällt mir«-Bekundungen – sowie die Zahl der Abonnent*innen bzw. Follower*innen. Halbwegs verlässlichen Daten zufolge haben sich die jungen Menschen quasi von Beginn an zahlenmäßig beeindruckende Netzwerke aufgebaut.[91] Das besondere partizipative Potenzial wird mit Blick auf die hier vernetzten Menschen deutlich. Denn im Verlauf des Jugendalters erweitern viele gezielt ihre sozialen Handlungs- und Erfahrungsräume um Beziehungen zu (gleichgesinnten) Menschen, mit denen sie in ihren ›analogen Lebenskontexten‹ wohl nie in Kontakt gekommen wären. Im Jahr 2019 waren bereits zwei von fünf Jugendlichen im Alter zwischen 15 und 17 Jahren regelmäßig in einer Onlinegruppe mit Menschen gleicher Interessen und Hobbys aktiv. Nicht wenige waren sogar mit Menschen aus anderen Ländern vernetzt (Hasebrink et al. 2020).

Die von jungen Menschen angeeigneten oder sogar selbst initiierten Erweiterungen ihres sozialen Handlungs- und Erfahrungsraums hatten in den letzten Jahren auch abseits von Social Media im engeren Sinne Hochkonjunktur. Beispielhaft zu nennen sind zum einen die Vernetzungen insbe-

---

91 Auch wenn die letzten Ausgaben der bereits mehrfach zitierten JIM-Studie die Daten nicht mehr veröffentlichten, zeigen die älteren Ausgaben, dass die 12- bis 19-Jährigen im Jahr 2013 bei *Facebook* mit im Schnitt 290 Freund*innen den größten Freundeskreis hatten und die *Instagram*-Nutzer*innen im Jahr 2019 durchschnittlich 299 Follower*innen zählten.

sondere weiblicher Heranwachsender in klassischen Foren (oder Blogs), um gemeinsam Entwicklungsaufgaben zu bewältigen, etwa anonym und mit hoher Eigenkontrolle mit Expert*innen und anderen Nutzer*innen ihre Fragen zur eigenen Sexualität zu verhandeln (Scharmanski/Hessling 2021). Zum anderen sind es die vor allem bei den männlichen Heranwachsenden beliebten Streaming- und Vernetzungsangebote in der Peripherie des Gaming. *Discord* etwa dient vor allem dem kommunikativen Austausch unter Gamer*innen und ist im Alter zwischen zwölf und 19 Jahren aktuell für gut ein Sechstel der Heranwachsenden alltagsrelevant. Jede*r Siebte nutzt in diesem Alter (fast) täglich die Livestreamingplattform *Twitch* und steht hier nicht nur in den Austausch mit populären Creator*innen (meist Gamer*innen), sondern via Live-Chat auch in den Austausch mit anderen aktiven, überwiegend männlichen Nutzer*innen (Feierabend et al. 2024).

Die vernetzten Spielewelten selbst haben in den letzten Jahren ohnehin an Relevanz gewonnen und wurden von jungen Menschen auch immer mehr für eine Erweiterung von kommunikativem Austausch und sozialer Vernetzung eigenaktiv ›in den Dienst‹ genommen. Spätestens seit den Entwicklungen während der Covid-19-Pandemie ist das Gaming dann auch insgesamt untrennbar mit den digitalen Austausch- und Vernetzungsformen verbunden – mit denen der digitalen Spiele selbst oder denen, die in der Peripherie das Gamings parallel genutzten werden (*Teamspeak, Discord* etc.). In der besonderen Zeit von Kontaktbeschränkungen ging es allerdings weniger um das Knüpfen neuer Kontakte, sondern vor allem um das Aufrechterhalten sozialer Kontakt, was hinter dem Überbrücken von Langeweile das zweitwichtigste Motiv für die Nutzung digitaler Spiele und damit ein wichtiger Hintergrund für die sprunghaft angestiegenen (und bis heute überdurchschnittlich hohen) Gamingzeiten unter Corona war (Thomasius 2020, 2023).

7.3 Aktiver Selbstausdruck und Eigenkreativität

Die soeben angesprochenen, vielerorts wahrgenommenen digitalen Möglichkeiten zu kommunikativem Austausch und sozialer Vernetzung verweisen bereits auf eine weitere Form eines partizipativen Medienhandelns, die – um es gleich vorwegzunehmen – in den letzten Jahren etwas an Bedeutung eingebüßt hat. Gemeint ist hier vor allem der Selbstausdruck über selbst kreierte oder bearbeitete, veränderte, miteinander kombinierte Texte, Bilder, Videos etc. in digitalen Räumen, um Fähigkeiten und Fertigkeiten (teil-)öffentlich zu präsentieren und Feedback und Anerkennung von außen einzuholen (Wagner/Würfel 2013). Hier bedienen sich die Heranwachsenden kreativ der produktiven Möglichkeiten zur Artikulation und zum Selbstausdruck – und bereichern die (digitale) Welt um eigene Inhalte und Perspektiven. Auf diese Weise erfahren sie (ganz nebenbei) auch immer früher das, auf das in pädagogischen und erzieherischen Kontexten abgestellt wird: Selbstwirksamkeit mitsamt der Erkenntnis, dass sie ihrer Umwelt nicht nur passiv gegenüberstehen, sondern selbst Einfluss auf die Dinge nehmen und die (digitale) Welt zumindest ein Stück weit aktiv mitgestalten (Hajok 2021c) können.

Fokus E: Das Mitmachnetz war früher?

Ende der 2000er Jahre, als noch vom Web 2.0 die Rede war, beteiligten sich gar nicht so wenige Heranwachsende an frühen produktiven Möglichkeiten der digitalen Welt. Blättert man in alten Ausgaben der JIM-Studienreihe, dann war im Jahr 2009 abseits des kommunikativen Austauschs in Communities wie *SchülerVZ* im Alter zwischen zwölf und 19 Jahren jede*r Vierte (fast) täglich produktiv im ›Mitmach-Netz‹ unterwegs: Jede*r Achte schrieb mit dieser Regelmäßigkeit Beiträge in Newsgroups oder Foren und jede*r Zwölfte stellte Fotos oder Videos online. Zudem stellten sechs Prozent der Heranwachsenden Musik- oder Sounddateien online und jeweils vier Prozent twitterten oder verfassten Weblogs. Ebenso verbrachten nicht wenige Heranwachsende (fast) täglich Zeit am PC/im Internet zu, um Musik, Sounds, Bilder, Videos oder Filme zu bearbeiten.

Für das öffentliche Posten der (Eigen-)Kreationen und Einholen von Kommentaren als Feedback war die schon damals sehr beliebte Videoplattform *YouTube*, der noch immer ein besonderes Potenzial als kultureller Bildungsraum zugesprochen wird (de Baey-Ernsten et al. 2021), die Adresse Nummer eins. Heute wird der Plattform ganz allgemein eine besondere Bedeutung zur Information und Unterhaltung zugeschrieben, kreative Videoclips eher mit *TikTok* in Zusammenhang gebracht und *Pinterest* als Plattform zur Inspiration und Kreativität gesehen, auf der die Nutzer*innen in Bildern, Memes und Boards andere zur (Eigen-)Kreativität anregen, mit Do-It-Yourself als zentrale Massage (Saferinternet.at 2024).

Bei der heutigen Nutzung von *YouTube* zeigt sich letztlich, was in der neuen Social Media generell zu beobachten ist: eine Verschiebung weg von einem produktiv-mitgestaltenden hin zu einem rezeptiv-konsumtiven Umgang mit dem, was andere dort posten. Bezogen auf Kinder zeichnete sich zuletzt allerdings eine kleine Trendwende ab: Stellten im Jahr 2022 knapp sieben Prozent der 6- bis 13-Jährigen selbst Videos bei *YouTube* ein, waren es im Jahr 2024 13 Prozent und damit fast doppelt so viele (zuletzt Feierabend et al. 2025). Zu den 12- bis 19-Jährigen war letztmalig in der JIM-Studie 2020 zu lesen, dass nur noch drei Prozent eigene Videos bei *YouTube* hochgeladen und veröffentlicht haben.

Fokus F: Selbstausdruck und Kreativität im digitalen Nahraum

Gerade die Jugend schien sich im Jahr 2020 mit ihren digitalen Kreationen im Text-, Bild- und Videoformat aus dem öffentlichen digitalen Raum zurückgezogen zu haben und ihre Eigenaktivitäten zunehmend in den individualisierten Austausch der (Gruppen-)Chats von *WhatsApp* oder die (teil-)öffentlichen Vernetzungen von Social Media zu verfolgen. Zumindest artikulierten sich mit ›eigenen Medienprodukten‹ die meisten bei *WhatsApp* oder verschickten bei *Snapchat* selbst Snaps. Für ›aufwendige‹ produktiv-kreative Prozesse fehlt es in dem schnellen Hier und Jetzt aber an Kapazitäten – und der Selbstausdruck bleibt in aller Regel auf den sozialen Nahraum beschränkt, was auch die Reichweite der wichtigen Selbstwirksamkeitserfahrungen mitsamt dem Erleben der eigenen (digitalen) Kompetenz einschränkt. Und nur jede*r Vierte gab im besonderen Jahr 2020 an, häufig eigene Beiträge (öffentlich) bei *Instagram* zu posten (Feierabend et al. 2020).

Heute ist der kommunikative Austausch via Social Media im weitesten Sinne mehr denn je von dem gekennzeichnet, was andere, nicht zuletzt erfolgreiche Influencer*innen und Creator*innen, kreativ er- und bearbeiten, mit anderen teilen und öffentlich posten (s. o.). In der JIM-Studienreihe gab bereits im Jahr 2020 nur noch jede*r Vierte an, häufig eigene Beiträge (öffentlich) bei *Instagram* zu posten (ebd.). Gerade der kommunikative Austausch via Social Media ist aktuell mehr denn je vor allem von dem gekennzeichnet, was andere, oft erfolgreiche Influencr*innen und Creator*innen mit durchaus beeindruckenden Follower*innen-Zahlen kreativ er- und bearbeiten, mit anderen teilen und öffentlich posten (s. o.).

Die Entwicklungen bei der Nutzung von *YouTube* lassen sich auch im veränderten Umgang mit *Instagram* und – wenn man die frühen kreativen Ausdrucksformen beim Vorgänger *musical.ly* als Referenz nimmt – aktuell nirgendwo so deutlich wie bei der Nutzung von *TikTok* beobachten. Insbesondere die weiblichen Heranwachsenden hatten die App zu Beginn produktiv und eigenkreativ genutzt, was im Kontext der für die jungen Produzent*innen unaufwendigen Herstellung eigener Videos und einfache

Anwendung von Effekten und Filtern gesehen wurde (Stecher et al. 2020). Mit personalisiert ausgespielten Videos in Endlosschleife hat sich seitdem aber der rezeptiv-konsumtiven Umgang mit *TikTok* durchgesetzt (▶ Kap. 4.4). Gleich auf welchen Dienst bzw. Plattform man letztlich schaut, aktuell werden beim digitalen Austausch mehr Bilder angeschaut als gezeigt und ist insbesondere das Teilen von (eigenen) Videos deutlich weniger verbreitet als das Folgen der Videos anderer (Bamberger et al. 2024).[92]

Bei all den gemachten Einschränkungen sind die skizzierten Formen von Selbstausdruck und Eigenkreativität, Anerkennung und Einholen von Feedback zwar noch immer ein gutes Beispiel für ein partizipatives Medienhandeln junger Menschen in der digitalen Welt. Im direkten Vergleich mit den Aktivitäten im frühen Web 2.0 agieren insbesondere Jugendliche in ihrer heutigen Social-Media-Welt aber zurückhaltender und finden die Selbstwirksamkeitserfahrungen heute im individualisierten Setting der Messengerdienste, den (teil-)öffentlichen Accounts von Social Media und den recht klar abgegrenzten vernetzten Spielewelten der bekannten Multiplayer-Games oder des offenen *Roblox*-Universums vor allem untereinander statt, was die Teilhabechancen auf die ›eigenen‹ Handlungs- und Erfahrungsräume verengt und der Mitgestaltung von Welt insgesamt Grenzen setzt. Einen Anteil an der zunehmenden Zurückhaltung junger Menschen haben sicher auch die öffentlichen ›Befürchtungsdiskurse‹ zu Privatheit und Öffentlichkeit mit ihrer risikofokussierten Sicht auf ein partizipatives Medienhandeln junger Menschen.

7.4 Mit Kooperation und Kollaboration zu mehr Partizipation

In den vergangenen Jahren haben die Heranwachsenden mit den neuen Möglichkeiten in der digitalen Welt auch eigene Formen von Zusammenarbeit etabliert, gemeinschaftlich mediale Inhalte und Strukturen bearbeitet und neue erschaffen – und damit einer weiteren Form partizipativen Medi-

---

92 Die für Deutschland skizzierten Entwicklungen lassen sich auch beim Medienumgang der 11- bis 18-Jährigen in Oberösterreich beobachten. Im Vergleich der Jahre 2023 und 2019 posten heute deutlich weniger Internetnutzer*innen selbst Fotos und Videos im Netz (38 gegenüber 61 Prozent) und auch das Kommentieren und Liken von Fotos und Videos ist weniger verbreitet (50 gegenüber 66 Prozent) (Education Group 2023).

7.4 Mit Kooperation und Kollaboration zu mehr Partizipation

enhandelns Ausdruck verliehen. Der Fokus liegt hier nicht auf dem Bestücken der digitalen Welt mit eigenen Beiträgen oder dem Taggen, Liken, Kommentieren und Teilen von Inhalten anderer an sich, sondern auf der zentralen Frage, inwieweit sich die jungen Menschen hier gezielt vernetzen, gemeinsam ihre eigene Expertise entwickeln bzw. konkretisieren und diese dann selbst in die öffentlichen Diskurse einbringen oder sich aktiv an bestehenden kollaborativen Netzprojekten beteiligen, wie sie mit *Wikipedia* schon früh im Netz vertreten waren und bis heute eine große Bedeutung haben (Wagner/Würfel 2013).

In dieser Perspektive geraten auch scheinbar unbedeutende Handlungen und niedrigschwellige Interaktionen wie das bloße Bewerten und Verknüpfen von Inhalten als (das Große und Ganze) mitgestaltende und damit partizipative Handlungen junger Menschen in den Blick. Dabei verschränken sich die Nutzung und gemeinschaftliche Produktion miteinander und erwächst ein großes Potenzial zu ›echter‹ politischer Partizipation, die eben nicht zwangsläufig in der digitalen Welt verbleibt, sondern (weit) über diese hinaus reicht. Ein besonderes Potenzial entfalten die Prozesse, wenn sie von den Heranwachsenden selbst bestimmt und selbstverwaltet umgesetzt werden.[93] Sie können sich aber auch in den (unter kommerziellen Gesichtspunkten) vorgegebenen Strukturen etablieren (ebd.).

Fokus G: Politische Beteiligung über neue Pfade

Bei diesen Beteiligungsformen beschreiben junge Menschen gewissermaßen den Weg von Likes zur Mitbestimmung. Die digitale Beteiligung umfasst hier auch spontanen Aktivismus und temporäre Beteiligung an politischen Protesten (Drüeke 2025). Wichtig ist vielmehr, dass die jungen Menschen dabei (gemeinschaftlich) Wirksamkeitserfahrungen machen. Sie gelten als wichtig für weiteres demokratisches und politisches Engagement und erscheinen als eine adäquate Antwort auf eine der größten Herausforderungen unserer Zeit, die Politikverdrossenheit, die aus einem Gefühl mangelnder Mitbestimmung

---

93 Beispiele mit größerer Relevanz bzw. Bekanntheit speziell bei jungen Menschen liegen angesichts der heute weit fortgeschrittenen Kommerzialisierung digitaler Technologien und Strukturen allerdings schon einige Jahre zurück. Die im Jahr 2000 gegründete und einige Jahre von öffentlichen Mitteln finanzierte *LizzyNet* Plattform etwa mauserte sich schnell zu einer Online-Community für Mädchen und junge Frauen, bei der den Nutzer*innen vielfältige eigene Gestaltungsfreiräume eingeräumt wurden.

heraus zu einer Abkehr von demokratischen Grundwerten führen kann (Aberl/Ring 2025).

Die an anderer Stelle bereits aufgegriffene *Fridays-for-Future-Bewegung* (▶ Kap. 3.6) erscheint hierfür noch immer das treffendste Beispiel. Ausgehend von ihrem besonderen Interesse am Klimawandel bzw. den Folgen für die (eigene) Zukunft haben sich hier vor allem Heranwachsende die Möglichkeiten eines Hashtag-Aktivismus aktiv und kreativ zu eigen gemacht. Dabei sind sie nicht im »Slacktivism« oder »Clicktivism« verblieben, sondern haben ihre Sicht auf die Dinge auch mit niedrigschwelligen, lebenswelt- und erlebnisorientierten Beteiligungsformen auf die Straße getragen (Eisewicht 2019). Angeregt nicht zuletzt durch die öffentlichen Diskurse in den Sozialen Netzwerken und die Bündelung des Engagements auf der eigenen Webseite bzw. dem Blog des Bündnisses hatte im Spätsommer 2019 schon ein Fünftel der 12- bis 19-Jährigen an einer *Fridays-for-Future*-Demo teilgenommen (Feierabend et al. 2020).

Empirisch belegt ist für die Zeit vor der Covid-19-Pandemie, dass die skizzierten kooperativen und kollaborativen Prozesse ganz offensichtlich nicht im Mittelpunkt eines partizipativen Medienhandelns junger Menschen stehen und – wie politisches Interesse und Engagement der jungen Generationen generell – erst im weiteren Verlauf des Jugendalters größere Bedeutung erlangen. Nach den Daten der EU-Kids Online Befragung in Deutschland zur digitalen Teilhabe von Kindern und Jugendlichen hatten im Jahr 2019 selbst recht niedrigschwellige politische Beteiligungsformen erst im Alter zwischen 15 und 17 Jahren nennenswerte Relevanz. Jede*r Sechste hatte zumindest einmal pro Woche online mit anderen über politische oder soziale Probleme diskutiert und nur jede*r Zwölfte hatte sich online an einer Kampagne oder einem Protest beteiligt oder aber eine Online-Petition unterschrieben (Hasebrink et al. 2020).

Fokus H: Kollaborationen in den angeeigneten digitalen Welten

Letztlich sind auch im Jahr 2024 die von jungen Menschen selbst initiierten (und gemeinsam getragenen) kollaborativen Netzprojekte, die die Ebene eines (eigenen) persönlichen Projekts und oder ihre feste Verankerung im sozialen Nahraum verlassen (und nicht nur auf ihn bezogen sind), noch immer Mangelware. Innerhalb der unter kommerziellen Gesichtspunkten vorgegebenen Strukturen werden allerdings auch beim ›ganz normalen‹ Austausch- und Vernetzungshandeln immer auch gemeinsam eigene Expertisen entwickelt und im kommunikativen Austausch auch eigene (Kommunikations-)Strukturen etabliert – die Frage ist allerdings, inwieweit die selbst in die öffentlichen Diskurse eingebrachten Inhalte außerhalb des eigenen Netzwerks wahrgenommen werden.

In den (von der Erwachsenenwelt) recht klar abgegrenzten vernetzten Spielewelten und digitalen Fan- und Jugendkulturen lassen sich vielfach Kooperationen und Kollaborationen beobachten, die insofern über ein ›bloßes‹ Austausch- und Vernetzungshandeln hinausgehen, als dass sie das Ergebnis der aufs gemeinsame Spiel und die digitale Vergemeinschaftung bezogenen kooperativen Prozesse sichtbar machen, zumindest punktuell nach außen tragen – in der analogen wie der digitalen Welt. Die im Zugang zum Thema nur kurz betrachteten Cosplay- und Gaming-Szenen sind hier die Beispiele.

Im Hinblick auf die digitalen Themen und damit in Zusammenhang stehenden Herausforderungen für junge Menschen haben sich in den letzten Jahren erfolgreiche Peer-to-Peer-Angebote etabliert, die in der Regel zwar nicht von den Heranwachsenden selbst, sondern von Initiativen, Institutionen, Behörden und engagierten Erwachsenen initiiert wurden, im weiteren Verlauf aber in aller Regel zunehmend selbstverantwortet ›betrieben‹ werden.[94] Sie werden – gewissermaßen nach institutionellem Anschub – von jungen Menschen (meist Jugendliche und junge Erwachsene) gemeinschaftlich und mit ›eigenen‹ Formen der Zusammenarbeit (und Offenheit gegenüber anderen) aktiv ausgestaltet.

---

94 Zu größerer Bekanntheit mit direktem Bezug zur digitalen Welt hat es die bundesweite Online-Beratungsplattform JUUUPORT gebracht, in der aktuelle Themen nicht nur von Jugendlichen und jungen Erwachsenen gemeinschaftlich öffentlich aufbereitet und verarbeitet werden, sondern diese auch junge Menschen beraten.

8 Erweiterte Risikolage in der digitalen Welt

Neben den soeben skizzierten, insgesamt betrachtet von vielen jungen Menschen wahrgenommenen Potenzialen haben sich in der digitalen Welt auch die Risiken für die Persönlichkeitsentwicklung erweitert. Einen guten Überblick bietet hier der mittlerweile aktualisierte und erweiterte, von der Bundeszentrale für Kinder- und Jugendmedienschutz (BzKJ) herausgegebene Gefährdungsatlas (Brüggen et al. 2022). Er ist für den deutschen Anwendungsbereich die umfassendste Erhebung von möglichen Risiken beim digitalen Auf- und Heranwachsen von Kindern und Jugendlichen und weist mittlerweile 43 Medienphänomene mit einem je spezifischem Gefahrenpotenzial aus. Die hier systematisierten Risiken zeugen von einem breiten, für Kinder und Jugendliche wie für Eltern und pädagogische Fachkräfte ansonsten sehr unübersichtlichen Spektrum an Gefahren und negativen Erfahrungen junger Menschen in der digitalen Welt.

Legt man konkreten Erfahrungen zugrunde, dann haben die digitalen Risiken im Leben junger Menschen in den letzten Jahren zweifelsohne an Relevanz gewonnen. Greift man bspw. die Ergebnisse der bekannten BITKOM-Studienreihe heraus, dann wird dies bereits bei den (wenigen) hier abgefragten Erfahrungen von Heranwachsenden im Alter zwischen zehn und 18 Jahren mit ängstigenden Inhalten, Beleidigungen und (Cyber-)Mobbing sowie der Verbreitung von Lügen über die eigene Person deutlich: Im Jahr 2017 hatten 19 Prozent der Befragten zumindest eine der entsprechenden Erfahrungen gemacht, 2019 waren es 41 Prozent und 2022 sogar 45 Prozent. Hier zeigt sich auch, dass die Heranwachsenden damit in aller Regel bereits an der Schwelle von der Kindheit zur Jugend, im Alter zwischen zwölf und 13 Jahren, zu tun haben (Berg 2017, 2019, Rohleder 2022).

Eine zunehmende Relevanz digitaler Risiken konstatierten für diesem Zeitraum auch die Erziehenden. Nach den Daten des Jugendmedienschutzindex hatte im Jahr 2017 fast jedes dritte Elternteil erfahren, dass das eigene Kind im Alter zwischen neun und 16 Jahren online bereits mit verstörenden oder beängstigenden Inhalten in Berührung gekommen ist. Im Jahr 2022 war es bereits fast jedes zweite Elternteil. Und auch die Erfahrung, dass das eigene Kind von anderen gemobbt wurde bzw. sich andere von ihm gemobbt gefühlt haben, stieg in diesem Zeitraum deutlich (von 18 auf 43 bzw. 13 auf 36 Prozent) (Brüggen et al. 2017, Gebel et al. 2022). Nachfolgend wird sich anhand aktueller Daten noch zeigen, dass auch andere Erfahrungen junger Menschen, etwa mit digitaler sexueller Gewalt, Hass und Hetze, in den letzten Jahren zugenommen oder altbekannte Phänomene wie das Cybermobbing einen quasi ungebrochenen Stellenwert in der Lebenswelt junger Menschen haben.

Wie die Chancen sind auch die erweiterten Risiken eines (zunehmend) digitalen Auf- und Heranwachsens ein Ausdruck der vielfältigen Möglichkeiten, die sich Jugendliche und auch bereits Kinder heute unbefangen zu eigen machen. Zentraler Hintergrund sind die – verglichen mit der analogen Welt – veränderten bzw. stark erweiterten Akteursrollen. Denn in der digitalen Welt sind sie nicht mehr nur Nutzer*innen von massenmedialen bzw. massenhaft verbreiteten standardisierten Inhalten, wie es für klassische Printmedien, Tonträger, Hörfunk und Fernsehen kennzeichnend war. Sie sind auch Marktteilnehmer*innen und Konsument*innen und agieren in der digitalen Welt nicht zuletzt als Vertragspartner*innen von (v. a. kommerziellen) Diensten. Als Kommunizierende interagieren sie wiederum ganz selbstverständlich mit anderen und tauschen sich digital mit ihnen aus. Und als Akteur*innen handeln sie eigenaktiv in der digitalen Welt, suchen nicht nur gezielt Zugang zu digitalen Anwendungen, sondern produzieren und verbreiten selbst Inhalte (Dreyer et al. 2013).

Im direkten Anschluss an diese grundlegende Systematisierung, deren Bezüge zu anderen strukturierten Zugängen zu digitalen Risiken nicht zu übersehen sind,[95] lassen sich die erweiterten Risikolagen in der digitalen Welt vier grundlegenden Gefährdungsdimensionen zuordnen: erstens den inhaltsbezogenen, zweitens den markt- und konsumbezogenen, drittens den kommunikations- und interaktionsbezogenen sowie viertens den verhaltensbezogenen Risiken, die das eigene (Medien-)Handeln kennzeichnen. Aus einer Perspektive heraus, in der Kinder und Jugendliche als weitgehend unbefangen agierende, aufgrund sich gerade erst ausbildender Vorlieben und Kompetenzen (noch) besonders beeinflussbare Mediennutzer*innen gesehen werden, lässt sich die erweiterte Risikolage in der digitalen Welt wie folgt zusammenfassen (▶ Abb. 3).

---

95 Hervorzuheben ist hier das frühe 3-C-Modell zur Systematisierung von Onlinerisiken im Hinblick auf inhaltsbezogene (Content), kontaktbezogenen (Contact) und verhaltensbezogene Risiken (Conduct) (Livingstone/Haddon 2009), das später – den Fachdiskurs fest im Blick – um die vertragsbezogenen Risiken (Contract) ergänzt und zum 4-C-Modell erweitert wurde (Livingstone/Stoilova 2021).

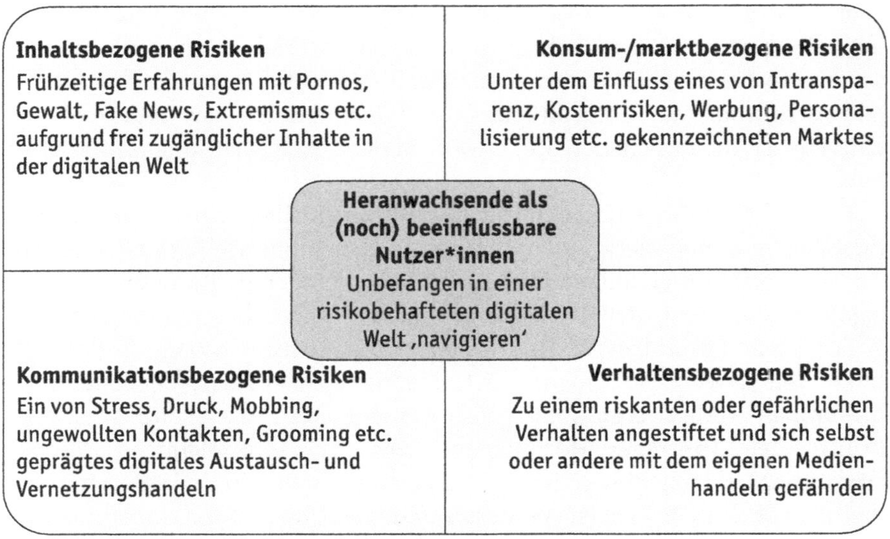

8 Erweiterte Risikolage in der digitalen Welt

Inhaltsbezogene Risiken
Frühzeitige Erfahrungen mit Pornos, Gewalt, Fake News, Extremismus etc. aufgrund frei zugänglicher Inhalte in der digitalen Welt

Konsum-/marktbezogene Risiken
Unter dem Einfluss eines von Intransparenz, Kostenrisiken, Werbung, Personalisierung etc. gekennzeichneten Marktes

Heranwachsende als (noch) beeinflussbare Nutzer*innen
Unbefangen in einer risikobehafteten digitalen Welt ‚navigieren'

Kommunikationsbezogene Risiken
Ein von Stress, Druck, Mobbing, ungewollten Kontakten, Grooming etc. geprägtes digitales Austausch- und Vernetzungshandeln

Verhaltensbezogene Risiken
Zu einem riskanten oder gefährlichen Verhalten angestiftet und sich selbst oder andere mit dem eigenen Medienhandeln gefährden

Abb. 3: Erweiterte Risikolagen in der digitalen Welt (eigene Darstellung)

Abgesehen von den inhaltsbezogenen Risiken, die den Medienumgang junger Menschen schon immer mitprägten, verweisen die Gefährdungsdimensionen im besonderen Maße auf ein zunehmend risikobehaftetes Auf- und Heranwachsen in der digitalen Welt. Auch wenn sich die dahinterstehenden medienumgangsbezogenen Phänomene nicht immer trennscharf zuordnen lassen, werden die – gemessen an ihrer Relevanz im Alltag junger Menschen – wichtigsten nachfolgen entlang der Systematisierung kurz entfaltet, mit aktuellen Zahlen zur Verbreitung belegt und zudem markante Entwicklungen und mögliche Folgen für jungen Menschen skizziert. Über alle Risikodimensionen hinweg werden dabei zehn potenzielle Gefährdungen, die angesichts der Erfahrungen junger Menschen in besonderem Maße für die aktuellen Risiken in der digitalen Welt stehen, etwas differenzierter beschrieben (Fokus A bis K).

8.1 Früher Zugang zu Pornos, Gewalt, Fake News und Extremismus

Ein besonderes Gefährdungspotenzial wird von jeher den Medieninhalten zugesprochen, die geeignet erscheinen, die Entwicklung und Erziehung junger Menschen zu einer eigenverantwortlichen und gemeinschaftsfähigen Persönlichkeit zu beeinträchtigen oder gar (schwer) zu gefährden. Im Mittelpunkt standen in der Vergangenheit explizite Darstellungen von Gewalt und Sexualität im Spannungsfeld von inszenierter filmischer Gewalt und Pornografie. Mit den digitalen Möglichkeiten haben sie sich vor allem um abgefilmte und anderweitig dokumentierte Wirklichkeiten (Darstellungen von realer Gewalt und Extremismus, Kriegsdarstellungen, Selfmadepornos etc.) sowie gezielt bearbeitete und inszenierte Realitäten (Fake News, Propaganda, Verschwörungsnarrative etc.) erweitert und online nicht nur neue Wege einer massenhaften Verbreitung, sondern auch neue Wege in die Lebenswelten Heranwachsender gefunden.

Zentraler Hintergrund sind die bereits differenziert beschriebenen, immer früheren, oft unbegleiteten und auch anderweitig kaum geschützten Zugänge junger Menschen ins Netz – und damit in die weitgehend ›offenen‹ Welten von Internet und Onlinediensten, die aus Sicht des Kinder- und Jugendschutzes allenfalls geringe Standards für einen angemessenen Schutz offenbaren.[96] Im Resultat kommen Jugendliche heute so leicht und früh wie nie zuvor mit für ihr Alter unangemessenen und problematischen Medieninhalten in Kontakt und werden Kinder in einem bisher nicht gekannten Ausmaß ungewollt mit verstörenden und verängstigenden Dingen konfrontiert, ohne sie adäquat verarbeiten zu können.

Bereits kleine Kinder, die bei ihren Medienzugängen noch stark an das Fernsehen gebunden sind, sich ihre Sendungen aber in den letzten Jahren immer häufiger auch im Internet ansehen, kommen mit ungeeigneten Inhalten in Kontakt. Nach den Einschätzungen der in der miniKIM-Studie befragten Haupterziehenden hatte im Jahr 2023 jeweils ein Viertel der Kinder

---

96 Unverkennbar ist das geringe Schutzniveau im direkten Vergleich mit staatlicher Regulierung und Schutzmaßnahmen zur Abwehr von realweltlichen Entwicklungsrisiken (TÜV-Zertifizierung von Spielgeräten, Verkehrserziehung, Altersprüfung bei Abgabe von Alkohol, Tabakerzeugnissen etc.) und auch im Hinblick auf die Instrumente zum Schutz junger Menschen vor klassischen medialen Risiken (insbesondere Altersfreigaben und ihre Umsetzung im TV, Kino, bei Abgabe von Medien etc.) (▶ Kap. 5.4).

im Alter zwischen zwei und fünf Jahren Sendungen mit ungeeigneten Inhalten gesehen bzw. waren hier mit etwas konfrontiert, dass ihnen Angst gemacht hat. Verglichen mit den Daten aus den Jahren 2014 und 2020 hat sich der Anteil der Kinder mit entsprechenden Erfahrungen fast verdoppelt (Kieninger et al. 2021, 2024).

Bei den älteren Kindern haben sich entsprechende Erfahrungen weiter vom klassischen Fernsehen in die digitale Welt verlagert. Dabei sind bereits die ersten Onlineerfahrungen keineswegs für alle unbeschwert. Im Jahr 2024 kamen drei bis vier Prozent der Sechs- bis Siebenjährigen mit ungeeigneten bzw. altersunangemessenen, unangenehmen oder ängstigenden Inhalten in Kontakt. Mit dem Alter (und den Interneterfahrungen) nehmen die unliebsamen Begegnungen dann weiter zu. Die altersunangemessenen und als unangenehmen empfundenen Inhalte entstammen überwiegend dem Bereich Erotik/Pornografie; die Erfahrungen mit ängstigenden Inhalten sind im Spektrum von Horror-, Monster- und Geistervideos, Darstellungen von Gewalt und Prügel sowie von Krieg und Katastrophen angesiedelt (Feierabend et al. 2025).[97]

Die vorliegenden Zahlen zu den Erfahrungen bei der (nicht nur digitalen) Bewegtbildnutzung legen den Schluss nahe, dass Kinder heute vor allem mit Videos, Filmen, Serien oder Sendungen mit ungeeigneten Inhalten in Kontakt kommen. Im Fokus stehen weiterhin Darstellungen von Gewalt und Sexualität, mit denen die Kinder nun vermehrt bei ihren ersten Onlinezugängen in Kontakt kommen. Interessanterweise gehen ihre Eltern von deutlich mehr problematischen Erfahrungen aus als die 6- bis 13-jährigen Internetnutzer*innen selbst. Im Gegensatz zu den Kindern beziehen ihre Erziehenden die (aus ihrer Sicht) problematischen Erfahrungen auch nicht auf das Alter oder Geschlecht des eigenen Kindes.

Unabhängig davon gab in der letzten KIM-Studie jedenfalls jede*r zehnte Haupterziehende an, dass eigene Kind sei im Netz schon einmal auf gewalthaltige, pornografische, extremistische Seiten oder problematische Werbung gestoßen, wobei der Bereich der Gewalt für die Eltern klar im Mittelpunkt steht (ebd.). Und bei den älteren Heranwachsenden ist in der letzten JIM-

---

97 Als eine aktuelle Entwicklung wurden Ende 2023 die Pranks mit Kindern bei *TikTok* herausgestellt. Die vermeintlich harmlosen Streiche sind letztlich nichts anderes als Darstellungen emotionaler Ausnahmezustände zu Unterhaltungszwecken, die Kinder in Angst und Schrecken versetzen können und – auf der Metaebene – den jungen Nutzer*innen insofern fragwürdige Werte vermitteln, als dass die Ausübung psychischer Gewalt an Schwächeren, die in einem Abhängigkeitsverhältnis stehen, normalisiert und in einen lustigen Kontext gestellt werden (Jugendschutz.net 2023a).

8.1 Früher Zugang zu Pornos, Gewalt, Fake News und Extremismus

Studie aus dem Jahr 2024 von (wieder) zunehmenden Kontakten der 12- bis 19-Jährigen in nahezu allen Bereichen problematischer Inhalte zu lesen (Feierabend et al. 2024).

Fokus A: Verfrühte Zugänge zu Pornografie

Spätestens im Jugendalter etablieren die Heranwachsenden (gezielt) eigene Zugänge zu altersunangemessenen Inhalten und tauschen sie untereinander aus, womit sie weitere Verbreitung finden. Die Pornografienutzung ist seit nunmehr vielen Jahren noch immer das beste Beispiel – sowohl was die solitäre Nutzung im ›stillen Kämmerlein‹ als auch den Austausch unter Peers betrifft. War es lange Zeit ein Thema, das eher unter dem Radar ablief, haben es heute die meisten Erziehenden bereits mitbekommen oder gehen zumindest davon aus. Für die Preteens wird noch der Austausch unter den Heranwachsenden als der häufigste Zugang gesehen, und der Kontakt mit Pornografie damit auch nicht unbedingt vom eigenen Kind initiiert vermutet. Bezogen auf die Jugendlichen gehen dann auch die Eltern bereits selbstverständlich von ›beabsichtigten‹ Erfahrungen ihrer Kinder im Netz aus (Klicksafe 2024).

Aufgrund der (bis heute) frei zugänglichen Pornoportale wurde bereits Ende der 2000er Jahre empirisch belegt, dass die meisten Jugendlichen Erfahrung mit Pornografie haben, wobei der Einstieg in aller Regel bereits im Alter zwischen zwölf und 14 Jahren erfolgte. Die männlichen Heranwachsenden waren – weitgehend unabhängig von ihrem Bildungshintergrund – zu dieser Zeit bereits deutlich früher, zielgerichteter und häufiger mit Pornos beschäftigt als die weiblichen. Nicht zuletzt aus einem Informationsbedürfnis heraus, dem die Mädchen und jungen Frauen schon zu dieser Zeit lieber mit adäquaten sexualpädagogischen Angeboten im Netz nachgingen, hatten die Jungen und jungen Männer in aller Regel schon vor dem Jugendalter ihren ersten Zugang zum klassischen Erwachseneninhalt, der nach den gesetzlichen Bestimmungen als schwer jugendgefährdend eingestuft wird, ohne dass es eines Wirknachweises bedarf (Hajok 2013c).

Auch wenn sich mögliche negative Folgen für die Entwicklung bis heute nicht ohne Weiteres verallgemeinern lassen: Vor dem Hintergrund des sozialen und kulturellen Umfelds der jungen Nutzer*innen, ihren Medienkompetenzen und den genutzten Angeboten, den persönlichen Bindungs- und Beziehungserfahrungen sowie ihrem Werte- und Normensystem sind negative Implikationen weniger für das Verhalten (z.B. Ausprobieren, Übernahme pornotypischer Skripte, Pornosucht), sondern vielmehr auf der

Ebene von Einstellungen und Emotionen belegt. Im Fokus stehen zum einen die ›normalisierenden‹ Darstellungen eines herabwürdigenden Frauenbilds, die Objektivierung als Sexualobjekt, und die Beförderung einer positiven Einstellung zu den (von Unterdrückung, Demütigung und Gewalt gekennzeichneten) pornotypischen Skripten. Zum anderen sind es emotional-mentale Belastungen und Verunsicherungen, insbesondere was einen Leistungs- und Perfektionsdruck im Hinblick auf die (anstehende) eigene zwischenmenschliche Sexualität betrifft (Bauder/Hajok 2019).

Waren zunächst Computer und Internet die bevorzugten Zugänge, sind die Jugendlichen in den letzten Jahren vor allem mit ihren Smartphones mit Pornografie in Kontakt gekommen (Quandt/Vogelgesang 2018). Was die frühen Zugänge, die Eltern durchaus im Blick haben,[98] an sich betrifft, hat sich nach aktuellen Daten aus den letzten beiden Jahren bis heute nicht allzu viel getan: Noch immer haben die meisten Heranwachsenden bereits Pornografieerfahrung und machen diese in aller Regel schon vor dem 14. Lebensjahr; beim Alter des Erstkontakts zeigen sich allerdings nur noch geringe Geschlechterunterschiede. Die Wahrnehmung ist indes weiter grundverschieden: Die männlichen Heranwachsenden nehmen Pornos eher positiv wahr (erregend, aufregend, spannend), die weiblichen eher negativ (abstoßend, verstörend, erniedrigend). Mögliche Einflüsse der Pornografienutzung werden nicht zuletzt im Hinblick auf die persönlichen Vorstellungen von Sexualität und die Körperwahrnehmung gesehen (LfM 2023, 2024a).

Fokus B: Gewalt auf allen Kanälen?

Neben den (oft gezielten) Zugängen zu Pornografie kommen im Jugendalter die meisten Heranwachsenden regelmäßig auch mit anderen problematischen Inhalten online in Kontakt. Explizite Darstellungen von Gewalt und Gewalthandlungen sind hier gewissermaßen ein weiteres altbekanntes Phänomen, auf das – wie im Falle der expliziten Darstellungen von Sexualität – der Kinder- und Jugendmedienschutz mit seinem Blick auf eine mögliche Gefährdung junger Menschen von Beginn an ein besonderes Auge hatte: zuerst bei den Druckschriften (Büchern, Zeitschriften, Magazinen etc.), dann

---

98 Nimmt man die Angaben von Eltern in einer Befragung zum Safer Internet Day 2024 zur Hand, dann decken sie sich weitgehend mit den aktuellen Befunden zur frühen Pornografienutzung junger Menschen. Die einen Eltern wissen davon bzw. haben es selbst mitbekommen, die anderen sind sich nicht sicher, haben aber die Vermutung bzw. den Verdacht (Klicksafe 2024).

bei den Bildträgern (Dias, Fotoserien etc.), mit der massenhaften Verbreitung seit den 1980er Jahren dann bei den physischen Bewegtbildmedien (zunächst Videokassetten, dann DVD und Blu-ray) und später bei Onlineangeboten (Hajok 2015b).

Mit den skizzierten neuen Möglichkeiten der Produktion und Distribution medialer Inhalte aller Art und den Entwicklungen in der digitalen Welt weg von den klassischen massenmedialen hin zu nutzergenerierten Inhalten kommen junge Menschen in der digitalen Welt mittlerweile mit einem breiten inhaltlichen Spektrum an Gewaltdarstellungen in Kontakt. Hierzu zählen zum einen ganz allgemein verstörende und verängstigende Inhalte, mit denen im Alter von 15, 16 Jahren bereits zwei von drei Jugendlichen ihre Erfahrung haben (Gebel et al. 2022). Im Falle besonders drastischer Darstellungen von Gewalt, Grausamkeiten, Sadismus etc. und entsprechender Spielehandlungen in Games wird aus Perspektive des Kinder- und Jugendmedienschutzes das ›Wirkpotenzial‹ einer (schweren) Jugendgefährdung durch eine Verrohung bzw. Herabsetzung der Mitleidensfähigkeit und Desensibilisierung von minderjährigen Nutzer*innen gesehen. Zentraler Bezugspunkt sind hier die gesellschaftlich gezogenen Grenzen von Rücksichtnahme und Achtung anderer (BzKJ 2025b).

Zum anderen werden auf inhaltlicher Ebene seit einigen Jahren vor allem Hass-, Hetze und Propagandainhalte diskutiert, mit denen junge Menschen sowohl bei ihren Orientierungs- und Suchprozessen im klassischen Internet als auch bei ihrem kommunikativen Austausch via Messengerdienste und Social Media konfrontiert werden. Eine besondere Bedeutung hatten mit den digitalen Diskursen rund um Corona gezielte Falschmeldungen erlangt. Sie gehen oft mit Hassreden im Netz (Hate Speech) einher und bilden ein ›Tandem der Beeinflussung‹, das als eine besondere Gefahr für den politischen und gesellschaftlichen Diskurs allgemein und die sozial-ethische Entwicklung und politische Sozialisation junger Menschen speziell gesehen wird (Hajok/Selg 2018).

Fokus C: Fake News, Hass und Hetze im Netz

Empirisch belegt seit der Zeit unter Corona ist, dass die meisten Jugendlichen nicht nur regelmäßig mit Fake News in Kontakt kommen, sondern die gezielten Falschmeldungen große Unsicherheiten hinterlassen (Was ist Fakt und was Fake?). Sie befördern auch bei jungen Menschen einen Vertrauensverlust gegenüber Medien sowie Misstrauen und Skepsis. Die Heranwachsenden selbst sehen dadurch sogar die Demokratie gefährdet (Hajok

2023d). Das im Jahr 2024 in der Trendstudie zur Jugend in Deutschland herausgearbeitete gestiegene Potenzial für rechtspopulistische Einstellungen und der beobachtete ›Rechtsruck‹ in der jungen Bevölkerung (Schnetzer/ Hampel/Hurrelmann 2024) wurde denn auch nicht zuletzt im Kontext der in der digitalen Welt verbreiteten und verhandelten Meinungen gesehen.

Weitgehend unabhängig von Geschlecht und Bildungshintergrund kamen im Jahr 2024 jedenfalls drei von fünf Heranwachsenden im Alter zwischen zwölf und 19 Jahren regelmäßig mit den als Fake News gelabelten gezielten Falschmeldungen im Netz in Kontakt. Gut der Hälfte begegnete (nach ihren Interneterfahrungen im letzten Monat gefragt) extremen politischen Ansichten, zwei von fünf Heranwachsenden in dem Alter hatten Kontakt mit Verschwörungstheorien und Hassbotschaften – allesamt Erfahrungen, die verglichen mit dem Jahr zuvor wieder etwas zugenommen haben (Feierabend et al. 2025). Als typischer Umgang mit Fake News in der von Social Media umspannten Welt scheint sich auch nach aktuellen Daten nicht das eigene Nachrecherchieren oder Einholen der Meinung von Expert*innen oder Vertrauen, erst recht nicht das Melden des Contents bei der betreffenden Plattform, sondern vor allem das Ignorieren bzw. Weiterscrollen etabliert zu haben (Calmbach et al. 2024).

Ihre Informations- bzw. Recherchekompetenz schätzen die Heranwachsenden selbst recht hoch ein. Eigenen Angabe zufolge prüfen die meisten, ob Online-Information richtig sind, bevor sie diese teilen, diskutieren mit Freund*innen, anderen Schüler*innen oder aber den Eltern (deutlich seltener mit Lehrkräften oder im Unterricht), ob die aufgefundenen Infos richtig sind, oder vergleichen bei der Onlinesuche verschiedene Quellen. Die jungen Frauen sind hier etwas kritischer im Netz unterwegs als die die jungen Männer. Im Vergleich mit anderen Ländern (OECD-Durchschnitt) schneiden die Heranwachsenden in Deutschland aber etwa schlechter ab. Zudem vertraut hierzulande gut ein Drittel (unkritisch) dem, was es online liest (Karstorff et al. 2025).

Die Verbreitung von Extremismus und gezielter Propaganda im Netz hatte in den letzten Jahren bei den prägenden gesamtgesellschaftlichen Herausforderungen und Krisen ihrer Zeit jedenfalls Hochkonjunktur. In den zunehmend personalisierten Social-Media-Kontexten, allen voran von *TikTok*, wurde hier – mit einigem Erfolg – gezielt der Erstkontakt zu den (überwiegend) jungen Nutzer*innen hergestellt – nicht zuletzt, um diese von hier in die verlinkten ›privaten‹ Kommunikationsräume von *Telegram* oder *Discord* zu locken, in denen sich dann auch ein besonderes Radikalisierungspotenzial entfaltet (Franke/Hajok 2024). Dass entsprechende Kreise dort überaus aktiv agieren, zeigte sich im von Attila Hildmann 2020 betriebenen *Telegram*-Kanal

(Draga et al. 2021) wie auch in demokratiefeindlichen Anbahnungsversuchen beim (insbesondere unter Gamer*innen beliebten) Austausch-Dienst *Discord*, den das rechtsextreme Netzwerk »Reconquista Germanica« bereits 2017 für sich entdeckte (Jugendschutz.net 2024).

> Insgesamt betrachtet lässt sich zu den inhaltsbezogenen Risiken sagen, dass sie mit zunehmendem Alter der Heranwachsenden spürbar an Bedeutung gewinnen und im Rahmen des wichtigen Erprobungshandelns immer häufiger nicht das Ergebnis einer ungewollten Konfrontation sind, sondern das Resultat eines von Neugierde und Austesten gekennzeichneten gezielten Medienhandelns.

In der digitalen Welt haben unliebsamen Kontakte junger Menschen mit usergenerierten Inhalten, die nicht zuletzt auch von den jungen Nutzer*innen selbst erstellt oder geteilt werden, längst eine besondere Relevanz (Hasebrink et al. 2019) – hierin unterscheiden sich ihre Erfahrungen mit inhaltsbezogenen Risiken von dem, was Kindern und Jugendlichen bis in die 1990er Jahre in der von Zeitungen und Zeitschriften, Kassetten und Schallplatten, Fernsehen und Kino geprägten analogen Welt begegnete.

In diesem Zusammenhang ist aktuell vor allem auf verherrlichende Darstellungen von Suizidalität und Selbstverletzung (Hajok/Kittelmann 2023), von Essstörungen (Hajok et al. 2022) sowie von Drogen bzw. psychotropen Substanzen (Hajok/Schlupp 2024) zu verweisen.[99] Mit dem oft appellativen Charakter verleiten die (nicht zuletzt im Videoformat) via Social Media verbreiteten Inhalte immer mehr Heranwachsende zu riskantem oder eigengefährdendem Handeln, auf das später noch gesondert einzugehen ist (▶ Kap. 8.4). Direkt danach gefragt, gab von den im Jugendmedienschutzindex befragten 9- bis 16-Jährigen im Jahr 2017 jede*r Elfte an, online selbst schon einmal zu riskanten Verhaltensweisen (z. B. Mutproben, Drogen-/Alkoholkonsum, Selbstverletzung) angestiftet worden zu sein. Im Jahr 2022 war es schon fast jede*r Dritte. Bemerkenswert ist hier: Die Erfahrungen nehmen im Altersverlauf zu und sind bei den männlichen Heranwachsenden weiter

---

99 Die in Kapitel 2.3 skizzierten gestiegenen Prävalenzen von psychischen Belastungen (▶ Kap. 2.3), Essstörungen, Selbstverletzungen etc. unter den Bedingungen der Covid19-Pandemie sind mit der sprunghaft angestiegenen Nutzung von Messengerdiensten und Social-Media-Angeboten zumindest mittelbar auch im Kontext entsprechender verherrlichender und oft sogar zur Nachahmung anleitender Darstellungen im Netz zu sehen (Jugendschutz.net 2020, 2023b).

verbreitet als bei den weiblichen (Gebel et al. 2022). Auch im digitalen Kontext bestätigt sich damit etwas, das sich bei den Medienzugängen junger Menschen quasi von Beginn an beobachten lässt: Es sind vor allem die männlichen Heranwachsenden, die von sich aus ›unvorsichtiger‹ agieren.

8.2 In einem Markt mit Intransparenz, Werbung und Kostenrisiken

Mit den (im eigenen Leben) immer früheren Zugängen zur digitalen Welt werden für viele Heranwachsende seit einigen Jahren auch die diversen markt- und konsumbezogenen Risiken relevant. Im Mittelpunkt stehen hier nicht eine exzessive bis hin zu einer pathologisch-dysfunktionale Mediennutzung, die angesichts der von (inter-)aktiven Nutzungsmodi in den beiden zentralen Bereichen (Social Media und Gaming) weniger den konsum-, sondern mehr den verhaltensbezogenen Risiken zuzuordnen sind (▶ Kap. 2.3). Vielmehr geht es um die vielerorts diskutierten vertragsrechtlichen, datenschutzrelevanten und kostenbezogenen Probleme bei der Nutzung der beliebten kommerziellen Dienste, die eine unbeschwerte digitale Teilhabe junger Menschen als anstrebenswertes Ziel gefährden können (Brüggen et al. 2022).

Markt- und konsumbezogene Risiken sind heute untrennbar mit digitalen Endgeräten und Anwendungen sowie den spezifischen Angebotsstrukturen und -formen im Netz verbunden und verweisen auf eine besondere Herausforderung der digitalen Welt. Das Spektrum reicht von intransparenten Nutzungsbedingungen und fehlender Kennzeichnung verwendeter Technologien und virtueller Charaktere über die ohnehin kaum noch nachvollziehbare Erfassung, Speicherung, Verarbeitung und Weitergabe persönlicher Daten bis hin zu intransparenten Werbe- und Marketingformen – und ist besonders im Bereich der diversen Kostenrisiken bedeutend. Ergänzt um die Möglichkeiten zur Anonymität bzw. mit ›falschen Identitäten‹ ausgesteuerten manipulativen, kriminellen etc. Botschaften bündeln sich diese marktbezogenen Aspekte in aktuellen Bestandsaufnahmen gewissermaßen zur ›dunklen Seite‹ von Social Media (Zerres 2024).

Fokus D: Weit verbreitete Intransparenzen, Werbung und Personalisierung

Die (in der digitalen Welt weit verbreiteten) Intransparenzen werden bereits mit den bei der Registrierung/Nutzung nicht zuverlässig geprüften Angaben zum Mindestalter der Nutzer*innen in den AGBs offensichtlich. Natürlich spricht sich das bereits bei Kinder schnell herum – und sie wissen, welches ›richtige‹ Alter sie besser gleich angeben. Über alle hinweg gesehen gibt im Alter zwischen zehn und 18 Jahre fast jede*r Zweite offen zu, schon einmal bewusst falsche Angaben gemacht zu haben, um die Onlinedienste, digitalen Spiele etc. nutzen zu können (Wintergerst 2024). Für die Jüngeren sehen die Nutzungsbedingungen in aller Regel noch die Ausnahme vor, dass dann doch auch Jüngere die Angebote nutzen können, sofern ihre Eltern dies erlauben. Das Einverständnis der Sorgeberechtigten, mit denen letztlich ihr Erziehungsprivileg als Sorgeberechtigte gewahrt wird, bleibt ebenfalls unüberprüft.

In der Vergangenheit stifteten die Angaben in Nutzungsbedingungen im direkten Vergleich mit den (offiziellen) Altersfreigaben im *Google Play Store* oder den (eigenen) Freigaben im *iOs App Store* auch bei den beliebtesten Diensten große Unklarheiten bzw. Unsicherheiten. Bestes Beispiel ist *WhatsApp*: Die App war bis ins Jahr 2023 hinein im *Google Play Store* mit einem von der USK autorisierten »ab 0« gekennzeichnet, während in den Nutzungsbedingungen als Mindestalter 16 Jahre (mit Einverständnis der Sorgeberechtigten auch jünger) zu lesen ist und sich der App Store mit seiner eigenen Kennzeichnung für eine 12+ entschieden hat. Vor dem Hintergrund, dass Altersfreigaben von den Erziehenden oft als pädagogische Empfehlungen wahrgenommen werden, könnte hinsichtlich der Frage, ab wann ein Dienst denn genutzt werden ›darf‹, die Verunsicherung kaum größer sein.

Intransparenz zeigt sich auch beim Einsatz von Algorithmen bzw. Künstlicher Intelligenz (KI), auf die nicht zuletzt die Social-Media-Dienste (und ihre Nutzer*innen) zunehmend setzen. Die Vorschlagsalgorithmen (ML) etwa bieten den jungen Nutzer*innen nicht nur Chancen zur Information und Wissensaneignung (▶ Kap. 7.1), sondern werden im Kontext von Filterblasen- und Echokammern-Effekten, Microtargeting, möglicher Zensur und Manipulation der Meinungsbildung auch als Risiko gesehen (Grünke et al. 2024); ebenso der Einsatz von virtuellen Influencer*innen als Möglichkeit eines kontrollierten Marketings, um Werbung zu präsentieren, Produkte zu platzieren und Risiken für das Image eines Unternehmens zu senken (Roloff/Hajok 2023). Für eine angemessene Einordnung der und kritische Auseinandersetzung mit den so vermittelten Botschaften seitens der jungen Nutzer*innen ist eine entsprechende Kennzeichnung der verwendeten Technologien ein erster wichtiger Schritt, erfolgt bislang aber noch nicht in der Breite – und ist daher auch ein wichtiger Aspekt in den aktuellen Versuchen einer (gesetzlichen) Regulierung (▶ Kap. 5.5).

Risiken, die den Datenschutz und die Privatsphäre betreffen und direkt auf die persönliche Integrität junger Menschen als ein auch gesetzlich herausgestelltes wichtiges ›Schutzgut‹ verweisen,[100] spielen in der Eigenwahrnehmung der Heranwachsenden – und das ist durchaus eine pädagogische Herausforderung – keine allzu große Rolle (Hajok 2021c). Bezogen auf Social Media haben die Jugendlichen etwa längst erkannt, dass ihre Daten hier die zentrale Währung sind und zu Geld gemacht werden; die mit Abstand meisten wissen von den Methoden der Datenerhebung und den Finanzierungsstrategien. Im Alter zwischen zwölf und 18 Jahren kennt sich aber nur jede*r Zweite gut mit den datenschutzrechtlichen Rahmenbedingungen der präferierten Plattformen aus (Sindermann et al. 2023).

Nach aktuellen Zahlen wissen drei von vier Heranwachsenden im Alter zwischen zehn und 18 Jahren, wie man die Privatsphäre in sozialen Netzwerken einstellt, und fast alle von ihnen haben die Einstellungen auch schon aktiv geändert (Wintergerst 2024). Ein aktive Beschäftigung mit dem Thema ist also bei gar nicht so wenigen zu beobachten. Bei den Jüngeren, die relativ neu in den digitalen Handlungs- und Erfahrungsräumen sind, sieht das noch etwas anders aus. So ist in der aktuellen KIM-Studie zu lesen, dass sich nur 16 Prozent der Kinder kompetent im Umgang mit Privatsphäre- und Datenschutzeinstellungen fühlen (Feierabend et al. 2025).

Zu der nicht zu unterschätzenden Gruppe derjenigen, die von den (wenigen) Möglichkeiten keinen Gebrauch machen, ja noch nicht einmal davon wissen, kommt noch ein insgesamt eher schwach ausgeprägtes Risikobewusstsein. Dass die Wahrscheinlichkeit von Straftaten wie Betrug und Identitätsdiebstahl sowie die Anbahnung schädlicher Kontakte eng mit dem Schutz persönlicher Daten zusammenhängt, scheint nach den Daten des Cybersicherheitsmonitors noch immer nicht deutlich genug im Bewusstsein. Gerade bei den Jugendlichen und jungen Erwachsenen war der Anteil der Unbesorgten zuletzt auf gut zwei Drittel gewachsen (Schwerthalter/Helmold 2024).

---

100 Um die gesetzlichen Bestimmungen an die neuen Herausforderungen der digitalen Medien ›anzupassen‹, wurde die »persönliche Integrität« von Kindern und Jugendlichen bei der Mediennutzung im neu gefassten, am 1. Mai 2021 in Kraft getretenen Jugendschutzgesetz in § 10a JuSchG Abs. 3 als eigenständiges Schutzziel des Kinder- und Jugendmedienschutzes in Deutschland explizit verankert.

8.2 In einem Markt mit Intransparenz, Werbung und Kostenrisiken

> Insgesamt betrachtet wird deutlich: Als Teilnehmer*innen eines von digitalen Technologien und Kommerz geprägten Markts erleben Kinder und Jugendliche weniger fehlenden Datenschutz und Privatsphäre, sondern technikbezogene Risiken durch Viren und Spyware, die (permanente) Werbung und finanziellen Risiken durch (zumindest teilweise) verschleierte Kosten als Problem und werden nicht gekennzeichnete KI-Anwendungen der genutzten Dienste zukünftig weiter an Relevanz gewinnen.

Im Hinblick auf die markt- und konsumbezogenen Risiken, die nicht zuletzt im Kontext eines eigenen (riskanten) Medienhandelns (hier als Marktteilnehmer*innen) zu sehen ist (s. u.), belegt der Jugendmedienschutzindex mit seinen zwei Ausgaben aus den Jahren 2017 und 2022 eine gestiegene Relevanz im Leben von 9- bis 16-Jährigen: Gleich, ob es um das Sammeln und Auswerten persönlicher Daten, das eigene Veröffentlichen von zu vielen eigenen Daten im Netz, um ›eingefangene‹ Viren und Schadprogramme, das illegale Hoch- oder Herunterladen (von Musik, Bildern, Filmen), um zu viel Werbung oder Kostenfallen, Abzocke und Betrug geht – viele junge Menschen haben in den letzten Jahren online entsprechende Erfahrungen gemacht und die Relevanz nimmt mit dem Alter deutlich zu, ab dem die meisten ein eigenes Smartphone haben (Brüggen et al. 2017, Gebel et al. 2022).

Ganz vorn steht bei den hier erfassten Onlineerfahrungen der Kontakt mit zu viel Werbung, an dem sich die (jungen) Menschen auch schon zu Zeiten des klassischen Fernsehens gestört haben: Nach gut zwei Dritteln der befragten 9- bis 16-Jährigen, die dies im Jahr 2017 online erfahren haben, waren es im Jahr 2022 noch immer drei von zwei Heranwachsenden in diesem Alter. Mit den anderen genannten markt- und konsumbezogenen Risiken im weitesten Sinne hatten im Jahr 2022 jeweils um ein Drittel der Heranwachsenden bereits Erfahrung gemacht. Eine stark zugenommene Relevanz im Alltag der jungen Menschen wird insbesondere hinsichtlich von Kostenfallen, Abzocke und Betrug im Netz sowie des Sammelns und Auswertens persönlicher Daten sichtbar, aber auch mit Blick auf die eigenen illegalen Down- und Uploadaktivitäten (s. u.). In diesen Bereichen hat sich der Anteil der Kinder und Jugendlichen mit entsprechenden Erfahrungen im Fünf-Jahres-Vergleich in etwa verdoppelt (ebd.).

Fokus E: Zwischen Abzocke, Glücksspiel und kostenpflichtigen Diensten

Im Hinblick auf mögliche negative Folgen für das Leben junger Menschen haben die diversen Kostenrisiken in der digitalen Welt wohl die aktuell größte Bedeutung. Schon zu Zeiten von klassischen Internetseiten und ›Tastenhandys‹ zeigte sich, dass nicht zuletzt Heranwachsende in Abofallen tappten, Klingeltöne ansammelten, Premium-SMS verschickten oder auf Lock-/Pinganrufe reagieren, ohne dass ihnen klar war, welch (immense) Kosten auf sie zukommen. Seit einigen Jahren stehen nun besonders die Micro-Payments und In-App-Käufe, allem voran beim Gaming, im Mittelpunkt – sowie das, was über zielgruppenspezifische und personalisierte Werbung in Social Media, im Marketing und Productplacement der Influencer*innen an attraktiven Kaufanreizen gesetzt wird. Zunehmende Relevanz haben zudem die in den Social-Media-Diensten implementierten, auch bei den jungen Nutzer*innen beliebten Kaufoptionen, mit denen zusätzliche Dienstefunktionen freigeschaltet oder die favorisierten Creator*innen finanziell unterstützen werden können (Jugendschutz.net 2022b).

In-App-Käufe allgemein sind heutzutage zuweilen schon bei den frühen Zugängen von Kindern zu Smartphones, Tablets, Spielkonsolen etc. relevant. Die Ergebnisse der bekannten Studienreihen zum Medienumgang von Klein- und Schulkindern legten in den letzten Jahren allerdings den Schluss nahe, dass nur die wenigsten Erziehenden die Erfahrungen mit ungewollt entstandenen Kosten und unbeabsichtigten In-App-Käufen ihrer Kinder gemacht haben (Kieninger et al. 2024, Feierabend et al. 2025). Bereits in den für Kinder interessanten Spielewelten wie *FIFA*, *Candy Crush* und *Fortnite* sind die Kaufoptionen bis heute aber zentraler Bestandteil (und eigentliches Finanzierungsmodell). Gerade die in sog. Mikrotransaktionen abgewickelten Kleinstbeträge für kosmetische Items genießen bei jungen Menschen hohen (digitalen) Wert – und summieren sich schnell auf. Zudem können In-App-Käufe durch einen Gruppendruck unter den Peers befördert werden, die angebotsseitig verwendeten diversen virtuellen Währungen durchaus verwirrend sein und fehlt es oft an Transparenz, wie viel ›echtes Geld‹ für den Erwerb der jeweiligen In-Game-Währung tatsächlich anfällt (Brüggen et al. 2022).

Dass auch die unbeabsichtigten Käufe heute fest mit dem Gaming verbunden sind, zeigte sich sehr deutlich mit der sprunghaft angestiegenen Bedeutung während der Covid-19-Pandemie. Hatten von den eigentlich schon recht erfahrenen 12- bis 19-Jährigen in den Jahren davor acht Prozent schon mal versehentlich etwas beim digitalen Spielen gekauft oder abonniert, waren es im ersten Corona-Jahr bereits 13 Prozent; überdurchschnittlich häufig waren männliche Heranwachsende und (formal niedriger gebildeten) Haupt-/Realschüler*innen (Feierabend et al. 2020) betroffen. Mit Loot Boxen bzw. Pay-to-win-Systemen und anderen glücksspielähnlichen Mechanismen, die in beliebten Spielen wie *FIFA* oder dem *Roblox*-Universum selbstverständlich mit ›an Bord‹ sind, zeigt sich auch die besondere Kinder- und Jugendschutzrelevanz (Baey-Ernsten/Hajok 2023, Hajok et al. 2023). Ohnehin werden In-App-Käufe von den jungen Nutzer*innen bei Spiele-Apps eher impulsiv als rational getätigt und solche ›Spontankäufe‹ durch Angebotsbündel weiter befördert (Salehudin/Alpert 2022).

Was die (nicht unbedingt leicht zu entschlüsselnden) Kaufanreize durch Werbung anbetrifft, rangieren die Influencer*innen bei Jugendlichen schon einige Jahre ganz vorn.[101] Ihre größte Präsenz haben sie zwar noch immer bei *Instagram*, bedienen sich aber längst plattformübergreifender Strategien eines crossmedialen Marketings, bei denen auch die anderen bei Heranwachsenden beliebten Social-Media-Kanäle gezielt einbezogen werden: Häufig wird sich auf *YouTube* dem Produkt zunächst ausschweifend gewidmet, etwa mit einem sog. Haul-Video. In der Beschreibung wird auf weiterführende Infos in den Profilen auf *Instagram* und/oder *TikTok* verwiesen. Auf *Instagram* geht es dann (mit mehreren Sequenzen) innerhalb einer Story um die Ware oder Dienstleistung, die auf *TikTok* dann oft in nur wenigen Sekunden nonverbal in Szene gesetzt wird. Unübersehbar auf jeder Plattform: der Rabattcode für die beworbenen Produkte.

Solche Strategien, die ohne viel Zutun auch ein virales Marketing unter Peers befördern, führen insbesondere bei den jungen Nutzer*innen, den 10- bis 14-Jährigen, oft zum ›Nachkaufen‹ der Produkte (Guddat/Hajok 2020). Und auch wenn die älteren Heranwachsenden schon etwas erfahrener bzw. kritischer mit den lebensweltnahen und subtilen Marketingformen umgehen, vertraten im Jahr 2023 die meisten 12- bis 19-Jährigen in der letzten JIM-Studie (weitgehend) die Ansicht, es sei entsprechend gekennzeichnet, wenn Influencer*innen Werbung machten. Jede*r Dritte gab an, schon einmal etwas gekauft zu haben, weil es ein*e Influencer*in empfohlen hat, wobei diejenigen, denen die Heranwachsenden selbst folgen, für jede*n Vierten voll und ganz bzw. überwiegend (wie) gute Freunde sind (Feierabend et al. 2023a).

---

101 Die heute vor allem von ihnen repräsentierten undurchsichtigen Werbeformen gelten an der Schnittstelle von Kinder- und Verbraucherschutz schon lange zumindest als problematisch, wurden zuvor aber vor allem bei klassischen kind- und jugendaffinen Internetseiten moniert (Dreyer 2013).

8.3 Cybermobbing, Grooming, Grenzverletzungen, riskanter Austausch

Im Kontext der besonderen Bedeutung digitaler Medien für Austausch und Vernetzung junger Menschen haben auch die kommunikations- und interaktionsbezogenen Risiken einen besonderen Stellenwert erlangt. Der Fokus liegt hier weniger auf den in Messengerdiensten und Social-Media-Angeboten wahrgenommenen und ausgetauschten problematischen Inhalten, sondern auf möglichen Gefährdungen, die sich aus einem entgrenzten digitalen Austauschhandeln ergeben bzw. hier sichtbar werden. Dabei verdichtet sich bereits das Feuerwerk an (für sich genommen) unproblematischen digitalen Interaktionserfahrungen zu einem Stress (▶ Kap. 3.4), der – in toxischer Konzentration oder wiederholt über einen längeren Zeitraum auftretend – die psychisch-emotionale Entwicklung junger Menschen (stark) belastet (Siegler et al. 2022). Getrieben von der Angst, etwas zu verpassen, ist auch das bereits benannte FOMO-Phänomen mitsamt der zwanghaften Nutzung digitaler Kanäle gerade beim Austausch- und Vernetzungshandeln Heranwachsender ein ›Problem‹.

In besonderem Maße stehen für die kommunikations- und interaktionsbezogenen Risiken allerdings die nachfolgend skizzierten Erfahrungen beim digitalen Austauschhandeln, die (für sich genommen) bereits als problematisch eingeschätzt werden, weil sie die Persönlichkeitsentwicklung junger Menschen potenziell beeinträchtigen oder (schwer) gefährden können – ohne dass zwangsläufig negative Folgen für die persönliche Entwicklung und Sozialisation zu konstatieren sind. Denn inwieweit entsprechende Erfahrungen von den Betroffenen (und an den Interaktionen Beteiligten) tatsächlich als eine (v. a. emotionale) Belastung wahrgenommen werden, ist von ereignis-, absender-, subjekt-, wahrnehmungs- und kontextbezogenen Faktoren bedingt (Thiel/Lampert 2023).

Gemessen an der Verbreitung und den potenziell schwerwiegenden Folgen sind Cybermobbing und Grooming noch immer die beiden zentralen Kommunikations- und Interaktionsrisiken in der digitalen Welt, und nicht selten auch mit anderen Phänomenen, etwa dem permanenten Nachstellen und Verfolgen einzelner (Cyberstalking), verschränkt (Brüggen et al. 2022). Daneben hatten in den letzten Jahren auch die sexuellen Grenzverletzungen unter Heranwachsenden selbst eine (immer) größere Relevanz sowie der einvernehmliche individualisierte erotische Bildaustausch (Sexting), der in der digitalen Welt immer auch spezifische Risiken evoziert.

8.3 Cybermobbing, Grooming, Grenzverletzungen, riskanter Austausch

Mit den ersten Zugängen zu Messengerdiensten und Social Media werden für nicht wenige auch schon unangenehme Online-Bekanntschaften sowie Probleme mit dem digitalen Austausch von Bildern, Videos und Nachrichten relevant, insbesondere was peinliche Fotos, Nacktbilder und im Freundeskreis verbreitete Falschinformationen betrifft. In der vorletzten KIM-Studie ist etwa zu lesen, dass im Jahr 2022 zum Ende der Kindheit bereits zwischen zehn bzw. 20 Prozent entsprechende Erfahrungen gemacht haben (Feierabend et al. 2023b). Nicht zuletzt beim beliebten Gaming werden die Heranwachsenden mit den digitalen Interaktionsrisiken konfrontiert.

Neben der sog. toxischen Kommunikation unter Gamer*innen vor, während und nach dem Game und den nachfolgend noch auszuführenden Kontaktaufnahmen und Anbahnungen von außen sind die interaktiven Spielehandlungen an sich hervorzuheben, etwa wenn ein ›erfolgreiches‹ Durchspielen nur mit der Anwendung von Gewalt bzw. dem Töten von Menschen (oder menschenähnlichen Wesen) möglich ist. Bis in die 1990er Jahre hinein wurde hier von einer Jugendgefährdung durch das Einüben des gezielten Tötens ausgegangen. Später war in den Indizierungsentscheidungen der Bundesprüfstelle zu entsprechenden Titeln meist aus dem Shooter-Bereich von einer möglichen Verrohung der Gamer*innen zu lesen (Hajok/Hildebrandt 2015). Im Fokus stehen hier nicht jugendgefährdende Inhalte, sondern die gezielt angelegten interaktiven Möglichkeiten bzw. ausgeführten Spielehandlungen.[102]

Fokus F: Noch immer hohe Verbreitung von Cybermobbing

Kaum ein Risiko der digitalen Lebenswelten junger Menschen wurde in der Vergangenheit so oft thematisiert wie Cybermobbing. Tatsächlich hat das gezielte Niedermachen, Beleidigen, Ausgrenzen etc. Einzelner beim kommunikativen Austauschhandeln im Netz nicht nur hierzulande bereits früh eine relativ große Verbreitung gefunden (Cosma et al. 2024). In Deutschland waren den letzten zehn, 15 Jahren zwischen zehn und 20 Prozent betroffen. Mit der gestiegenen Bedeutung von Messengerdiensten, Social Media und vernetzten Spielewelten während der Covid-19-Pandemie hat die Verbreitung dann zugenommen. Für die weiblichen Heranwachsenden, die im

---

102 Eine besondere Gefahr für die Jugend wird aktuell noch immer darin gesehen, wenn das Ausüben von Gewalt unproblematisch erscheint, im Rahmen des Spiels belohnt und durch realitätssimitierende Steuerungs- und Bedienungselemente verstärkt wird und es an alternativen Handlungsoptionen fehlt (BzKJ 2025b).

Rahmen ihres stärker kommunikationsorientierten Zugangs zu Beginn deutlich häufiger betroffen waren als die männlichen, gilt Cybermobbing als das Hauptrisiko der digitalen Welt schlechthin (Hajok et al. 2022). Aktuell sind Jungen allerdings etwas häufiger von den persönlichen Anfeindungen und Beleidigungen betroffen als Mädchen (16 gegenüber 13 Prozent) (Feierabend et al. 2023a), was nicht zuletzt im Kontext der Kommunikation in vernetzten Spielewelten zu sehen ist (de Baey-Ernsten/Hajok 2023).

Nach den aktuellen Daten der seit 2013 durchgeführten Cyberlife-Studienreihe hatte im Jahr 2024 noch immer jede*r sechste Heranwachsende im Alter zwischen zehn und 20 Jahren Erfahrungen mit Cybermobbing gemacht. Diese nehmen mit elf, zwölf Jahren deutlich zu und erreichen bei den jungen Frauen mit 14 Jahren und bei den jungen Männern mit 15 Jahren ihr unrühmliches Hoch. Über einen längeren Zeitraum werden dabei in aller Regel gleich mehrere ganz unterschiedliche Formen von Attacken an sie adressiert: In vier von fünf Fällen sind sie von Beschimpfungen und Beleidigungen betroffen. Die meisten sind auch durch (permanent) abgelehnte Freundschafts- und Kontaktanfragen ausgegrenzt oder es werden Lügen und Gerüchte über sie verbreitet.[103]

Der Blick auf die persönlichen Umgangsweisen und Reaktionen zeigt, dass das Belastungs- bzw. Schädigungspotenzial weiterhin sehr hoch ist: Cybermobbing verleitet viele Betroffene dazu, immer wieder nach neuen Angriffen auf die eigene Person Ausschau zu halten. Der Gedanke, dass unbeteiligte Menschen einen negativen Eindruck von der eigenen Person bekommen, kann verunsichern und Rechtfertigungsdruck erzeugen. In Abhängigkeit von persönlicher Konstitution, Ausmaß der Attacken und persönlicher Bedeutung des digitalen Raums lässt sich ein breites Spektrum negativer Folgen beobachten.

Neben körperlichen Beschwerden wie Kopf- oder Magenschmerzen können die psychischen Auswirkungen die Heranwachsenden schwer belasten – und sich bis ins Erwachsenenalter ziehen. Hilflosigkeit und Ohnmachtsgefühle, Angst- und Schlafstörungen, Niedergeschlagenheit oder Depressionen sind ›typische‹ Folgen von Cybermobbing. Zwei von fünf Betroffenen reagierten mit Wut, jede*r Dritte gibt an, verängstigt zu sein, jede*r Vierte

---

103 In jedem dritten Fall wurden die betroffenen Heranwachsenden unter Druck gesetzt, erpresst oder bedroht, in gut jedem vierten Fall wurden private oder als unangenehm empfundene Fotos (oder Filme) verbreitet, in jedem sechsten Fall sogar ein Fakeprofil erstellt und von dort als Täter*in agiert oder die Betroffenen bloßgestellt (Beitzinger/Leest 2024).

äußerte Suizidgedanken und jede*r Achte hat aus der Verzweiflung heraus zu Alkohol, Tabletten oder Drogen gegriffen (Beitzinger et al. 2024).

Fokus G: Gestiegene Erfahrungen mit Grooming

Seit den neuen Möglichkeiten des kommunikativen Austauschs und der sozialen Vernetzung wird auch Cybergrooming als besonderes kommunikationsbezogenes Risiko herausgestellt. In engerer Sicht beschreibt dies die strafbewehrten Anbahnungsversuche von pädokriminell agierenden Erwachsenen, die meist bereits an Kinder im Netz adressiert werden. Sie verfangen vor allem bei denjenigen, die schon sehr früh, aber weitgehend unaufgeklärt hinsichtlich der Gefahren, unbegleitet von ihren Erziehenden bei der Nutzung und ohne mögliche Sicherheitseinstellungen wie den eingeschränkten bzw. begleiteten Modus der Dienste im Netz unterwegs sind.

Blieb die tatsächliche Verbreitung mit der Hell- und Dunkelfeldforschung lange Zeit unklar, muss mit den (endlich vorliegenden) repräsentativen Befragungen von Heranwachsenden sogar von einer höheren Verbreitung ausgegangen werden, als bislang angenommen – sie liegt sogar über der von Cybermobbing (Hajok 2023c). Kurzum: Das Phänomen wurde lange Zeit also eher unter- als überschätzt.

Schon die ersten Daten der vor drei Jahren gestarteten Wiederholungsbefragung von Heranwachsenden ab einem Alter von acht Jahren zum Thema machten das Ausmaß überdeutlich. Demnach hatte im Jahr 2021 zum Ende der Grundschulzeit hin, also mit acht, neun Jahren, jede*r Elfte schon einen Erwachsenen im Netz kennengelernt, der sich mit ihr*ihm verabreden wollte. Jede*r Zwölfte in diesem Alter wurde bereits von einem Erwachsenen aufgefordert, sich vor der Webcam/Smartphone-Kamera auszuziehen. Und auch die anderen abgefragten Groomingformen (versprochene Geschenke für das Versenden von Fotos/Videos, versuchte Verabredung zum ›Fotoshooting‹, Zusendung von Nacktbildern, angedrohte Veröffentlichung von Bildmaterial) betrafen zwischen sieben bis acht Prozent der Acht- bis Neunjährigen. Am Ende des Jugendalters waren dann jeweils zwei- bis dreimal so viele Heranwachsende betroffen (LfM 2021).

Die Ergebnisse der mittlerweile fünf Befragungen von 2021 bis 2025 im Forschungs- und Präventionsprojekt der LfM belegen nicht nur hohe Verbreitung der negativen Erfahrungen (»Es war mir sehr unangenehm«, »Ich war wütend«, »Ich hatte Angst« etc.) über einen längeren Zeitraum mit um die 25 Prozent Betroffenen in der Gruppe der 8- bis 17-Jährigen in den Jahren 2024 und 2025. Sie bestätigten auch, dass weibliche Heranwachsende häufiger betroffen sind als männliche (28 gegenüber 21 Prozent) und die Erfahrungen im Kontext der immer früheren Zugänge zu Social Media im weitesten Sinne zu sehen sind (LfM 2024a, 2025).

Die Relevanz der einzelnen Dienste, über die die Kontakte stattfanden bzw. die strafbewehrten Anfragen erfolgten, hat in den letzten Jahren geschwankt, was auch im Kontext öffentlicher Diskurse sowie Vorsorge- und Präventionsmaßnahmen zu sehen ist. Im Jahr 2022 machten die Heranwachsenden ihre Erfahrungen mit Cybergrooming der Reihe nach über folgende, zu Austausch und Vernetzung genutzten Dienste und Spiele: *TikTok*, *Instagram*, *Facebook*, *WhatsApp*, *Minecraft*, *Snapchat* und *Call of Duty*. Im Jahr 2024 lag *Instagram* ganz vorn, gefolgt von *WhatsApp*, *Facebook*, *Snapchat* und *TikTok* (LfM 2022, 2024b). Im Jahr 2025 war wiederum *Snapchat* der Kanal Nummer eins. Insgesamt betrachtet wurden die Kinder und Jugendlichen zu 87 Prozent in Social Media und Messengerdienste mit den strafbewehrten Attacken konfrontiert und zu 13 Prozent in Online-Games bzw. vernetzten Spielewelten (LfM 2025).

Mögliche Folgen von Cybergrooming und anderen Formen, nachfolgend noch kurz ausgeführten Formen digitaler sexueller Gewalt sind mit den konkreten Erfahrungen und der jeweiligen Situation verschränkt. Neben der Schwere und Häufigkeit der Aggressionen spielen die Vertrautheit zwischen Betroffenen und Ausübenden sowie die Frage, wie lange die Heranwachsenden mit ihrer Erfahrung alleine bleiben, wie viel Trost, Unterstützung und Zuwendung sie von Anvertrauten erhalten, eine wichtige Rolle (UBSKM 2025). Das Spektrum möglicher Folgen reicht von den bereits angesprochenen negativen Gefühlen (Ekel, Scham, Wut, Trauer etc.) über sozialen Rückzug, Bindungsschwierigkeiten, Vertrauensverlust und aggressives Verhalten bis hin zu Depressionen, Angststörungen, Suizidalität und Traumatisierungen (Wachs/Bock 2023). Zudem eröffnen digitale Interaktionsräume das besondere Risiko einer Mehrfachbetroffenheit und Folgebelastung, sodass Betroffene durch (wiederholte und nicht aufhörende) Attacken erneut getriggert, (re-)traumatisiert und (re-)viktimisiert werden (Vobbe/Kärgel 2022).

Fokus H: Sexuelle Grenzverletzungen und riskanter Austausch untereinander

Neben den Erfahrungen junger Menschen mit Cybergrooming im engeren Sinne, steht das Austausch- und Vernetzungshandeln auch unter dem Eindruck von sexuellen Belästigungen allgemein, die an der Schwelle zum Jugendalter schon jede*n Fünfte*n betreffen (Feierabend et al. 2023a), und den sexuellen Grenzverletzungen unter Heranwachsenden speziell. Zum Ende des Jugendalters hin haben heute bereits die meisten Erfahrungen mit den Formen digitaler sexueller Gewalt gemacht. Sie gehen in den meisten Fällen von männlichen Personen aus dem direkten sozialen Umfeld aus, wobei die Peers als Auszuübende im Verlauf des Jugendalters an Relevanz gewinnen. Das Spektrum reicht von sexuellen Kommentaren, Witzen, Gesten, Gerüchten, Beleidigungen und Belästigungen über die ungewollte Konfrontation mit exhibitionistischen Handlungen und pornografischem Material bis hin zu expliziten Online-Viktimisierungen, etwa wenn gegen den Willen der Betroffenen intime Fotos und Filme von ihnen weitergeleitet werden oder im Netz landen (Hajok 2023c).

Letzteres ist auch das Hauptrisiko des Sexting. Zwar ist der erotische Bildaustausch, der schon früh zu einer Facette mediatisierter Alltagspraxis nicht weniger Heranwachsender wurde, in den einvernehmlichen und individualisierten Formen, etwa eines *WhatsApp*-Chats, mit Beteiligten im gesetzlichen Jugendalter von 14 bis 17 Jahren nicht verboten, sondern ein von der sexuellen Mündigkeit ›gedecktes‹ Austauschhandeln. Schon vor zehn Jahren hatte jede*r dritte Jugendliche entsprechende Fotos (oder Videos) erhalten und jede*r Sechste schon einmal Nacktaufnahmen von sich selbst erstellt und diese dann meistens auch verschickt – in aller Regel nicht unbekannte Personen, sondern an Freund*innen und aktuelle Partner*innen. Es ist und bleibt aber immer ein riskantes bzw. risikoreiches Unterfangen, vor allem bezüglich der Weiterverbreitung der Eigensexualisierungen an Dritte oder gar ihre Veröffentlichung im Netz und sich daran anschließende Probleme (Lästerei, Stigmatisierung etc.) (Hajok 2021d).[104]

Nach aktuellen Befunden für die Jahre 2023 und 2024 hat heute etwa jeder vierte junge Mensch schon Erfahrungen mit Sexting und etwa jede*r Zehnte schon einmal eine entsprechende Nachricht verschickt, gut die Hälfte bereits vor dem 14. Lebensjahr. *WhatsApp* ist der präferierte Kanal und die aktuellen bzw. früheren festen Freund*innen sind der zentrale soziale Kontext, gefolgt von Leuten aus der Schule bzw. Klassenkamerad*innen. Gut jede*r Dritte (allen voran Jungen im Alter von elf bis 13 Jahren) hat schon mal eine Sexting-Nachricht ohne Zustimmung der Empfänger*innen verschickt und drei von zehn (allen voran die männlichen im Alter von 14 bis 17 Jahren) haben

---

104 Wie in den als digitale Gewalt zu wertenden Fällen, bei denen Kommunikationspartner*innen im Alter von unter 14 Jahren und Erwachsene beteiligt sind, ist auch die Weiterleitung oder Veröffentlichung von Sexting-Inhalten anderer kein Kavaliersdelikt, sondern hat in aller Regel strafrechtliche Relevanz (Hajok 2023c).

schon einmal Sexting-Inhalte anderer weitergeleitet (LfM 2023, 2024a). Mit präventiven Konzepten wie dem des *Safer Sexting*, dessen erste Konzeption bereits zu Beginn der 2010er Jahre vorgelegt wurde (Döring 2012), kann ein möglicher Schaden für die Betroffenen minimiert werden. Das betrifft nicht nur die erotische Darstellungen an sich, sondern kann durch eine mögliche Zurückhaltung auch (zu) großer Freizügigkeit vorbeugen. Im Hinblick auf eine mögliche Weiterverbreitung bleibt aber auch das einvernehmliche Handeln immer ein riskanter Austausch.

8.4 Selbst- und Fremdgefährdungen im eigenen Medienhandeln

Im Gegensatz zu den bisher betrachteten Gefahren, die sich Kindern und Jugendlichen als Nutzer*innen medialer Inhalte, Konsument*innen in einem kommerziellen Markt und Teilnehmer*innen in digitalen Kommunikations- und Interaktionsprozessen stellen, sind es bei den verhaltensbezogenen Risiken die jungen Menschen selbst, die mit ihrem Handeln in der digitalen Welt die Grenzen des Tolerierten bzw. Erlaubten unwissentlich bzw. aufgrund fehlender Kompetenzen verletzten oder aber gezielt austesten (und überschreiten). Das Spektrum reicht von einem ›unbedarften‹ Umgang mit persönlichen Daten und Anwendungen über Hass, Mobbing und Belästigungen anderer bis hin zu einem risikoreichen Austausch- und Vernetzungshandeln, bei dem Selbst- und Fremdgefährdungen häufig ineinandergreifen. Gemessen an der Verbreitung unter Heranwachsenden ist eine exzessive bis hin zu einer dysfunktionalen pathologischen Nutzung der digitalen Möglichkeiten aktuell das größte verhaltensbezogene Problem.

Angesichts der scheinbar grenzenlosen Möglichkeiten zu Eigenaktivität bei vielerorts noch auszubildenden Kompetenzen für einen kritisch-reflexiven Umgang kann es nicht verwundern, dass auch die vom eigenen Handeln begründeten Risiken heute eine große Relevanz haben. Im letzten Jugendmedienschutzindex aus dem Jahr 2022 berichtete jeweils gut ein Drittel der befragten 9- bis 16-Jährigen davon, zu viele persönliche Daten von sich öffentlich gemacht oder selbst schon illegal Daten hoch- oder heruntergeladen zu haben. Auf diesem Niveau bewegen sich auch die Erfahrungen, dass sich andere vom eigenen Medienhandeln gemobbt oder aber belästigt gefühlt haben. Und fast jede*r Dritte hat sich bereits online zu riskanten Verhal-

8.4 Selbst- und Fremdgefährdungen im eigenen Medienhandeln

tensweisen (Mutproben, Drogen-/Alkoholkonsum, Selbstverletzung) anstiften lassen. All diese Erfahrungen haben im Fünf-Jahres-Vergleich deutlich zugenommen, kennzeichnen das Medienhandeln der Jungen (etwas) häufiger als das der Mädchen und nehmen mit dem Alter der Heranwachsenden merklich zu (Gebel et al. 2022).

Fokus I: Umgang mit eigenen Daten (und denen anderer)

Beim eigenen Umgang mit persönlichen Daten zeigt sich zwar eine gewisse Sorglosigkeit der jungen Nutzer*innen, im Jugendalter wird allerdings durchaus ein reflektiertes Medienhandeln deutlich: Schon die Jüngeren kennen Maßnahmen zum Schutz der Privatsphäre, haben aber akzeptiert, dass zur Nutzung der Dienste persönliche Daten preisgegeben werden müssen. Und solange sie keine negativen Konsequenzen erkennen und sich darüber bewusst sind, die Kontrolle nur bis zu dem Grad behalten zu können, bis sie etwas online von sich preisgeben, sehen sie auch keinen Grund für einen Verzicht auf die Dienste wegen des (fehlenden) Datenschutzes (Jöckel/Dogruel 2021).[105] Die möglichen Folgen eines (zu) laxen Umgangs sind indes vielfältig und reichen von Identitätsdiebstahl bzw. mit persönlichen Daten erstellten Fake-Accounts bis hin zu Cyberstalking in individualisierten Kanälen und ungewollten Kontaktaufnahmen im realen Alltag.

Sieht man vom Umgang mit persönlichen Daten oder aber den illegalen Down- und Upload-Aktivitäten junger Menschen einmal ab, dann sind die verhaltensbezogenen Risiken in aller Regel nicht nur mit persönlichen, rechtlichen, finanziellen etc. Konsequenzen für die Akteur*innen verbunden. In aller Regel sind auch die Adressat*innen betroffen; Selbst- und Fremdgefährdungen gehen oft Hand in Hand. Die gesetzlich eingezogenen Grenzen werden von den jungen Akteur*innen insbesondere dann überschritten, wenn sie (untereinander) jugendgefährdendes, etwa zu Gewalttätigkeit und Verbrechen anreizendes oder pornografisches Material verbreiten oder mit ihrem Medienhandeln Straftatbestände (Gewaltverherrlichung, Volksver-

---

105 Etwas anders sieht es bei Kindern im Vor- und Grundschulalter aus. Aufgrund der noch fehlenden Kompetenzen haben sie noch kein allzu ›tiefes‹ Verständnis von Privatsphäre oder Datenschutz. Wenn sie – wie in der Vergangenheit am Beispiel der Momblogs auf *Instagram* (Hajok/Wüstefeld 2020) oder der Kidfluencer*innen bei *YouTube* (Hajok/Melber/Otto 2022) gezeigt – dennoch sehr privat im Netz präsent sind, ist das ein von ihren Eltern verantwortetes risikobehaftetes Unterfangen – und evoziert familiäre Konflikte (▶ Kap. 5.4).

hetzung, Anleitung zu Straftaten etc.) erfüllen. Lancieren sie selbst Hate-Speech-Attacken im Netz, ist ungeachtet einer (straf-)rechtlichen Verantwortung von einer herabgesetzten Toleranzbereitschaft und fehlenden Fähigkeit zur respektvollen Kommunikation auszugehen (Schneekloth/Albert 2019).

Wenn drei von zehn Heranwachsenden mit eigener Sexting-Erfahrung bereits solche Inhalte anderer weitergeleitet und gut jede*r Dritte schon mal eine Sexting-Nachricht ohne Zustimmung der Empfänger*innen verschickt haben (LfM 2023), sind die Grenzen oft auch auf einer ganz anderen Ebene überschritten. Ohne dass verlässliche Zahlen zur Verbreitung vorliegen, legen die Erfahrungen Betroffener und Zahlen zu polizeilich geführten Tatverdächtigen eine zunehmende Relevanz auch im Bereich strafbewehrter digitaler sexueller Gewalt unter Heranwachsenden nahe (Hajok 2023e). Und auch Cybermobbing ist zu nennen, denn um die fünf Prozent älterer Kinder und Jugendlicher sind selbst Ausübende, die die Attacken an andere adressieren (Hajok et al. 2019, Beitzinger et al. 2024). Sie selbst haben vor allem disziplinarische Maßnahmen der Schule zu tragen – und wie bei allen anderen Grenzüberschreitungen die skizzierten Folgen und Belastungen seitens der Betroffenen zu verantworten.

Fokus J: Mutproben, Challenges, selbstverletzendes Verhalten

Ein weiteres, vermehrt in Social Media beobachtetes und vom eigenen Medienhandeln begründetes Risiko sind Mutproben und riskante Challenges junger Menschen. Diese werden auch durch Kommentare und Bestärkungen von Follower*innen sowie die Option auf viele Klicks und Bewertungen angeregt und können ernsthafte gesundheitliche Schäden für die jungen Akteur*innen zur Folge haben. Ihre öffentliche Verbreitung kann wiederum andere junge Nutzer*innen verstören oder diese zur Nachahmung von selbstverletzendem bzw. eigengefährdendem Verhalten (sog. Pilotentest, den Eigenbau von Feuerwerkskörpern etc.) und sogar von Straftaten (Vandalismus, Diebstahl etc.) anregen (Jugendschutz.net 2023b).[106]

---

[106] Die Bundeszentrale für Kinder- und Jugendmedienschutz (BkZJ) benennt mit den weiteren anerkannten Gründen einer Jugendgefährdung, die zu einer Indizierung führen, die Verherrlichung von Drogenkonsum oder aber exzessivem Alkoholkonsum sowie die Nahelegung von selbstschädigendem Verhalten, worunter auch die Propagierung oder bloße Anleitung zum Suizid sowie die positive Darstellung und Glorifizierung von Magersucht gefasst wird (BzKJ 2025b).

8.4 Selbst- und Fremdgefährdungen im eigenen Medienhandeln

Was persönliche Zugänge zu Drogen und exzessivem Alkoholkonsum, selbstverletzendem Verhalten und Suizidalität sowie Essstörungen betrifft, spielen digital repräsentierte Eigengefährdungen bereits seit vielen Jahren eine Rolle. Auch wenn es an verlässlichen Zahlen zur Verbreitung unter Heranwachsenden fehlt – die eingangs dargestellten gesundheitsbezogenen Problemlagen und psychischen Belastungen, die viele junge Menschen betreffen (▶ Kap. 2.3) –, dürften angesichts des exponierten Stellenwerts von digitalem Austausch und Vernetzung bei den mit Abstand meisten Betroffenen auch zu einer (mehr oder minder offenen) medialen Auseinandersetzung mit eben den persönlichen Problemlagen und Belastungen führen und die kommunikative Be- und Verarbeitung mit anderen im Netz als eine naheliegende Strategie der Bewältigung etablieren.

Entsprechende Angebote können Betroffenen mit Informations-, Selbsthilfe- und Beratungsinhalten durchaus Hilfe und Unterstützung bieten – der Übergang zwischen konstruktiver Hilfe und destruktiver Gefährdung ist allerdings fließend (Duncker et al. 2020). Aktuellere Analysen von bei *TikTok* verbreiteten Kurzvideos und darauf bezogenen Kommentaren zeigen denn auch, dass die meisten mit ihrer spezifischen Thematisierung von Selbstverletzung und Suizidalität eben keine präventiven Absichten verfolgen, sondern eher zu einer normalisierenden, verherrlichenden Darstellung neigen. Der auf die Videos bezogene Austausch kann zwar eine Quelle emotionaler Unterstützung von Betroffenen sein. Angesichts der zahlreichen einseitigen idealisierenden Darstellungen befeuert der Algorithmus der Plattform mit seiner Personalisierung jedoch eher eine Negativspirale, besonders wenn man an Jugendliche als eine für Selbstverletzung und Suizidalität besonders vulnerable Gruppe denkt (Hajok/Kittelmann 2023).

Fokus K: (gegenseitige) Beförderung von Essstörungen und mentalen Belastungen

Ein in der digitalen Welt quasi von Beginn an präsentes, vom eigenen Medienhandeln begründetes Risiko ist der Zusammenschluss junger Menschen in Gruppen, in denen Essstörungen glorifiziert oder verherrlicht werden. Angesichts der hohen Prävalenzen von Anorexie und Bulimie vor allem bei weiblichen Heranwachsenden und den bekannten Komorbiditäten und Mortalitätsraten (▶ Kap. 2.3) wohnt auch diesem Austausch- und Vernetzungshandeln ein sehr großes Schädigungspotenzial inne. Besonders relevant ist bis heute die sog. Pro-Ana-Bewegung, bei der sich die Anhänger*innen festen Regeln und Grundsätzen (Anas Brief, Anas zehn Gebote,

Thinspirations etc.) unterwerfen und gegenseitig in der Aufrechterhaltung der eigenen Magersucht bestärken. Die Bewegung fand auch in Deutschland schnell Verbreitung: In den 2000er Jahren waren es ›geschlossene‹ Pro-Ana-Foren, es folgten die öffentlichen Blogs der Anhänger*innen, die seit den 2010er Jahren zunehmend in Social Media unterwegs sind (Hajok/Kittelmann/Roloff 2022).

In den letzten Jahren vernetzen sich die Anhänger*innen wieder mehr in geschlossenen, in Blogs, Anzeigenplattformen und Social Media gleichwohl öffentlich beworbenen Settings von sog. Hunger- bzw. Magergruppen bei *WhatsApp* & Co. und bestärken sich weitgehend ›ungestört‹ in ihrem essgestörten Verhalten. Die Gruppenmitglieder sind einem Machtgefälle und Druck einzelner Mitglieder unterworfen, motivieren sich in Wettbewerben zur weiteren Gewichtsabnahme und sind permanent verfügbaren Triggerinhalten ausgesetzt. Mit Blick auf die Zusammenhänge mit anderen psychischen Erkrankungen wird eine Gefahr des Austauschs in den Gruppen auch darin gesehen, dass das Teilen von existenziellen Krisen zu Stress, Angst und Überforderung führt (Jugendschutz.net 2023c).

Für ältere Kinder und Jugendliche werden seit einigen Jahren auch mögliche Zusammenhänge zwischen einer exzessiven Social-Media-Nutzung und emotionalen Belastungen bis hin zu psychischen Störungen diskutiert.[107] Zudem scheinen die schon zu Zeiten klassischer Sozialer Netzwerke beobachteten exzessiven Selbstdarstellungen im Rahmen der ins Netz verlagerten Identitätsbildungsprozesse oft mit einem problematischen Vergleichsverhalten einherzugehen.

> Hier wurde vor einigen Jahren bereits der sog. Expression Effect ins Feld geführt, wonach sich die Selbstinszenierung der Heranwachsenden im Netz bei Internalisierung ins eigene Selbstbild auf deren Selbstwahrnehmung auswirkt (Valkenburg/Piotrowski 2017) und Abweichungen des Abgleichs von digitalem und eigenem Ich emotionalen Druck erzeugen (Cwielong 2016).

---

107 Mit besonderem Blick auf die *Instagram*-Nutzung der letzten Jahre wird etwa auf die Forcierung eines Social-Media-Burnouts durch Hyperkonnektivität und zwanghafter Nutzung im Sinne von Fears of Mission out (FOMO) abgestellt und die exzessive Nutzung mit depressiven Symptomen, Angst, Einsamkeit, geringes Selbstwertgefühl u. a. zusammengebracht (Hajok et al. 2022).

Mit der skizzierten Verschiebung der Social-Media-Nutzung weg von den exzessiven Selbstdarstellungen hin zum Folgen von dem, was (prominente) Andere dort treiben (▶ Kap. 7.2), dürften auch die Vorlagen der Influencer*innen, die den jungen Follower*innen durchaus attraktive Lebensentwürfe suggerieren, für die enge Bindung an Social Media wieder mehr Relevanz erhalten. Das Kernproblem der Orientierung an den digitalen Vorlagen haben viele Jugendliche und junge Erwachsene bereits selbst im Blick. So gab in der aktuellen Trendstudie zur Jugend in Deutschland jede*r Vierte an, dass sich durch das Vergleichen über Social Media ihr Selbstbild verschlechtert hat (Schnetzer/Hampel/Hurrelmann 2024). Und auch in der aktuellen SINUS-Jugendstudie sahen viele Jugendlichen die Auswirkungen von Social Media auf das eigene Befinden bzw. ihre psychische Gesundheit angesichts der vielen Zeit, die sie hier verbringen, im Hinblick auf die Überflutung mit Reizen, eigenes Suchtverhalten und den Stress durch den Vergleich mit den geschönten Darstellungen kritisch (Calmbach et al. 2024).

Fokus L: Zwischen exzessiver oder pathologisch-dysfunktionaler Mediennutzung

Schon länger diskutiert werden die negativen Folgen einer im Leben junger Menschen zu frühen bzw. exzessiven Nutzung von digitalen Medien. Die gut verkauften Bücher von Manfred Spitzer mit Titeln wie »Digitale Demenz«, »Cyberkrank!« oder »Die Smartphone-Epidemie« gaben hier in den letzten Jahren zusammen mit der vielzitierten BLIKK-Medien Studie (BMG 2018) vielerorts den Ton bewahrpädagogischer Diskurse vor, in denen eine zu frühe (und zeitlich zu ausgedehnte) Nutzung digitaler bzw. elektronischer Medien im Kleinkindalter mit Hyperaktivität, Konzentrations- und Sprachentwicklungsstörungen und anderem mehr in Verbindung gebracht wurden. Es handelt sich hier aber nicht um eine Gefahr digitaler Medien an sich. Es ist auch kein von den jungen Nutzer*innen verursachtes Problem, sondern vielmehr eines der Erziehenden, die ihre Kinder zu früh und unbegleitet in der digitalen Welt agieren lassen, oder besser: den digitalen Reizen überlassen.

Zusammenfassend lässt sich sagen, dass die Nutzung von Bildschirmmedien bei Kindern im Alter unter drei Jahren überwiegend negative Auswirkungen hat, bei Kleinkindern zu einer verzögerten Sprachentwicklung führen bzw. diese beeinträchtigen können (Aufenanger 2024). Bei älteren Kindern und Jugendlichen liegt der Hauptfokus heute auf dem Smartphone. Nach den (selbst eingeschätzten) Bildschirmzeiten liegen die Nutzungszeiten bei Kindern im Alter zwischen sechs und 13 Jahren – wie gezeigt – bereits bei ca. zwei Stunden täglich und summieren sich im Jugendalter dann auf dreieinhalb Stunden täglich auf. Die beachtlichen Nutzungszeiten stehen für eine zeitlich ausgedehnte Nutzung digitaler Medien, die weniger von den Eltern, aber von pädagogischen Fachkräften zielgruppenspezifisch gewissermaßen als Kernproblem in der digitalen Welt angesehen wird (▶ Kap. 5.4). Eine exzessive Nutzung wird heute nicht zuletzt für Social Media festgestellt. Seit vielen Jahren steht aber auch der Bereich der digitalen Spiele (Video-, Computer-, Konsolenspiele, Spiele-Apps) im Fokus. Die Nutzungszeiten an sich sind erst einmal nur Ausdruck der engen Bindung junger Menschen an zwei Bereiche, die in der digitalen Welt eine besondere Relevanz im Alltag Heranwachsender besitzen. Von Eltern und pädagogischen Fachkräften wird es vielerorts aber vorschnell als eine Sucht oder Abhängigkeit identifiziert.

Faktisch hat die dysfunktionale pathologische Nutzung von Social Media und digitalen Spielen – und das ist tatsächlich ein ernstzunehmendes Problem – stark zugenommen. Die mit klassischen Suchtkriterien (Kontrollverlust, Toleranzentwicklung, Einengung des Alltags, Entzugserscheinungen, Regulation negativer Gefühle etc.) eingegrenzte digitale Abhängigkeit ist mittlerweile als das zentrale, vom Medienhandeln junger Menschen selbst begründete Risiko zu sehen. Mit dem ›Krankheitskatalog‹, dem ICD-11, ist die Gaming Disorder auch als diagnostizierbare und therapiebedürftige Störung klassifiziert. Die ›Wirkzusammenhänge‹ sind aber auch hier komplex. Neben der besonderen Bindungskraft digitaler Medien spielen soziale Faktoren (insbesondere Beziehungs-/Erziehungserfahrungen) und individuelle Dispositionen (Einsamkeit, Stress, persönliche Krisen etc.) eine wichtige Rolle. Das Spektrum möglicher Folgen reicht von einer Vernachlässigung wichtiger Dinge über eine Verengung sozialer Kontakte einzig auf die digitalen bis hin zu Störungen des Tag-Nacht-Rhythmus und spezifischen Verhaltensauffälligkeiten (Hajok 2024d).

Schon in den 2010er Jahren nahm die Verbreitung einer digitalen Abhängigkeit deutlich zu und wurde als ›Problem‹ vor allem in der Lebenswelt von Jugendlichen beschrieben. Dabei zeigte sich, dass die männlichen Heranwachsenden eher an digitale Spiele, insbesondere an die vernetzten Spielewelten gebunden sind, während die weiblichen Heranwachsenden eine besondere Bindung zu den Angeboten für kommunikativen Austausch und soziale Vernetzung aufbauen, insbesondere was Social Media anbetrifft. Die bekannte BZgA-Studienreihe »Die Drogenaffinität Jugendlicher in der Bundesrepublik Deutschland 2019. Teilband Computerspiele und Internet« dokumentierte einen Anstieg einer computerspiel- oder internetbezogenen (Sucht-)Störung von drei auf fast acht Prozent Betroffene. Der Anteil der

8.4 Selbst- und Fremdgefährdungen im eigenen Medienhandeln

Jugendlichen mit einer bereits problematischen Nutzung stieg in dieser Zeit sogar von 13 Prozent auf um die 30 Prozent (Orth/Merkel 2020b).

Die auf der Grundlage von ICD-11 (Gaming Disorder) und SMDS (Social Media Disorder Scale) erhobenen Daten der DAK-Studienreihe »Mediensucht in Zeiten der Pandemie« belegen eine nochmal deutlich gestiegene Prävalenz unter den Bedingungen der Covid-19-Pandemie mit nunmehr nicht mehr den Jugendlichen, sondern älteren Kindern als besonders ›gefährdete‹ Gruppe.[108] Dies ist im Kontext der (im Leben junger Menschen) weiter vorverlagerten Zugänge zur digitalen Welt zu sehen, mit denen offenbar auch die Formen einer digitalen Abhängigkeit im Leben junger Menschen immer früher an Bedeutung gewinnen. Insgesamt betrachtet stieg die Verbreitung bei den 10- bis 17-Jährigen im Zeitraum September 2019 bis Juni 2022 von knapp drei auf über sechs Prozent im Bereich digitaler Spiele und von gut drei auf knapp sieben Prozent im Bereich Social Media, was jeweils über 300.000 Betroffenen entspricht (DAK-Gesundheit 2023).

---

[108] Das in diesem Zusammenhang wohl wichtigste Ergebnis der Studienreihe ist bereits für die Erhebung im Mai 2021 differenziert ausgewiesen und wird noch immer hervorgehoben: Die pathologische (und auch die riskante) Nutzung von digitalen Spielen und Social Media ist unter den 10- bis 14-Jährigen deutlich weiter verbreitet als in der Vergleichsgruppe der 15- bis 19-Jährigen (Thomasius 2021, 2024).

9 Ein Schlusswort

Auch wenn dieses Buch inhaltlich mit den Risiken und Herausforderungen endet, die sich Kindern und Jugendlichen in der digitalen Welt stellen, soll dies nicht die insgesamt eingenommene Perspektive überlagern. Denn die Gefahren sind nur die eine Seite der Medaille, die dem Potenzial eines partizipativen Medienhandelns gegenübersteht. Wie gezeigt kann der Einfluss des Umgangs junger Menschen mit den neuen Möglichkeiten immens sein und in allen Bereichen der Persönlichkeitsentwicklung positive und negative Spuren hinterlassen. Er kann förderlich sein auf dem Weg zu einer eigenverantwortlichen und gemeinschaftsfähigen Persönlichkeit und die Entwicklung und Sozialisation von Kindern und Jugendlichen beeinträchtigen, ja sogar gefährden. Und das in einer Zeit, in der die allgemeinen Lebensbedingungen junger Menschen in Deutschland für Viele ohnehin schon belastend sind und häufiger, als uns lieb sein kann, einem unbeschwerten Auf- und Heranwachsen entgegenstehen. Insofern ist das Agieren junger Menschen in der digitalen Welt nur ein – wenngleich wichtiger – Bereich in ihrem Leben, der zudem mehr denn je mit der analog-physischen Welt verschränkt ist.

Die wesentlichen Momente wurden in diesem Buch beschrieben: hier die fortgeschrittene Mediatisierung des Alltags von Kindern mit (immer früheren) Zugängen zur digitalen Welt, dort der zum Gutteil digitalisierte Jugendalltag, bei dem längst auch nichtmediale Freizeitbeschäftigungen und physische Erfahrungen digital durchdrungen sind. Das alles hat nicht nur mit der besonderen Bindungskraft zu tun, die digitale Endgeräte und Anwendungen von sich aus aufzubauen vermögen. Es ist auch nicht einzig den gezielten Strategien eines (digitalen) Netzwerkkapitalismus geschuldet, der mit KI nun beschleunigt auf ›Entmenschlichung‹ setzt. Was Kinder und Jugendliche mit den neuen Möglichkeiten in ihrem Leben anfangen, ist und bleibt in besonderem Maße von ihren sich gerade ausbildenden Kompetenzen, vom erzieherischen und pädagogischen Handeln in deren direktem Umfeld, den Anregungen aus der Peergroup und nicht zuletzt vom gesellschaftlichen Umgang mit Digitalisierung bedingt, vor allem, was den angemessenen Schutz angeht.

Längst stellt sich nicht mehr die Frage, ob Kinder und Jugendliche mittelbar und unmittelbar Zugang zur digitalen Welt haben, sondern *wie* der Umgang mit den digitalen Endgeräten und Anwendungen in seiner lebensweltlichen Einbettung tatsächlich erfolgt. Und hierfür sind die persönlichen, situativ, sozial und gesellschaftlich gerahmten Zugänge entscheidend. Hieraus leitet sich ab, inwieweit sich Kinder und Jugendliche digitale Medien gewinnbringend für ihr eigenes Leben und die Gesellschaft insgesamt zu eigen machen (können) oder ob sie unter den digitalen Risiken mitsamt den belastenden Erfahrungen im Alltag zu leiden haben. Dabei stellt sich immer früher im Leben junger Menschen die Frage, wie sie die Herausforderung eines souveränen und kritisch-reflexiven Lebens in der digitalen Welt überhaupt meistern können. Angesichts der aktuellen Entwicklungen lässt sich diesbezüglich nur dann optimistisch in die Zukunft schauen, wenn es unserer Gesellschaft gelingt, der fortschreitenden Entgrenzung einer digitalen Welt Einhalt zu gebieten.

Literatur

Aberl, D./Ring, S. (2025): Demokratie will gelernt sein. Praxisnahe Tipps für (digitale) Partizipationsprojekte. In: merz – medien und erziehung, Jg. 69, Heft 1, S. 31–38.

Ackermann, J./Dewitz, L. (2020): Kreative Bearbeitung politischer Information auf TikTok. Eine multimethodische Untersuchung am Beispiel des Hashtags #ww3. In: Medien-Pädagogik, Heft 38, S. 69–93. https://doi.org/10.21240/mpaed/38/2020.11.16.X

Afflerbach, L. K./Meiner-Teubner, C. (2024): Kindertagesbetreuung 2024 – das Ende einer Expansionsgeschichte? In: KomDat, Jg. 27, Heft 3, S. 1–6. Online unter https://www.akjs tat.tu-dortmund.de/fileadmin/user_upload/76_KomDat_3_24_Erratum.pdf

Albert, M./Quenzel, G./de Moll, F./Leven, I./McDonnell, S./Rysina, A./Schneekloth, U./ Wolfert, S. (2024): Jugend 2024–19. Shell Jugendstudie. Pragmatisch zwischen Verdrossenheit und gelebter Vielfalt. Weinheim: Beltz.

Andresen, S./Dreyer, S./Huerkamp, D./Knabenschuh, S. (2023): Aktuelles Sexualstrafrecht als Kinderrechteverstoß? Zur strafrechtlichen Problematik konsensualen Sextings unter Beteiligung von jungen Menschen. In: KJug – Kinder- und Jugendschutz in Wissenschaft und Praxis, Jg. 68, Heft 4, S. 163–171.

Aufenanger, S. (2024): Effekte der Mediennutzung bei Kindern im Alter von 0 bis 3 Jahren. Ein Forschungsüberblick aus internationaler Perspektive. In: merz – medien und erziehung, Jg. 68, Heft 1, S. 27–33.

Austin, D. (2023): 2023 Internet Minute Infographic, by eDiscovery Today and LTMG!: eDiscovery Trends. Online unter https://ediscoverytoday.com/2023/04/20/2023-inter net-minute-infographic-by-ediscovery-today-and-ltmg-ediscovery-trends/

Austin, D. (2021): Here Is Your 2021 Internet Minute Infographic!: eDiscovery Trends. Online unter https://ediscoverytoday.com/2021/04/16/here-is-your-2021-internet-mi nute-infographic-ediscovery-trends/

Baacke, D. (1997): Medienpädagogik. Grundlagen der Medienkommunikation. Tübingen.

Bachmann, S./Hajok, D./Schermutzki, E. (2012): »Hunger nach weniger« – Pro-Ana und Pro-Mia im Internet. In: tv diskurs – Verantwortung in audiovisuellen Medien, Jg. 16, Heft 3, S. 66–71.

Barth, S./Hajok, D./Kuhn, L. (2023): Amazon – ein Big Player auch im Kinder- und Jugendzimmer. In: mediendiskurs, Jg. 27, Heft 3, S. 52–55.

de Baey-Ernsten, M./Füssel, L./Hajok, D. (2021): YouTube als (kultureller) Bildungsraum?! Berlin. Online unter http://www.akjm.de/akjm/wp-content/uploads/2021/07/You Tube_kultureller_Bildungsraum_2021.pdf

de Baey-Ernsten, M./Hajok, D. (2023): Kinder- und Jugendschutz in digitalen Spielen. In: B. Bigl/S. Stoppe (Hrsg.), Game-Journalismus. Grundlagen – Themen – Spannungsfelder. Ein Handbuch. Berlin: Springer VS, S. 279–293.

Bamberger, A./Stecher, S./Berg, K./Gebel, C./Brüggen, N. (2023): »Ich habe einen normalen Account, einen privaten Account und einen Fake Account.« Instagram aus der Perspektive von 12- bis 15-Jährigen mit besonderem Fokus auf die Geschlechterpräsentation. ACT ON! Short Report Nr. 10. Ausgewählte Ergebnisse der Monitoring-Studie. Online unter https://act-on.jff.de/wp-content/uploads/2023/03/jff_muenchen_2023_acton_shortreport10_lang.pdf

Bauder, N./Hajok, D. (2019): Jugend und Pornografie. Aktuelle Perspektiven auf einen ›Klassiker‹ des Jugendmedienschutzes. In: JMS-Report, Jg. 42, Heft 2, S. 2–7.

Bauer, U./Hurrelmann, K. (2021): Einführung in die Sozialisationstheorie. Das Modell der produktiven Realitätsverarbeitung (MpR). 14., vollständig überarbeitete Auflage. Weinheim, Basel: Beltz.

Behr, J. (2025): Ganz alltäglich – Medien gehören auch in die Kita. In: S. Fleischer/D. Hajok (Hrsg.), Medienerziehung in der digitalen Welt. Grundlagen und Konzepte für Familie, Kita, Schule und Soziale Arbeit. 2., überarbeitete Auflage. Stuttgart: Kohlhammer, S. 167–175.

Beisch, N./Koch, W. (2023): ARD/ZDF-Onlinestudie: Weitergehende Normalisierung der Internetnutzung nach Wegfall aller Corona-Schutzmaßnahmen. Aktuelle Aspekte der Internetnutzung in Deutschland. In: Media Perspektiven, Ausgabe 23, S. 1–9. Online unter https://www.ard-media.de/fileadmin/user_upload/media-perspektiven/pdf/2023/MP_23_2023_Onlinestudie_2023_Fortschreibung.pdf

Beitzinger, F./Leest, U. (2024): Cyberlife V. Spannungsfeld zwischen Faszination und Gefahr. Cybermobbing bei Schülerinnen und Schülern. Karlsruhe. Online unter https://buendnis-gegen-cybermobbing.de/wp-content/uploads/2024/10/Cyberlife_Studie_2024_Endversion.pdf

Berg, A. (2019): Kinder und Jugendliche in der digitalen Welt. Berlin. Online unter https://www.bitkom.org/sites/default/files/2019-05/bitkom_pk-charts_kinder_und_jugendliche_2019.pdf

Berg, A. (2017): Kinder und Jugend in der digitalen Welt. Berlin. Online unter https://www.bitkom.org/sites/main/files/file/import/170512-Bitkom-PK-Kinder-und-Jugend-2017.pdf

Bettendorf, S. (2020): Instagram-Journalismus für die Praxis: Ein Leitfaden für Journalismus und Öffentlichkeitsarbeit. Springer VS. https://doi.org/10.1007/978-3-658-31484-2

Beule, V./Zauner, L. (2022): Generation Alpha – eine neue Nutzergeneration. Mit Zukunftspersonas ins Jahr 2035. In: Media Perspektiven, Heft 4, S. 160–164.

Binzer, I./Hebeisen, M./Heil, F./Hofmann, I./Ipsen, F./Zywietz, B. (2022): Islamismus im Netz. Bericht 2021/2022. Mainz. Online unter https://www.jugendschutz.net/fileadmin/daten/publikationen/lageberichte/bericht_2021_2022_islamismus_im_netz.pdf

Bischof-Köhler, D. (2000): Kinder auf Zeitreise. Theory of Mind, Zeitverständnis und Handlungsorganisation. Bern: Huber.

Blochberger, K./Bartels, I. (2023): Eltern mit Behinderung. Erfahrungen und Anforderungen an eine inklusive Kinder- und Jugendhilfe. In: Forum Erziehungshilfen, Heft 3, S. 148 ff.

Blue Ocean Entertainment (2023): KIDS-MEDIEN-KOMPASS 2023. Online unter https://www.kidsmedienkompass.de/fileadmin/files/mediadaten/KidsMedienKompass/KMK_20-23_Q3_2023.pdf

BMFSFJ (Bundesministerium für Familie, Senioren, Frauen und Jugend) (Hrsg.) (2021): Allein- oder getrenntziehen – Lebenssituation, Übergänge und Herausforderungen. Monitor Familienforschung, Ausgabe 43. Berlin: BMFSFJ.

Literatur

BMG (Bundesministerium für Gesundheit) (Hrsg.) (2018): BLIKK-Medien: Kinder und Jugendliche im Umgang mit elektronischen Medien. Abschlussbericht. Online unter https://www.bundesgesundheitsministerium.de/fileadmin/Dateien/5_Publikationen/ Praevention/Berichte/Abschlussbericht_BLIKK_Medien.pdf

Bock, E./Schubert, C./Johannes, P. (2025): Zwischen Me-Time & Screen-Time. Die große Sehnsucht der Deutschen nach mehr digitaler Balance. Grundlagenstudie durchgeführt von september Strategie & Forschung im Auftrag der Vodafone GmbH. Online unter https://vodafone-mediathek-live.s3.amazonaws.com/3gREgrQTYd_1M7tIrr_Gm/docu ment.pdf

Böhm, K. (2024): Was können die Kleinsten? In: merz – medien und erziehung, Jg. 68, Heft 1, S. 18–26.

Böhnisch, L. (2009): Jugend heute – Ein Essay. In: H. Theunert (Hrsg.), Jugend – Identität – Medien. Identitätsarbeit Jugendlicher mit und in Medien. München: kopaed, S. 27–34.

Böhnisch, L./Lenz, K./Schröer, W. (2009): Sozialisation und Bewältigung. Eine Einführung in die Sozialisationstheorie der zweiten Moderne. Weinheim, München: Beltz.

Bollig, S./Kelle, H. (2014): Kinder als Akteure oder als Partizipanden von Praktiken. In: Zeitschrift für Soziologie der Erziehung und Sozialisation, Jg. 34, Heft 3, S. 263–279.

Boniel-Nissim, M./Marino, C./Galeotti, T./Blinka, L./Ozoliņa, K./Craig, W./Lahti, H./Wong, S. L./Brown, J./Wilson, M./Inchley, J./van den Eijnden, R. (2024): A focus on adolescent social media use and gaming in Europe, central Asia and Canada. Health Behaviour in School-aged Children international report from the 2021/2022 survey. Volume 6. Copenhagen: WHO Regional Office for Europe. Online unter https://iris.who.int/bit stream/handle/10665/378982/9789289061322-eng.pdf?sequence=2&isAllowed=y

Börsenblatt (Das Fachmagazin der Buchbranche) (2024a): Jahresbestseller Kinderbuch 2024. 12. Dezember 2024. Online unter https://www.boersenblatt.net/news/bestseller/ jahresbestseller-kinderbuch-2024

Börsenblatt (Das Fachmagazin der Buchbranche) (2024b): Jahresbestseller Jugendbuch 2024. 12. Dezember 2024. Online unter https://www.boersenblatt.net/news/bestseller/ jahresbestseller-jugendbuch-2024

Börsenverein des Deutschen Buchhandels (2024): Studie: »Bock auf Buch! – Wie junge Menschen heute Bücher finden und kaufen« 2024. Online unter https://www.boersen verein.de/marktdaten/marktforschung/studien-umfragen/studie-bock-auf-buch-2 024/

Bonfadelli, H. (2004): Medienwirkungsforschung I: Grundlagen und theoretische Perspektiven. Konstanz: UVK.

Bonfadelli, H. (1981): Die Sozialisationsperspektive in der Massenkommunikationsforschung. Neue Ansätze, Methoden und Resultate zur Stellung der Massenmedien im Leben der Kinder und Jugendlichen. Berlin: Spieß.

Boniel-Nissim, M./Marino, C./Galeotti, T./Blinka, L./Ozoliņa, K./Craig, W./Lahti, H./Wong, S. L./Brown, J./Wilson, M./Inchley, J./van den Eijnden, R. (2024): A focus on adolescent social media use and gaming in Europe, central Asia and Canada. Health Behaviour in School-aged Children international report from the 2021/2022 survey. Volume 6. Copenhagen: WHO Regional Office for Europe. Online unter https://iris.who.int/bit stream/handle/10665/378982/9789289061322-eng.pdf?sequence=2&isAllowed=y

Brüggen, N./Dreyer, S./Gebel, C./Lauber, A./Materna, G./Müller, R./Schober, M./Stecher, S. (2022): Gefährdungsatlas. Digitales Aufwachsen. Vom Kind aus denken. Zukunftssicher handeln. Aktualisierte und erweiterte 2. Auflage. Bonn. Online unter https://www.bzkj.de/resource/blob/197826/5e88ec66e545bcb196b7bf81fc6dd9e3/2-auflagegefaehrdungsatlas-data.pdf

Brüggen, N./Dreyer, S./Drosselmeier, M./Gebel, C./Hasebrink, U./Rechlitz, M. (2017): Jugendmedienschutzindex: Der Umgang mit onlinebezogenen Risiken – Ergebnisse der Befragung von Eltern und Heranwachsenden. Berlin. Online unter www.jugendmedienschutzindex.de

Brzozowska, I./Sikorska, I. (2016): Potential effects of screen media on cognitive development among children under 3 years old: review of literature. In: Medycyna Wieku Rozwojowego, Jg. 20, Heft 1, S. 75–81.

Buchreport (2024): Jahresbestseller 2023. Kinderbücher. Bilderbücher. Online unter https://www.buchreport.de/spiegel-bestseller/jahresbestseller/bilderbuch-kinderbuch/

Bujard, M./von den Driesch, E./Ruckdeschel, K./Laß, I./Thönnissen, C./Schumann, A./Schneider, N. (2021): Belastungen von Kindern, Jugendlichen und Eltern in der Corona-Pandemie. BiB.Bevölkerungs.Studien, Heft 2. Wiesbaden: BiB.

Büsch, A. (2024): Das Ende des Projektes Aufklärung? KI als Herausforderung für die Medienpädagogik: In: merz – medien und erziehung, Jg. 68, Heft 3, S. 10–17.

BZgA (Bundeszentrale für gesundheitliche Aufklärung) (2024): »Die Drogenaffinität Jugendlicher in der Bundesrepublik Deutschland 2023«. Ergebnisse zum Cannabiskonsum. INFO-BLATT vom 26. Juni 2024. Online unter https://www.bzga.de/fileadmin/user_upload/PDF/pressemitteilungen/daten_und_fakten/Infoblatt_Drogenaffinit%C3%A4tsstudie_2023_Cannabis.pdf

BzKJ (Bundeszentrale für Kinder- und Jugendmedienschutz) (2025a): Jahresstatistik 2024. In: BzKJ Aktuell, Heft 1–2025, S. 4–7.

BzKJ (Bundeszentrale für Kinder- und Jugendmedienschutz) (2025b): Was wird indiziert? Gesetzlich geregelte Fallgruppen. Online unter https://www.bzkj.de/bzkj/indizierung/was-wird-indiziert/gesetzlich-geregelte-fallgruppen

BzKJ (Bundeszentrale für Kinder- und Jugendmedienschutz) (2025c): Was wird indiziert? Weitere anerkannte Gründe. Online unter https://www.bzkj.de/bzkj/indizierung/was-wird-indiziert/weitere-anerkannte-gruende/weitere-anerkannte-gruende-175598

BzKJ (Bundeszentrale für Kinder- und Jugendmedienschutz) (2024): Der Digital Services Act und seine Auswirkungen auf die Anbietervorsorge. In: BzKJ-Aktuell, Heft 1, S. 8–13.

Calmbach, M./Flaig, B./Gaber, R./Gensheimer, T./Möller-Slawinski, H./Schleer, C./Wisniewski, N. (2024): SINUS-Jugendstudie 2024. Lebenswelten von Jugendlichen im Alter von 14 bis 17 Jahren in Deutschland. Bonn: bpb.

Calmbach, M./Flaig, B./Edwards, J./Möller-Slawinski, H./Borchard, I./Schleer, C. (2020): SINUS-Jugendstudie 2020. Lebenswelten von Jugendlichen im Alter von 14 bis 17 Jahren in Deutschland. Bonn.

Castells, M. (2001): Bausteine einer Theorie der Netzwerkgesellschaft. In: Berlin Journal für Soziologie, Jg. 11, Heft 4, S. 423–439. https://doi.org/10.1007/BF03204030

Comerford, M./Ayad, M./Guhl, J. (2021): Generation Z & Das salafistische Online-Ökosystem: Execute Summary. Institute for Strategic Dialogue. London: ISD. Online unter

Literatur

https://www.isdglobal.org/wp-content/uploads/2021/12/Exec.-Sum.-Generation-Z-das-salafistische-Online-Okosystem.pdf

Cosma, A./Molcho, M./Pickett, W. (2024): A Focus on Adolescent Peer Violence and Bullying in Europe, Central Asia and Canada. Health Behaviour in School-Aged Children. International Report from the 2021/2022 Survey. Volume 2. Copenhagen: WHO Regional Office for Europe. Online unter https://iris.who.int/bitstream/handle/10665/376323/9789289060929-eng.pdf?sequence=2&isAllowed=y

Cwielong, I. (2016): Aktuelle Trends. Digitale Mediennutzung Jugendlicher und junger Erwachsener, kritische soziale und jugendkulturelle Phänomene im Internet. In: BPJM-Aktuell, Jg. 24, Heft 4, S. 3–8.

DAK-Gesundheit (Hrsg.) (2023): Mediensucht in Zeiten der Pandemie. DAK-Längsschnittstudie: Wie nutzen Kinder und Jugendliche Gaming, Social Media und Streaming? Hamburg. Online unter https://www.dak.de/dak/download/report-2612370.pdf

Danziger, A. (2024): Eltern am Smartphone: Auswirkungen auf die Beziehung und Interaktion mit kleinen Kindern. In: heilpädagogik, Jg. 67, Heft 4, S. 2–6.

Destatis (2025a): Bevölkerungsstand. Geburten. Migration und Integration. Online unter https://www.destatis.de/DE/Themen/Gesellschaft-Umwelt/Bevoelkerung/_inhalt.html

Destatis (2025b): Schulen. Statistische Berichte. Online unter https://www.destatis.de/DE/Themen/Gesellschaft-Umwelt/Bildung-Forschung-Kultur/Schulen/Publikationen/_publikationen-innen-statistischer-bericht.html

Destatis (2025c): Einkommen und Lebensbedingungen, Armutsgefährdung (monetäre Armut) nach soziodemografischen Merkmalen. Online unter https://www.destatis.de/DE/Themen/Gesellschaft-Umwelt/Einkommen-Konsum-Lebensbedingungen/Lebensbedingungen-Armutsgefaehrdung/Tabellen/armutsgef-sozdem-zvgl.html

Destatis (2024a): Haushalte und Familien. Eheschließungen, Ehescheidungen und Lebenspartnerschaften. Online unter https://www.destatis.de/DE/Themen/Gesellschaft-Umwelt/Bevoelkerung/Haushalte-Familien/_inhalt.html#233998

Destatis (2024b): Mehr als ein Viertel der 25-Jährigen wohnte 2023 noch im Haushalt der Eltern. Pressemitteilung Nr. N028 vom 13. Juni 2024 https://www.destatis.de/DE/Presse/Pressemitteilungen/2024/06/PD24_N028_12.html

Destatis (2024c): Soziales. Kindertagesbetreuung, Hilfe zur Erziehung und Angebote der Jugendarbeit. Online unter https://www.destatis.de/DE/Themen/Gesellschaft-Umwelt/Soziales/_inhalt.html

Destatis (2024d): Wintersemester 2024/2025: Studierendenzahl weitgehend unverändert zum Vorjahr. Pressemitteilung Nr. 447 vom 28. November 2024. Online unter https://www.destatis.de/DE/Presse/Pressemitteilungen/2024/11/PD24_447_21.html

Destatis (2024e): Jedes siebte Kind in Deutschland armutsgefährdet. Pressemitteilung Nr. N033 vom 1. Juli 2024. Online unter https://www.destatis.de/DE/Presse/Pressemitteilungen/2024/07/PD24_N033_63.html

DIE ZEIT/Stiftung Lesen/Deutsch Bahn Stiftung (2024): Vorlesen schafft Zukunft. Vorlesemonitor 2024. Repräsentative Befragung zum Vorleseverhalten von Familien. Online unter https://www.stiftunglesen.de/fileadmin/PDFs/Vorlesestudie/Stiftung_Lesen_Vorlesemonitor2024.pdf

DIE ZEIT/Stiftung Lesen/Deutsche Bahn Stiftung (2021): Vorlesestudie 2021. Repräsentative Befragung von Fachkräften in Kitas. https://www.stiftunglesen.de/fileadmin/PDFs/Vorlesestudie/20211027_VLS_PK.pdf

DigiPäd 24/7 (2022): Das Recht junger Menschen auf analog-digitale Teilhabe verwirklichen – Empfehlungen für stationäre Einrichtungen der Kinder- und Jugendhilfe sowie Internate. TH Köln und Universität Hildesheim. Online unter https://hildok.bsz-bw.de/files/1370/DigiPaed_247_Handlungsempfehlungen.pdf

DKHW (Deutsches Kinderhilfswerk) (Hrsg.) (2023): Kinderreport Deutschland 2023. Kinderarmut in Deutschland. Berlin.

Dogruel, L./Masur, P./Joeckel, S. (2022): Development and Validation of an Algorithm Literacy Scale for Internet Users. In: Communication Methods and Measures, Jg. 16, Heft 2, S. 115–133. https://doi.org/10.1080/19312458.2021.1968361

Döring, N. (2025): Groschenromane mit Porno-Inhalten? Warum Dark Romance fasziniert und polarisiert. In: mediendiskurs, Jg. 29, Heft 2, S. 64–70.

Döring, N. (2012): Erotischer Fotoaustausch unter Jugendlichen: Verbreitung, Funktionen und Folgen des Sexting. In: Zeitschrift für Sexualforschung, Jg. 25, Heft 1, S. 4–25.

Döring, N./Walter, R./Scharmanski, S. (2024): Elterliche Sexualaufklärung und sexuelles Risikoverhalten bei Töchtern und Söhnen: Befunde aus der Repräsentativbefragung »Jugendsexualität«. In: Bundesgesundheitsblatt, Jg. 67, Heft 1, S. 14–22. https://doi.org/10.1007/s00103-023-03783-4

Dornheim, D./Weinert, S. (2019): Kognitiv-sprachliche Entwicklung. In: D. Urhahne/M. Dresel/F. Fischer (Hrsg.): Psychologie für den Lehrberuf. Berlin, Heidelberg: Springer, S. 273–294.

Draga, A.-K./Dürr, A./Ermer, C./Hajok, D./Herlan, J./Menge, N./Rottenbach, L./Todorova, D./Wegner, J. (2021): Verschwörungstheorien in Krisenzeiten. Populäre Meinungsführer während der COVID-19-Pandemie. In: tv diskurs – Verantwortung in audiovisuellen Medien, Jg. 25, Heft 4, S. 79–81.

Dreyer, S. (2025): Kinderrechte, Erziehungsprivileg und die Mehrfachrolle des Staates: Medienerziehung aus der Perspektive von Grund- und Menschenrechten. In: S. Fleischer/D. Hajok (Hrsg.), Medienerziehung in der digitalen Welt. Grundlagen und Konzepte für Familie, Kita, Schule und Soziale Arbeit. 2., überarbeitete Auflage. Stuttgart: Kohlhammer, S. 99–119.

Dreyer, S. (2013): Rechtliche Grundlagen des Jugendmedienschutzes. In: H. Friedrichs/T. Junge/U. Sander (Hrsg.), Jugendmedienschutz in Deutschland. Wiesbaden: Springer, S. 65–82.

Dreyer, S./Hasebrink, U./Lampert, C./Schröder, H.-D. (2013): Herausforderungen für den Jugendmedienschutz durch digitale Medienumgebungen. In: Soziale Sicherheit (CHSS), Heft 4, S. 195–199.

Dreyer, S./Lampert, C./Schulze, A. (2014): Kinder und Onlinewerbung. Erscheinungsformen von Werbung im Internet, ihre Wahrnehmung durch Kinder und ihr regulatorischer Kontext. Berlin: Vistas.

Drüeke, R. (2025): Von Likes zu Mitbestimmung: Formen und Auswirkungen digitaler Partizipation Jugendlicher. In: merz – medien und erziehung, Jg. 69, Heft 1, S. 22–30.

Duckwitz, A. (2019): Influencer als digitale Meinungsführer. Wie Influencer in sozialen Medien den politischen Diskurs beeinflussen – und welche Folgen das für die demokratische Öffentlichkeit hat. Friedrich-Ebert-Stiftung. Online unter https://library.fes. de/pdf-files/akademie/15736-20200702.pdf

Duncker, Y./Herrmann, S./Kick, S./Müller, V./Rauchfuß, K. (2020): Selbstgefährdung im Netz. Bericht 2020. Mainz: Jugendschutz.net. Online unter https://www.jugendschutz. net/fileadmin/daten/publikationen/lageberichte/bericht_2020_selbstgefaehrdung_ im_netz.pdf

Edeka Media GmbH/Gruner + Jahr GmbH/Panini Verlags GmbH/Egmont Ehapa Media GmbH/RTL Deutschland GmbH & Co. KG (Hrsg.) (2024): Kinder Medien Monitor 2024. Ergebnispräsentation. Online unter https://kinder-medien-monitor.de/wp-content/ uploads/2024/09/KiMMo-2024_Ergebnispraesentation.pdf

Edeka Verlagsgesellschaft mbH/Egmont Ehapa Media GmbH/Gruner + Jahr GmbH/Panini Verlags GmbH/SUPER RTL Fernsehen GmbH & Co. KG (Hrsg.) (2023): Kinder Medien Monitor (KiMMo). Berichtsband 2023. Online unter https://kinder-medien-monitor. de/wp-content/uploads/2023/07/KINDER-MEDIEN-MONITOR-2023_Berichtsband.pdf

Education Group (2023): Das Medienverhalten der 11- bis 18-Jährigen. 8. OÖ. Jugend-Medien-Studie 2023. Online unter https://www.edugroup.at/fileadmin/DAM/Innovati on/Forschung/Dateien/8._Jugend-Medien-Studie_2023_01.pdf

Eggert, S. (2025): Familiäre Medienerziehung in der Welt digitaler Medien: Ansprüche, Handlungsmuster und Unterstützungsbedarf von Eltern. In: S. Fleischer/D. Hajok (Hrsg.), Medienerziehung in der digitalen Welt. Grundlagen und Konzepte für Familie, Kita, Schule und Soziale Arbeit. 2., überarbeitete Auflage. Stuttgart: Kohlhammer, S. 129–144.

Eggert, S./Oberlinner, A./Pfaff-Rüdiger, S./Drexl, A. (2021): FAMILIE DIGITAL GESTALTEN. FaMeMo – eine Langzeitstudie zur Bedeutung digitaler Medien in Familien mit jungen Kindern. München. Online unter https://www.jff.de/fileadmin/user_upload/jff/veroef fentlichungen/2021/jff_muenchen_2021_veroeffentlichungen_familie_digital_gestal ten.pdf

Eggert, S./Schwinge, C./Wagner, U. (2013): Muster medienerzieherischen Handelns. In: U. Wagner/C. Gebel/C. Lampert (Hrsg.), Zwischen Anspruch und Alltagsbewältigung: Medienerziehung in der Familie. Berlin: Vistas, S. 141–219. Online unter https://www. medienanstalt-nrw.de/fileadmin/lfm-nrw/Forschung/LfM-Band-72.pdf

Eggert, S./Wagner, U. (2016): Grundlagen zur Medienerziehung in der Familie. Expertise im Rahmen der Studie MoFam – Mobile Medien in der Familie. München. Online unter www.jff.de/studie_mofam

Eichenberg, C./Auersperg, F. (2024): Chancen und Risiken digitaler Medien für Kinder und Jugendliche. Ein Ratgeber für Eltern, Lehrkräfte und andere Bezugspersonen. 2., überarbeitete Auflage. Göttingen: Hofgrefe.

Eisewicht, P. (2019): Zwischen Straßenbarrikade und Hashtagaktivismus. Zum Wandel des Engagements Jugendlicher in der modernen Gesellschaft. In: Thema Jugend, Jg. 31, Heft 2, S. 6–8.

El-Menouar, Y. (2022): Die Zukunft der Kirchen – zwischen Bedeutungsverlust und Neuverortung in einer vielfältigen Gesellschaft. Religionsmonitor kompakt. Online unter https://www.bertelsmann-stiftung.de/de/publikationen/publikation/did/religions monitor-kompakt-dezember-2022

Erdmann, J./Pudelko, J. (2024): Nach gebremster Zunahme während der Pandemie: Anstieg der Gefährdungseinschätzungen der Jugendämter in 2023. KomDat, Jg. 27, Heft 3, S. 7–9. Online unter https://www.akjstat.tu-dortmund.de/fileadmin/user_upload/76_Kom Dat_3_24_Erratum.pdf

Erkens, C./Scharmanski, S./Heßling, A. (2021): Sexualisierte Gewalt in der Erfahrung Jugendlicher: Ergebnisse einer repräsentativen Befragung. In: Bundesgesundheitsblatt, Jg. 64, Heft 11, S. 1382–1390.

Ermer, C./Hajok, D. (2025): Glaube, Einfluss, Radikalisierung? An der Schnittstelle von Christfluencer*innen und Rechtsextremist*innen. In: mediendiskurs, Jg. 29, Heft 1, S. 73–77.

Feierabend, S./Rathgeb, T./Gerigk, Y./Glöckler, S. (2025): KIM-Studie 2024. Kindheit, Internet, Medien. Basisstudie zum Medienumgang 6- bis 13-Jähriger. Stuttgart. Online unter https://mpfs.de/studie/kim-studie-2024/

Feierabend, S./Rathgeb, T./Gerigk, Y./Glöckler, S. (2024): JIM-Studie 2024. Jugend, Information, Medien. Basisstudie zum Medienumgang 12- bis 19-Jähriger. Stuttgart: MPFS. Online unter https://mpfs.de/studie/jim-studie-2024/

Feierabend, S./Rathgeb, T./Kheredmand, H./Glöckler, S. (2023a): JIM-Studie 2023. Jugend, Information, Medien. Basisstudie zum Medienumgang 12- bis 19-Jähriger. Stuttgart: MPFS. Online unter http://www.mpfs.de/studien/jim-studie/2023/

Feierabend, S./Rathgeb, T./Kheredmand, H./Glöckler, S. (2023b): KIM-Studie 2022. Kindheit, Internet, Medien. Basisstudie zum Medienumgang 6- bis 13-Jähriger. Stuttgart: MPFS. Online unter http://www.mpfs.de/studien/kim-studie/2022/

Feierabend, S./Glöckler, S./Kieninger, J./Kheredmand, H./Rathgeb, T. (2022a): Ergebnisse der miniKIM-Studie 2020. Kleinkinder und Medien. In: Media Perspektiven, Heft 2, S. 62–67.

Feierabend, S./Rathgeb, T./Kheredmand, H./Glöckler, S. (2022b): JIM-Studie 2022. Jugend, Information, Medien. Basisstudie zum Medienumgang 12- bis 19-Jähriger. Stuttgart: MPFS. Online unter http://www.mpfs.de/studien/jim-studie/2022/

Feierabend, S./Rathgeb, T./Kheredmand, H./Glöckler, S. (2021): KIM-Studie 2022. Kindheit, Internet, Medien. Basisstudie zum Medienumgang 6- bis 13-Jähriger. Stuttgart: MPFS. Online unter https://www.mpfs.de/studien/jim-studie/2021/

Feierabend, S./Rathgeb, T./Kheredmand, H./Glöckler, S. (2020): JIM-Studie 2020. Jugend, Information, Medien. Basisstudie zum Medienumgang 12- bis 19-Jähriger. Stuttgart: MPFS. Online unter http://www.mpfs.de/studien/jim-studie/2020/

Feierabend, S./Scolari, J. (2023): Was Kinder sehen. Eine Analyse der Fernsehnutzung Drei- bis 13-Jähriger 2022. In: Media Perspektiven, Heft 16, S. 1–16. Online unter https://www.ard-media.de/fileadmin/user_upload/media-perspektiven/pdf/2023/MP_16_2 023_Was_Kinder_sehen.pdf

Fendrich, S./Pudelko, J./Tabel, A. (2025): Hilfen zur Erziehung 2023. Starker Anstieg der Erziehungsberatung, leichte Zunahme bei den »ASD-Hilfen«. Kurzanalyse der AKJStat zu den HzE-Daten 2023. Online unter https://www.akjstat.tu-dortmund.de/fileadmin/user_upload/Kurzanalyse_HzE_2023_AKJStat.pdf

Fleischer, S. (2014): Medien in der Frühen Kindheit. In: A. Tillmann/S. Fleischer/K.-U. Hugger (Hrsg.): Handbuch: Kinder und Medien. Wiesbaden: Springer VS, S. 303–311.

Fleischer, S./Hajok, D. (2025): Medienerziehung als intendiertes, auf die Lebenswelten, Vorlieben und Kompetenzen Heranwachsender bezogenes Handeln. In: S. Fleischer/D. Hajok (Hrsg.), Medienerziehung in der digitalen Welt. Grundlagen und Konzepte für Familie, Kita, Schule und Soziale Arbeit. 2., überarbeitete Auflage. Stuttgart: Kohlhammer, S. 60–85.

Fleischer, S./Hajok, D. (2019): Medienbildungsprozesse. Entwicklung von medienbezogenen Kompetenzen in Kindheit und Jugend als Ansatzpunkt. In: B. Kracke/P. Noack (Hrsg.), Handbuch Entwicklungs- und Erziehungspsychologie. Wiesbaden: Springer VS, S. 181–205.

Fleischer, S./Hajok, D. (2016): Einführung in die medienpädagogische Praxis und Forschung. Kinder und Jugendliche im Spannungsfeld der Medien. Weinheim, Basel: Beltz.

Fleischer, S./Kroker, P. (2015): Mediale Zugänge Jugendlicher – verschmolzene Lebenswelten. In: J. Fischer/R. Lutz (Hrsg.), Jugend im Blick. Gesellschaftliche Konstruktionen und pädagogische Zugänge. Weinheim: Beltz Juventa, S. 124–134.

Flotho, B./Hajok, D. (2011): Pornografie, sexuelle Übergriffe und freizügige Selbstdarstellungen in den neuen Medien: Möglichkeiten zum Einbezug der Themen in die sexual- und medienpädagogische Arbeit. In: KJug – Kinder- und Jugendschutz in Wissenschaft und Praxis, Jg. 55, Heft 1, S. 13–19.

Fowler, J. W. (2000): Stufen des Glaubens. Die Psychologie der menschlichen Entwicklung und die Suche nach Sinn. Gütersloh.

Franck, G. (1998): Ökonomie der Aufmerksamkeit. Ein Entwurf. München, Wien: Hanser.

Franke, L./Hajok, D. (2024): Rechtsextremistische Propaganda in Social Media – Die kind- und jugendaffine TikTok-App im Fokus. In: ZJJ – Zeitschrift für Jugendkriminalrecht und Jugendhilfe, Jg. 35, Heft 2, S. 131–137.

Franke, L./Hajok, D. (2023): TikTok und Rechtsextremismus. Neue Formen der Propaganda auf einer kind- und jugendaffinen Plattform. In: bpb, Dossier »Rechtsextremismus«. Online unter https://www.bpb.de/themen/rechtsextremismus/dossier-rechtsextremismus/541511/tiktok-und-rechtsextremismus/

Frantz, A./Hajok, D./Lauber, A. (2017): Wenn Eltern Bilder ihrer Kinder online stellen. In: merz – medien + erziehung, Jg. 61, Heft 3, S. 66–71.

FSF (Freiwillige Selbstkontrolle Fernsehen) (2024): Altersfreigaben. Prüfungen. Kriterien. Online unter https://fsf.de/altersfreigaben/pruefungen/fsf-altersfreigaben/kriterien/

FSK (Freiwillige Selbstkontrolle der Filmwirtschaft) (2025): FSK-Statistik 2024. Online unter https://www.spio.de/themen/statistik-marktforschung/filmstatistik/fsk-statistik/

FSM (Freiwillige Selbstkontrolle Multimedia-Diensteanbieter) (2025): Statistik der Beschwerdestelle 2024. Online unter https://www.fsm.de/files/2025/05/fsm_statistik-beschwerdestelle_2024.pdf

Fuhs, B. (2017): Kindergeschmack. Überlegungen zu Ästhetik und Bildung in der Kindheit. In: S. Schinkel/I. Herrmann (Hrsg.), Ästhetiken in Kindheit und Jugend. Sozialisation im Spannungsfeld von Kreativität, Konsum und Distinktion. Bielefeld: transcript, S. 55–76.

Fuhs, B. (2009): Jugendschutz im Dialog. In: Ministerium für Bildung, Wissenschaft, Jugend und Kultur Rheinland-Pfalz/Freiwillige Selbstkontrolle der Filmwirtschaft GmbH (FSK) (Hrsg.), Medienkompetenz und Jugendschutz III. Wiesbaden: FSK, S. 74–76.

Funcke, A./Menne, S. (2024): Kinder- und Jugendarmut in Deutschland. In: FORUM Sexualaufklärung und Familienplanung: Informationsdienst der Bundeszentrale für gesundheitliche Aufklärung (BZgA), Jg. 29, Heft 1, S. 60–64. https://doi.org/10.17623/BZgA_SRH:forum_2024-1_beitrag_kinder-jugend-armut

Gattringer, K. (2024): Audionutzung 2023 in Deutschland: Ein Blick auf die aktuellen Zahlen der ma Audio. Ergebnisse und Methodik der ma 2023 Audio II. In: Media Perspektiven, Heft 5, S. 1–9. Online unter https://www.ard-media.de/fileadmin/user_upload/media-perspektiven/pdf/2024/MP_5_2024_ma_2023_Audio_II.pdf

Gebel, C./Brüggen, N./Lauber, A. (2025): Online-Risiken: Sichtweisen von Eltern, Pädagog*innen und Heranwachsenden. In: S. Fleischer/D. Hajok (Hrsg.), Medienerziehung in der digitalen Welt. Grundlagen und Konzepte für Familie, Kita, Schule und Soziale Arbeit. 2., überarbeitete Auflage. Stuttgart: Kohlhammer, S. 86–98.

Gebel, C./Lampert, C./Brüggen, N./Dreyer, S./Lauber, A./Thiel, K. (2022): Jugendmedienschutzindex 2022. Der Umgang mit online bezogenen Risiken. Ergebnisse der Befragung von Kindern, Jugendlichen und Eltern. Berlin. Online unter https://www.fsm.de/fsm/jugendmedienschutzindex/

Gebel, C./Brüggen, N./Hasebrink, U./Lauber, A./Dreyer, S./Drosselmeier, M./Rechlitz, M. (2018): Jugendmedienschutzindex: Der Umgang mit onlinebezogenen Risiken. Ergebnisse der Befragung von Lehrkräften und pädagogischen Fachkräften. Berlin. Online unter www.jugendmedienschutzindex.de

Gebel, C./Schubert, G./Wagner, U. (2016): »Ich darf nur YouTube.« Die Perspektive von Zehn- bis 14-Jährigen auf Online-Medien und Online-Risiken. Ergebnisse und Schlussfolgerungen aus der Monitoring-Studie des Projekts ACT ON! München. Online unter https://act-on.jff.de/wp-content/uploads/2018/08/ACT-ON-Abschlussreport_end.pdf

Gebner, S./Hefner, D. (2019): Soziale Normen als kommunikative Phänomene: Eine kommunikationswissenschaftliche Perspektive auf die Theory of Normative Social Behavior. In: SCM – Studies in Communication and Media, Jg. 8, Heft 1, S. 8–28. https://doi.org/10.5771/2192-4007-2019-1-6

Geis-Thöne, W. (2024): 306.000 Betreuungsplätze für unter Dreijährige fehlen. Eine Betrachtung der Entwicklung von Bestand und Bedarf an Betreuungsplätzen. IW-Report, Nr. 40, Köln. Online unter https://www.iwkoeln.de/fileadmin/user_upload/Studien/Report/PDF/2024/IW-Report_2024-Kital%C3%BCcke2024.pdf

Glaser, S./Frankenberger, P. (2016): Subtile Beeinflussung und offene Aufrufe zu Hass und Gewalt. Erkenntnisse zu Islamismus im Internet aus Jugendschutzsicht. In: KJug – Kinder- und Jugendschutz in Wissenschaft und Praxis, Jg. 61, Heft 1, S. 8–11.

Glüer, M. (2018): Digitaler Medienkonsum. In: A. Lohaus (Hrsg.), Entwicklungspsychologie des Jugendalters. Berlin, Heidelberg: Springer, S. 197–222.

Goreis, A./Pfeffer, B./Hajek Gross, C./Klinger, D./Oehlke, S. M./Zesch, H./Claes, L./Plener, P. L./Kothgassner, O. D. (2024): Attentional Biases and Nonsuicidal Self-Injury Urges in Adolescents. In: JAMA Network Open, Jg. 7, Heft 7, S. 1–13. https://doi.org/10.1001/jamanetworkopen.2024.22892

Götz, M./Dömling, S./Brand, S. (2020): Faszination TikTok. Was Preteens und Jugendliche an der App begeistert. In: TelevIZIon Digital, Jg. 33, Heft 2, S. 21–25.

Literatur

Granow, V. C./Scolari, J. (2022): TikTok – Nutzung und Potenziale der Kurzvideo-Plattform. In: Media Perspektiven, Heft 4, S. 166–176.

Grebe, A. (2025): Digitale Partizipation: Eine Standortbestimmung. In: merz – medien und erziehung, Jg. 69, Heft 1, S. 12–21.

Greenstein, F. I. (1967): Children and Politics. New Haven, London.

Griese, H. M. (2016): Die soziologische Perspektive: Peers und ihre Bedeutung für die gesellschaftliche (Des-?)Integration. In: S.-M. Köhler, H.-H. Krüger und N. Pfaff (Hrsg.), Handbuch Peerforschung. Opladen: Barbara Durich, S. 55–74.

Grünke, P./Litsche, S./Starchenko, S. (2024): Demokratiekompetenz stärken. Herausforderung Künstliche Intelligenz und die Vermittlung von Medienkompetenz. Berlin: die landesmedienanstalten. Online unter https://www.die-medienanstalten.de/service/gutachten/kuenstliche-intelligenz/

Guddat, D./Hajok, D. (2020): Zwischen Selbstdarstellung und Influencer*innen. TikTok als Thema des Kinder- und Jugendmedienschutzes. In: JMS-Report, Jg. 43, Heft 6, S. 2–6.

Guhl, J./Ebner, J./Rau, J. (2020): Das Online-Ökosystem rechtsextremer Akteure. Institut for Strategic Dialog. London. Online unter https://www.isdglobal.org/wp-content/uploads/2020/03/ISD-The-Online-Ecosystem-of-the-German-Far-Right-German.pdf

Gulowski, R./Derr, R./Kindler, H. (2023): Peer-Disclosure. Ressourcen, Konflikte und Herausforderungen des Anvertrauens sexualisierter Gewalt unter Jugendlichen. In: KJug – Kinder- und Jugendschutz in Wissenschaft und Praxis, Jg. 68, Heft 4, S. 149–154.

Guth, B. (2023): Der Wandel der Kindheit. Wie die Mediennutzung das Aufwachsen von Kindern verändert. Köln. Online unter https://www.ad-alliance.de/download/3269005

Gysi, J. (2024): Kindesmissbrauchsabbildungen – Die Betroffenen. In: Steffesenn, R./Saimeh, N./Briken, P. (Hrsg), Sexueller Kindesmissbrauch und Missbrauchsabbildungen in digitalen Medien. Berlin: MWV, S. 45–52.

Hackenberg, A./Hajok, D./Selg, O. (2011): »Konstruktive Kritik ist in Ordnung, aber manche Sprüche müssen wirklich nicht sein.« Wie Kinder und Jugendliche die DSDS-Jury wahrnehmen und den Umgang von Bohlen mit den KandidatInnen bewerten. Ergebnisse einer aktuellen Studie. In: BPjM-Aktuell, Jg. 19, Heft 2, S. 17–22.

Hajok, D. (2025): Praxishandbuch Medienberatung in der Kinder- und Jugendhilfe. Weinheim: Beltz Juventa.

Hajok, D. (2024a): Digitale Sexuelle Gewalt: Erfahrungen junger Menschen und Handlungsbedarfe. In: ZJJ – Zeitschrift für Jugendkriminalrecht und Jugendhilfe, Jg. 35, Heft 2, S. 131–137.

Hajok, D. (2024b): 25 Jahre JIM-Studie. Trends aus der bekannten Studienreihe. In: mediendiskurs, Jg. 28, Heft 1, 72–75.

Hajok, D. (2024c): Digitalisierung – und die Hilfen zur Erziehung. Eine Expertise zum veränderten Heranwachsen und Erziehen in der digitalen Welt und den sich daraus ergebenden Herausforderungen und Möglichkeiten für eine zeitgemäße pädagogische Begleitung von Kindern, Jugendlichen und Familien in den Handlungsfeldern der Hilfen zur Erziehung. Mainz: ism. Online unter https://www.digitalejugendhilfe.de/fileadmin/uploads/user_upload/Publikationen/Webseite_Digitalisierung_HzE_Hajok.pdf

Hajok, D. (2024d): Außer Kontrolle? Zur dysfunktional-pathologischen Nutzung von digitalen Spielen und Social Media. In: JMS-Report, Jg. 47, Heft 3, S. 3–6.

Hajok, D. (2023a): Verändertes Heranwachsen mit digitalen Medien. Neue Herausforderungen für das Aufwachsen und das Wohl von Kindern und Jugendlichen. In: K. Biesel/ R. Heeg/P. Burkhard/O. Steiner (Hrsg.), Digitale Kindeswohlgefährdung: Herausforderungen und Antworten für die Soziale Arbeit. Opladen: Budrich, S. 35–54.

Hajok, D. (2023b): Veränderter Medienumgang von Jugendlichen. Negative Erfahrungen trotz rückläufiger Onlinezeiten auf hohem Niveau. In: JMS-Report, Jg. 46, Heft 1, S. 4–7.

Hajok, D. (2023c): Digitale Sexuelle Gewalt: Erfahrungen junger Menschen und Handlungsbedarfe. In: ZJJ – Zeitschrift für Jugendkriminalrecht und Jugendhilfe, Jg. 34, Heft 1, S. 56–62.

Hajok, D. (2023d): Fake News als Herausforderung von Schule. Zur gestiegenen Relevanz von gezielten Falschmeldungen im Netz. In: Praxis Schulpsychologie, Ausgabe 34, S. 4–5.

Hajok, D. (2023e): Grenzverletzungen unter Kindern und Jugendlichen im Netz: Veränderte Rahmungen für die sexuelle Entwicklung junger Menschen. In: TPJ – Theorie und Praxis der Jugendhilfe, Heft 43, Sexuell übergriffige junge Menschen. Praxiskonzepte – Kooperation – Schutzkonzepte – Prävention, S. 108–121.

Hajok, D. (2022a): Politischer Extremismus und religiöser Fundamentalismus. Formen der Jugendgefährdung in der Welt der Medien – ein Update. In: D. Kiesel/R. Lutz (Hrsg.), Sozialarbeit und Religion. Herausforderungen und Antworten. 2., vollständig überarbeitete und erweiterte Auflage. Weinheim, Basel: Beltz Juventa, S. 272–291.

Hajok, D. (2022b): Veränderter Medienumgang von Klein- und Vorschulkindern. Neue Herausforderungen für eine angemessene erzieherische Begleitung. In: EJ – Evangelische Jugendhilfe, Jg. 99, Heft 3, S. 154–160.

Hajok, D. (2022c): Verfrühte Zugänge zu Pornografie – und die Grenzen des Kinder- und Jugendmedienschutzes. In: KJug – Kinder- und Jugendschutz in Wissenschaft und Praxis, Jg. 67, Heft 3, S. 100–104.

Hajok, D. (2022d): Fake News – Gezielte Falschmeldungen im Netz. In: JMS-Report, Jg. 45, Heft 6, S. 6–7.

Hajok, D. (2021a): Veränderter Medienumgang von Kindern. Markante Entwicklungen und Daten zur aktuellen Situation. In: JMS-Report, Jg. 44, Heft 3, S. 7–10.

Hajok, D. (2021b): Veränderter Medienumgang von Jugendlichen. Wie die Corona-Krise auch den Jugendmedienschutz fordert. In: JMS-Report, Jg. 44, Heft 21, S. 2–5.

Hajok, D. (2021c): Neue Möglichkeiten zur Teilhabe und erweiterte Risikolagen: Heranwachsende in der digitalen Welt. In: EJ – Evangelische Jugendhilfe, Jg. 98, Heft 1, S. 8–15.

Hajok, D. (2021d): Sexualisiertes Austauschhandeln Heranwachsender und sexuelle Gewalt im Netz. In: Bundesarbeitsgemeinschaft Kinder- und Jugendschutz (BAJ) (Hrsg.), Sexualisierte Gewalt in digitalen Medien. Berlin, S. 36–53.

Hajok, D. (2020a): Verändertes Aufwachsen mit digitalen Medien. Zunehmend mediatisierte Lebens- und Lernwelten von Vor- und Grundschüler*innen. In: E. Hollenstein/F. Nieslony (Hrsg.), Schulsozialarbeit in mediatisierten Lebenswelten. Weinheim: Beltz Juventa, S. 147–160.

Hajok, D. (2020b): Alles anders? Wie sich Jugend in der digitalen Welt gewandelt hat. In: deutsche jugend, Jg. 68, Heft 1, S. 11–18.

Hajok, D. (2020c): Heranwachsen in der digitalen Welt: Chancen und Risiken für die Entwicklung. In: JMS-Report, Jg. 43, Heft 1, S. 2–6.

Hajok, D. (2020d): Teilhabe, Schutz und Förderung auch in der digitalen Welt. Artikel 17 der UN-Kinderrechtskonvention als Ausgangspunkt. In: KJug – Kinder- und Jugendschutz in Wissenschaft und Praxis, Jg. 65, Heft 3, S. 101–104.

Hajok, D. (2020e): Teilhabe, Schutz und Förderung auch in der digitalen Welt. Artikel 17 der UN-Kinderrechtskonvention als Ausgangspunkt. In: KJug – Kinder- und Jugendschutz in Wissenschaft und Praxis, Jg. 65, Heft 3, S. 101–104.

Hajok, D. (2019a): Verändertes Heranwachsen mit den Risiken der Onlinewelt. Fakten und Möglichkeiten von Prävention. In: ZJJ – Zeitschrift für Jugendkriminalrecht und Jugendhilfe, Jg. 30, Heft 4, S. 367–374.

Hajok, D. (2019b): Heranwachsen in der zunehmend mediatisierten Gesellschaft: Kinder und Jugendliche im Spannungsfeld digitaler Medien. In: TPJ – Theorie und Praxis der Jugendhilfe, Heft 24, »Analog – digital – virtuell. Kinder, Jugendliche und pädagogische Fachkräfte im Spannungsfeld digitaler Medien«, S. 8–35.

Hajok, D. (2018a): Heranwachsen mit digitalen Medien – ein neuer Sozialisationstypus? Perspektiven auf Kindheit und Jugend heute. In: tv diskurs – Verantwortung in audiovisuellen Medien, Jg. 22, Heft 2, S. 20–25.

Hajok, D. (2018b): Alles anders mit digitalen Medien? Wie sich Kindheit und Jugend gewandelt haben. In: merz – medien + erziehung, Jg. 62, Heft 4, S. 61–67.

Hajok, D. (2018c): Digitale Kommunikation: Wie sozial ist social media? In: THEMA JUGEND, Heft 4, S. 8–10.

Hajok, D. (2015a): Medienbezogene Fähigkeiten und Vorlieben. Ein Überblick zum altersspezifischen Schutzbedarf von Kindern und Jugendlichen. In: JMS-Report, Jg. 38, Heft 1, S. 2–8.

Hajok, D. (2015b): Zur Indizierung jugendgefährdender Medien durch die Bundesprüfstelle. Zahlen, Fakten und Tendenzen aus über 60 Jahren. In: BPJM-Aktuell, Jg. 23, Heft 3, S. 3–16.

Hajok, D. (2014): Veränderte Medienwelten von Kindern und Jugendlichen. Neue Herausforderungen für den Kinder- und Jugendmedienschutz. In: BPJM-Aktuell, Jg. 22, Heft 3, S. 3–17.

Hajok, D. (2013a): Kinder als Konsumenten im Visier: Wie viel sind die Regelungen zu Werbung im Internet noch wert? In: KJug – Kinder- und Jugendschutz in Wissenschaft und Praxis, Jg. 58, Heft 2, S. 43–48.

Hajok, D. (2013b): Jugend und Musik. Die Zugänge haben sich verändert – die große Bedeutung ist geblieben. In: tv diskurs – Verantwortung in audiovisuellen Medien, Jg. 17, Heft 1, S. 80–85.

Hajok, D. (2013c): Pornografie und andere explizite Darstellungen von Sexualität: Regelungen, Angebotsentwicklungen, veränderte Zugänge Jugendlicher und Konsequenzen für den Jugendmedienschutz. In: BPJM-Aktuell, Jg. 21, Heft 4, S. 4–17.

Hajok, D./Hennrich, M./Zwirnlein, L. (2023): P(l)ay to win. Online-Glücksspiel und onlinesimuliertes Glücksspiel im Fokus. In: JMS-Report, Jg. 46, Heft 2, S. 2–5.

Hajok, D./Hildebrandt, D. (2015): Jugendgefährdung im Wandel der Zeit: Veränderungen und Konstanten in der BPjM-Spruchpraxis zu Darstellungen von Sexualität und Gewalt. In: BPJM-Aktuell, Jg. 23, Heft 1, S. 3–17.

Hajok, D./Kittelmann, Z. (2023): Suizidalität und Selbstverletzung im Jugendalter und die Rolle von Social Media. In: JMS-Report, Jg. 46, Heft 6, S. 6–10.

Hajok, D./Kittelmann, Z./Roloff, P. (2022): Verherrlichung von Essstörungen im Social Web: Pro-Ana, Pro-Mia und der Jugendmedienschutz. In: JMS-Report, Jg. 45, Heft 4, S. 2–6.
Hajok, D./Kniazev, N./Le, T. H. N./Lindner, S. (2022): Social Media als Katalysator oder Ausweg aus der Krise? Einflüsse von Instagram auf die psychische Gesundheit Jugendlicher. In: JMS-Report, Jg. 45, Heft 2, S. 2–6.
Hajok, D./Krahnert, L./Schlupp, J. (2022): Cybermobbing. Noch immer ein zentrales Risiko in der digitalen Welt? In: JMS-Report, Jg. 45, Heft 5, S. 2–5.
Hajok, D./Lauber, A. (2013): Kompetent durchs Internet!? Anlässe und Perspektiven internetbezogener Medienkompetenzförderung. In: K.-D. Felsmann (Hrsg.), Die vernetzte Welt: Eine Herausforderung an tradierte gesellschaftliche Normen und Werte. München: kopaed, S. 99–110.
Hajok, D./Melber, A./Otto, A. (2022): Kidfluencer*innen – zwischen Kinderzimmer, Kamera und Kooperationen. In: mediendiskurs.online Online unter https://mediendiskurs.on line/beitrag/kidfluencerinnen-zwischen-kinderzimmer-kamera-und-kooperationen-beitrag-772/
Hajok, D./Schlupp, J. (2024): Es geht um Drogen. Verherrlichende Darstellung illegaler psychotroper Substanzen auf Social Media. In: KJug – Kinder- und Jugendschutz in Wissenschaft und Praxis, Jg. 69, Heft 3, S. 148–152.
Hajok, D./Selg, O. (2018): Kommunikation auf Abwegen? Fake News und Hate Speech in kritischer Betrachtung. In: JMS-Report, Jg. 41, Heft 4, S. 2–6.
Hajok, D./Selg, O./Hackenberg, A. (2010): »Sozialethische Desorientierung« als Risikodimension des Jugendmedienschutzes. In: JMS-Report, Jg. 33, Heft 2, S. 2–6.
Hajok, D./Siebert, P./Engling, U. (2019): Digital Na(t)ives. Ergebnisse der Wiederholungsbefragung und Konsequenzen für den präventiven Jugendmedienschutz. In: JMS-Report, Jg. 42, Heft 1, S. 2–5.
Hajok, D./Weidhase, L. (2022): Kinder aus suchtbelasteten Familien: Rückzug in die Welt digitaler Medien? In: EJ – Evangelische Jugendhilfe, Jg. 99, Heft 2, S. 74–81.
Hajok, D./Wiese, A. (2022): Jugendliche und die Aneignung politischer Information auf TikTok. In: merz – medien + erziehung, Jg. 66, Heft 4, S. 61–68.
Hajok, D./Wüstefeld, L. (2020): Momblogs auf Instagram. Gepostete Kinderfotos und darauf bezogene Kommentare. Berlin: AKJM. Online unter http://www.akjm.de/akjm/wp-con tent/uploads/2020/10/Momblogs_Artikel_2020-10-04_AKJM.pdf
Hajok, D./Zerbin, F. (2015): Identitätsbildung 2.0 – Foto- und Videoplattformen im Leben weiblicher Heranwachsender. In: Jugendhilfe, Jg. 53, Heft 6, S. 485–494.
Hänelt, M./Neumann, A./Lux, U./Renner, I. (2024): Aufwachsen in einem psychisch belasteten Familienumfeld: Ergebnisse der bundesweit repräsentativen Studie »Kinder in Deutschland 0–3 2022«. In: Bundesgesundheitsblatt, Jg. 67, Heft 12, S. 1359–1367. https://doi.org/10.1007/s00103-024-03979-2
Hanewinkel, R./Hansen, J./Neumann, C. (2024): Gesundheit und Gesundheitsverhalten von Kindern und Jugendlichen in Deutschland – Ausgewählte Ergebnisse des Präventionsradars 2023/2024. Kiel. Online unter https://caas.content.dak.de/caas/v1/me dia/77860/data/52da8fbc93cf8d65b021463d306bf470/240812-download-report-prae ventionsradar.pdf

Literatur

Hasebrink, U./Hölig, S./Wunderlich, L. (2021): #UseTheNews. Studie zur Nachrichtenkompetenz Jugendlicher und junger Erwachsener in der digitalen Medienwelt. Hamburg. Online unter https://leibniz-hbi.de/uploads/media/default/cms/media/dso9 kqs_AP55UseTheNews.pdf

Hasebrink, U./Lampert, C./Thiel, K. (2020): Digitale Teilhabe von Kindern und Jugendlichen. Ergebnisse der EU Kids Online-Befragung in Deutschland 2019. Hamburg. https://leibniz-hbi.de/uploads/media/Publikationen/cms/media/m5ggcq0_EUKidsDigitale Teilhabe200207.pdf (Zugriff: 22.02.2022)

Hasebrink, U./Lampert, C./Thiel, K. (2019): Online-Erfahrungen von 9- bis 17-Jährigen. Ergebnisse der EU Kids Online-Befragung in Deutschland 2019. Hamburg. Online unter https://leibniz-hbi.de/uploads/media/default/cms/media/9rqoihm_EUKO_DE_1912 09.pdf

HateAid/Koch, L./Voggenreiter, A./Steinert, J. I. (2025): Angegriffen & alleingelassen. Wie sich digitale Gewalt auf politisches Engagement auswirkt. Ein Lagebild. Online unter https://hateaid.org/wp-content/uploads/2025/01/hateaid-tum-studie-angegriffen-und-alleingelassen-2025.pdf

Heeg, R./Biesel, K./Steiner, O./Burkhard, P. (2023): Möglichkeiten und Grenzen der Sozialen Arbeit im Umgang mit digitalen Kindeswohlgefährdungen. In: K. Biesel/R. Heeg/P. Burkhard/O. Steiner (Hrsg.), Digitale Kindeswohlgefährdung: Herausforderungen und Antworten für die Soziale Arbeit. Opladen: Budrich, S. 189–216.

Hepp, A. (2021): Auf dem Weg zur digitalen Gesellschaft. Über die tiefgreifende Mediatisierung der sozialen Welt. Köln: Herbert von Halem.

Hepp, A. (2005): Kommunikative Aneignung. In: L. Mikos/C. Wegener (Hrsg.), Qualitative Medienforschung. Konstanz: UVK, S. 67–89.

Hepp, A./Berg, M./Roitsch, C. (2014): Mediatisierte Welten der Vergemeinschaftung. Kommunikative Vernetzung und das Gemeinschaftsleben junger Menschen. Wiesbaden: Springer VS.

Hermida, M. (2019): EU Kids Online Schweiz. Schweizer Kinder und Jugendliche im Internet: Risiken und Chancen. Goldau. Online unter https://www.eukidsonline.ch/files/Hermida-2019-EU-Kids-Online.pdf

Hickfang, T. (2024): Die Maschine KI – Herausforderung für eine subjektorientierte (Medien-)Pädagogik. Ein Gespräch mit Thomas Hickfang. In: merz – medien und erziehung, Jg. 68, Heft 1, S. 57–66.

Hitzler, R./Niederbacher, A. (2010): Leben in Szenen: Formen Juveniler Vergemeinschaftung heute. 3., vollständig überarbeitete Auflage. Wiesbaden: Springer VS.

Hoberg, N./Strobel, B./Kathmann, J. (2024): Mit Games zur Resilienz. Können digitale Spiele uns widerstandsfähiger machen? In: mediendiskurs, Jg. 24, Heft 3, S. 68–72.

Hoffmann, C. P. (2023): Fake News, Misinformation, Desinformation. In: Informationen zur politischen Bildung Nr. 335/2023. Online unter https://www.bpb.de/shop/zeitschrif ten/izpb/medienkompetenz-355/539986/fake-news-misinformation-desinformation/

Hoffmann, D./Reißmann, W. (2014): Jugend und Sexualität. Überlegungen zur Sozialisation in On- und Offlinewelten. In: deutsche jugend, Jg. 62, Heft 12, S. 513–520.

Horton, D./Wohl, R. R. (2002): Massenkommunikation und parasoziale Interaktion. Beobachtungen zur Intimität über Distanz. In: R. Adelmann/J.-O. Hesse/J. Keilbach/M.

Stauff/M. Thiele (Hrsg.), Grundlagentexte zur Fernsehwissenschaft. Theorie – Geschichte – Analyse. Konstanz: UTB, S. 74–104.

Hugger, K.-U. (2014): Digitale Jugendkulturen. Von der Homogenisierungsperspektive zur Anerkennung des Partikularen. In: K.-U. Hugger (Hrsg.), Digitale Jugendkulturen. Wiesbaden: Springer VS, S. 11–28.

Humborg, P./Koné, G. (2022): Spiegel, Fenster und die Glasschiebetür: Diskriminierungskritische Diversität im Kinderbuch. In E. Schulze (Hrsg.), Diversität im Kinderbuch: Wie Vielfalt (nicht) vermittelt wird. Stuttgart: Kohlhammer, S. 117–131.

Hurrelmann, K./Quenzel, G. (2016): Lebensphase Jugend. Eine Einführung in die sozialwissenschaftliche Jugendforschung. Weinheim, Basel: Beltz Juventa.

IfD-Allensbach (2021): Lernen in Zeiten von Corona. Ergebnisse einer Befragung von Schülern und Eltern von Kindern der Klassenstufen 5 bis 10 im Frühjahr 2021. Bonn. Online unter https://www.telekom-stiftung.de/sites/default/files/files/media/publi cations/Lernen-in-Zeiten-von-Corona-Bericht.pdf

Ipsen, F./Zywietz, B./Böndgen, F./Hebeisen, M./Schneider, S./Schnellbacher, J./Wörner-Schappert, M. (2021): Rechtsextremismus im Netz. Bericht 2020/2021. Mainz. Online unter https://www.jugendschutz.net/fileadmin/daten/publikationen/lageberichte/bericht_2020_2021_rechtsextremismus_im_netz.pdf

Jennewein, N./Gebel, C./Bamberger, A./Brüggen, N. (2024): »Meine Eltern haben so eine App, damit können sie halt mein komplettes Handy kontrollieren.« Online-Risiken und elterliche Medienerziehung aus der Sicht von 10- bis 14-Jährigen. Ausgewählte Ergebnisse der Monitoring-Studie. ACT ON! Elaborated Report 2024. Online unter https://act-on.jff.de/wp-content/uploads/2024/05/jff_muenchen_2024_acton_elaborated_report.pdf

Jenkins, H. (2016): Youth Voice, Media, and Political Engagement: Introducing the Core Concepts. In: H. Jenkins/S. Shresthova/L. Gamber-Thompson/N. Kligler-Vilenchik/A. Zimmerman (Hrsg.), By any Media Necessary. The New Youth Activism. New York: University Press, S. 1–60. https://doi.org/10.18574/nyu/9781479829712.003.0004

JFMK (Jugend- und Familienministerkonferenz) (2018): Bund-Länder-Eckpunktepapier »Kinder- und Jugendmedienschutz als Aufgabe der Jugendpolitik«. Beschluss vom 3./4. Mai 2018. Kiel. Online unter https://jfmk.de/wp-content/uploads/2018/12/a-JFMK-03._04.-Mai-2018_Protokoll-mit-Anlagen.pdf

Jöckel, S./Dogruel, L. (2021): Das geht nicht jeden etwas an, oder doch? Privatheit in digitalen, mobilen Medien im Lebensverlauf. In M. Seifert/S. Jöckel (Hrsg.), Bildung, Wissen und Kompetenz(-en) in digitalen Medien: Was können, wollen und sollen wir über digital vernetzte Kommunikation wissen? Berlin, S. 193–207. https://doi.org/10.48541/dcr.v8.11

Jugendschutz.net (2025): Jugendschutz im Internet. Risiken und Handlungsbedarf. Bericht 2024. Mainz. Online unter https://www.jugendschutz.net/fileadmin/daten/publikatio nen/jahresberichte/jahresbericht_2024.pdf

Jugendschutz.net (2024a): Jugendschutz im Internet. Risiken und Handlungsbedarf. Jahresbericht 2023. Mainz. Online unter https://www.jugendschutz.net/fileadmin/daten/publikationen/jahresberichte/jahresbericht_2023.pdf

Jugendschutz.net (2024b): Demokratiefeindliche Anbahnungsrisiken auf Discord. Extremist:innen können direkten Kontakt mit Kindern und Jugendlichen suchen. Report

Literatur

April 2024. Online unter https://www.jugendschutz.net/fileadmin/daten/publikatio nen/praxisinfos_reports/report_demokratiefeindliche_anbahnungsrisiken_auf_dis cord_neu.pdf

Jugendschutz.net (2023a): TikTok-Pranks mit Kindern. Darstellung emotionaler Ausnahmezustände zu Unterhaltungszwecken. Report. Mainz. Online unter https://www.ju gendschutz.net/fileadmin/daten/publikationen/praxisinfos_reports/report_tiktok_ pranks_mit_kindern.pdf

Jugendschutz.net (2023b): Magergruppen in WhatsApp und Co. Wie Chatgruppen essgestörtes Verhalten verherrlichen und fördern. Mainz. Online unter https://www.jugend schutz.net/fileadmin/daten/publikationen/praxisinfos_reports/report_magergrup pen_in_whatsapp_und_co.pdf

Jugendschutz.net (2022a): Kauffunktionen in Social Media. Großes Angebot und unübersichtliche Vorsorgemaßnahmen. Mainz. Online unter https://www.jugendschutz.net/ fileadmin/daten/publikationen/praxisinfos_reports/report_kauffunktionen_in_social_ media.pdf

Junge, T. (2013): Jugendmedienschutz und Medienerziehung im digitalen Zeitalter. Eine explorative Studie zur Rolle der Eltern. Wiesbaden: Springer.

Kacic, V./Zimmermann, F. (2020): Suizidalität und Suizidprävention bei Kindern und Jugendlichen. In: KJug – Kinder- und Jugendschutz in Wissenschaft und Praxis, Jg. 65., Heft 1, S. 2–5.

Kaman, A./Erhart, M./Devine, J./Napp, A.-K./Reiss, F./Behn, S./Ravens-Sieberer, U. (2024): Mental Health of Children and Adolescents in Times of Global Crises: Findings from the Longitudinal COPSY Study from 2020 to 2024, S. 1–23. http://dx.doi.org/10.2139/ssrn.5 043075

Kaman, A./Napp, A. K./Gilbert, M./Herpertz-Dahlmann, B./Ravens-Sieberer, U. (2022): Essstörungen bei Kindern und Jugendlichen – Ergebnisse der BELLA-Kohortenstudie. In: PiD – Psychotherapie im Dialog, Jg. 23, Heft 1, S. 77–80. https://doi.org/10.1055/ a-1584-3888

Kammerl, R./Lampert, C./Müller, J./Rechlitz, M./Potzel, K. (2021): Mediatisierte Sozialisationsprozesse erforschen. Methodologische Implikationen. In: MedienPädagogik 16 (Jahrbuch Medienpädagogik), S. 185–209. https://doi.org/10.21240/mpaed/jb16/2021. 02.24.X

Karstorff, T./Müller, M./Selva, C./Greiff, S./Moser, S. (2025): Fake News oder Fakten? Wie Jugendliche ihre digitale Informationskompetenz einschätzen und welche Rolle Schulen und Lehrkräfte dabei spielen. Münster: Waxmann. https://doi.org/1 0.31244/9783830999935

Kettemann, M. C. (2024): »Der DSA ist ein Gamechanger.« Christina Heinen im Gespräch mit Matthias C. Kettemann. In: mediendiskurs, Jg. 28, Heft 2, S. 54–57.

Keupp, H./Ahbe, T./Gmür, W./Höfer, R./Kraus, W./Mitzscherlich, B./Straus, F. (1999): Identitätskonstruktionen. Das Patchwork der Identitäten in der Spätmoderne. Reinbek bei Hamburg: Rowohlt.

Kieninger, J./Feierabend, S./Rathgeb, T./Gerigk, Y./Glöckler, S./Spang, E. (2024): miniKIM-Studie 2023. Kleinkinder und Medien. Basisuntersuchung zum Medienumgang 2- bis 5-Jähriger in Deutschland. Stuttgart. Online unter https://www.mpfs.de/studien/mini kim-studie/2023/

Kieninger, J./Feierabend, S./Rathgeb, T./Kheredmand, H./Glöckler, S. (2021): miniKIM-Studie 2020. Kleinkinder und Medien. Basisuntersuchung zum Medienumgang 2- bis 5-Jähriger in Deutschland. Stuttgart. Online unter http://www.mpfs.de/studien/mini kim-studie/2020/

KiKo (Kinderkommission – Kommission zur Wahrnehmung der Belange der Kinder) (2023): Kinder psychisch und suchtkranker Eltern. Deutscher Bundestag, Online-Dienste. Online unter https://www.bundestag.de/dokumente/textarchiv/2023/kw17-pa-kiko-kin der-suchtkranker-eltern-941803

Klein, C. (2013): Die Bedeutung medialer Vorbilder im Laufe des Lebens. In: tv diskurs 65, Jg. 17, Heft 3, S. 18–23.

Klein, M. (2019): Sucht und Familie – Verläufe, Prävention und Hilfen für betroffene Kinder. In: Bundesarbeitsgemeinschaft Kinder- und Jugendschutz (BAJ) (Hrsg.), Blickpunkt Kinder- und Jugendschutz: Kinder suchtkranker und psychisch kranker Eltern. Berlin, S. 29–40.

Klein, M./Thomasius, R./Moesge, D. (2019): Kinder von suchtkranken Eltern – Grundsatzpapier zu Fakten und Forschungslage. In: Die Drogenbeauftragte der Bundesregierung (Hrsg.), Kinder aus suchtbelasteten Familien. Berlin, S. 4–26.

Klicksafe (2024): Ergebnisbericht der repräsentativen forsa-Befragung von Eltern zum Thema Erfahrungen mit pornografischen Onlineinhalten bei Kindern und Jugendlichen. Online unter https://www.klicksafe.de/fileadmin/cms/download/klicksafe_For sa_DINA3_quer_SID_24.pdf

Klicksafe (2023): Ergebnisbericht der repräsentativen forsa-Umfrage zum Thema #OnlineAmLimit. dein Netz. dein Leben. deine Grenzen. Online unter https://www.klicksafe.de/fileadmin/cms/download/Sonstiges/Ueber_Klicksafe/SID_23/forsa-Befragung_SID_2023.pdf

Klicpera, C./Gasteiger-Klicpera, B./Bešić, E. (2019): Psychische Störungen im Kindes- und Jugendalter. Wien: fakultas.

Kobilke, L./Markiewitz, A. (2024): Challenge Accepted: Welche Challenges sich auf TikTok verbreiten und wie Kinder und Jugendliche sie wahrnehmen. Zentrale Ergebnisse von Inhaltsanalyse und Befragung. Düsseldorf: LfM.

Kohlberg, L. (1974): Zur kognitiven Entwicklung des Kindes. Baden-Baden: Suhrkamp.

Körber-Stiftung (2024): Eltern im Fokus 2024. Wie Eltern auf die Rolle von KI für die Bildung und berufliche Zukunft ihrer Kinder blicken. Online unter https://koerber-stif tung.de/site/assets/files/41369/240705-korber-stiftung_elternumfrage-web.pdf

Kramer, K./Gabler, S. (2021): Ausgewählte entwicklungspsychologische Grundlagen für eine gelingende Teilhabe an einer digitalisierten Welt im Kindes- und Jugendalter. In: merz – medien + erziehung, Langfassung online exklusiv unter https://www.merz-zeit schrift.de/fileadmin/user_upload/merz/PDFs/online-exklusiv-klaudia-kramer-san dra-gabler-ausgewaehlte-entwicklungspsychologische-grundlagen-fuer-eine-gelingen de-teilhabe-an-einer-digitalisierten-welt-im-kindes-und-jugendalter.pdf

Krappmann, L. (1969): Soziologische Dimensionen der Identität. Strukturelle Bedingungen für die Teilnahme an Interaktionsprozessen. Stuttgart: Klett Cotta.

Krause, H.-V./große Deters, F./Baumann, A./Krasnova, H. (2023): Active Social Media Use and Its Impact on Well-being – An Experimental Study on the Effects of Posting Pictures

Literatur

on Instagram. In: Journal of Computer-Mediated Communication, Jg. 28, Heft 1, S. 1–12. https://doi.org/10.1093/jcmc/zmac037

Krebs, C./Rynkowski, A. (2019): Fourscreen Touchpoints Kids. Mediennutzung im Tagesablauf. Köln. Online unter https://www.schau-hin.info/fileadmin/content/Down loads/Sonstiges/KiWe19_TouchpointsKids.pdf

Krotz, F. (2001): Die Mediatisierung des kommunikativen Handelns. Der Wandel von Alltag und sozialen Beziehungen, Kultur und Gesellschaft durch die Medien. Wiesbaden: Westdeutscher Verlag.

Krüger, T. (2024): Demokratie braucht Demokrat*innen – Politische Bildung stärken und Kinderarmut bekämpfen. In: Kinderreport Deutschland 2024. Demokratiebildung in Deutschland. Berlin, S. 42–53.

Kuchlbauer, L. (2021): Was Kinder stärkt – Resilienzförderung durch Bilderbücher. Konzeption eines Bewertungsbogens zur Ermittlung des resilienzförderlichen Potenzials von Bilderbüchern. Masterarbeit im MA Kinder- und Jugendmedien. Universität Erfurt.

Kühnle, B. A./Michel, B./Rinsdorf, L./Ciepluch, M. (2018): Kommunikationswissenschaftliches Gutachten zu direkten Kaufappellen bei Kindern und Jugendlichen in Sozialen Medien. Hochschule der Medien. Online unter https://www.kjm-online.de/fileadmin/user_upload/KJM/Publikationen/Gutachten/Gutachten_Kaufappelle_an_Kinder_und_Jugendliche_in_sozialen_Medien_2018.pdf

Kunath, K. (2021): #thatgirl. Dieser neue Wellness-Trend setzt Frauen ordentlich zu. In: KOMPAKT – News für zwischendurch – WELT. Online unter https://www.welt.de/kmpkt/article234811982/thatgirl-Dieser-neue-Trend-setzt-Frauen-ordentlich-zu.html

Kupferschmitt, T./Müller, T. (2023): ARD/ZDF-Massenkommunikation Trends 2023: Mediennutzung im Intermediavergleich. Aktuelle Ergebnisse der repräsentativen Langzeitstudie. In: Media Perspektiven, Ausgabe 21/2023, S. 1–20. Online unter https://www.ard-media.de/fileadmin/user_upload/media-perspektiven/pdf/2023/MP_21_2023_MKT_Intermediavergeich_final.pdf

Kutscher, N. (2023): Sharenting: Ein Fall für den Kinderschutz? Wenn Eltern die Privatsphäre ihrer Kinder im Netz verletzen. In: K. Biesel/R. Heeg/P. Burkhard/O. Steiner (Hrsg.), Digitale Kindeswohlgefährdung: Herausforderungen und Antworten für die Soziale Arbeit. Opladen, S. 55–70.

Kutscher, N./Bouillon, R. (2018): Kinder. Bilder. Rechte. Persönlichkeitsrechte von Kindern im Kontext der digitalen Mediennutzung in der Familie. Schriftenreihe des Deutschen Kinderhilfswerkes e. V., Heft 4. Berlin.

Kutscher, N./Farrenberg, D. (2014): Teilhabe und soziale Kompetenz durch die Nutzung von digitalen Medien: Herausforderungen für die Kinder- und Jugendpolitik. Expertise zum 10. Kinder- und Jugendbericht der Landesregierung NRW. Düsseldorf.

Lampert, C./Kammerl, R. (2022): Sozialisation in einer mediatisierten Gesellschaft – Einordnung in das Forschungsfeld. In: K. Kammerl/C. Lampert/J. Müller (Hrsg.), Sozialisation in einer sich wandelnden Medienumgebung. Zur Rolle der kommunikativen Figuration. Baden-Baden: Nomos, S. 21–36.

Lauber, A./Hajok, D. (2013): Zur Bedeutung des Jugendmedienschutzes in der Medienaneignung von Kindern und Jugendlichen. In: A. Hartung/A. Lauber/W. Reißmann (Hrsg.), Das handelnde Subjekt und die Medienpädagogik. München: kopaed, S. 277–286.

Leven, I./McDonnell, S. (2024): Jung sein in Zeiten vieler Krisen. In: Shell Deutschland GmbH (Hrsg.), Jugend 2024. Pragmatisch zwischen Verdrossenheit und gelebter Vielfalt. Weinheim: Beltz, S. 227–267.

LfM (Landesanstalt für Medien NRW) (Hrsg.) (2025): Kinder und Jugendliche als Opfer von Cybergrooming. Zentrale Ergebnisse der 5. Erhebungswelle 2025. Online unter https://www.medienanstalt-nrw.de/fileadmin/user_upload/Forschung/Cybergrooming/LFM_Cybergrooming_Studie_Mai_2025.pdf

LfM (Landesanstalt für Medien NRW) (Hrsg.) (2024a): Erfahrung von Kindern und Jugendlichen mit Sexting und Pornos. Zentrale Ergebnisse der Befragung. September 2024. Online unter https://www.medienanstalt-nrw.de/fileadmin/user_upload/Forschung/240911_Studie_PornoSextingJugendliche_LFMNRW.pdf

LfM (Landesanstalt für Medien NRW) (Hrsg.) (2024b): Kinder und Jugendliche als Opfer von Cybergrooming. Zentrale Ergebnisse der 4. Erhebungswelle 2024. Online unter https://www.medienanstalt-nrw.de/fileadmin/user_upload/Forschung/LFM_Cybergrooming_Studie_2024.pdf

LfM (Landesanstalt für Medien NRW) (Hrsg.) (2023): Erfahrung von Kindern und Jugendlichen mit Sexting und Pornos. Zentrale Ergebnisse der Befragung 2023. Online unter https://www.medienanstalt-nrw.de/fileadmin/user_upload/Key_Insights_Befragung_Erfahrung_von_Minderjaehrigen_mit_Sexting_und_Pornografie.pdf

LfM (Landesanstalt für Medien NRW) (Hrsg.) (2022/21): Kinder und Jugendliche als Opfer von Cybergrooming. Zentrale Ergebnisse der 1./2. Befragungswelle 2021/2022. Online unter https://www.medienanstalt-nrw.de/themen/cybergrooming/ein-viertel-aller-kinder-und-jugendlichen-wurde-bereits-im-netz-von-erwachsenen-zu-einer-verabredung-aufgefordert.html

Liesching, M. (2015): Straf- und jugendschutzrechtliche Auswirkungen des 49. Strafrechtsänderungsgesetzes. In: BPJM-Aktuell, Jg. 23, Heft 2, S. 3–11.

Liesching, M./Zschammer, V. (2021): Das reformierte Jugendschutzgesetz. Wesentliche Neuerungen und zentrale Fragestellungen für die künftige Anwendungspraxis. In: JMS-Report, Jg. 44, Heft 3, S. 2–6.

Livingstone, S./Haddon, L. (2009): Kurzversion von EU Kids Online: Abschlussbericht. London School of Economics and Political Sciences. Online unter https://www.hans-bredow-institut.de/uploads/media/default/cms/media/155f911994cefeef4d029412632357d777361b44.pdf

Livingstone, S./Stoilova, M. (2021): The 4Cs: Classifying Online Risk to Children. Hamburg: HBI. Online unter https://www.ssoar.info/ssoar/handle/document/71817

Lobo, S. (2016): Das Ende der Gesellschaft. Digitaler Furor und das Erblühen der Verschwörungstheorien. In: Blätter für deutsche und internationale Politik, Jg. 61, Heft 10, S. 59–74.

Ludwig-Walz, H./Huebener, M./Spieß, C. K./Bujard, M. (2024): Gesundheit und Wohlbefinden von Familien während und nach Corona. Was wir für die Zukunft lernen können. In: BiB.Aktuell, Heft 5/2024, S. 3–8. Online unter https://www.bib.bund.de/Publikation/2024/pdf/Gesundheit-und-Wohlbefinden-von-Familien-waehrend-und-nach-Corona.pdf?__blob=publicationFile&v=2

Lünenborg, M. (2021): »Soziale Medien, Emotionen und Affekte«. In: J.-H. Schmidt und M. Taddicken (Hrsg.), Handbuch Soziale Medien. Wisbaden: Springer Reference Sozialwissenschaften, S. 1-18. Online unter https://www.researchgate.net/publication/348623547_Soziale_Medien_Emotionen_und_Affekte

Lux, U./Zimmermann, J. (2023): Folgen von Trennung und Scheidung für Kinder. München: LMU. Online unter https://www.stark-familie.info/de/eltern/erziehen/trennungskinder/trennungsfolgen/

Maschke, S./Stecher, L. (2018): Sexuelle Gewalt: Erfahrungen Jugendlicher heute. Weinheim, Basel: Beltz.

Meiner-Teubner, C. (2023): Gebremster Ausbau der ganztägigen Angebote für Grundschulkinder – vielfältige Gründe möglich. In: KomDat, Jg. 26, Heft 1, S. 4-8. Online unter https://www.akjstat.tu-dortmund.de/fileadmin/user_upload/72_KomDat_1_23.pdf

Meiner-Teubner, C./Ulrich, L./Schacht, D./Buchmann, J. (2023): Von Trägergruppen zu Einrichtungsträgern – ein neuer Blick auf die Kita-Trägerlandschaft. In: KomDat, Jg. 26, Heft 1, S. 11-16. Online unter https://www.akjstat.tu-dortmund.de/fileadmin/user_upload/72_KomDat_1_23.pdf

Mietzel, G. (2002): Wege in die Entwicklungspsychologie. Kindheit und Jugend. 4. Auflage. Weinheim: Beltz.

Misoch, S. (2009): Die eigene Homepage als Medium adoleszenter Identitätsarbeit. In: L. Mikos/D. Hoffmann/R. Winter (Hrsg.), Mediennutzung, Identität und Identifikationen. Die Sozialisationsrelevanz der Medien im Selbstfindungsprozess von Jugendlichen. Weinheim und München: Juventa, S. 163-182.

MPFS (Medienpädagogischer Forschungsverbund Südwest) (Hrsg.) (2022): JIMplus 2022. FakeNews und Hatespeech im Alltag von Jugendlichen. Stuttgart. Online unter https://www.mpfs.de/fileadmin/files/Studien/JIM/JIMplus_2022/JIMplus_Charts_2022_fuer_Website_pdf.pdf

MPFS (Medienpädagogischer Forschungsverbund Südwest) (Hrsg.) (2020): JIMplus 2020. Lernen und Freizeit in der Corona-Krise. Stuttgart. Online unter https://www.mpfs.de/fileadmin/files/Studien/JIM/JIMplus_2020/JIMplus_2020_Corona.pdf

Mutschke, L./Bröckling, G. (2023): Was geht? Das Heft über Social Media. Ausgabe 1 2023. Online unter https://www.bpb.de/shop/materialien/was-geht/522740/das-heft-ueber-social-media/

Naab, T. (2021): Zwischen Einschränkung und gemeinsamer Nutzung: Mediennutzung und Medienerziehung von Kindern im Alter von bis zu elf Jahren. In: Kuger, S./Walper, S./Rauschenbach, T. (Hrsg.), Aufwachsen in Deutschland 2019. Bielefeld: wbv, S. 56-63.

Nathanson, A. I./Alade, F./Sharp, M. L./Rasmussen, E. E./Christy, K. (2014): The Relation Between Television Exposure and Executive Function Among Preschoolers. In: Developmental Psychology, Jg. 50, Heft 5, S. 1497-1506.

Niesyto, H. (2013): Bildung – Beschleunigung – Medien. In: A. Hartung/A. Lauber/W. Reißmann (Hrsg.), Das handelnde Subjekt und die Medienpädagogik, München: kopaed, S. 287-296.

O'Reilly, M./Dogra, N./Whiteman, N./Hughes, J./Eruyar, S./Reilly, P. (2018): Is social media bad for mental health and wellbeing? Exploring the perspectives of adolescents. In: Clinical Child Psychology and Psychiatry, Jg. 23, Heft 4, S. 601-613. https://doi.org/10.1177/1359104518775154

vom Orde, H./Durner, A. (2024): Grunddaten Kinder und Medien 2024. Zusammengestellt aus aktuellen Befragungen und Studien. München: IZI. Online unter https://izi.br.de/deutsch/Grunddaten_Kinder_u_Medien.pdf

vom Orde, H./Durner, A. (2025): Grunddaten Jugend und Medien 2024. Zusammengestellt aus verschiedenen deutschen Erhebungen und Studien. München: IZI. Online unter https://izi.br.de/deutsch/Grundddaten_Jugend_Medien.pdf

Orth, B./Merkel, C. (2020a): Die Drogenaffinität Jugendlicher in der Bundesrepublik Deutschland 2019. Rauchen, Alkoholkonsum und Konsum illegaler Drogen: aktuelle Verbreitung und Trends. BZgA-Forschungsbericht. Köln: BZgA. https://doi.org/10.17623/BZGA:225-DAS19-DE-1.0

Orth, B./Merkel, C. (2020b): Die Drogenaffinität Jugendlicher in der Bundesrepublik Deutschland. 2019. Teilband Computerspiele und Internet. Köln: BZgA.Pörksen, B./Krischke, W. (2012): Die Gesellschaft der Beachtungsexzesse. In: D. Hajok/O. Selg/A. Hackenberg (Hrsg.), Auf Augenhöhe? Rezeption von Castingshows und Coachingsendungen. Konstanz: UVK, S. 57–70.

Pohl, S. (2024): Heiliger Schein? Herausforderungen und Kontroversen rund um Christfluencer*innen. Kompetenznetzwerk »Islamistischer Extremismus«, Impuls #11. Online unter https://kn-ix.de/wp-content/uploads/2022/07/240424_KNIX-Impuls11-BAG-RelEx.pdf

Potzel, K. (2022): Wie verändert sich Medienerziehung im familienbiografischen Verlauf? Eine quantitative längsschnittliche Analyse zur Stabilität elterlicher Medienerziehung aus Sicht von Eltern und Heranwachsenden. In: MedienPädagogik 46, S. 51–71. https://doi.org/10.21240/mpaed/46/2022.01.14.X

Prensky, M. (2001): Digital Natives, Digital Immigrants. In: On the Horizon, Jg. 9, Heft 5, S. 1–6.

Quandt, T./Vogelgesang, J. (2018): Jugend, Internet und Pornografie. In: P. Rössler/C. Rossmann (Hrsg.), Kumulierte Evidenzen. Wiesbaden: Springer VS, S. 91–118.

Rau, J. (2024): Das Internet als rechtsextreme Erfolgsgeschichte? In: bpb, Dossier »Rechtsextremismus«. Online unter https://www.bpb.de/themen/rechtsextremismus/dossier-rechtsextremismus/544565/das-internet-als-rechtsextreme-erfolgsgeschichte/

Rauschert, C./Möckl, J./Seitz, N.-N./Wilms, N./Olderbak, S./Kraus, L. (2022): Konsum psychoaktiver Substanzen in Deutschland. Ergebnisse des Epidemiologischen Suchtsurvey 2021. In: Deutsches Ärzteblatt, Jg. 119, Heft 31/32, S. 527–534. https://doi.org/10.3238/arztebl.m2022.0244

Ravens-Sieberer, U./Kaman, A./Devine J./Reiß, F. (2023): Die COVID-19-Pandemie – Wie hat sie die Kinderpsyche beeinflusst? In: Monatsschrift Kinderheilkunde, Ausgabe 7, S. 608–614. https://doi.org/10.1007/s00112-023-01775-x

Reinicke, J. (2025): #MyFriendToo: Hilfe für jungen Menschen nach sexualisierter Gewalt. Meldung vom 29.04.2025. Online unter https://www.kinderrechte.digital/fokus/detail/myfriendtoo-hilfe-fuer-jungen-menschen-nach-sexualisierter-gewalt-aktuelle-forschung-zeigt-dass-die-ersten-personen-an-die-sich-junge-betroffene-wenden-wenn-sie-sexualisierte-gewalt-erlebt-haben-haeufig-nicht-erwachsene-sondern-ihre-freunde-sind-ni

Literatur

Reiss, M. V./Knor, E. L./Stöwing, E./Merten, L./Möller, J. (2025): Zwischen Neugier und Skepsis: Nutzung und Wahrnehmung generativer KI zur Informationssuche in Deutschland. Hamburg: Hans-Bredow-Institut. https://doi.org/10.21241/ssoar.100907

Riegel, U. (2018): Sozialisation, religiöse. In: Das wissenschaftlich-religionspädagogische Lexikon im Internet. Online unter https://cms.ibep-prod.com/app/uploads/sites/18/2023/08/60ce8563f10348c58a43bee5b29672b8

Rohleder, B. (2022): Kinder- & Jugendstudie 2022. Berlin: BITKOM. Online unter https://www.bitkom.org/sites/main/files/2022-06/Bitkom-Charts_Kinder_Jugendliche_09.06.2022_0.pdf

Rohleder, B. (2021): Eltern in der Corona-Krise: Wie digital sind unsere Schulen? Berlin: BITKOM. Online unter https://www.bitkom.org/sites/default/files/2021-04/prasentation-bitkom-pk-elternstudie-28-04-2021_final_0.pdf

Roloff, P./Hajok, D. (2023): Virtuelle Influencer*innen: Eine Aktuelle Entwicklung in der Social Media Welt. In: mediendiskurs, Jg. 27, Heft 3, S. 72–75.

Rosa, H. (2005): Beschleunigung. Die Veränderung der Zeitstrukturen in der Moderne, Frankfurt a. M.: Suhrkamp.

Rössler, P. (2017): Zurück in die Zukunft? Klassische Wirkungsannahmen und digitale Herausforderungen. In: tv diskurs – Verantwortung in audiovisuellen Medien, Jg. 21, Heft 4, S. 26–31.

Rysina, A./Leven, I. (2024): Leben in der digitalen Informationsgesellschaft – Jugendliche und ihr Umgang mit Fakenews und KI. In: M. Albert/G. Quenzel/F. de Moll/I. Leven/S. McDonnell/A. Rysina/U. Schneekloth/S. Wolfert (2024): Jugend 2024–19. Shell Jugendstudie. Pragmatisch zwischen Verdrossenheit und gelebter Vielfalt. Weinheim, Basel: Beltz, S. 167–202.

Saferinternet.at (2025): Jugend-Medien-Monitor 2025. Wien. Online unter https://www.saferinternet.at/services/jugend-internet-monitor

Saferinternet.at (2024): Jugend-Medien-Monitor 2024. Wien. Online unter https://www.saferinternet.at/fileadmin/redakteure/Services/Jugend-Internet-Monitor/Infografik_Jugend-Internet-Monitor_2024.pdf

Salehudin, I./Alpert, F. (2022): To pay or not to pay: understanding mobile game app users' unwillingness to pay for in-app purchases. In: Journal of Research in Interactive Marketing, Jg. 16, Heft 4, S. 633–647. https://doi.org/10.1108/JRIM-02-2021-0053

Schäfer, K. (2014): Aufgaben der Kinder- und Jugendhilfe in der Medienerziehung junger Menschen. In: Jugendhilfe, Heft 1, S. 5–15.

Scharmanski, S./Hessling, A. (2021): Medien der Sexualaufklärung. Jugendsexualität 9. Welle. BZgA-Faktenblatt Köln: BZgA. https://doi.org/10.17623/BZgA_SRH:fb_JUS9_Medien

Scherenberg, V./Pundt, J. (2020): Psychische Gesundheit wirksam stärken – Aber wie? Apollon: University Press.

Schiedeck, J./Stahlmann (2012): Sucht 2.0 oder von der Sucht zur Suchtmaschine. Das »aholic« als neue Sozialfigur. In: Brückenschlag. Zeitschrift für Sozialpsychiatrie – Literatur – Kunst, Jg. 28, S. 11–21.

Schmidt, F. (2021): Netzpolitik. Eine feministische Einführung. Opladen u. a.: Budrich.

Schmidt, G. (2009): Fantasien der Jungen, Phantasmen der Alten. In: BZgA FORUM, Heft 1-2009, S. 27–32.

Schmidt, J. (2009): Das neue Netz. Merkmale, Praktiken und Folgen des Web 2.0. Konstanz: UVK.

Schmidtke, C./Geene, R./Hölling, H./Lampert, T. (2021): Psychische Auffälligkeiten, psychosoziale Ressourcen und sozioökonomischer Status im Kindes- und Jugendalter – Eine Analyse mit Daten von KiGGS Welle

Schneekloth, U./Albert, M. (2019): Jugend und Politik: Demokratieverständnis und politisches Interesse im Spannungsfeld von Vielfalt, Toleranz und Populismus. In: Shell Deutschland Holding (Hrsg.), Jugend 2019–18. Shell Jugendstudie. Eine Generation meldet sich zu Wort. Weinheim: Beltz, S. 47–101.

Schnetzer, S./Hampel, K./Hurrelmann, K. (2025): Trendstudie »Jugend in Deutschland 2025: Zukunft Made in Germany – besorgt, doch nicht hoffnungslos«. Kempten: Datajockey Verlag.

Schnetzer, S./Hampel, K./Hurrelmann, K. (2024): Trendstudie »Jugend in Deutschland 2024: Verantwortung für die Zukunft? Ja, aber«. Kempten: Datajockey Verlag.

Schober, M./Lauber, A./Bruch, L./Herrmann, S./Brüggen, N. (2022): »Was ich like, kommt zu mir«. Kompetenzen von Jugendlichen im Umgang mit algorithmischen Empfehlungssystemen. München: kopaed.

Schone, R./Struck, N. (2023): Infosystem Kinder- und Jugendhilfe in Deutschland. Online unter https://www.kinder-jugendhilfe.info/fileadmin/PDF/DE_Infosystem_KJH_Deutschland_2024_PDF.pdf

Schorb, B./Mohn, E./Theunert, H. (1991): Sozialisation durch (Massen-)Medien. In: K. Hurrelmann/D. Ulich (Hrsg.), Neues Handbuch der Sozialisationsforschung. 4. Auflage. Weinheim: Beltz, S. 493–508.

Schorb, B./Wagner, U. (2013): Medienkompetenz – Befähigung zur souveränen Lebensführung in einer mediatisierten Gesellschaft. In: BMFSFJ (Hrsg.), Medienkompetenzförderung für Kinder und Jugendliche. Berlin, S. 18–23.

Schubert-Suffrian, F. (2020): Was machst du, wenn es traurig wird? In: TPS, Heft 05, S. 9–11. Online unter https://www.nifbe.de/fachbeitraege/zuletzt-erstellt?view=item&id=948:was-machst-du-wenn-es-zu-traurig-wird

Schwerthalter, B./Helmold, D. (2024): Befragung zur Cybersicherheit 2024. Kurzbericht zur Studie der Polizeilichen Kriminalprävention der Länder und des Bundes (ProPK) und des Bundesamtes für Sicherheit in der Informationstechnik (BSI). Online unter https://www.bsi.bund.de/SharedDocs/Downloads/DE/BSI/Digitalbarometer/CyMon-ProPK-BSI_2024_Kurzbericht.pdf?__blob=publicationFile&v=2

Sennett, R. (1998): Der flexible Mensch. Die Kultur des neuen Kapitalismus. Berlin: Berlin-Verlag.

Siegler, R./Saffran, J. R./Gershoff, E. T./Eisenberg, N. (2022): Entwicklungspsychologie im Kindes- und Jugendalter. 5. Auflage. Berlin: Springer.

Sindermann, C./Scholz, R. W./Montag, C./Löchner, N./Heinzelmann, R./Waldmann, L. (2023): Daten als »Währung«. Was Jugendliche über das Datengeschäftsmodell prominenter sozialer Medien wissen und denken. Eine Studie der Universität Ulm gefördert von der Vodafone Stiftung Deutschland. Online unter https://www.vodafone-stiftung.de/wp-content/uploads/2023/01/VSD-Studie-Daten-als-Waehrung-2023.pdf

Spenger, J. (2014): Phänomen Jugendokkultismus. Verbreitung, Ursachen, Folgen. In: SIAK-Journal, Jg. 11, Heft 3, S. 39–50. https://doi.org/10.7396/2014_3_D

Stecher, S./Bamberger, A./Gebel, C./Cousseran, L./Brüggen, N. (2020): »Du bist voll unbekannt!« Selbstdarstellung, Erfolgsdruck und Interaktionsrisiken auf TikTok aus Sicht von 12- bis 14-Jährigen. ACT ON! Short Report Nr. 7. München.

Stein, J.-P./Scheufen, S./Appel, M. (2023): Recognizing the beauty in diversity: Exposure to body-positive content on social media broadens women's concept of ideal body weight. In: Journal of Experimental Psychology: General. Advance online publication. https://doi.org/10.1037/xge0001397

Stulhofer, A./Schmidt, G./Landripet, I. (2009): Beeinflusst Pornografie in der Pubertät sexuelle Skripte, Intimität und sexuelle Zufriedenheit im jungen Erwachsenenalter? In: Zeitschrift für Sexualforschung, Jg. 22, Heft 1, S. 13–23.

Suler, J. (2004): The online disinhibition effect. In: Cyberpsychology & behavior: the impact of the Internet, multimedia and virtual reality on behavior and society, Jg. 7, Heft 3, S. 321–326.

Süss, D. (2004): Mediensozialisation von Heranwachsenden. Dimensionen – Konstanten – Wandel. Wiesbaden: Springer VS.

Süss, D. (2003): Theoretische Grundlagen. In: D. Süss/A. Schlienger./D. Kunz Heim/M. Basler/S. Böhi/D. Frischknecht (Hrsg.), Jugendliche und Medien. Merkmale des Medienalltags unter besonderer Berücksichtigung der Mobilkommunikation. Forschungsbericht. Zürich, Aarau: HAP/FHA, S. 7–76.

Süss, D./Lampert, C./Trültzsch-Wijnen, C. W. (2018): Medienpädagogik. Ein Studienbuch zur Einführung. 3. Auflage. Wiesbaden: Springer VS.

Taddicken, M./Schmidt, J. H. (2017): Entwicklung und Verbreitung sozialer Medien. In: J.-H. Schmidt/M. Taddicken (Hrsg.), Handbuch Soziale Medien. Wiesbaden: Springer VS, S. 23–38.

Tappe, E.-H./Gennat, M. (2023): Spielend Lernen? Ein kritischer Vergleich zwischen Lernmöglichkeiten in digitalen Spielen, Serious Games und Gamification. In: In: B. Bigl/S. Stoppe (Hrsg.), Game-Journalismus. Grundlagen – Themen – Spannungsfelder. Ein Handbuch. Berlin: Springer VS, S. 193–207.

Theunert, H. (2015): Medienaneignung und Medienkompetenz in der Kindheit. In: F. von Gross/D. M. Meister/U. Sander (Hrsg.), Medienpädagogik – ein Überblick. Weinheim, Basel: Beltz Juventa, S. 136–163.

Thiel, K. (2025): Von Aufwärtsvergleichen und Abwärtsspiralen: Soziale Vergleiche auf Instagram. Leibniz-Institut für Medienforschung/Hans-Bredow-Institut. Online unter https://leibniz-hbi.de/3590/

Thiel, K./Lampert, C. (2023): Wahrnehmung, Bewertung und Bewältigung belastender Online-Erfahrungen von Jugendlichen: Eine qualitative Studie im Rahmen des Projekts »SIKID – Sicherheit für Kinder in der digitalen Welt«. Hamburg: HBI. https://doi.org/10.21241/ssoar.86633

Thomasius, R. (2023): Mediennutzung in Zeiten der Pandemie. Das Nutzungsverhalten von Gaming, Social Media und Streaming bei 10- bis 17-Jährigen. Hamburg: DAK. Online unter https://www.dak.de/dak/download/report-2612370.pdf

Thomasius, R. (2021): Mediensucht während der Corona-Pandemie. Ergebnisse der Längsschnittstudie von 2019 bis 2021 zu Gaming und Social Media. Hamburg: DAK. Online unter https://www.dak.de/dak/download/praesentation-2508260.pdf

Thomasius, R. (2020): Gaming und Social-Media. Das Nutzungsverhalten 10- bis 17-Jähriger und ihrer Eltern vor und unter dem Corona Lockdown. Expertenstatement und Kernergebnisse der Studie in Grafiken. Hamburg: DAK. Online unter https://www.dak.de/dak/download/dak-studie-gaming-social-media-und-corona-2296434.pdf

Tillmann, K.-J. (2017): Sozialisationstheorien. Eine Einführung in den Zusammenhang von Gesellschaft, Institution und Subjektwerdung. Reinbek bei Hamburg: Rowohlt.

Tomasello, M. (2002): Die kulturelle Entwicklung des menschlichen Denkens. Frankfurt a. M.: Suhrkamp.

Trepte, S./Reinecke, L. (2019): Unterhaltung online. Motive, Erleben, Effekte. In: W. Schweiger/K. Beck (Hrsg.), Handbuch Online-Kommunikation. 2., vollständig überarbeitete Auflage. Wiesbaden: SpringerVS, S. 231–255.

Tulodziecki, G. (1997): Medien in Erziehung und Bildung. Grundlagen und Beispiele einer handlungs- und entwicklungsorientierten Medienpädagogik. Bad Heilbrunn: Klinkhardt.

Turkle, S. (2011): Alone together. Why We Expect more from Technology and less from Each Other. New York: Basic Books.

UBSKM (Unabhängige Beauftragte für Fragen des sexuellen Kindesmissbrauchs) (2025): Sexuelle Gewalt gegen Kinder und Jugendliche. Zahlen und Fakten. Berlin: UBSKM. Online unter https://beauftragte-missbrauch.de/fileadmin/Content/pdf/Zahlen_und_Fakten/Zahlen_und_Fakten_Sexuelle_Gewalt_gg._Kinder_und_Jugendliche_Stand_April_2025.pdf

Uehlecke, J. (2008): Total vernetzt. In: DIE ZEIT, Ausgabe 36 vom 28. August 2008. https://www.zeit.de/2008/36/OdE45-Kommunikation

USK (Unterhaltungssoftware Selbstkontrolle) (2025): USK-Jahresstatistik 2024. Online unter https://usk.de/usk-jahresstatistik-2024/

Valkenburg, P./Piotrowski, J. T. (2017): Plugged in. How Media Attract and Affect Youth. Online unter https://yalebooks.yale.edu/sites/default/files/files/Media/9780300228090_UPDF.pdf

di Vetta, S. (2024): Welche Medienangebote gibt es für die Kleinsten. In: merz – medien und erziehung, Jg. 68, Heft 1, S. 10–17.

Vobbe, F./Kärgel, K. (2022): Sexualisierte Gewalt und digitale Medien. Reflexive Handlungsempfehlungen für die Fachpraxis. Wiesbaden: Springer.

Vodafone Stiftung Deutschland (2023): Daten als »Währung«. Was Jugendliche über das Datengeschäftsmodell prominenter sozialer Medien wissen und denken. Online unter https://www.vodafone-stiftung.de/daten-als-waehrung/

Vogel, A. (2022): Publikumszeitschriften 2022: Gattung vor vielfältigen Herausforderungen. In: Media Perspektiven, Heft 6, S. 319–341.

Wachs, S./Bock, S. (2023): Cybergrooming: Wenn Jugendliche online sexuelle Grenzverletzungen und Gewalt erfahren. In K. Biesel/P. Burkhard/R. Heeg/O. Steiner (Hrsg.), Digitale Kindeswohlgefährdung, Herausforderungen und Antworten für die Soziale Arbeit. Leverkusen: Budrich, S. 120–131.

Wagner, U./Eggert, S./Schubert, G. (2016): MoFam – Mobile Medien in der Familie. Langfassung der Studie. München. Online unter https://www.jff.de/fileadmin/user_upload/jff/projekte/mofam/JFF_MoFam1_gesamtStudie.pdf

Wagner, U./Würfel, M. (2013): Gesellschaftliche Handlungsfähigkeit in mediatisierten Räumen. In: A. Hartung/A. Lauber/W. Reißmann (Hrsg.), Das handelnde Subjekt und die Medienpädagogik. München: kopaed, S. 159–167.

Weinert, F. (2019): Hilfe, mein Kind ist ein Smombie. Unsere Kids im digitalen Rausch. Baden-Baden: Tectum.

Werner, S. (2023): Jugendlichsein in Peergroups. In: KJug – Kinder- und Jugendschutz in Wissenschaft und Praxis, Jg. 68, Heft 4, S. 142–148.

Wiegand-Grefe, S./Petermann, F. (2016): Kinder psychisch erkrankter Eltern. In: Kindheit und Entwicklung, Jg. 25, Heft 2, S. 63–67.

Wimmer, J. (2023): Computerspielkulturen. In: B. Bigl/S. Stoppe (Hrsg.), Game-Journalismus. Grundlagen – Themen – Spannungsfelder. Ein Handbuch. Berlin: Springer VS, S. 77–86.

Winkler, V./Schmidtke, A./König, S. (2022): Podcastnutzung 2021. In: Media Perspektiven, Heft 12, S. 569–573.

Wintergerst, R. (2024): Kinder- & Jugendstudie 2024. Berlin: BOTKOM. https://www.bitkom.org/sites/main/files/2024-08/240806bitkom-chartskinderundjugend2024.pdf

Witte, J./Zeitler, A./Diekmannshemke, J. (2023): DAK-Kinder- und Jugendreport 2023. Sonderanalyse für die Jahre 2018–2022. Stationäre Behandlung psychischer Erkrankungen. Hamburg: DAK. https://www.dak.de/dak/download/kinder--und-jugendreport-2622592.pdf

Witte, J./Zeitler, A./Hasemann, L. (2022): Krankenhausversorgung von Kindern und Jugendlichen während der Pandemie. Fokus: Psychische Erkrankungen. Ergebnisse des DAK-Kinder- und Jugendreports 2022. Bielefeld: Vandage. Online unter https://www.dak.de/dak/download/report-2558040.pdf

Wolfert, S./Quenzel, G. (2024): Jugendliche Lebenswelten: Familie, Partnerschaft, Freundschaften und Freizeit. In: M. Albert/G. Quenzel/F. de Moll/I. Leven/S. McDonnell/A. Rysina/U. Schneekloth/S. Wolfert (2024): Jugend 2024–19. Shell Jugendstudie. Pragmatisch zwischen Verdrossenheit und gelebter Vielfalt. Weinheim: Beltz, S. 131–165.

Wölfling, K./Brand, M./Klimmt, C./Krämer, N./Löber, S./Müller, A./te Wildt, B. (2015): Neue elektronische Medien und Suchtverhalten. Ambulanz für Spielsucht: Uni Mainz.

Wulf, T./Naderer, B./Rieger, D. (2023): Medienpsychologie. Studienkurs Medien & Kommunikation. Baden-Baden: Nomos.

Zerres, C. (2024): Die dunkle Seite von Social Media. In: C. Zerres (Hrsg.), Handbuch Social-Media-Marketing. Wiesbaden: Springer Gabler, S. 93–114. https://doi.org/10.1007/978-3-658-42282-0

Zillmann, D. (1988): Mood Management: Using Entertainment to Full Advantage. In: L. Donohew/H. E. Sypher/E. T. Higgins (Hrsg.), Communication, social cognition and affect. Hillsdale: Erlbaum, S. 147–172.

Zinnecker, J. (2005): Alles ist möglich und nichts ist gewiss. Deutschlands erste Jugendgeneration im 21. Jahrhundert. In: K. Neumann-Braun/B. Richard (Hrsg.), Coolhunters. Jugendkulturen zwischen Medien und Markt. Frankfurt a.M.: Suhrkamp, S. 175–190.

Zinnecker, J. (2002): Null zoff und voll busy: die erste Jugendgeneration des neuen Jahrhunderts. Ein Selbstbild. Opladen: Leske & Budrich.